Die Rechtswahl im italienischen internationalen Erbrecht

Studien zum vergleichenden und internationalen Recht -
Comparative and International Law Studies

Herausgeber: Bernd von Hoffmann, Erik Jayme
und Heinz-Peter Mansel

Band 84

PETER LANG
Frankfurt am Main · Berlin · Bern · Bruxelles · New York · Oxford · Wien

Barbara v. Daumiller

Die Rechtswahl im italienischen internationalen Erbrecht

und ihre Auswirkungen im deutsch-italienischen Rechtsverkehr

PETER LANG
Europäischer Verlag der Wissenschaften

Bibliografische Information Der Deutschen Bibliothek
Die Deutsche Bibliothek verzeichnet diese Publikation in der Deutschen Nationalbibliografie; detaillierte bibliografische Daten sind im Internet über <http://dnb.ddb.de> abrufbar.

Zugl.: Regensburg, Univ., Diss., 2003

D 355
ISSN 0930-4746
ISBN 3-631-51353-4

www.peterlang.de

Meinen Eltern

Vorwort

Die vorliegende Arbeit wurde im Wintersemester 2002/2003 von der Juristischen Fakultät der Universität Regensburg als Dissertation angenommen. Rechtsprechung und Literatur sind auf dem Stand von Mai 2002.

Meinen Eltern danke ich herzlich dafür, daß sie mich in jeder Phase des Entstehens dieser Arbeit und in jeder Hinsicht unterstützt und ermutigt haben. Mein herzlicher Dank gilt ferner meinem Doktorvater Herrn Professor Dr. Dr. h.c. mult. Dieter Henrich, der diese Arbeit betreut und mich durch die Mitarbeit an seinem Lehrstuhl vielfältig gefördert hat. Bei Herrn Professor Dr. Peter Gottwald bedanke ich mich für die Erstellung des Zweitgutachtens, bei Herrn Professor Dr. Tito Ballarino für die jederzeitige und freundliche Aufnahme in der Bibliothek seines Instituts in Padua. Schließlich danke ich Herrn Professor Dr. Bernd v. Hoffmann für die Aufnahme der Arbeit in diese Schriftenreihe.

München, im Juni 2003 — Barbara v. Daumiller

Inhaltsübersicht

Inhaltsverzeichnis

Abkürzungsverzeichnis

a.A., A.A.	anderer Ansicht
a.a.O.	am angegebenen Ort
ABGB	Österreichisches Allgemeines Bürgerliches Gesetzbuch
Abs.	Absatz
AcP	Archiv für die civilistische Praxis
Actes et doc.	Actes et documents
a.E.	am Ende
a.F.	alte Fassung
Am. Journ. Comp. Law	American Journal of Comparative Law
Anm.	Anmerkung
Annuaire	Annuaire de l'Institut de droit international
App.	Corte d'Appello
Art.	Artikel
Aufl.	Auflage
Beschl.	Beschluß
BGB	Bürgerliches Gesetzbuch
BGBl.	Bundesgesetzblatt
BG	Schweizerisches Bundesgericht
BGE	Entscheidungen des schweizerischen Bundesgerichts
BGH	Bundesgerichtshof
BGHZ	Entscheidungen des Bundesgerichtshofes in Zivilsachen
BT	Bundestag
BVerfG	Bundesverfassungsgericht
BVerfGE	Entscheidungen des Bundesverfassungs-gerichts
BWNotZ	Zeitschrift für das Notariat in Baden-Württemberg
bzw.	beziehungsweise
Cass.	Corte di Cassazione
c.c.	Codice civile
civ.	civile

Clunet	Journal du droit international privé et de la jurisprudence comparée (1. 1874 – 41. 1914); Journal du droit international (42. 1915ff.)
Corr. giur.	Corriere giuridico
Corte cost.	Corte costituzionale
Cost.	Costituzione
decr.	decreto
ders./dies.	derselbe/dieselbe
d.h.	das heißt
Dig. civ.	Digesto delle discipline privatistiche, sezione civile
d.i.p.	diritto internazionale privato, droit international privé
Dir. fam. e pers.	Il diritto di famiglia e delle persone
disp. prel.	disposizioni preliminari
DNotI	Deutsches Notarinstitut
DNotZ	Deutsche Notarzeitschrift
DJT	Deutscher Juristentag
EGBGB	Einführungsgesetz zum Bürgerlichen Gesetzbuch
EGV	Vertrag zur Gründung der Europäischen Gemeinschaft
Einl.	Einleitung
Enc. dir.	Enciclopedia del diritto
Enc. giur.	Enciclopedia giuridica
EuGH	Gerichtshof der Europäischen Gemeinschaften
EVÜ	Römisches EWG-Übereinkommen über das auf vertragliche Schuldverhältnisse anzuwendende Recht
f., ff.	folgende
Fam. e dir.	Famiglia e diritto
FamRZ	Zeitschrift für das gesamte Familienrecht. Ehe und Familie im privaten und öffentlichen Recht
Fn.	Fußnote
Foro it.	Il foro italiano
Foro pad.	Il foro padano
FS	Festschrift

gem.	gemäß
GG	Grundgesetz
ggf.	gegebenenfalls
Giur. comp. dir. int. priv.	Giurisprudenza comparata di diritto internazionale privato
Giur. merito	Giurisprudenza di merito
Giur. it.	Giurisprudenza italiana
Giur. sic.	Giurisprudenza siciliana
Giust. civ.	Giustizia civile
Giust. civ. Mass.	Massimario della Giustizia civile
Grdz.	Grundzüge
G.U., Gazz. Uff.	Gazzetta ufficiale della Repubblica Italiana
Hrsg.	Herausgeber
HS.	Halbsatz
insbes.	insbesondere
Int. Enc. Comp. Law	International Enciclopedia of Comparative Law
IPR	Internationales Privatrecht
IPRG	IPR-Gesetz, Gesetz über das Internationale Privatrecht
IPRax	Praxis des Internationalen Privat- und Verfahrensrechts
IPRspr.	Die deutsche Rechtsprechung auf dem Gebiete des internationalen Privatrechts
i.S.d.	im Sinne des, im Sinne der
ital.	italienisch /-er /-e /-es
i.V.m.	in Verbindung mit
JbItalR	Jahrbuch für italienisches Recht
Jus	Rivista di scienze giuridiche
JZ	Juristenzeitung
Kap.	Kapitel
l., L.	Legge
lav.	lavoro
LG	Landgericht
lit.	litera
m.	mit

Mél.	Mélanges
MittRhNotK	Mitteilungen der Rheinischen Notarkammer
m.w.N.	mit weiteren Nachweisen
n.	numero
NAG	Schweizerisches Bundesgesetz betreffend die zivilrechtlichen Verhältnisse der Niedergelassenen und Aufenthalter
n.F.	neue Fassung
NJW	Neue juristische Wochenschrift
Nov. dig. it.	Novissimo digesto italiano
Nuova giur. civ. comm.	La nuova giurisprudenza civile commentata
Nuove leggi civ. comm.	Le nuove leggi civili commentate
OLG	Oberlandesgericht
RabelsZ	Rabels Zeitschrift für ausländisches und internationales Privatrecht
Rec. des Cours	Recueil des Cours de l'Académie de Droit international de La Haye
RegE	Regierungsentwurf
Rep.	Repertorio
Rep. foro it.	Repertorio del Foro italiano
Rev. belge dr. int. privé	Revue belge de droit international privé
Rev. crit. dr. int. privé	Revue critique de droit international privé
RG	Reichsgericht
RGBl.	Reichsgesetzblatt
Riv. crit. dir. priv.	Rivista critica del diritto privato
Riv. dir. int.	Rivista di diritto internazionale
Riv. dir. int. priv. proc.	Rivista di diritto internazionale privato e processuale
Riv. dir. priv.	Rivista di diritto privato
Riv. not.	Rivista del notariato
RIW	Recht der internationalen Wirtschaft, Außenwirtschaftsdienst des Betriebsberaters
Rn.	Randnummer
Rpfleger	Der deutsche Rechtspfleger
RzW	Rechtsprechung zum Wiedergutmachungsrecht
S.	Satz
s.	siehe

sez. civ., sez. un.	sezione civile, sezioni unite
SJIR	Schweizerisches Jahrbuch für internationales Recht
s.o.	siehe oben
StAZ	Das Standesamt. Zeitschrift für Standesamtswesen, Ehe- und Kindschaftsrecht, Staatsangehörigkeitsrecht
suppl.	supplemento
SZIER	Schweizerische Zeitschrift für internationales und europäisches Recht
Trib.	Tribunale
u.a.	und andere
U.L.A.	Uniform Laws Annotated
Urt.	Urteil
v.	vom, von
VerschG	Verschollenheitsgesetz
vgl.	vergleiche
Vita not.	Vita notarile
VO	Verordnung
Vorbem.	Vorbemerkung
z.B.	zum Beispiel
ZBGR	Schweizerische Zeitschrift für Beurkundungs- und Grundbuchrecht
ZBJV	Zeitschrift des Bernischen Juristenvereins
ZEV	Zeitschrift für Erbrecht und Vermögensnachfolge
ZfRV	(Österreichische) Zeitschrift für Rechtsvergleichung
Ziff.	Ziffer
zit.	zitiert
ZPO	Ziviprozeßordnung
ZRP	Zeitschrift für Rechtspolitik
ZSR	Zeitschrift für schweizerisches Recht
ZVglRWiss	Zeitschrift für vergleichende Rechtswissenschaft

Literaturverzeichnis

Ago, Roberto: Studi di diritto internazionale privato, Padova 1932 (zit.: Studi)

- Teoria del diritto internazionale privato, Padova 1934 (zit.: Teoria)

Annibale, Silverio: Riforma del sistema italiano di diritto internazionale privato, Padova 1997

Anzilotti, Dionisio: Corso di diritto internazionale privato, Roma 1925, ripubblicato in: Corsi di diritto internazionale privato e processuale, Hrsg.: *Salerno, Francesco*, Padova 1996

Audit, Bernard: Droit international privé, Paris 1991

Aubry, Jules: Le domaine de la loi d'autonomie en droit international privé, Clunet 23 (1896), 465ff., 721ff.

Azzariti, Giuseppe: Efficacia in Italia di sostituzione fedecommissaria disposta da cittadino di altro stato ove ne vien fatta ammissione, nota a Corte di Cassazione civile, II sez., 15.3.1984, n. 2215, Giur. it. 1984, I, 1, 1367ff.

- Le successioni e le donazioni, Libro secondo del Codice civile, Padova 1982 (zit.: Le successioni e le donazioni)
- Validità o meno in Italia di sostituzione fedecommissaria disposta da cittadino straniero in ottemperanza alla sua legge nazionale che l'ammette, nota a Corte di Appello di Trento, 24.4.1982 (2656/400), Giur. merito 1983, 352ff.

Baldoni, Claudio: Volontà del testatore e legge straniera, nota a Appello Genova, 3.8.1928, Riv. dir. int. 1930, 593ff.

Balladore Pallieri, Giorgio: Diritto internazionale privato italiano, Milano 1974

Ballarino, Tito: Costituzione e diritto internazionale privato, in: Diritto internazionale privato, saggi integrativi, Padova 1990, 1ff. (zit.: Costituzione e d.i.p.)

- Disciplina dei negozi - base nel diritto internazionale privato italiano, FS für Wilhelm Wengler, Band II, Berlin 1973, 105ff.

- Diritto internazionale privato, terza edizione, Padova 1999 (zit.: D.i.p.)

- Forma degli atti e diritto internazionale privato, Padova 1970 (zit.: Forma)

- Le successioni nel diritto internazionale privato italiano, Riv. not. 1986, 1ff.

- Nota a Trib. Sanremo, 31.12.1984, Foro pad. 1985, I, 70ff.

- Personnes, famille, régimes matrimoniaux et successions dans la loi de réforme du droit international privé italien, Rev. crit. dr. int. privé 85 (1996), 21ff.

- Successione ereditaria (diritto internazionale privato), Enc. dir. XLIII, Varese 1990, 1268ff.

- Successioni (diritto internazionale privato), Enc. dir., Aggiornamento I, Varese 1997, 943ff.

- Sul progetto di riforma del sistema italiano di diritto internazionale privato, in: La riforma del diritto internazionale privato e processuale, Raccolta in ricordo di Edoardo Vitta, Milano 1994, 3ff.

Bänzinger, Felix: Der Schutz des Dritten im internationalen Personen-, Familien- und Erbrecht der Schweiz, Zürich 1977

v. Bar, Christian: Internationales Privatrecht, Erster Band, Allgemeine Lehren, München 1987 (zit.: IPR, I); Zweiter Band, Besonderer Teil, München 1991 (zit.: IPR, II)

Baralis, Giorgio: L'interpretazione del testamento, in: *Rescigno, Pietro (Hrsg.),* Successioni e donazioni, Volume 1, Padova 1994, 927ff.

Barel, Bruno/ Costantino, Benedetto (Hrsg.): Norme di conflitto italiane e controllo di costituzionalità, atti del convegno di studi sulle sentenze n. 71/87 e 477/87 della Corte costituzionale, Padova, 16 marzo 1988, Padova 1990

Bariatti, Stefania (Hrsg.): La riforma del sistema di diritto internazionale privato, Commentario, Nuove leggi civ. comm. 1996, 877ff. (zit.: Bearbeiter, zu Art. ... IPRG)

Barile, Giuseppe: Ordine pubblico (diritto internazionale privato), Enc. dir. XXX, Varese 1980, 1106ff.

Basedow, Jürgen: Die Neuregelung des Internationalen Privat- und Prozeßrechts, NJW 1986, 2971ff.

Batiffol, Henri: Aspects philosophiques du droit international privé, Paris 1956 (zit. : Aspects)

- La douzième session de la conférence de la Haye de droit international privé, Rev. crit. dr. int. privé 62 (1973), 243ff.

- Les intérêts de droit international privé, FS für Gerhard Kegel, Frankfurt a. Main 1977, 11ff.

- "Note" - (Bericht über die Tagung des Institut de Droit international in Nizza, 1967), Rev. crit. dr. int. privé 57 (1968), 810f.

- Réflexions sur la coordination des systèmes nationaux, Rec. des Cours 120 (1967-I), 165ff.

Beitzke, Günther: Neues österreichisches Kollisionsrecht, RabelsZ 43 (1979), 245ff.

- *(Hrsg.):* Vorschläge und Gutachten zur Reform des deutschen internationalen Personen-, Familien- und Erbrechts, vorgelegt im Auftrag der Ersten Kommission des Deutschen Rates für internationales Privatrecht, Tübingen 1981 (zit.: Vorschläge und Gutachten)

Bellagamba, Gianni/ Cariti, Giuseppe: Il sistema italiano di diritto internazionale privato, Rassegna della giurisprudenza, Padova 2000

Bellegotti, Lanfranco: Le successioni secondo il diritto internazionale privato italiano, Pisa 1892

Beneventi, Ilaria (Hrsg.): I trust in Italia oggi, Milano 1996

Bengel, Manfred/ Reimann, Wolfgang (Hrsg.): Handbuch der Testamentsvollstreckung, 2. Aufl., München 1998

Bentler, Thomas M.: Die Erbengemeinschaft im internationalen Privatrecht, Frankfurt a. Main u.a. 1993

Boele-Woelki, Katharina: Kodifikation des niederländischen Internationalen Privat- und Verfahrensrechts, IPRax 1995, 264ff.

Bonomi, Andrea: Donazione (diritto internazionale privato), Enc. dir., Aggiornamento II, Varese 1998, 306ff.

- La loi applicable aux successions dans le nouveau droit international privé italien et ses implications dans les relations italo-suisses, SZIER 1996, 479ff.

Borrás, Alegría: La Convention de La Haye de 1989 sur la loi applicable aux successions à cause de mort et l'Espagne, in: E pluribus unum, Liber amicorum Georges A. L. Droz, The Hague Boston London 1996, 7ff.

Boschiero, Nerina: Appunti sulla riforma del sistema italiano di diritto internazionale privato, Torino 1996 (zit.: Appunti)

- Die Reform des italienischen IPR-Systems, ZfRV 1996, 143ff.

- Norme di diritto internazionale privato "facoltative"?, Riv. dir. int. priv. proc. 1993, 541ff.

Boulanger, François: Les successions internationales. Problèmes contemporains, Paris 1981

Braga, Sevold: Einheitliches Erb- und Ehegüterrechtsstatut?, FS für Wilhelm Wengler, Band II, Berlin 1973, 191ff.

Branca, Giuseppe (Hrsg.): Commentario della Costituzione, Rapporti economici, Tomo II, Art. 41 – 44, Bologna Roma 1982 (zit.: Branca-Bearbeiter)

Brandi, Riccardo: Alcune questioni in materia successoria alla luce della riforma del diritto internazionale privato, Vita not. 1998, 1198

Brandi, Tim: Das Haager Abkommen von 1989 über das auf die Erbfolge anzuwendende Recht, Berlin 1996

Breslauer, Walter: The Private International Law of Succession in England, Amerika and Germany, London 1937 (zit.: Private International Law of Succession)

- Zur Staatsangehörigkeit der ausgebürgerten Verfolgten, RzW 1969, 164ff.

Broggini, Gerardo: Il trust nel diritto internazionale privato italiano, Jus 1997, 11ff.

- La nouvelle loi italienne de droit international privé, SZIER 1996, 1ff.

Brox, Hans: Erbrecht, 19. Aufl., Köln Berlin Bonn München 2001

Bucher, Andreas: Das neue internationale Erbrecht, ZBGR 69 (1988), 146ff.

- Droit international privé suisse, Tome II: Personnes, Famille, Successions, Bale et Francfort-sur-le-Main 1992 (zit.: D.i.p. suisse)

- Jurisprudence suisse en matière de droit international privé des personnes, de la famille et des successions, SZIER 1999, 311ff.

- Referat in: Lausanner Kolloquium über den deutschen und den schweizerischen Gesetzentwurf zur Neuregelung des internationalen Privatrechts, Lausanne 14. - 15. Oktober 1983, Zürich 1984, 115ff. (zit.: Lausanner Kolloquium)

- Staatsangehörigkeits- und Wohnsitzprinzip, SJIR XXVIII (1972), 76ff.

Busnelli, Francesco Donato: Persone, famiglia e successioni nel nuovo diritto internazionale privato, in: La riforma del sistema di diritto internazionale privato e processuale, atti del VII seminario, Milano 16.12.1995, Milano 1996, 99ff.

Caccavale, Ciro: Il divieto dei patti successori, in: *Rescigno, Pietro* (*Hrsg.*), Successioni e donazioni, Volume I, Padova 1994, 25ff. (zit.: Il divieto)

Caccavale, Ciro/ Tassinari, Federico: Il divieto dei patti successori tra diritto positivo e prospettive di riforma, Riv. dir. priv. 1997, 74ff.

- Contributo per una riforma del divieto dei c.d. patti successori rinunciativi, Riv. dir. priv. 1998, 541ff.

Calò, Emanuele: L'etica dell'ordine pubblico internazionale e lo spirito della successione necessaria, nota a Cass., sez. II, 24.6.1996, n. 5832, Nuova giur. civ. comm. 1997, I, 164, 167ff.

Campiglio, Cristina/ Mosconi, Franco: Diritto internazionale privato (riforma del), Dig. civ., Aggiornamento 2000, Torino 2000, 320ff.

Cansacchi, Giorgio: Osservazioni alla relazione e al progetto di legge, in: Istituto per la documentazione e gli studi del diritto internazionale privato (Hrsg.), Prospettive del diritto internazionale privato. Un simposio, Milano 1968, 283ff.

Cantelmo, Vincenzo Ernesto: Fondamento e natura dei diritti del legittimario, Camerino 1972 (zit.: Fondamento e natura)

- L'istituto della riserva, in: *Rescigno, Pietro (Hrsg.*), Successioni e donazioni, Volume I, Padova 1994, 465ff. (zit.: L'istituto della riserva)

Capatîna, Octavian: Das neue rumänische Internationale Privatrecht, RabelsZ 58 (1994), 465ff.

Capotorti, Francesco/ Conforti, Benedetto/ Ferrari Bravo, Luigi/ Starace, Vincenzo: La giurisprudenza italiana di diritto internazionale privato e processuale, Repertorio 1942 - 1966, Bari 1967

Capotorti, Francesco/ Starace, Vincenzo u.a.: La giurisprudenza italiana di diritto internazionale privato e processuale, Repertorio 1967 - 1990, Milano 1991

Carlier, Jean-Yves: Autonomie de la volonté et statut personnel, Bruxelles 1992

Cassoni, Giuseppe: La divisione ereditaria nel diritto internazionale privato, contributo alla teoria del limite dello statuto successorio, Milano 1974

Cavers, David F.: Contemporary conflicts law in american perspective, Rec. des Cours 131 (1970-III), 75ff.

Cendon, Paolo (Hrsg.): Commentario al Codice civile, Volume secondo, artt. 456 – 809, Torino 1991, ristampa 1996 (zit.: Cendon-Bearbeiter)

Cian, Giorgio/ Trabucchi, Alberto: Commentario breve al codice civile, quinta edizione, Padova 1997 (zit.: Cian/Trabucchi-Bearbeiter)

Clerici, Roberta: Criteri di parità e principio di eguaglianza nel disegno di legge, in: La riforma del diritto internazionale privato e processuale, Raccolta in ricordo di Edoardo Vitta, Milano 1994, 309ff.

- Nuove prospettive in tema di cittadinanza della donna maritata, Riv. dir. int. priv. proc. 1975, 678ff.

Coing, Helmut: Empfiehlt es sich, das gesetzliche Erbrecht und Pflichtteilsrecht neu zu regeln?, Gutachten für den 49. DJT, München 1972, Band I, A 11ff.

Conetti, Giorgio: Questione preliminare di status e successione, nota a Trib. Milano, 10.3.1997, Fam. e dir. 1998, 172f.

Contuzzi, Francesco P.: Il diritto ereditario internazionale, Milano 1908

Cuffaro, Vincenzo: Il testamento in generale: Caratteri e contenuto, in: *Rescigno, Pietro* (*Hrsg.*), Successioni e donazioni, Volume I, Padova 1994, 727ff.

Czermak, Peter: Der express trust im internationalen Privatrecht, Frankfurt a. Main Bern New York 1986

Davì, Angelo: Le questioni generali del diritto internazionale privato nel progetto di riforma, in: La riforma del diritto internazionale privato e processuale, Raccolta in ricordo di Edoardo Vitta, Milano 1994, 45ff.

De Giorgi, Maria Vita: Patto successorio, Enc. dir. XXXII, Varese 1982, 533ff.

Denzler, Berte: Die Konversion eines ungültigen Erbvertrags in Einzeltestamente nach österreichischem und italienischem Recht, IPRax 1982, 181ff.

Deutsches Notarinstitut (Hrsg.): Notarielle Fragen des internationalen Rechtsverkehrs, Band III/1, Würzburg 1995

v. Dickhuth-Harrach, Hans Jürgen: Ärgernis Pflichtteil? Möglichkeiten der Pflichtteilsreduzierung im Überblick, in: Notar und Rechtsgestaltung, Tradition und Zukunft, Jubiläumsfestschrift des Rheinischen Notariats, Köln 1998, 185ff.

Diena, Giulio: Principi di diritto internazionale, Parte seconda, Diritto internazionale privato, seconda edizione, Napoli 1917

Dölle, Hans: Die Parteiautonomie: eine basic rule des Kollisionsrechts, JZ 1973, 403ff.

- Die Rechtswahl im internationalen Erbrecht, RabelsZ 30 (1966), 205ff.

Dörner, Heinrich: Nachlaßspaltung - und die Folgen, Anm. zu BGH, 21.4.1993 und OLG Köln, 24.2.1992, IPRax 1994, 362ff.

- Probleme des neuen Internationalen Erbrechts, DNotZ 1988, 67ff.

Dopffel, Peter/ Drobnig, Ulrich/ Siehr, Kurt (Hrsg.): Reform des deutschen internationalen Privatrechts, Kolloquium im Institut vom 12. - 21. Juni 1980, Tübingen 1980

Dopffel, Peter/ Siehr, Kurt: Thesen zur Reform des internationalen Privat- und Verfahrensrechts, RabelsZ 44 (1980), 344ff.

Dreher, Karin: Die Rechtswahl im internationalen Erbrecht, Frankfurt am Main u.a. 1999

Dreier, Horst (Hrsg.): Grundgesetz, Kommentar, Band I, Artikel 1 – 19, Tübingen 1996 (zit.: Dreier-Bearbeiter)

Drobnig, Ulrich: Verstößt das Staatsangehörigkeitsprinzip gegen das Diskriminierungsverbot des EWG-Vertrages?, RabelsZ 34 (1970), 636ff.

Droz, Georges A. L.: Anm. zu Cour d'appel d'Aix-en-Provence (1re Ch.) 9.3.1982, Rev. crit. dr. int. privé 72 (1983), 287ff.

- Regards sur le droit international privé comparé - Cours général de droit international privé, Rec. des Cours 229 (1991-IV), 9ff.

Droz, M. G: La codification du droit international privé des successions. Perspectives nouvelles, in: Travaux du comité francais de droit international privé, 1966 - 1969, Paris 1970, 319ff. (zit.: La codification)

Dumoulin, Franz Josef: Vereinheitlichung des Internationalen Ehegüter- und Erbrechts, Die Vorschläge der internationalen Union des lateinischen Notariats, RabelsZ 28 (1964), 425ff.

Dutoit, Bernard: Deux lois récentes de droit international privé: jusqu'où la Suisse et l'Italie convergent - elles?, in: Collisio Legum, Studi di diritto internazionale privato/ Beiträge zum Internationalen Privatrecht/ Etudes de droit international privé per/ für/ pour Gerardo Broggini, Milano 1997, 137ff. (zit.: FS Broggini)

- Le droit international privé suisse de la famille et des successions à l'épreuve du temps: Dix ans de LDIP, SZIER 2000, 279ff.

Ebenroth, Carsten: Erbrecht, München 1992

Ebenroth, Carsten/ Eyles, Uwe: Der Renvoi nach der Novellierung des deutschen Internationalen Privatrechts, IPRax 1989, 1ff.

Ebenroth, Carsten/ Kleiser, Matthias: Das Internationale Erbrecht in Italien und seine Reform, RIW 1993, 353ff.

Einsele, Dorothee: Rechtswahlfreiheit im Internationalen Privatrecht, RabelsZ 60 (1996), 417ff.

Emanuele, Ferdinando: Prime riflessioni sul concetto di ordine pubblico nella legge di riforma del diritto internazionale privato italiano, Dir. fam. e pers. 1996, 326ff.

Facci, Giovanni: Diritto internazionale privato, Padova 2000

Fedozzi, Prospero: Il diritto internazionale privato, Teorie generali e diritto civile, 2. edizione, Padova 1939 (zit.: D.i.p.)

- Trattato di Diritto Internazionale, Volume IV, Il diritto internazionale privato, Teorie generali e diritto civile, Padova 1935 (zit.: Trattato)

Ferid, Murad: Der Erbgang als autonome Größe im Kollisionsrecht, Liber amicorum Ernst J. Cohn, Heidelberg 1975, 31ff.

- Die gewillkürte Erbfolge im internationalen Privatrecht, in: *Lauterbach, Heiner* (*Hrsg.*), Vorschläge und Gutachten, 91ff. (zit.: Gewillkürte Erbfolge)

- Internationales Privatrecht, 3. Auflage, Frankfurt am Main 1986 (zit.: IPR)

- Le rattachement autonome de la transmission successorale en droit international privé, Rec. des Cours 142 (1974-II), 70ff.

Ferid, Murad/ Firsching, Karl u.a.: Internationales Erbrecht, Band III, V, VI, VII, VIII, 45. Ergänzungslieferung, München 2001

Firsching, Karl: Überlegungen zu einer internationalen Mobiliar-Nachlaßverwaltung, FS für Wilhelm Wengler, Band II, Berlin 1973, 321ff.

- Zur Reform des deutschen internationalen Erbrechts, in: *Beitzke, Günther* (*Hrsg.*), Vorschläge und Gutachten zur Reform des deutschen internationalen Personen- Familien- und Erbrechts, Tübingen 1981, 202ff. (zit.: Zur Reform)

Fischer, Gerfried: Gemeinschaftsrecht und kollisionsrechtliches Staatsangehörigkeitsprinzip, in: *v. Bar, Christian* (*Hrsg.*): Europäisches Gemeinschaftsrecht und Internationales Privatrecht, Tagung des Instituts für Internationales Privatrecht und Rechtsvergleichung des

Fachbereichs Rechtswissenschaften der Universität Osnabrück am 6. und 7. April 1990 in Osnabrück, Köln Berlin Bonn München 1991, 157ff.

Flessner, Axel: Fakultatives Kollisionsrecht, RabelsZ 34 (1970), 547ff.

Flick, Hans/ Pilz, Detlev J.: Der Internationale Erbfall, München 1999

Forchielli, Paolo: Domicilio, residenza e dimora (diritto privato), Enc. dir. XIII, Varese 1964, 842ff.

Foyer, Jaques: Le nouvel avant-projet de réforme du Droit international privé français, Clunet 98 (1971), 31ff.

Franceschelli, Vincenzo: Il nuovo diritto internazionale privato, La legge n. 218/1995 di riforma del sistema italiano, Il sole 24 ore, Milano 1995

Frankenstein, Ernst: Internationales Privatrecht (Grenzrecht), Vierter Band, Berlin 1935

Frigo, Manlio: Diritti reali (diritto internazionale privato), Enc. dir., Aggiornamento III, Varese 1999, 512ff.

Fumagalli, Luigi: Rinvio e unità della successione nel nuovo diritto internazionale privato italiano, Riv. dir. int. priv. proc. 1997, 829ff.

Gaillard, Emmanuel/ Trautman, Donald T.: La Convention de La Haye du 1er juillet 1985 relative à la loi applicable au trust et sa reconnaissance, Rev. crit. dr. int. privé 75 (1986), 1ff.

- Trusts in Non-Trust Countries: Conflict of Laws and the Hague Convention on Trusts, Am. Journ. Comp. Law 35 (1987), 307ff.

Gambaro, Antonio/ Giardina, Andrea/ Ponzanelli, Giulio (Hrsg.): Convenzione relativa alla legge sui trust ed al loro riconoscimento, Commentario, Nuove leggi civ. comm. 1993, 1211ff. (zit.: Bearbeiter, zu Art. ... trust-Übereinkommen)

Gamillscheg, Franz: Der Einfluß Dumoulins auf die Entwicklung des Kollisionsrechts, Berlin 1955

- Rechtswahl, Schwerpunkt und mutmaßlicher Parteiwille im internationalen Vertragsrecht, AcP 157 (1958/59), 303ff.

Geimer, Reinhold: Die Reform des deutschen Internationalen Privatrechts aus notarieller Sicht, Sonderheft der DNotZ zum 22. Deutschen Notartag in München 1985, 102ff.

Giardina, Andrea: Les caractères généraux de la réforme, Rev. crit. dr. int. privé 85 (1996), 1ff.

Goldman, Berthold: Le projet de Convention de La Haye sur l'administration international des successions, Clunet 101 (1974), 256ff.

Goré, Marie: "De la mode" ... dans les successions internationales: Contre les prétentions de la professio iuris, Mélanges en l'honneur de Yvon Loussouarn, Paris 1994, 193ff.

- L'administration des successions en droit international privé français, Paris 1994

Grabitz, Eberhard/ Hilf, Meinhard: Kommentar zum EWG-Vertrag, Altband I, 14. Ergänzungslieferung, München 1999

Groffier, Ethel: La réforme du droit international privé québequois, Rev. crit. dr. int. privé 81 (1992), 584ff.

Grundmann, Stefan: Zur Errichtung eines gemeinschaftlichen Testaments durch italienische Ehegatten in Deutschland, IPRax 1986, 94ff.

Hanisch, Hans: Professio iuris, réserve légale und Pflichtteil, Mélanges Guy Flattet, Lausanne 1985, 473ff.

Haudek, Wilhelm: Die Bedeutung des Parteiwillens im internationalen Privatrecht, Berlin 1931

Hausheer, Heinz: Die privatrechtliche Rechtsprechung des Bundesgerichts im Jahre 1976 - Erbrecht, ZBJV 114 (1978), 187ff.

Hayton, David: The Significance of the Hague Convention on Trusts and on Succession: A common Law Perspective, in: E pluribus unum,

Liber Amicorum Georges A. L. Droz, The Hague Boston London 1996, 121ff.

Heini, Anton u.a. (Hrsg.): Kommentar zum Bundesgesetz über das Internationale Privatrecht (IPRG) vom 1. Januar 1989, Zürich 1993 (zit.: IPRG Kommentar-Bearbeiter)

- Unorthodoxe Bemerkungen zu dem auf letztwillige Verfügungen anwendbaren Recht, ZSR 1970 I 417ff.

Henrich, Dieter: Die Schenkung von Todes wegen in Fällen mit Auslandsberührung, FS für Karl Firsching, München 1985, 111ff.

- Einführung in das englische Privatrecht, 2. Aufl., Darmstadt 1993

- Elterliche Sorge in den islamischen Rechten und ordre public, IPRax 1993, 81ff.

- Referat zum Internationalen Ehegüter- und Erbrecht, in: Lausanner Kolloquium über den deutschen und den schweizerischen Gesetzentwurf zur Neuregelung des Internationalen Privatrechts, Lausanne 14. - 15. Oktober 1983, Zürich 1984, 103ff. (zit.: Lausanner Kolloquium)

- Testierfreiheit vs. Pflichtteilsrecht, München 2000 (zit.: Testierfreiheit)

- Zur Qualifikation von Unterhaltsansprüchen gegen den Nachlaß, FS für Joachim Gernhuber, Tübingen 1993, 667ff.

v. Hoffmann, Bernd: Internationales Privatrecht, 6. neubearbeitete Aufl., München 2000

Hotz, Klaus P.: Die Rechtswahl im Erbrecht, Diss. Zürich 1969

Hoyer, Hans: Das österreichische Erbstatut, FS für Günther Beitzke, Berlin New York 1979, 521ff.

Ieva, Marco: Dottrina e problemi del notariato, argomenti e attualità, Riv. not. 1988, 1139ff.

Ingham, Judith: Trusts and forced heirship - a practical approach, in: *Beneventi, Ilaria* (*Hrsg.*), I trust in Italia oggi, Milano 1996, 467ff.

Internationale Union des lateinischen Notariats: Entschließungen des VII. Kongresses (Brüssel 7. - 17. September 1963), RabelsZ 28 (1964), 491ff.

Istituto per la documentazione e gli studi del diritto internazionale privato (Hrsg.): Prospettive del diritto internazionale privato, Un simposio, Milano 1968 (zit.: Prospettive)

Jayme, Erik: Besprechung von Kühne, Die Parteiautonomie im internationalen Erbrecht, StAZ 1973, 287ff.

- Italienischer Gesetzentwurf zur Reform des Internationalen Privatrechts, IPRax 1990, 196ff.

- Mancini heute - Einige Betrachtungen, FS für Konrad Zweigert, Tübingen 1981, 145ff.

- Pasquale Stanislao Mancini, Ebelsbach 1980 (zit.: Mancini)

Jürgens, Ralf Erich: IPR und Verfassung in Italien und in der Bundesrepublik Deutschland, Frankfurt am Main Bern New York Paris 1990

Jayme, Erik/ Hausmann, Rainer (Hrsg.): Internationales Privat- und Verfahrensrecht, 10. Aufl., München 2000

Kartzke, Ulrich: Renvoi und Sinn der Verweisung, IPRax 1988, 8ff.

Kaser, Max: Römisches Privatrecht, 10. Aufl., München 1977

Kegel, Gerhard: Begriffs- und Interessenjurisprudenz im internationalen Privatrecht, FS für Hans Lewald, Basel 1953, 259ff.

- Zur Bindung an das gemeinschaftliche Testament im deutschen internationalen Privatrecht, FS für Hermann Jahrreiss, Köln Berlin Bonn München 1964, 143ff.

Kegel, Gerhard/ Schurig, Klaus: Internationales Privatrecht, 8. Aufl., München 2000

Kemp, Peter: Grenzen der Rechtswahl im internationalen Ehegüter- und Erbrecht, Köln Berlin Bonn München 1999

Kindler, Peter: Die Gestaltung letztwilliger Verfügungen italienischer Staatsangehöriger in Deutschland, in: Deutsches Anwaltsinstitut e.V. (Hrsg.), Notarieller Rechtsverkehr mit Italien, Bochum 1996 (zit.: Gestaltung letztwilliger Verfügungen)

- Einführung in das italienische Recht, München 1993 (zit.: Einführung)

- Internationale Zuständigkeit und anwendbares Recht im italienischen IPR-Gesetz von 1995, RabelsZ 61 (1997), 227ff.

Klingelhöffer, Hans: Kollisionsrechtliche Probleme des Pflichtteils, ZEV 1996, 258ff.

Kötters, Ursula: Parteiautonomie und Anknüpfungsmaximen, Frankfurt am Main Bern New York Paris 1989

Kötz, Hein: Die 15. Haager Konferenz und das Kollisionsrecht des trust, RabelsZ 50 (1986), 562ff.

Kropholler, Jan: Internationales Privatrecht, 4. Auflage, Tübingen 2001

Kropholler, Jan/ Krüger, Hilmar/ Riering, Wolfgang/ Samtleben, Jürgen/ Siehr, Kurt (Hrsg.): Außereuropäische IPR-Gesetze, Hamburg Würzburg 1999

Krzywon, Hagen: Die Rechtswahl im Erbrecht, BWNotZ 1987, 4ff.

Kuhn, Hans: Der Renvoi im internationalen Erbrecht der Schweiz, Zürich 1998

Kühne, Gunther: Die außerschuldvertragliche Parteiautonomie im neuen Internationalen Privatrecht, IPRax 1987, 69ff.

- Die Parteiautonomie im internationalen Erbrecht, Bielefeld 1973 (zit.: Parteiautonomie)

- Internationales Privatrecht im Ausgang des 20. Jahrhunderts, RabelsZ 43 (1979), 290ff.

- IPR-Gesetz-Entwurf mit Begründung, Heidelberg Karsruhe 1980 (zit.: IPR-Gesetz-Entwurf)

- Testierfreiheit und Rechtswahl im Internationalen Erbrecht, JZ 1973, 403ff.

Kunz, Karl-Heinz: Wandel oder Ruhe im deutschen internationalen Erbrecht? Zum Entwurf eines Übereinkommens der Haager Konferenz für Internationales Privatrecht über das auf die Rechtsnachfolge von Todes wegen anzuwendende Recht, ZRP 1990, 212ff.

Lagarde, Paul: La nouvelle Convention de La Haye sur la loi applicable aux successions, Rev. crit. dr. int. privé 78 (1989), 249ff.

Lalive, Pierre: La douzième session de la conférence de La Haye de droit international privé, SJIR XXVIII (1972), 43ff.

- Observations, Anm. zu BGE 102 II 136 = SJIR XXXIII (1977), 334ff., SJIR XXXIII (1977), 338ff.

- Rapport explicatif, in : Conférence de La Haye de droit international privé (Hrsg.), Actes et documents de la Douzième session, Tome II, Administration des successions, La Haye 1974, 285ff.

- Traité américano-suisse et professio juris ou "Rougeron revisted", Liber amicorum Adolf F. Schnitzer, Genève 1979, 285ff.

Lange, Heinrich/Kuchinke, Kurt: Erbrecht, Ein Lehrbuch, München 2001

Laurent, François: Le droit civil international, Tome 2, Brüssel Paris 1880

Lauterbach, Wolfgang (Hrsg.): Vorschläge und Gutachten zur Reform des deutschen internationalen Erbrechts, vorgelegt im Auftrag der Erbrechtskommission des Deutschen Rates für internationales Privatrecht, Berlin Tübingen 1969

Leisner, Walter: Pflichtteilsentziehungsgründe nach §§ 2333ff. BGB verfassungswidrig? BVerfG läßt eine wichtige Frage offen, NJW 2001, 126ff.

Lenz, Carl Otto (Hrsg.): EG-Vertrag Kommentar, 2. Aufl., Köln Basel Genf München Wien 1999

Lenzi, Raffaele: I riflessi sull'attività notarile della riforma del diritto internazionale privato, in: La riforma del diritto internazionale privato e i suoi riflessi sull'attività notarile, atti del convegno di studi in onore di Mario Marano, Napoli 30 - 31 marzo 1990, Milano 1991, 127ff. (zit.: Studi Marano)

- Il problema dei patti successori tra diritto vigente e prospettive di riforma, Riv. not. 1988, 1209ff.

- Per una riforma del diritto internazionale privato (considerazioni a margine della sentenza della corte costituzionale n. 71 del 26 febbraio 1987), Riv. not. 1987, 981ff.

- Prime osservazioni sulla legge 218 del 31 maggio 1995, Riv. not. 1995, 1133ff.

Leoncini Bartoli, Amadeo: Le donazioni nel diritto internazionale privato italiano, Milano 1978

Leonhardt, Peter: Das neue Internationale Privatrecht Rumäniens, IPRax 1994, 156ff.

Li, Haopei: Some recent developments in the conflict of laws of succession, Rec. des Cours 224 (1990-V), 9ff.

Lichtenberger, Peter: Zum Gesetz zur Neuregelung des Internationalen Privatrechts, DNotZ 1986, 644ff.

Linde-Rudolf, Sabine: Probleme einer Parteiautonomie im deutschen internationalen Erbrecht, Rheinfelden 1988

Lipstein, Kurt: Das Haager Abkommen über die internationale Abwicklung von Nachlässen, RabelsZ 39 (1975), 29ff.

- Trusts, Int. enc. comp. Law, III-23, Tübingen 1994, 1ff.

van Loon, J. H. A.: Die Haager Konferenz und ihre Bestrebungen zur Reform des Internationalen Erbrechts, MittRhNotK 1989, 9ff.

- Unification and co-operation in the field of international family law: a perspective from the Hague, in: E Pluribus Unum, Liber amicorum Georges A. L. Droz, The Hague Boston London 1996, 173ff. (zit.: Unification)

Lorenz, Stephan: Rückverweisung des italienischen Internationalen Erbrechts auf die lex rei sitae bezüglich der Ausgestaltung der Erbengemeinschaft, IPRax 1990, 82f.

- Schenkung von Todes wegen, Sachstatut und internationales Bereicherungsrecht – Der "Bonifatius-Fall" im Internationalen Privatrecht, ZEV 1996, 406ff.

Loussouarn, Yves: La dualité des principes de nationalité et de domicile en droit international privé, Rapport définitif et projet de résolution, Annuaire de l'Institut du Droit International 62-I, Le Caire 1987, 295ff.

Lüderitz, Alexander: Anknüpfung im Parteiinteresse, FS für Gerhard Kegel, Frankfurt am Main 1977, 31ff.

Lupoi, Maurizio: Effetti della convenzione dell'Aja in un paese civilista – Effects of the Hague convention in a civil law country, Vita not. 1998, 19ff.

- Trusts, Milano 1997

- Trusts e successione mortis causa, Jus 1997, 277ff.

Luther, Gerhard: Zum Rechtsschutz der Ausländer in der deutschen Rechtspflege, FS für Friedrich Wilhelm Bosch, Bielefeld 1976, 559ff.

v. Lutterotti, Peter: Die Miteigentumsgemeinschaft und deren Teilung im italienischen Rechtssystem aus der Sicht der notariellen Praxis (Zivilrecht – Verfahrensrecht – Gebührenrecht), FS für Helmut Schippel, München 1996, 933ff.

Luzzatto, Riccardo: Das Testamentsrecht Italiens, ZfRV 6 (1965), 182ff.

- Stati giuridici e diritti assoluti, Milano 1965 (zit.: Stati giuridici)

Maglio, Valentina/ Thorn, Karsten: Neues Internationales Privatrecht in Italien - eine kritische Betrachtung, ZVglRWiss 96 (1997), 347ff.

Makarov, Alexander N.: Der allgemeine Teil des internationalen Privatrechts im neuen französischen Kodifikationsentwurf, FS für Wilhelm Wengler, Band II, Berlin 1973, 505ff.

- Die Quellen des internationalen Privatrechts, in: *Loewenfeld/ v. Simson* (*Hrsg.*), Das internationale Privatrecht der europäischen und außereuropäischen Staaten, Erster Teil, 1. Aufl., Berlin 1929

- Quellen des internationalen Privatrechts, 2. Aufl., Band I, Gesetzestexte, Berlin Tübingen 1953, Band II, Texte der Staatsverträge, Berlin Tübingen 1960 (zit.: I, II)

- Quellen des internationalen Privatrechts, Nationale Kodifikationen, 3. Aufl., Tübingen 1978

Mancini, Pasquale Stanislao: De l'utilité de rendre obligatoire pour tous les Etats, sous la forme d'un ou de plusieurs traités internationaux, un certain nombre de règles générales du droit international privé pour assurer la décision uniforme des conflits entre les différentes législations civiles et criminelles, Clunet 1 (1874), 221ff., 285ff.

Mankowski, Peter/ Osthaus, Wolf: Gestaltungsmöglichkeiten durch Rechtswahl beim Erbrecht des überlebenden Ehegatten in internationalen Fällen, DNotZ 1997, 10ff.

Mansel, Heinz-Peter: Neues italienisches Staatsangehörigkeitsrecht und deutsch italienische Doppelstaaterkonstellationen, StAZ 1990, 29ff.

Marmocchi, Enrico: Forma dei testamenti, in: *Rescigno, Pietro* (*Hrsg.*): Successioni e donazioni, Padova 1994, 757ff.

Martiny, Dieter: Gemeinschaftsrecht, ordre public, zwingende Bestimmungen und Exclusivnormen, in: *v. Bar, Christian* (*Hrsg.*), Europäisches Gemeinschaftsrecht und Internationales Privatrecht, Tagung des Instituts für Internationales Privatrecht und Rechtsvergleichung des Fachbereichs Rechtswissenschaften der Universität Osnabrück am 6. und 7. April 1990 in Osnabrück, Köln Berlin Bonn München 1991, 211ff.

Maunz, Theodor/ Dürig, Günter u.a. (Hrsg.): Grundgesetz, Kommentar, Band I, Art. 1 – 11, Band II, Art. 12 – 20, 39. Ergänzungslieferung, München 2001 (zit.: Maunz/Dürig-Bearbeiter)

Mazzoni, Cosimo Marco: Accordi successori, donazioni in conto di legittima e successione necessaria, Riv. dir. priv. 1997, 762ff.

Meili, Friedrich: Das internationale Civil- und Handelsrecht, II. Band, Zürich 1902

Mengozzi, Paolo: Diritto internazionale privato italiano, Torino 1987, Ristampa 1998 (zit.: D.i.p.)

- La riforma del diritto internazionale privato: la legge 31 maggio 1995, n. 218, 2. edizione, Napoli 1997 (zit.: La Riforma)

- Le disposizioni sulla legge in generale: gli articoli da 16 a 31, in: *Rescigno, Pietro* (*Hrsg.*), Trattato di diritto privato, Volume 1, Torino 1982, 271ff. (zit.: Le disposizioni sulla legge in generale)

Migliazza, Alessandro: L'autonomia della volontà nel campo delle successioni, nota a "Re Allen's Estate", Chancery Division, 6.7.1945, Giur. comp. dir. int. priv. XI, Roma 1954, 276ff., 278ff.

- La disciplina della forma degli atti di ultima volontà nel diritto internazionale privato, Comunicazioni e Studi VI, Milano 1954, 179ff.

- La divisione ereditaria nel diritto internazionale privato, Comunicazioni e Studi IV, Milano 1952, 157ff.

- Problemi generali di una nuova codificazione del diritto internazionale privato, in: Consiglio nazionale del notariato (Hrsg.), Problemi di riforma del diritto internazionale privato, Milano 1986, 355ff. (zit.: Problemi generali)

- Successione, VII) Diritto internazionale privato e processuale, Enc. giur. XXX, Roma 1993

- Successioni (diritto internazionale privato), Nov. dig. it. XVIII, Torino 1971, 862ff.

Monaco, Riccardo: L'efficacia della legge nello spazio, seconda edizione, Torino 1964

Morelli, Gaetano: Elementi di diritto internazionale privato, XII. edizione, Napoli 1986

Mosconi, Franco: Diritto internazionale privato e processuale, Parte generale e contratti, 1. edizione, Torino 1996, ristampa 1997 (zit.: D.i.p., Parte generale); Parte speciale, Torino 1997 (zit.: D.i.p., Parte speciale)

- Qualche riflessione in tema di ordine pubblico nel progetto di riforma e nella convenzione di Bruxelles, in: La riforma del diritto internazionale privato e processuale, Raccolta in ricordo di Edoardo Vitta, Milano 1994, 369ff.

van Mourik, Martin/ Schols, Freek/ Schmellenkamp,Cornelia/ Tromlow, Heerlen/ Weber, Wolfgang: Deutsch-Niederländischer Rechtsverkehr in der Notarpraxis, Würzburg 1997

Müller, Dierk: Die Rechtswahl im internationalen Erbrecht (Bericht), RabelsZ 31 (1967), 337ff.

Müller-Freienfels, Wolfram: Zur kollisionsrechtlichen Abgrenzung von Ehegüterrecht und Erbrecht, in: *Lauterbach, Wolfgang* (*Hrsg.*), Vorschläge und Gutachten zur Reform des deutschen internationalen Erbrechts, Berlin Tübingen 1969, 42ff.

Münchener Kommentar zum Bürgerlichen Gesetzbuch, Band 10, Einführungsgesetz zum Bürgerlichen Gesetzbuche (Art. 1 – 38), Internationales Privatrecht, 3. Aufl., München 1998 (zit.: MünchKomm-Bearbeiter)

Munari, Francesco: Erste Bemerkungen zum neuen italienischen internationalen Privat- und Verfahrensrecht, JbItalR 9 (1996), 37ff.

Neuhaus, Paul Heinrich: Besprechung von Kühne, Die Parteiautonomie im internationalen Erbrecht, RabelsZ 39 (1975), 599

- Das Internationale Privatrecht im italienischen Zivilgesetzbuch von 1942, RabelsZ 15 (1949/1950), 22ff.

- Die Grundbegriffe des internationalen Privatrechts, 2. Aufl., Tübingen 1976 (zit.: Grundbegriffe)

- Über die Reform des deutschen internationalen Erbrechts, FamRZ 1970, 12ff.

Neuhaus, Paul Heinrich/ Kropholler, Jan: Entwurf eines Gesetzes über internationales Privat- und Verfahrensrecht (IPR-Gesetz), RabelsZ 44 (1980), 326ff.

Nishitani, Yuko: Mancini e l'autonomia della volontà nel diritto internazionale privato e processuale, Riv. dir. int. priv. proc. 2001, 23ff.

Ortiz de la Torre, Jose Antonio Tomas: Legislaciones nacionales de derecho internacional privado, Madrid 1995

Otte, Gerhard: Um die Zukunft des Pflichtteilsrechts, ZEV 1994, 193ff.

v. Overbeck, Alfred E.: Das neue schweizerische Bundesgesetz über das Internationale Privatrecht, IPRax 1988, 329ff.

- Der schweizerische Entwurf eines Bundesgesetzes über das internationale Privatrecht, RabelsZ 42 (1978), 601ff.

- La Convention du premier août 1989 sur la loi applicable aux successions pour cause de mort, SJIR XLVI (1989), 138ff.

- La professio juris comme moyen de rapprocher les principes du domicile et de la nationalité en droit international privé, Liber amicorum Baron Louis Frédériq, Band II, Gent 1965, 1085ff. (zit.: La professio juris)

- La théorie des "règles de conflit facultatives" et l'autonomie de la volonté, FS für Frank Vischer, Zürich 1983, 257ff.

- Les questions générales du droit international privé à la lumière des codifications et projets récents, Rec. des Cours 176 (1982-III), 9ff.

- L'irréstible extension de l'autonomie en droit international privé, Hommage à François Rigaux, Bruxelles 1993, 619ff.

- Osservazioni alla relazione e al progetto di legge, in: Istituto per la documentazione e gli studi del diritto internazionale privato (Hrsg.), Prospettive del diritto internazionale privato. Un simposio, Milano 1968, 397ff. (zit.: Osservazioni)

Palandt: Bürgerliches Gesetzbuch, 61. Aufl., München 2002 (zit.: Palandt-Bearbeiter)

Palazzo, Antonio: Declino del divieto dei patti successori, alternative testamentarie e centralità del testamento, Jus 1997, 289ff.

- I trusts in materia successoria, in: *Beneventi, Ilaria* (*Hrsg.*), I trusts in Italia oggi, Milano 1996, 121ff.

- Successione (successione necessaria), Enc. giur. XXX, Roma 1997, 1ff.

- Testamento e istituti alternativi nel laboratorio giurisprudenziale, Riv. crit. dir. priv. 1983, 435ff.

Perlingieri, Pietro: Manuale di diritto civile, Napoli 1997 (zit.: Perlingieri-Bearbeiter)

Pesce, Angelo: Die Reform des italienischen internationalen Privat- und Verfahrensrechts, RIW 1995, 977ff.

Piccoli, Paolo: Possibilità operative del trust nell'ordinamento italiano, L'operatività del trustee dopo la Convenzione dell'Aja, Riv. not. 1995, 37ff.

- Trusts, patti successori, fedecommesso, Vita not. 1996, 1591ff.

Picone, Paolo: Autonomia della volontà e pluralità dei metodi di coordinamento tra ordinamenti, in: La riforma italiana del diritto internazionale privato, Padova 1998, 515ff. (zit.: Autonomia della volontà)

- La legge applicabile alle successioni, in: La riforma del diritto internazionale privato e i suoi riflessi sull'attività notarile, Atti del convegno di studi in onore di Mario Marano, Napoli 30-31 Marzo 1990, Milano 1991, 57ff. (zit.: Studi Marano)

- La teoria generale del diritto internazionale privato nella legge italiana di riforma della materia, in: La riforma del diritto internazionale privato italiano, convegno Roma 11 - 12 aprile 1996, Napoli 1997, 41ff. (zit.: La teoria generale)

- I metodi di coordinamento tra ordinamenti nel progetto di riforma del diritto internazionale privato italiano, in: La riforma del diritto internazionale privato e processuale, Raccolta in ricordo di Edoardo Vitta, Milano 1994, 173ff.

- Saggio sulla struttura formale del problema delle questioni preliminari nel diritto internazionale privato, Napoli 1971 (zit.: Questioni preliminari)

Pillet, Antoine: Principes de droit international privé, Paris Grenoble 1903 (zit.: Principes)

- Traité pratique de droit international privé, Tome II, Grenoble Paris 1924 (zit.: II)

Pirrung, Jörg: Die XV. Tagung der Haager Konferenz für Internationales Privatrecht - Trustübereinkommen vom 1. Juli 1985, IPRax 1987, 52ff.

- Die Haager Konferenz für Internationales Privatrecht und ihr Übereinkommen vom 1. August 1989 über das auf die Rechtsnachfolge von Todes wegen anzuwendende Recht, Mél. Fritz Sturm, Band II, Liège 1999, 1607ff.

- Internationales Privat- und Verfahrensrecht nach dem Inkrafttreten der Neuregelung des IPR, Texte, Materialien, Hinweise, Köln 1987 (zit.: Pirrung, IPR)

Pocar, Fausto: Das neue italienische Privatrecht, IPRax 1997, 145ff.

- Il nuovo diritto internazionale privato, Milano 1997 (zit.: D.i.p.)

- I principi generali del diritto internazionale privato nella legge di riforma, in: La riforma del sistema di diritto internazionale privato e processuale, Atti del VII seminario, Milano, 16.12.1998, Milano 1996, 3ff. (zit.: Principi generali)

Poletti di Teodoro, Brunilde: Una svolta storica nel diritto internazionale privato italiano: il primo intervento "abrogativo" della Corte costituzionale, Foro it. 1987, I, 2317ff.

Poullet, P.: Manuel de droit international privé belge, 3ième édition, Bruxelles 1947

de Preux, Patrick: La professio juris, (Etude de l'article 22 LRDC), Lausanne 1981

Priemer, Julia: Das Italienische Internationale Privatrecht nach seiner Reform - Insbesondere zum Recht der Allgemeinen Ehewirkungen, Güterrecht, Erbrecht, MittRhNotK 2000, 45ff.

Pünder, Burkhard: Internationales Erbrecht - Vergleich des neuen IPR-Gesetzes mit den bisherigen Regelungen des EGBGB, MittRhNotK 1989, 1ff.

Raape, Leo: Deutsches Internationales Privatrecht, 2. Aufl., Berlin 1945

Raape, Leo/ Sturm, Fritz: Internationales Privatrecht, 6. Aufl., München 1977

Rabel, Ernst: The Conflict of Laws IV, Ann Arbour 1958

Rauscher, Thomas: Fristen der "accettazione dell'eredità", DNotZ 1985, 204ff.

- Reformfragen des gesetzlichen Erb- und Pflichtteilsrechts, Band II, 2. Teilband, Regensburg 1993

Rauscher, Thomas/ Scheuer, Katrin: Entwicklungen im italienischen Erbrecht, JbItalR 8 (1995), 59ff.

Reichelt, Gerte: Der neue französische IPR-Entwurf, ZfRV 12 (1971), 249ff.

Reichert-Facilides, Daniel: Empfiehlt es sich, das gesetzliche Erbrecht und Pflichtteilsrecht neu zu regeln?, Rechtsvergleichender Überblick, Verhandlungen des 49. DJT, Band I, München 1972, A 57ff.

- Fakultatives und zwingendes Kollisionsrecht, Tübingen 1995

Reinhart, Gert: Zur Neuregelung des deutschen internationalen Erbrechts, BWNotZ 1987, 97ff.

- Zur Parteiautonomie im künftigen deutschen internationalen Privatrecht auf den Gebieten des Familien- und Erbrechts, ZVglRWiss 80 (1981), 150ff.

Rescigno, Pietro (Hrsg.): Successioni e donazioni, 2 Volumi, Padova 1994

Reul, Adolf: Erbverzicht, Pflichtteilsverzicht, Zuwendungsverzicht, MittRhNotK 1997, 373ff.

Riering, Wolfgang/Marck, Quintus J.: Das gemeinschaftliche Testament deutsch-niederländischer Ehegatten - unter besonderer Berücksichtigung des Haager Erbrechtsübereinkommens vom 1.8.1989, ZEV 1995, 90ff.

Riering, Wolfgang: Der Erbverzicht im Internationalen Privatrecht, ZEV 1998, 248ff.

- Die Rechtswahl im Internationalen Erbrecht, ZEV 1995, 404ff.

- *(Hrsg.)* IPR-Gesetze in Europa, Textausgabe in Originalsprachen mit deutschen Übersetzungen, Bern München 1997

Rigaux, François: Bericht über den VII. Kongreß der "Union international du notariat latin" in Brüssel, September 1963, Rev. crit. dr. int. privé 53 (1964), 168ff.

- "Versorgungsausgleich" and Art. 12 EC: Discriminations based on the nationality and German private international law, IPRax 2000, 287ff.

Roppo, Vincenzo: Per una riforma del divieto dei patti successori, Riv. dir. priv. 1997, 5ff.

Roth, Wulf-Henning: Der Einfluß des Europäischen Gemeinschaftsrechts auf das Internationale Privatrecht, RabelsZ 55 (1991), 623ff.

Saulle, Maria Rita: Lineamenti del nuovo diritto internazionale privato, L. 31 maggio 1995 n. 218 e norme richiamate, Napoli 1995

v. Savigny, Friedrich Karl: System des heutigen Römischen Rechts, Achter Band, Berlin 1849

Schack, Haimo (Hrsg.): Höchstrichterliche Rechtsprechung zum internationalen Privat- und Verfahrensrecht, München 1993

Schaer, Walter: Ist das Pflichtteilsrecht ein erhaltenswertes Institut?, Zürich 1976

Scheucher, Leo: Das Haager Testamentsabkommen, ZfRV 1964, 216ff.

Scheuermann, Thomas: Statutenwechsel im internationalen Erbrecht, München 1969

Schleifenbaum, Eckhart: Die Auseinandersetzung der Erbengemeinschaft in Italien – Eine rechtsvergleichende Untersuchung aus Sicht des deutschen Rechts, Regensburg 1999

Schmeding, Jörg G.-A.: Zur Bedeutung der Rechtswahl im Kollisionsrecht, RabelsZ 41 (1977), 229ff.

Schmellenkamp, Cornelia: Änderungen des Internationalen Erbrechts im Verhältnis zwischen Deutschland und den Niederlanden aufgrund des Haager Erbrechtsübereinkommens vom 1.8.1989, MittRhNotK 1997, 245ff.

Schnitzer, Adolf F.: Handbuch des internationalen Privatrechts, Band II, 4. Aufl., Basel 1958

Schömmer, Hans Peter/ Faßold, Heidemarie/ Bauer, Klaus: Internationales Erbrecht Italien, München 1997

Schotten, Günther: Das IPR in der notariellen Praxis, München 1995

- Notarielle Rechtsgestaltung im Internationalen Privatrecht, FS für Helmut Schippel, München 1996, 945ff.

- Probleme des Internationalen Privatrechts im Erbscheinsverfahren, Rpfleger 1991, 181ff.

Schröder, Jochen: Besprechung der FS zum fünfzigjährigen Bestehen des Instituts für ausländisches und internationales Privat- und Wirtschaftsrecht der Universität Heidelberg, FamRZ 1969, 291ff.

Schurig, Klaus: Kollisionsnorm und Sachrecht, Berlin 1981

Schweizerische Vereinigung für internationales Recht (Hrsg.): Bundesgesetz über das internationale Privatrecht (IPR-Gesetz), Gesetzesentwurf der Expertenkommission und Begleitbericht, Schweizer Studien zum internationalen Recht, Band 12, Zürich 1978

- Bundesgesetz über das internationale Privatrecht (IPR-Gesetz), Schlußbericht der Expertenkommission zum Gesetzesentwurf, Schweizer Studien zum internationalen Recht, Band 13, Zürich 1979

- Freiburger Kolloquium über den schweizerischen Entwurf zu einem Bundesgesetz über das internationale Privatrecht, 27. - 28. April 1979, Schweizer Studien zum internationalen Recht, Band 14, Zürich 1979 (zit.: Freiburger Kolloquium)

Schwind, Fritz: Die Haager Konferenz und die neuere Entwicklung des I.P.R., Möglichkeiten und Grenzen, Liber amicorum Baron Louis Frédéricq, Gent 1965, 1113ff. (zit.: Die Haager Konferenz)

- Entwurf eines Bundesgesetzes über das internationale Privat- und Prozeßrecht, ZfRV 12 (1971), 161ff.

- Prinzipien des neuen österreichischen IPR-Gesetzes, StAZ 1979, 109ff.

- Zum Inkrafttreten des IPR-Gesetzes, ZfRV 20 (1979), 2ff.

- Zwischenbilanz der Reformbestrebungen des österreichischen internationalen Privatrechts, StAZ 1976, 121ff.

Scialoja, Antonio/ Branca, Giuseppe (Hrsg.): Commentario del Codice civile – Disposizioni sulla legge in generale, Art. 16 – 21, Bologna Roma 1978 (zit.: Scialoja/Branca-Bearbeiter)

Siehr, Kurt: Das Internationale Erbrecht nach dem Gesetz zur Neuregelung des IPR, IPRax 1987, 4ff.

- Die Parteiautonomie im Internationalen Privatrecht, FS für Max Keller, Zürich 1989, 485ff.

Siemers, Lothar/ Müller, Nicole: Offshore-Trusts als Mittel zur Vermögensnachfolgeplanung?, ZEV 1998, 206ff.

Simó Santonja, Vicente-Luis: Derecho Sucesorio Comparado, Madrid 1968

Soergel: Bürgerliches Gesetzbuch mit Einführungsgesetz und Nebengesetzen, 12. Aufl., Band 10, Stuttgart Berlin Köln 1996 (zit.: Soergel-Bearbeiter); 11. Aufl., Band 8, Stuttgart Berlin Köln Mainz 1983 (zit.: Soergel-Bearbeiter, 11. Aufl.)

Sonnenberger, Hans-Jürgen: Introduction générale à la réforme du droit international privé dans la République fédérale d'Allemagne selon la loi du 25 juillet 1986, Rev. crit. dr. int. privé 76 (1987), 1ff.

Spickhoff, Andreas: Der ordre public im internationalen Privatrecht, Neuwied Frankfurt 1989

Staudinger: Kommentar zum Bürgerlichen Gesetzbuch mit Einführungsgesetz und Nebengesetzen, 12. Aufl., Einführungsgesetz zum Bürgerlichen Gesetzbuch, Art. 24 – 28 a.F., Art. 25, 26 n.F., Berlin 1991 (zit.: Staudinger-Bearbeiter, 12. Aufl.); 13. Aufl., Einführungsgesetz zum Bürgerlichen Gesetzbuche/ IPR, Art. 25, 26 EGBGB, Anhang zu Art. 25 und 26 EGBGB: Ausländische Rechte, Berlin 2000; Fünftes Buch, Erbrecht, §§ 2265 – 2338a, Berlin 1998 (zit.: Staudinger-Bearbeiter)

Stoll, Veit: Die Rechtswahl im Namens-, Ehe- und Erbrecht, München 1991

Streinz, Rudolf: Europarecht, 5. Aufl., Heidelberg 2001

Streinz, Rudolf/ Leible, Stefan: Prozeßkostensicherheit und gemeinschaftsrechtliches Diskriminierungsverbot, IPRax 1998, 162ff.

Sturm, Fritz: Parteiautonomie als bestimmender Faktor im Familien- und Erbrecht, FS für Ernst Wolf, Köln 1985, 637ff.

- Diskussionsbeitrag, DNotZ 1985 (Sonderheft), 139ff.

- Zur liechtensteinischen IPR-Reform, FS für Anton Heini, Zürich 1995, 445ff.

- Zur Reform des internationalen Familien- und Erbrechts in der Schweiz und in der Bundesrepublik Deutschland, FamRZ 1984, 744ff.

Taupitz, J.: Deutscher Fremdrechtserbschein und schweizerisches Pflichtteilsrecht, IPRax 1988, 207ff.

Tedeschi, Vittorio: Domicilio, residenza e dimora, Nov. dig. it. VI, Torino 1964, 189ff.

Tiedemann, Andrea: Die Rechtswahl im deutschen Internationalen Privatrecht, RabelsZ 55 (1991), 17ff.

- Internationales Erbrecht in Deutschland und Lateinamerika, Tübingen 1993

Torrente, Andrea/ Schlesinger, Piero: Manuale di diritto privato, 14. edizione, ristampa aggiornata, Milano 1995

Trabucchi, Alberto: Istituzioni di diritto civile, 39. edizione, Padova 1999

Valladão, Haroldo: Le droit international privé des Etats américains, Rec. des Cours 81 (1952-II), 1ff.

Venturi, Paolo: Sul c.d. rinvio in favorem nel sistema italiano di diritto internazionale privato, Riv. dir. int. priv. proc. 1999, 525ff.

Venturini, Gian Carlo: Diritti reali, II) Diritto internazionale privato e processuale, Enc. giur. XI, Roma 1989, 1ff.

- Donazione (diritto internazionale privato), Enc. dir. XIII, Varese 1964, 992ff.

Villani, Ugo: Le successioni e le donazioni (artt. 46 - 51 e 56), Corr. giur. 1995, 1249ff.

Vischer, Frank: Die erbrechtliche professio iuris und der schweizerisch-amerikanische Staatsvertrag von 1850, SJIR XXII (1965), 49ff.

Vitta, Edoardo: Diritto internazionale privato, I, Parte generale, Torino 1972 (zit.: D.i.p., I); II, Stato e capacità delle persone – forma degli atti – diritto di famiglia, Torino 1973 (zit.: D.i.p., II); III, Diritti reali – successioni e donazioni – obbligazioni, Torino 1975 (zit.: D.i.p., III)

- Memoriale e progetto di legge, in: Problemi di riforma del diritto internazionale privato, Convegno Studi tenuto si a Roma nei giorni 1 e 2 giugno 1984 a cura del Consiglio Nazionale del Notariato, Milano 1986, 3ff., 262ff. (zit.: Memoriale e progetto di legge)

Vitta, Edoardo/ Mosconi, Franco: Corso di diritto internazionale privato e processuale, quinta edizione, Torino 1994, ristampa 1995 (zit.: Corso)

Waters, Donovan W.M.: Rapport explicatif, in: Conférence de La Haye de droit international privé (Hrsg.), Actes et documents de la Seizième session, Tome II, Successions – loi applicable, La Haye 1990, 526ff.

Watté, Nadine: L'Autonomie de la volonté dans les conventions de La Haye, Rev. belge dr. int. privé 24 (1991), 413ff.

Wicki, André Aloys: Zur Dogmengeschichte der Parteiautonomie im Internationalen Privatrecht, Winterthur 1965

Wiethölter, Rudolf: Internationales Nachlaßverfahrensrecht, in: *Lauterbach, Wolfgang (Hrsg.)*, Vorschläge und Gutachten zur Reform des deutschen internationalen Erbrechts, vorgelegt im Auftrag der Erbrechtskommission des Deutschen Rates für internationales Privatrecht, Berlin Tübingen 1969, 141ff.

Wittuhn, Georg: Das internationale Privatrecht des trust, Frankfurt am Main 1987

Zaccaria, Alessio: Diritti extrapatrimoniali e Successione, Padova 1988

Einleitung

« A coté du fait de l'existence de législations et de codes en désaccord entre eux, il en existe un autre des plus aisés à constater: c'est que l'homme naît cosmopolite, et que la nature n'a pas voulue l'enchaîner toute sa vie à son pays de naissance. »

Mancini, Clunet 1 (1874), 221, 227.

Schon seit jeher haben sich Menschen von staatlichen Grenzen nicht abhalten lassen, fremde Länder zu bereisen, sich dort niederzulassen, eine Familie zu gründen und schließlich dort zu versterben. Geliebt, gelebt und gestorben wurde und wird grenzüberschreitend. Heute gilt dies wegen des Zusammenwachsens der europäischen Staaten innerhalb der Europäischen Union mehr denn je, und die vielen italienischen Staatsangehörigen, die teilweise bereits seit Jahrzehnten in Deutschland leben und hier fest verwurzelt sind, geben ein Beispiel für diese Entwicklung.

Immer öfter beschäftigen deshalb Erbfälle die deutschen Gerichte und die rechtsberatende Praxis, in denen wegen des Staatsangehörigkeitsprinzips des deutschen Kollisionsrechts ein ausländisches Erbstatut zur Anwendung gelangt. Bis vor wenigen Jahren wurde ein italienischer Erblasser aus Sicht beider beteiligter Rechtsordnungen nach seinem italienischen Heimatrecht beerbt; eine Rechtswahl konnte er nur in den engen Grenzen des Art. 25 Abs. 2 EGBGB treffen. Nunmehr gestattet das italienische Kollisionsrecht, als Erbstatut das Recht desjenigen Staates zu wählen, in dem der Erblasser seinen letzten gewöhnlichen Aufenthalt hat. Unter welchen Voraussetzungen eine solche Rechtswahl getroffen werden kann, welche Grenzen ihr gesetzt sind und wie sie sich im deutsch-italienischen Rechtsverkehr auswirkt, insbesondere welche Gestaltungsmöglichkeiten sie dem italienischen Erblasser eröffnet, soll im folgenden untersucht werden. Dabei werden auch kurz die entsprechenden Regelungen des Haager Übereinkommens über das auf die Rechtsnachfolge von Todes wegen anzuwendende Recht vom 1.8.1989 vorgestellt.

Zunächst wird jedoch ein Blick auf die Verbreitung der Parteiautonomie im Erbrecht in den Kollisionsrechten verschiedener Staaten geworfen und die Diskussion zusammengefaßt, der sich die erbrechtliche

Rechtswahl ausgesetzt sieht. Dadurch wird zum einen deutlich, daß das neue italienische Kollisionsrecht nicht so revolutionär ist, wie es auf den ersten Blick erscheint. Zum anderen erschließt sich der theoretische Hintergrund, in den die Rechtswahlmöglichkeit des italienischen Rechts eingebettet ist und vor dem manche ihrer Einschränkungen zumindest nachvollziehbar werden.

Den Abschluß der Arbeit bildet die rechtsvergleichend neuartige Möglichkeit der Erbengemeinschaft nach dem italienischen Kollisionsrecht, das auf die Auseinandersetzung des Nachlasses anwendbare Recht zu bestimmen.

A Einführung

I. Begriffsbestimmung und Abgrenzung

1. Kollisionsrechtliche - materiellrechtliche Verweisung

Wird im folgenden die Rechtswahl im internationalen Erbrecht behandelt, so ist darunter die Möglichkeit des Erblassers zu verstehen, das auf seine Erbfolge anwendbare Recht zu bestimmen. Dabei wird das gewählte Recht in seiner Gesamtheit, d.h. auch mit seinen zwingenden Normen berufen; diese ersetzen die zwingenden Normen des nach objektiven Kriterien anwendbaren Rechts[1].
Eine solche kollisionsrechtliche Verweisung unterscheidet sich von einer nur materiellrechtlichen dadurch, daß durch letztere im Rahmen des Erbstatuts, also innerhalb seiner zwingenden Bestimmungen, auf fremdes Recht summarisch Bezug genommen wird (*recezione negoziale*)[2]. Eine derartige Befugnis des Testators folgt jedoch bereits aus dem Prinzip der Testierfreiheit[3], sie ist nicht auf kollisionsrechtlicher Ebene, sondern im materiellen Recht angesiedelt. Eine entsprechende Norm im Kollisionsrecht ist somit überflüssig[4].
Auch die Begriffe Parteiautonomie und professio juris[5] sind im Sinne einer kollisionsrechtlichen Verweisung zu verstehen. Als *autonomia della volontà* bzw. *autonomie de la volonté* werden allerdings in der italienisch- bzw. französischsprachigen Literatur sowohl die materiellrechtliche als auch die kollisionsrechtliche Verweisung bezeichnet[6].

---

1 *Ballarino*, D.i.p., 520; *Kropholler*, § 40 I; *Li*, Rec. des Cours 224 (1990-V), 9, 65; *Hotz*, 23; *Kühne*, Parteiautonomie, 21; *Dölle*, RabelsZ 30 (1966), 205, 235.

2 *Neuhaus*, Grundbegriffe, 252; *Li*, Rec. des Cours 224 (1990-V), 9, 65f.; *Dölle*, RabelsZ 30 (1966), 205, 225; *Kühne*, Parteiautonomie, 21; *v. Overbeck*, La professio juris, 1085, 1087; *Deli*, zu Art. 46 IPRG, Nuove leggi civ. comm. 1996, 1278, 1288; *Picone*, Studi Marano, 57, 80f.

3 *Hotz*, 22. Im Bereich des internationalen Schuldvertragsrechts ergibt sich die materiellrechtliche Verweisungsbefugnis aus dem Grundsatz der Vertragsfreiheit.

4 *Siehr*, FS Keller, 485, 486.

5 Zur ursprünglichen Bedeutung der professio juris in den mittelalterlichen Stammesrechten und vor dieser Zeit s. *Wicky*, 6ff.; *Ballarino*, D.i.p., 15f.; *Dreher*, 13; mit vielen Beispielen *Neumeyer*, 111ff., 147ff. Heute wird der Begriff oft zur Bezeichnung einer auf eine bestimmte Rechtsordnung beschränkten Rechtswahlmöglichkeit verwendet.

6 Vor allem in der älteren Literatur ist damit oft nur eine Verweisung auf der Ebene des materiellen Rechts gemeint, vgl. z.B. *Poullet*, 561, 562; *Ago*, Studi, 131f.;

2. Direkte - indirekte Rechtswahl

Eine direkte oder echte Rechtswahl liegt dann vor, wenn das Kollisionsrecht den an einem internationalen Sachverhalt beteiligten Personen die Wahl des anwendbaren Rechts überläßt[7]. Der Wille der oder des einzelnen, hier des Erblassers, wird als selbständiger Anknüpfungspunkt berücksichtigt[8].
Eine indirekte oder unechte Rechtswahl erfolgt demgegenüber durch Veränderung der vom Kollisionsrecht objektiv vorgegebenen Anknüpfungsmomente. Beispiele hierfür sind die Verlegung des Wohnsitzes, der Wechsel der Staatsangehörigkeit oder der Erwerb von Immobilien in einem bestimmten Land mit dem Ziel, einem anderen Recht Geltung zu verschaffen[9]. Der Wille der Partei(en) entscheidet darüber nur mittelbar; die Abgrenzung zu fraudulösem Verhalten kann im Einzelfall Schwierigkeiten bereiten[10].

3. Rechtswahl - alternative Anknüpfung

Von alternativer Anknüpfung oder Rechtsanwendung spricht man, wenn eine Kollisionsnorm zur Verwirklichung des Günstigkeitsprinzips mehrere objektive Anknüpfungspunkte und damit mehrere Rechtsordnungen zur Verfügung stellt, von denen jede allein zur Lösung einer bestimmten Rechtsfrage führen kann[11]. Zu nennen sind hier u.a. die Regelungen im Interesse des *favor validitatis, favor filiationis, favor negotii, favor alimenti* oder des *favor testamenti*. Die jeweilige Rechtsordnung, die zu dem gewünschten materiellrechtlichen Ergebnis führt, findet hier unabhängig vom Willen der betroffenen Personen Anwendung, während bei

---

andererseits *v. Overbeck*, Osservazioni, 397, 405, der als "*véritable autonomie de la volonté, au sens du droit international privé*", diejenige definiert, "*permettant au testateur de remplacer même les dispositions impératives de la loi successorale objectivement compétente par les règles d'une autre loi.*" S. dazu sowie allgemein zur Terminologie auch *Kropholler*, § 40 I; *Kühne*, Parteiautonomie, 19.

7 *Kühne*, Parteiautonomie, 20.

8 *Hotz*, 21f.; *Ballarino*, D.i.p., 519.

9 *Kühne*, Parteiautonomie, 20; *Hotz*, 21; *Anzilotti*, 156. *Rabel*, 273, spricht hier von "*individual freedom itself*".

10 Vgl. dazu *Kropholler*, § 23 I; *Batiffol*, Aspects, 84f.; *Hotz*, 21f.

11 *Kühne*, Parteiautonomie, 22; *Hotz*, 23f.

einer Rechtswahl gerade dieser das anwendbare Recht bestimmt[12]. Der Wille des Einzelnen ist auch dann ausschlaggebend, wenn die Norm, die die Rechtswahl gestattet, den Kreis der wählbaren Rechte mittels objektiver Kriterien vorgibt.

4. Wirkliche - hypothetische Rechtswahl

Eine wirkliche oder reale Rechtswahl kann, je nach den konkreten Anforderungen, ausdrücklich oder stillschweigend vorgenommen werden. Eine hypothetische Rechtswahl ist demgegenüber nur dort denkbar, wo überhaupt kein Wille geäußert wurde. Angeknüpft werden soll deshalb an den hypothetischen Parteiwillen, so daß diejenige Rechtsordnung zur Anwendung gelangt, die die Parteien gewählt hätten, wenn sie sich ihrer Rechtswahlmöglichkeit bewußt gewesen wären[13].
Berechtigung und Kriterien einer derartigen Anknüpfung wurden vor allem im internationalen Vertragsrecht kontrovers diskutiert[14]; im internationalen Erbrecht wurde sie in neuerer Zeit nie in Betracht gezogen. Liegt trotz entsprechender Möglichkeit keine (gültige) Rechtswahl vor, so muß das anwendbare Recht nach objektiven Kriterien ermittelt werden[15].

5. Rechtswahl - fakultatives Kollisionsrecht

Die kollisionsrechtliche Rechtswahl ist weiterhin vom fakultativen Kollisionsrecht zu unterscheiden, das die Beachtung des Kollisionsrechts und die Anwendung ausländischen Rechts in einem Rechtsstreit nicht von Amts wegen vorsieht, sondern davon abhängig macht, daß mindestens eine an dem Verfahren beteiligte Partei sie verlangt. Andernfalls können sich die Parteien einverständlich auf die lex fori zurückziehen und diese dadurch „wählen", daß sie davon absehen, sich

---

12 *v. Overbeck*, La professio juris, 1085, 1087; *Kühne*, Parteiautonomie, 22; *Hotz*, 23f. Wird eines der alternativen Anknüpfungsmomente erst durch das darauf gerichtete Verhalten der Partei(en) hergestellt, so liegt wieder eine indirekte Rechtswahl vor; vgl. *Neuhaus*, Grundbegriffe, 252.

13 *Neuhaus*, Grundbegriffe, 263.

14 S. z.B. *Gamillscheg*, AcP 157 (1958/59), 303ff.; *Neuhaus*, Grundbegriffe, 263ff. m.w.N.

15 *Kropholler*, § 40 IV 4, 5; *Kühne*, Parteiautonomie, 21f.

auf fremdes Recht zu berufen[16]. Begründet wird der Vorschlag mit dem Interesse der Parteien an einer qualitativ höherwertigen, schnelleren und kostensparenden Justiz[17].
Im internationalen Erbrecht ist jedoch vorrangig eine Rechtswahlmöglichkeit des Erblassers von Interesse[18]; auf diese paßt die Konzeption eines fakultativen Kollisionsrechts schon vom Ansatz her nicht. Denn zumeist wird die Frage nach dem anwendbaren Recht sich nach dem Tod des Erblassers stellen, so daß dieser nicht Partei in einem entsprechenden Rechtsstreit sein kann.
Was die Beteiligten eines Rechtsstreits in Erbschaftssachen angeht, so scheidet die Anwendung der Grundsätze de lege lata in den hier interessierenden Fallkonstellationen (in Deutschland und Italien) aus: Das Gericht wendet das Kollisionsrecht von Amts wegen an. § 293 ZPO und Art. 14 ital. IPRG stellen besondere verfahrensrechtliche Regelungen nur für die Ermittlung ausländischer Normen, nicht aber für die Behandlung des eigenen Kollisionsrechts auf. Aus Art. 4 Abs. 2 EGBGB und Art. 13 Abs. 2 lit. a ital. IPRG folgt außerdem mittelbar, daß nur das Sachrecht eines Staates und nicht auch das Kollisionsrecht in einer Gesamtverweisung wählbar ist[19]. De lege ferenda stößt der Vorschlag überwiegend auf Ablehnung[20].

Außerdem stellt die indirekte Wahl der Parteien im Verfahren keine Rechtswahl im Sinne einer kollisionsrechtlichen Verweisung dar, da sie gleichsam noch eine Stufe vor dem Kollisionsrecht angesiedelt ist und

---

16 *Flessner*, RabelsZ 34 (1970), 547, 573ff.; *Reichert-Facilides*, 82; *Sturm*, FS E. Wolf, 637, 658 m.w.N.; vgl. auch *Kropholler*, § 7 II 2 m.w.N.

17 *Flessner*, a.a.O., 547, 554. S. auch die Entscheidung des Trib. Milano, 16.3.1992, Riv. dir. int. priv. proc. 1993, 700, 702; dazu *Boschiero*, Riv. dir. int. priv. proc. 1993, 541, 552ff.

18 Das italienische Kollisionsrecht sieht nunmehr jedoch auch für die Erbengemeinschaft eine begrenzte Rechtswahlmöglichkeit vor; dazu unten B III.

19 S. dazu *Einsele*, RabelsZ 60 (1996), 417, 421; *Kropholler*, § 7 II 2; *Boschiero*, Riv. dir. int. priv. proc. 1993, 541, 559ff., 561; *Ballarino*, D.i.p., 277f.; *Picone*, Autonomia della volontà, 515, 547; sowie aus der Rechtsprechung Cass., 7.2.1975, n. 458, Riv. dir. int. 1976, 576, 579; BGH, Urt. v. 7.4.1993, NJW 1993, 2305f.; BGH, Urt. v. 21.9.1995, NJW 1996, 54.

20 *Kropholler*, § 7 II 2; *Einsele*, RabelsZ 60 (1996), 417, 419ff. m.w.N.; *v. Overbeck*, FS Vischer, 257ff.; *Schurig*, 343ff.; *Boschiero*, Riv. dir. int. priv. proc. 1993, 541, 566ff.

dieses gar nicht zur Anwendung kommt[21]. Sie ersetzt auch nicht eine Rechtswahl im eigentlichen Sinn, da die Parteien einerseits schon zu einem früheren Zeitpunkt Rechtsklarheit wünschen, andererseits sich im Prozeß möglicherweise nicht mehr auf einen Verzicht auf die Regelungen des IPR einigen können[22]. In dieser Arbeit bleiben deshalb die Gedanken des fakultativen Kollisionsrechts außer Betracht.

6. Rechtswahl bei Errichtung eines *testamentary trust*

Vor allem im anglo-amerikanischen Rechtskreis gibt es die Möglichkeit, durch letztwillige Verfügung einen *testamentary trust* zu errichten. Ein *trust* ist ein Rechtsverhältnis, bei dem einer Person bestimmte Güter übertragen bzw. ihrer Aufsicht unterstellt werden, die diese für einen oder mehrere Dritte oder für einen bestimmten Zweck zu verwalten hat[23]. Bei einem *testamentary trust* überträgt demnach der Erblasser als *settlor* (*testator*/Begründer) seinen Nachlaß auf den *trustee* (Treuhänder); dieser hat das nunmehr verselbständigte Vermögen zugunsten der *beneficiaries* (Begünstigte/*cestui que trust*) inne[24].
In Fällen mit Auslandsberührung kann der *settlor* dabei das als *trust*-Statut anwendbare Recht weitgehend selbst bestimmen[25] und so möglicherweise im Ergebnis eine erbrechtliche Rechtswahl vornehmen.

Aus deutscher Sicht ist ein derartiger *trust* erbrechtlich zu qualifizieren, weil er wie eine Verfügung von Todes wegen die Rechtsnachfolge nach dem Erblasser und das rechtliche Schicksal des Nachlaßvermögens betrifft. Er unterfällt somit dem von Art. 25 EGBGB berufenen Erbsta-

---

21 S. *Einsele*, RabelsZ 60 (1996), 417, 419; dazu aber *Flessner*, RabelsZ 34 (1970), 547, 557.

22 *Sturm*, FS E. Wolf, 637, 658.

23 Eine genaue Definition des *trust* ist wegen seiner Vielschichtigkeit und Flexibilität nicht möglich, vielmehr können nur seine wesentlichen Eigenschaften beschrieben werden; vgl. *Gaillard/Trautman*, Am. Journ. Comp. Law 35 (1987) 307, 317; *Hayton*, 5; *Henrich*, Einführung in das Englische Privatrecht, 98ff.; *Wittuhn*, 4f.; s. auch Art. 2, 3 des Haager Übereinkommens über das auf *trusts* anzuwendende Recht und über ihre Anerkennung vom 1.7.1985 (s. dazu unten Fn. 28).

24 *Siemers/Müller*, ZEV 1998, 206.

25 *Lipstein*, Int. Enc. Comp. Law III-23, 11f., 15f.; *Gaillard/Trautman*, Rev. crit. dr. int. privé 75 (1986), 1, 17; *Boulanger*, 233ff., insbes. 237; *Wittuhn*, 35ff., 39f., 45ff. Zu verschiedenen Gestaltungsmöglichkeiten und den damit verbundenen Risiken s. *Ingham*, in: *Beneventi*, I trust in Italia oggi, 467, 468ff.

tut[26], das alle mit dem Erbfall zusammenhängenden Fragen umfassend regelt. Eine über Art. 25 Abs. 2 EGBGB hinausgehende Rechtswahlmöglichkeit besteht daher im deutschen internationalen Erbrecht nicht. Ist nach Art. 25 Abs. 1 EGBGB deutsches Recht anwendbar, so können weder zwingende Bestimmungen des deutschen Erbrechts, wie z.B. das Pflichtteilsrecht, umgangen werden, noch sind dem BGB fremde Rechtsinstitute der Rechtsnachfolge von Todes wegen wirksam. Die Anordnung eines *testamentary trust* ist demnach unwirksam, wenn nicht über Art. 3 Abs. 3 EGBGB ein Einzelstatut, das das Institut des *trust* kennt, Geltung beansprucht[27]. Eine auf diesem Wege durch Bildung unbeweglichen Vermögens in einem Staat mit Nachlaßspaltung gegebene Einflußmöglichkeit auf das anzuwendende Recht stellt allerdings keine direkte, sondern lediglich eine indirekte Rechtswahl dar.

In Italien scheint die Situation auf den ersten Blick komplizierter, da Italien dem Haager *trust*-Übereinkommen vom 1.7.1985 beigetreten ist, das Statut und Anerkennung von *trusts* zum Gegenstand hat[28].
Ein *trust* iSd. Übereinkommens sind „die von einer Person, dem Begründer - durch Rechtsgeschäft unter Lebenden oder für den Todesfall - geschaffenen Rechtsbeziehungen, wenn Vermögen zugunsten eines Begünstigten oder für einen bestimmten Zweck der Aufsicht eines *trustee* unterstellt worden ist"; die Eigenschaften eines solchen *trust* werden noch näher beschrieben (Art. 2, 3 des Übereinkommens). Das Übereinkommen hat damit eine eigenständige Definition und Konzeption des *trust* geschaffen[29]. Voraussetzung für die Anwendbarkeit des Über-

---

26 *Wittuhn*, 88ff.; *Czermak*, 120ff.; *Staudinger-Dörner*, zu Art. 25 EGBGB Rn. 410.

27 Vgl. *Siemers/Müller*, ZEV 1998, 206, 207.

28 Übereinkommen über das auf *trusts* anzuwende Recht und über ihre Anerkennung vom 1.7.1985, abgedruckt in RabelsZ 50 (1986), 689ff. (englischer und französischer Text); eine deutsche Übersetzung findet sich in IPRax 1987, 52ff. Das Übereinkommen ist in Italien am 1.1.1992 in Kraft getreten (die Zustimmung zur Ratifikation erfolgte mit legge 16 ottobre 1989 n. 364, veröffentlicht in Suppl. Ordinario alla G.U., 8 novembre 1989, n. 261) und als *loi uniforme* konzipiert (Art. 21 des Übereinkommens). Weitere Vertragsstaaten sind Australien, Kanada, Malta, die Niederlande und das Vereinte Königreich, vgl. *Kropholler*, § 55 I 1.

Allgemein zu dem Abkommen s. *Pirrung*, IPRax 1987, 52ff.; *Staudinger-Dörner*, Vorbem. zu Art. 25f. EGBGB Rn. 129ff.; *Kötz*, RabelsZ 50 (1986), 562ff.; *Lupoi*, Trusts, 411ff.; *Piccoli*, Riv. not. 1995, 37, 44ff. Zu den Auswirkungen im italienischen Recht s. *Broggini*, Jus 1997, 11, 18ff.; *Lupoi*, Trusts, 483ff.; *Palazzo*, in: *Beneventi*, I trust in Italia oggi, 121, 123ff. Eine Kommentierung findet sich in Nuove leggi civ. comm. 1993, 1211ff.

29 *Lupoi*, Vita not.1998, 19, 22, 30.

einkommens ist ferner, daß die nach ihm maßgebliche Rechtsordnung die Rechtsfigur des *trust* oder die Art von *trusts* kennt, um die es geht. Nach Art. 6 des *trust*-Übereinkommens untersteht der *trust* in erster Linie dem von dem Begründer gewählten Recht[30], das Gültigkeit, Auslegung, Wirkungen und Verwaltung des *trusts* regelt (Art. 8 des Übereinkommens). Ein *trust*, der nach diesem (gewählten) Recht errichtet wurde, wird in den Vertragsstaaten grundsätzlich als solcher anerkannt (Art. 11ff. des Übereinkommens). Eine Verpflichtung zur Anerkennung besteht nach Art. 13 des *trust*-Übereinkommens nur dann nicht, wenn der *trust*, abgesehen von der Rechtswahl, dem gewöhnlichen Aufenthalt des *trustee* und dem Ort der Verwaltung, eine engere Verbindung zu Staaten aufweist, denen dieses Rechtsinstitut fremd ist[31].

Aus den Regelungen des Übereinkommens folgt, daß in Italien ein *testamentary trust*, durch den der Begründer über seinen Nachlaß verfügt, anerkannt wird und Rechtswirkungen entfalten kann, wenn das anwendbare Recht dieses Institut vorsieht. Das anwendbare Recht aber kann der *settlor* parteiautonom bestimmen.
Dennoch stellt die Rechtswahlmöglichkeit nach Art. 6 des *trust*-Übereinkommens keine erbrechtliche Rechtswahlmöglichkeit im eigentlichen Sinn dar. Art. 15 Abs. 1 des Übereinkommens spricht nämlich einen Vorbehalt zugunsten derjenigen Bestimmungen des nach den Kollisionsnormen der lex fori anwendbaren Rechts aus, von denen durch Rechtsgeschäft nicht abgewichen werden kann, und nennt als Beispiel dafür u.a. Normen auf dem Gebiet des Erbrechts, insbesondere des Pflichtteilsrechts (Art. 15 Abs. 1 lit. c des Übereinkommens)[32]. Da ein *testamentary trust* die Rechtsnachfolge von Todes wegen regelt und somit auch aus Sicht des italienischen Rechts Fragen des Erbstatuts berührt[33], bleiben dessen unabdingbare Normen unberührt und gehen im Konflikt dem für den *trust* gewählten Recht vor[34].

---

30 Bei fehlender Rechtswahl sieht Art. 7 eine Ersatzanknüpfung vor.

31 Zu Art. 13 des Übereinkommens s. Trib. di Santa Maria Capua Vetere, decr. 5.3.1999, Riv. dir. int. priv. proc. 1999, 1019ff.; *Lupoi*, Vita not. 1998, 19, 25, 32ff.

32 S. dazu Trib. di Lucca, 23.9.1997, Foro it. 1998, I, 2007, 2016f. Zu den Schwierigkeiten der Berechtigten, ihre Ansprüche tatsächlich durchsetzen, s. *Lupoi*, Jus 1997, 277, 284f.

33 *Annibale*, 242; s. auch Trib. Casale Monferrato, decr. 13.4.1984, Riv. not. 1985, 240ff.

34 *Gaillard/Trautman*, Rev. crit. dr. int. privé 75 (1986), 1, 24ff.; *Lipstein*, Int. Enc. Comp. Law III-23, 29f.; *Droz*, Rec. des Cours 229 (1991-IV), 9, 249; *Broggini*, Jus 1997, 11, 29f.; *Lupoi*, Trusts, 455ff.; *Deli*, zu Art. 46 IPRG, Nuove leggi civ. comm.

Damit steht es dem Testator und Begründer eines *trust* lediglich frei, im Rahmen der vom Erbstatut gewährten Testierfreiheit das *trust*-Statut zu wählen. Die zwingenden Bestimmungen des objektiv bestimmten oder gewählten Erbstatuts bleiben bestehen. Die so ausgesprochene Verweisung hat also nur materiellrechtlichen, nicht aber kollisionsrechtlichen Gehalt. Deshalb soll sie vorliegend außer Betracht bleiben.

1996, 1278, 1294 Fn. 78; kritisch *Piccoli*, Vita not. 1996, 1591, 1600f.; *Deli*, zu Art. 15 *trust*-Übereinkommen, Nuove leggi civ. comm. 1993, 1286, 1291.

II. Die Rechtswahl im internationalen Erbrecht

1. Die Rechtswahl im internationalen Erbrecht im italienischen internationalen Privatrecht - Kurzüberblick

Am 1. September 1995 ist das neue italienische IPR-Gesetz (mit Ausnahme der Vorschriften über Anerkennung und Vollstreckung (Art. 64 bis 71 IPRG) in Kraft getreten, vgl. Art. 74 IPRG[35], das die bisherige Regelung des internationalen Privatrechts in Art. 16 bis 31 der disposizioni sulla legge in generale (disposizioni preliminari) des Codice civile von 1942 abgelöst hat.

In das Gesetz sind nicht nur die verfassungsrechtliche Entwicklung und die Erfahrungen der jüngeren europäischen Kodifikationen und der staatsvertraglichen Übereinkommen auf dem Gebiet des internationalen Privatrechts eingeflossen[36], sondern es basiert gleichzeitig, im außerschuldvertraglichen Bereich, auf den „drei klassischen Säulen" des italienischen IPR-Systems: der Nationalität, der Parteiautonomie und dem ordre public[37].
In diesem Licht spiegelt sich auch die neu geschaffene Rechtswahlmöglichkeit im internationalen Erbrecht. Art. 46 Abs. 2 des IPR-Gesetzes ermöglicht dem Erblasser, innerhalb bestimmter Grenzen das Recht seines letzten gewöhnlichen Aufenthaltes als Erbstatut zu wählen, und durchbricht so das in Abs. 1 der Vorschrift verankerte Staatsangehörigkeitsprinzip auf „dogmatisch reizvolle und praktisch bedeutsame" Weise[38]. Art. 46 Abs. 2 IPRG lautet:

"Il soggetto della cui eredità si tratta può sottoporre, con dichiarazione espressa in forma testamentaria, l'intera successione alla legge dello Stato in cui risiede. La scelta non ha effetto se al momento della morte il

---

35 Legge 31.5.1995 n. 218 - Riforma del sistema italiano di diritto internazionale privato, Gazz. Uff., suppl. ord. n. 68 al n. 128 del 3.6.1995 = Riv. dir. int. 1995, 857; deutsche Übersetzung von *Jayme/Siehr/Kronke* in IPRax 1996, 356ff. und in SZIER 1996, 279ff., von *De Meo* in *Riering*, IPR-Gesetze in Europa, Nr. 3b, 42ff.; von *Bauer* in: Italienische Zivilprozeßordnung mit Nebengesetzen und IPR-Gesetz/Codice di Procedura Civile con leggi complementari e legge sul d.i.p. (1996), Nr. 8. Die Vorschriften über Anerkennung und Vollstreckung, Art. 64 bis 71 IPRG, sind am 31. Dezember 1996 in Kraft getreten, vgl. Art. 74 HS. 2 IPRG.

36 *Munari*, JbItalR 9 (1996), 37, 39.

37 *Jayme*, IPRax 1990, 196.

38 So *Kindler*, RabelsZ 61 (1997), 227, 261.

dichiarante non risiedeva più in tale Stato. Nell'ipotesi di successione di un cittadino italiano, la scelta non pregiudica i diritti che la legge italiana attribuisce ai legittimari residenti in Italia al momento della morte della persona della cui successione si tratta."

Der Gesetzgeber ist hier einer internationalen Tendenz gefolgt, die insbesondere im Haager Erbrechtsübereinkommen vom 1.8.1989 Ausdruck gefunden hat[39], und führt doch zurück zu den Ursprüngen des italienischen Systems, nämlich zu den Gedanken Mancinis und zu der von ihm maßgeblich geprägten Vorschrift des Art. 9 der disposizioni preliminari des Codice civile von 1865[40].
Die Einführung einer Rechtswahl im internationalen Erbrecht trägt dazu bei, das italienische IPR-Gesetz als eines der modernsten und innovativsten Kollisionsrechte in Europa erscheinen zu lassen[41]. Sie könnte außerdem einen Beitrag zur Annäherung an die Erfordernisse eines europäischen Erbrechts leisten[42], da sie die Harmonisierung der verschiedenen erbrechtlichen Systeme, die entweder dem Staatsangehörigkeits- oder dem Wohnsitzprinzip folgen, erleichtern dürfte.

2. Internationale Verbreitung der Rechtswahl im internationalen Erbrecht in der Gesetzgebung

Auf internationaler Ebene stellt die Möglichkeit einer professio juris durch den Erblasser allerdings keine Neuigkeit dar. Bereits im letzten Jahrhundert war sie einigen Rechtsordnungen bekannt. Auch heute befindet sich Italien in Gesellschaft anderer Staaten, deren gesetzliche Regelungen die parteiautonome Bestimmung des Erbstatuts vorsehen.

---

39 Relazione della Commissione, zu Art. 44, Studi Marano, 165, 191, 427; *Picone*, Studi Marano, 57, 73.

40 Relazione della Commissione, zu Art. 44, Studi Marano, 165, 191; *Vitta*, D.i.p. III, 125f.; *Deli*, zu Art. 46 IPRG, Nuove leggi civ. comm. 1996, 1278, 1287. *Mancini* verfaßte die Einführungsbestimmungen zum Codice civile von 1865 weitgehend selbst, vgl. dazu *Jayme*, FS Zweigert, 145, 146f.; *ders.*, Mancini, 7. Zu Art. 9 disp. prel. c.c. (1865) s. unten A II 2 a cc (3).

41 *Munari*, JbItalR 9 (1996), 37, 39.

42 *Ebenroth/Kleiser*, RIW 1993, 353, 354.

a) Anfänge

aa) Lateinamerika

Die gesetzgeberischen Anfänge des Prinzips der Parteiautonomie im internationalen Erbrecht liegen in Lateinamerika.

(1) Bolivien

Der bolivianische Código civil von 1831 gestattet in seinem Art. 463 dem ausländischen Erblasser, der zugunsten eines anderen Ausländers verfügt, die Erbfolge in bestimmte Sachen seinem Heimatrecht zu unterstellen[43], während sonst an das Wohnsitzrecht angeknüpft wird. Nur in Bolivien belegene Immobilien unterliegen gem. Art. 464 Código civil immer bolivianischem Recht[44].

(2) Peru

Ähnlich war die Rechtslage in Peru nach dem alte Código civil von 1851, der jedoch seit 1936 nicht mehr in Kraft ist. Ein Ausländer konnte für die Erbfolge in Nachlaßgegenstände, die sich im Ausland befanden, anstelle des peruanischen Rechts entweder die lex rei sitae oder das Recht seines Geburtsorts wählen (Art. 693 Código civil)[45], für die Erbfolge in ein Großhandelsunternehmen, das er in Peru besaß, anstelle des peruanischen Rechts das Recht seines Geburtsorts (Art. 694 Código civil)[46]. Für in Peru belegene Immobilien galt ansonsten wiederum peruanisches Recht (Art. 692 Código civil). Die in den Art. 693 und Art. 694 Código

---

43 Art. 463 Código civil: "Ausländer, die in Bolivien zugunsten anderer Ausländer über Güter, die sie in ihrer Heimat besitzen oder über bewegliche Sachen, Schmucksachen, über Geld und Waren testieren, welche sie bei sich oder im Gebiet der Republik haben, können sich nach ihren Heimatgesetzen richten." Vgl. *Makarov* I, 2. Aufl., Bolivien 4; spanischer Text bei *Ortiz de la Torre*, 85.

44 *Valladão*, Rec. des Cours 81 (1952-II), 1, 14; *ders.*, Annuaire 52 I (1967), 635f.; *Frankenstein*, IV, 415; *Li*, Rec. des Cours 224 (1990-V), 9, 66; *Kühne*, Parteiautonomie, 41; *Boulanger*, 214. Text bei *Makarov* I, 2. Aufl., Bolivien 6.

45 Art. 693 Código civil lautet: "*El extrangero que teste en el Perú de bienes que tiene fuera de él, podrà arreglarse á las leyes del pais donde tenga, ó á las del lugar de su nascimiento.*" Vgl. *Hotz*, 67.

46 Art. 694 Código civil: "*Se permite al extrangero que tenga en el Perú un establecimiento mercantil, en que solo vende por mayor, el que pueda disponer de él sujetandose á las leyes del pais de su nascimiento.*" Vgl. *Hotz*, 67.

civil gewährten Rechtswahlmöglichkeiten werden jedoch durch Art. 695 Código civil maßgeblich eingeschränkt: Hinterließ der Erblasser in Peru lebende Pflichtteilsberechtigte, so richteten sich ihre Rechte nach peruanischem Recht[47].

(3) Guatemala

Das Recht von Guatemala kannte bis 1932 eine der peruanischen sehr ähnliche Regelung. Nach Art. 797 des Código civil aus dem Jahre 1877 konnte sich der Testator für im Ausland belegenes Vermögen zwischen dem Recht seines Geburtsorts, der lex rei sitae und dem Recht von Guatemala entscheiden[48]; inländisches Vermögen unterlag zwingend dem Recht von Guatemala (Art. 796 Código civil). Das Pflichtteilsrecht von in Guatemala lebenden Angehörigen richtete sich jedoch auch hier in jedem Fall nach dem guatemaltekischen Recht (Art. 798 Código civil)[49].

(4) Mexico

Nach der früheren Regelung des mexikanischen Rechts im Código civil aus dem Jahre 1870 existierte ebenfalls eine professio juris im internationalen Erbrecht. Ausländer hatten die Befugnis, in einem im Ausland errichteten Testament das auf den Mobiliarnachlaß anwendbare Recht zu bestimmen (Art. 18 Código civil)[50]; testierten sie in Mexico, konnten

---

47 Art. 695 Código civil: "*Cesa el permiso concedido á los extrangeros en los articolos 693 y 694, si tienen en el Perú herenderos forzosos á este código.*" Vgl. *Hotz*, 67 Fn. 11. Zu der damals geltenden Regelung s. *Valladão*, Rec. des Cours 81 (1952-II), 1, 18f.; *ders.*, Annuaire 52 I (1967), 636; *Rabel*, IV, 274f.; *Hotz*, 67; *Dölle*, RabelsZ 30 (1966), 205, 207f.

48 Art. 797 Código civil: "Ein Ausländer, welcher in Guatemala über Gegenstände testiert, die er außerhalb Guatemalas besitzt, kann sich nach den Gesetzen des Staates richten, in welchem die Gegenstände belegen sind, oder nach den Gesetzen seines Geburtsortes oder nach den Gesetzen der Republik." Vgl. *Makarov*, 1. Aufl., 71.

49 Art. 798 Código civil: "Die den Ausländern im vorhergehenden Artikel verliehene Erlaubnis hat keine Geltung, wenn die Ausländer in Guatemala nach diesem Gesetzbuch notwendige Erben haben." Vgl. *Makarov*, 1. Aufl., 71; *Valladão*, Rec. des Cours 81 (1952-II), 1, 60f.; *Frankenstein*, IV, 415 Fn. 5; *Staudinger-Firsching*, 12. Aufl., Vorbem. zu Art. 24-26 EGBGB a.F. Rn. 194; *Hotz*, 68.

50 Ab 1884 Art. 17 Código civil: "*Si los contratos ó testamentos de que habla el artícolo anterior, fueren otorgados por un extranjero y hubieren de ejecutarse en el Distrito ó en la California, será libre el otorgante para elegir la ley á que haya de*

sie zwischen mexikanischem und ihrem Heimatrecht wählen (Art. 3423 Código civil)[51]. Für die Erbfolge in Immobilien war die lex rei sitae maßgebend. Mit der Neufassung des Código civil wurde 1928 jedoch die Rechtswahl abgeschafft[52].

(5) Kolumbien und Ecuador

Art. 18 des Vertrages über das internationale Privatrecht zwischen Kolumbien und Ecuador vom 18.6.1903 eröffnet Ausländern eine Wahlmöglichkeit zwischen Heimat- und Wohnsitzrecht[53], die aber durch Inländerschutzklauseln des Art. 19 erheblich eingeschränkt wird[54].

bb) USA

Auch in den Vereinigten Staaten von Nordamerika kann die Parteiautonomie im internationalen Erbrecht auf eine gewisse Tradition zurückblicken; einige Einzelstaaten lassen dort eine Rechtswahl des Erblassers nicht nur im Bereich des *trust*-Rechts zu[55], sondern in unterschiedlichem Umfang auch für das Erbstatut.

(1) New York

Das Recht von New York sieht in § 3-5.1 (h) des Estate, Powers and Trusts Law vom 2.8.1966 (EPTL) vor, daß der Erblasser ohne *domicile* in New York die Erbfolge in dort belegenes Vermögen dem Recht von

---

sujetarse la solemnidad interna del acto, en cuanto al interés que consista en bienes muebles.[...]". Vgl. *Hotz*, 67f.; deutsche Übersetzung bei *Makarov*, 1. Aufl., 116f.

51 Ab 1884 Art. 3286 Código civil: "*Los extranjeros que testen en el Distrito y en California, pueden excoger la ley de su patria o la mexicana respecto de la solemnidad interna del acto*; [...]." Vgl. *Hotz*, 68; deutscher Text bei *Makarov*, 1. Aufl., 118.

52 S. zum alten Recht von Mexico *Valladão*, Rec. des Cours 81 (1952-II), 1, 55ff.; *ders.*, Annuaire 52 I (1967), 636; *Hotz*, 67f.; *Li*, Rec. des Cours 224 (1990-V), 9, 67; *Dölle*, RabelsZ 30 (1966), 205, 208.

53 Art. 18: " Ausländer können gemäß den Gesetzen des Landes, wo sie geboren oder eingebürgert sind, oder gemäß den Gesetzen ihres Wohnsitzes in der Republik testieren." Vgl. *Makarov* II, 2. Aufl., 124.

54 *Kühne*, Parteiautonomie, 42 Fn. 32; *Li*, Rec. des Cours 224 (1990-V), 9, 67; *Valladão*, Annuaire 52 I (1967), 636. Text der Vorschrift bei *Makarov* II, 2. Aufl., 124.

55 Oben A I 6 und *Kühne*, Parteiautonomie, 36f. und 40.

New York unterstellen kann[56]. Immobilien, die sich in New York befinden, werden ohnehin vom innerstaatlichen Recht als lex rei sitae erfaßt[57]. Diese Vorschrift löste § 47 des Decedent Estate Law aus dem Jahre 1909 mit gleichem Inhalt ab[58].

(2) Illinois

In Illinois gilt nach dem Probate Act Sec. 896(b) die gleiche Regelung[59], die ihrerseits Vorschriften aus den Jahren 1955 bzw. 1975 ersetzt[60].

(3) Maryland

Nach § 368 des Annotated Code of the Public General Laws of Maryland (1957) ist das Recht dieses Staates auf die Erbfolge nach einem „*originally*" in Maryland domizilierten Erblasser anwendbar, es sei denn, er habe seine entgegenstehende Absicht in seiner Verfügung von Todes wegen ausdrücklich erklärt[61].

---

56 § 3-5.1 (h) EPTL: "*Whenever a testator, not domiciled in this state at the time of death, provides in his will that he elects to have the disposition of his property situated in this state governed by the laws of this state, the intrinsic validity, including the testator's general capacity, effect, interpretation, revocation or alternation of any such disposition is determined by the local law of this state.*" Vgl. *Staudinger-Firsching*, 12. Aufl., Vorbem. zu Art. 24-26 EGBGB a.F. Rn. 197. Eine ähnliche Regelung findet sich im Recht von Florida, vgl. *Kötters*, 114f.

57 § 3-5.1 (b) (1) EPTL; vgl. auch *Ferid/Firsching*, VIII, US-Texte III, New York, Nr. 30 a.

58 Text bei *Makarov*, 1. Aufl., 259f.; *Kühne*, Parteiautonomie, 36 Fn. 17; *Hotz*, 65. S. dazu, zur Haltung der Rechtsprechung sowie zu der Rechtswahlmöglichkeit in Bezug auf *testamentary trusts Kühne*, Parteiautonomie, 36ff.; *Hotz*, 65f., 77ff.; *Cavers*, Rec. des Cours 131 (1970-III) 75, 208ff., jeweils m.w.N. Rechtsprechungsnachweise zu der Vorschrift auch bei *Kötters*, 134ff.; *Goré*, L'administration, 276ff.

59 Vgl. Uniform Probate Code, U.L.A. (1998), 385 (Kommentierung zum alten § 2-602) und Uniform Probate Code, official 1991 text, 576.

60 § 89 b des Probate Act (1939); Text bei *Ferid/Firsching*, VII, US-Texte III, Illinois, Nr. 11, 32; dazu *Kühne*, Parteiautonomie, 37. Diese Norm wurde von Probate Act (1975), Capter 110½ § 7-6 abgelöst, vgl. *Sturm*, FS E. Wolf, 637, 644.

61 *Rabel*, IV, 275; *Dölle*, RabelsZ 30 (1966), 205, 209; *Li*, Rec. des Cours 224 (1990-V), 9, 69.

(4) Uniform Probate Code

Section 2-602 des Uniform Probate Code aus dem Jahr 1969 ließ in seiner ursprünglichen Fassung eine weitreichende Rechtswahl im internationalen Erbrecht zu. Bezugspunkte zu der gewählten Rechtsordnung waren nicht erforderlich[62]. Seit seiner Abänderung im Jahr 1975 sind jedoch das Pflichtteilsrecht, der Freiteil und der Unterhalt für die Familie von der Rechtswahl ausgenommen, so daß im Ergebnis nur mehr eine materiellrechtliche Verweisung gestattet wird[63]. In einer neuen Fassung von 1990 wurde der Anwendungsbereich der Vorschrift (jetzt section 2-703) auf andere *governing instruments* ausgedehnt[64].

---

62 Section 2-602 (*Choice of Law as to Meaning and Effect of Wills*): "*The meaning and legal effect of a disposition in a will shall be determined by the local law of a particular state selected by the testator in his instrument unless the application of that law is contrary to the public policy of this state otherwise applicable to this disposition.*" Text bei *Staudinger-Firsching*, 12. Aufl., Vorbem. zu Art. 24-26 EGBGB a.F. Rn. 197. Der Uniform Probate Code ist in einer Reihe von Einzelstaaten eingeführt worden; s. Uniform Probate Act, U.L.A. (1998), 1; *Sturm*, FS E. Wolf, 637, 643 Fn. 34.

63 Geänderte Fassung: "*The meaning and legal effect of a disposition in a will shall be determined by the local law of a particular state selected by the testator in his instrument unless the application of this law is contrary to the provisions relating to the elective share described in Part 2 of this Article, the provisions relating to exempt property and allowances described in Part 4 of this Article, or any other public policy of this state otherwise applicable to the disposition.*" Vgl. *Ferid/Firsching*, VII, US-Texte II Nr. 10, 38f. Dazu *Staudinger-Firsching*, 12. Aufl., Vorbem. zu Art. 24-26 EGBGB a.F. Rn. 466; *Sturm*, FS E. Wolf, 637, 643; *Kötters*, 111f. m.w.N.

64 Der Begriff "*governing instrument*" ist in section 1-201 des Uniform Probate Code definiert als "*a deed, will, trust, insurance or annuity policy, account with POD designation, security registered in beneficiary form (TOD), pension, profit sharing, retirement, or similar benefit plan, instrument creating or exercising a power of appointment or a power of attorney, or a dispositive, appointive, or nominative instrument of any similar type.*"

Section 2-703 lautet nun: "*The meaning and legal effect of a governing instrument is determined by the local law of the state selected [by the transferor, seit 1993 weggefallen] in the governing instrument, unless the application of that law is contrary to the provisions relating to the elective share described in Part 2, the provisions relating to exempt property and allowances described in Part 4, or any other public policy of this state otherwise applicable to the disposition.*" Text in Uniform Probate Code, official 1991 text with comments, tenth edition, St. Paul, Minn. 1992 und Uniform Probate Code, U.L.A. (1998), 186.

(5) Utah, Massachusetts, Oregon, New Jersey, Minnesota

In einigen Staaten ist eine entsprechende Regelung allerdings ohne den später hinzugefügten Zusatz in Kraft, lediglich die Formulierung variiert teilweise. Nach dem internationalen Privatrecht von Utah[65], Massachusetts[66], Oregon[67], New Jersey[68] und Minnesota[69] kann der Erblasser das für die Auslegung und die Rechtswirkungen seines Testaments maßgebliche Recht in den Schranken des ordre public testamentarisch bestimmen. In diesen Staaten wird also eine umfassende Rechtswahlfreiheit gewährt.

cc) Europa

Auch in der Vergangenheit Europas finden sich vereinzelte Spuren der Parteiautonomie im Erbrecht.

(1) Deutschland

Die Verordnung über den Anwendungsbereich erbrechtlicher Vorschriften vom 12.12.1941 sah eine interlokale, beschränkte Rechtswahlmöglichkeit vor. So konnte der Erblasser für das Recht eines früheren Wohnsitzes optieren, ansonsten wurde an den Wohnsitz zur Zeit des Todes, hilfsweise an den Aufenthalt angeknüpft (§ 1 Abs. 1, 2 der VO)[70].

---

65 Vgl. *Ferid/Firsching*, VIII, Texte III Nr. 43, 9f. Hier gilt die Vorschrift als Bestandteil des Uniform Probate Code.

66 General Laws of Massachusetts, Part II Title II Chapter 191 "Wills" § 1 A Ziff. 1: "*The construction and legal effect of a disposition in a will shall be determined by the law of the commonwealth or by the local law of any foreign state or commonwealth selected by the testator in a will, unless the application of that law is contrary to the public policy of this commonwealth.*" Vgl. *Ferid-Firsching*, VIII, Texte III Nr. 19, 5f.; *Flick/Piltz*, 238; anders *Kötters*, 115.

67 Probate Code (1969/1973), Section 11; vgl. *Ferid/Firsching*, VIII, Texte III Nr. 35, 7.

68 N. J. Stat. Ann. § 3B: 3-33 (West 1982); vgl. *Kötters*, 113.

69 *Ferid/Firsching*, VIII, Texte III Nr. 21, 11.

70 RGBl. I 765; § 2 der VO: "(1) Der Erblasser kann durch Verfügung von Todes wegen (Testament, Kodizill, Erbvertrag) bestimmen, daß sich die Beerbung nach dem Recht des Orts im deutschen Reich richten soll, an dem er früher (gleichviel ob unmittelbar vor seiner Übersiedlung nach seinem letzten Wohnsitz oder vorher) seinen Wohnsitz gehabt hat.

Die Verordnung und damit auch die Rechtswahlmöglichkeit sollte Kollisionen zwischen den verschiedenen im nationalsozialistischen deutschen Reich geltenden Rechtsordnungen schlichten (BGB, ABGB)[71]. Sie ist deshalb vor dem Hintergrund der damaligen Zeit zu sehen und mittlerweile nicht mehr in Kraft[72].

(2) Schweiz

Im internationalen Erbrecht der Schweiz ist die Anknüpfung des Erbstatuts an den Parteiwillen schon seit langem bekannt. Nach Art. 22 Abs. 2 NAG (Bundesgesetz betreffend die zivilrechtlichen Verhältnisse der Niedergelassenen und Aufenthalter vom 25.6.1891) konnte der Erblasser, der sonst nach dem Recht seines letzten Wohnsitzes beerbt wurde, die Erbfolge dem Recht seines Heimatkantons unterstellen[73]. Diese Regelung, die eigentlich für interkantonale Konflikte konzipiert war, fand über Art. 32 NAG auch als internationale Kollisionsnorm Anwendung für in der Schweiz wohnhafte Ausländer[74]. Einem im Ausland lebenden Schweizer stand die professio juris hingegen nur über Art. 28 Ziff. 2 NAG offen,

---

(2) Ein solcher Wille des Erblassers ist im Zweifel anzunehmen, wenn der Erblasser in einer Verfügung von Todes wegen Anordnungen getroffen hat, die ersichtlich von dem Recht des früheren Wohnsitzes ausgehen." Näher dazu *Raape*, 271f.; *Soergel-Kegel*, 11. Aufl., vor Art. 24 EGBGB Rn. 136.

71 *Raape*, 270.

72 Aufgehoben durch Art. I Nr. 7 der Schlußvorschriften des Gesetzes zur Wiederherstellung der Gesetzeseinheit auf dem Gebiete des bürgerlichen Rechts vom 5.3.1953, BGBl. I 33. S. auch BGH, Urt. v. 29.3.1972, NJW 1972, 1001, 1002; *Soergel-Kegel*, 11. Aufl., Vor Art. 24 EGBGB Rn. 136 Fn. 1; *Ferid*, Gewillkürte Erbfolge, 91, 95f.

73 Art. 22 NAG: "(1) Die Erbfolge richtet sich nach dem Recht des letzten Wohnsitzes des Erblassers.

(2) Durch letztwillige Verfügung oder durch Erbvertrag kann jedoch jemand die Erbfolge in seinen Nachlaß dem Rechte seines Heimatkantons unterstellen."

Allgemein zu der Vorschrift s. *Meili*, 121ff.; *Hotz*, 31ff.; *de Preux*, 45ff.

74 Art. 32 NAG: "Die Vorschriften des gegenwärtigen Gesetzes finden auf die Ausländer, welche in der Schweiz ihren Wohnsitz haben, entsprechende Anwendung." S. *Vischer*, SJIR XXII (1965), 49, 52; *Kühne*, Parteiautonomie, 34f. Daß diese "entsprechende Anwendung" nicht dazu führen dürfe, "die interkantonalen Regelungen zu mechanisch auf das Gebiet des IPR zu übertragen", sondern jeder Einzelfall die analoge Anwendung rechtfertigen müsse, betont *Lalive*, SJIR XXXIII (1977), 338, 339f. Ähnlich kritisch auch *Hausheer*, ZBJV 114 (1978), 187, 193; *Bucher*, D.i.p. suisse, Rn. 945: "*En transposant l'art. 22 II LRDC aux successions internationales, la professio iuris a pris une dimension qu'elle n'était pas destinée à prendre à l'origine.*"

wenn das ausländische Wohnsitzrecht der Zuständigkeit im Heimatstaat nicht im Wege stand; Art. 22 Abs. 2 NAG war nicht einschlägig[75].

(3) Italien

Auch Art. 9 Abs. 2 der Disposizioni sulla legge in generale des italienischen Codice civile von 1865 (disp. prel. c.c. (1865)) gestattete dem Wortlaut nach für Inhalt und Wirkungen einer Verfügung von Todes wegen eine Rechtswahl durch den Erblasser, andernfalls war die Anknüpfung an sein Heimatrecht vorgesehen[76]. Dieses sollte jedoch gem. Art. 8 disp. prel. c.c. (1865) auch auf die gesetzliche wie auf einige Aspekte der testamentarischen Erbfolge (zur Bestimmung der Grenzen der Verfügungsfreiheit und Voraussetzungen der materiellen Wirksamkeit der Verfügungen) Anwendung finden[77].
Die Unterscheidung zwischen Inhalt und Wirkungen einerseits und den in Art. 8 disp. prel. c.c. (1865) genannten Rechtsfragen andererseits geht zurück auf den Ansatz Mancinis, der die Rechtsmaterie in *diritto volontario* und *diritto necessario* einteilte. Während letzteres zwingend dem Heimatrecht des Verfügenden unterstand, bestand im Bereich des *diritto volontario* Raum für Parteiautonomie[78].
Obwohl sich der letzte Satz von Art. 9 Abs. 2 disp. prel. c.c. (1865) „*È salvo in ogni caso la dimostrazione di una diversa volontà* [...]" nach seinem Wortlaut und seiner systematischen Stellung sowohl auf Schuldverhältnisse als auch auf Verfügungen von Todes wegen bezieht, vertraten Literatur[79] und Rechtsprechung[80] schon bald die Auffassung, daß

---

75 Vgl. dazu *Hotz*, 39ff.; IPRG Kommentar-*Heini*, Vor Art. 86-96 IPRG Rn. 22; *Meili*, 121; *Schnitzer*, Handbuch des IPR, II, 515.

76 Art. 9 Abs. 2 disp. prel. c.c. (1865): "*La sostanza e gli effetti delle donazioni e delle disposizioni di ultima volontà si reputano regolati dalla legge nazionale dei disponenti. La sostanza e gli effetti delle obbligazioni [...] È salva in ogni caso la dimostrazione di una diversa volontà.*" Text in Prospettive, 547.

77 Art. 8 disp. prel. c.c. (1865): "*Le successioni legittime e testamentarie però, sia quanto allo ordine di succedere, sia circa la misura dei diritti successorî, e la intrinseca validità delle disposizioni, sono regolate dalla legge nazionale della persona, della cui eredità si tratta, di qualunque natura siano i beni ed in qualunque paese si trovino.*" Vgl. Prospettive, 547.

78 *Mancini*, Clunet 1 (1874), 285, 294ff.; dazu *Migliazza*, Nov. dig. it. XVIII, 862, 864f.; *Vitta*, D.i.p., III, 104, 108; *ders.*, Memoriale e progetto di legge, 3, 113; *Nishitani*, Riv. dir. int. priv. proc. 2001, 23, 30ff.

79 *Diena*, 199f., 210; *Fedozzi*, Trattato, 599ff.; *Bellegotti*, 119f.; Ago, Studi, 131f.; *Baldoni*, Anm. zu Appello Genova 3.8.1928, Riv. dir. int. 1930, 593, 595: Art. 9 Abs. 2 disp. prel. c.c. (1865) a.E. "*non fa che sancire un principio di diritto sostanziale già*

die kollisionsrechtliche Verweisungsfreiheit nur für Schuldverhältnisse gelte, für das Erbstatut hingegen auszuschließen und die Vorschrift dementsprechend einschränkend auszulegen sei[81]. Die entgegengesetzte Ansicht findet sich nur vereinzelt[82]. Zulässig war demnach nur eine materiellrechtliche Verweisung auf fremdes Recht; Erbstatut zwingend das Heimatrecht des Erblassers.
Die in Art. 9 Abs. 2 disp. prel. c.c. (1865) gewährte Rechtswahlfreiheit blieb in der Praxis deshalb *„lettera morta"*[83]; Art. 23 disp. prel. c.c.

---

per se stesso evidente e quindi [...] si appalesa come superfluo e del tutto fuori posto fra le norme di diritto internazionale privato."

80 App. Genova, 3.8.1928, Riv. dir. int. 1930, 593f.; App. Milano, 16.4.1904, Clunet 32 (1905), 446ff.

81 Möglicherweise war die Parteiautonomie ursprünglich nur für Obligationen und nicht auch für letztwillige Verfügungen vorgesehen; die endgültige Fassung des Art. 9 disp. prel. c.c. (1865) wäre dann Folge eines Redaktionsversehens. So *Jayme*, FS Zweigert, 145, 151 Fn. 33; *Nishitani*, Riv. dir. int. priv. proc. 2001, 23, 40f. Vgl. auch die Fassung der Bestimmung bei *Mancini*, Clunet 1 (1874), 285, 299 (der die Parteiautonomie begründende Satz ist der letzte des nur von Schuldverhältnissen handelnden Abs. 3). Andererseits stand Mancini der Parteiautonomie im Erbrecht nicht ablehnend gegenüber, s. dazu *Busnelli*, 99, 100; *Jayme*, Mancini, 35f. Die dort gezogene Folgerung, Mancinis Entwurf der disp. prel. c.c. (1865) spreche für die einschränkende Auslegung von Art. 9 Abs. 2 disp. prel. c.c. (1865) a.E., scheint jedoch nicht zwingend. Die Formulierung von Art. 6 des Entwurfs (abgedruckt bei *Jayme*, a.a.O., 57) läßt auch Raum für die gegenteilige Auffassung, da die "*atti*" in Abs. 2 gem. Abs. 1 "*atti tra vivi [...] e di ultima volontà*" umfassen.

82 Relazione della Commissione Reale per la Riforma dei Codici al Progetto preliminare del 1931 (artt. 6-20), in: Prospettive, 548, 556; *Neuhaus*, RabelsZ 15 (1949/1950), 22, 26; wohl auch *Frankenstein*, 415. Im oben zitierten Rechtsstreit, den die Corte d'Appello di Milano schließlich entschied, hatte das Tribunale di Como in der Vorinstanz noch eine kollisionsrechtliche Verweisung zugelassen: "*L'ordine successorio è regolato dalla legge straniera, quando il testatore manifestò, con le disposizioni fatte, l'intenzione di uniformarsi ad essa.*" Trib. Como, 7.11.1899, zit. nach *Hotz*, 69. Nach *Fedozzi*, Trattato, 601, wurde der Wille des Erblassers in diesem Urteil jedoch nur für die Auslegung des Testaments beachtet.

83 *Vitta*, D.i.p., III, 122. Erst in jüngerer Zeit wird unter dem Einfluß der IPR-Reform wieder die Ansicht vertreten, daß sich der letzte Satz des Art. 9 Abs. 2 disp. prel. c.c. (1865) auch auf letztwillige Verfügungen bezogen habe, Parteiautonomie im internationalen Erbrecht damals also eigentlich als geltendes Recht anzusehen war. Vgl. *Deli*, zu Art. 46 IPRG, Nuove leggi civ. comm. 1996, 1278, 1287 Fn. 42; *Migliazza*, Nov. dig. it. XVIII, 865; *ders.*, Enc. giur. XXX, 1, 4; *Vitta*, Memoriale e progetto di legge, 3, 113; *Mosconi*, D.i.p., Parte speciale, 105 Fn. 1.

(1942) schrieb diese rechtliche Entwicklung fest und knüpfte das Erbstatut ausschließlich an das Heimatrecht des Erblassers an[84].

b) Neuere Gesetze

Die Entwicklung der Parteiautonomie im internationalen Erbrecht in der Gesetzgebung spielt sich jedoch nicht nur in der Vergangenheit ab; auch einige jüngere IPR-Gesetze sehen eine Rechtswahl durch den Erblasser vor.

aa) Deutschland

Aus Sicht des deutschen internationalen Privatrechts kann der ausländische Erblasser gem. Art. 25 Abs. 2 EGBGB aus dem Jahre 1986 für im Inland belegenes unbewegliches Vermögen in der Form einer Verfügung von Todes wegen deutsches Recht wählen[85]. Damit wird zum einen die grundsätzliche Anknüpfung des Erbstatuts an die Staatsangehörigkeit des Erblassers (Art. 25 Abs. 1 EGBGB), zum anderen der Grundsatz der Nachlaßeinheit durchbrochen. Die Bestimmung, die als nur einseitige Kollisionsnorm einen Fremdkörper im EGBGB darstellt, ist das Ergebnis einer kontrovers geführten Diskussion, die in den 60er Jahren ihren Anfang nahm[86].

bb) Schweiz

Das schweizerische Bundesgesetz über das internationale Privatrecht vom 18.12.1987 hat die bereits vorher bestehende Rechtswahlmöglichkeit präzisiert und ausgedehnt. Art. 90 Abs. 2 IPRG gestattet wie vorher Art. 22 Abs. 2 NAG einem Ausländer mit letztem Wohnsitz in der Schweiz, der nach Abs. 1 der Bestimmung nach schweizerischem Recht beerbt würde, die Erbfolge einem seiner Heimatrechte zu unterstellen.

---

84 Art. 23 disp. prel. c.c. (1942): "*Le successioni per causa di morte sono regolate, ovunque siano i beni, dalla legge dello Stato al quale apparteneva, al momento della morte, la persona della cui eredità si tratta.*"

85 Zu Art. 25 Abs. 2 EGBGB s. *Dörner*, DNotZ 1988, 67, 85ff.; *Tiedemann*, RabelsZ 55 (1991), 17ff.; *Krzywon*, BWNotZ 1987, 4ff.; *Reinhart*, BWNotZ 1987, 97, 99ff.; *V. Stoll*, 93ff., 107ff., 131ff.

86 S. die verschiedenen Entwürfe und Vorschläge unten A II 3 d; Gesetzgebungsmaterialien bei *Pirrung*, IPR, 169ff.; zur Gesetzgebungsgeschichte *Ferid*, IPR, E-6,2 und § 9-12,10.

Voraussetzung dafür ist, daß er die entsprechende Staatsangehörigkeit im Todeszeitpunkt noch besitzt und die schweizerische nicht erworben hat[87]. Auch der Schweizer mit letztem Wohnsitz im Ausland hat jetzt die Möglichkeit, eine Rechtswahl zu treffen. Er kann nach Art. 87 Abs. 2 IPRG sein in der Schweiz belegenes Vermögen oder seinen gesamten Nachlaß durch Verfügung von Todes wegen oder durch Erbvertrag dem schweizerischen Recht oder der schweizerischen Zuständigkeit unterstellen[88]. Außerdem ist er gem. Art. 91 Abs. 2 IPRG befugt, die Erbfolge dem Recht seines letzten Wohnsitzes zu unterstellen, wenn die schweizerischen Gerichte gem. Art. 87 IPRG zuständig sind und deswegen die lex fori anwenden würden (Gleichlaufprinzip)[89].

cc) Québec

In Québec wurde mit der Reform des Code civil 1991 in dessen zehntem Buch auch das internationale Privatrecht kodifiziert und die professio juris im internationalen Erbrecht eingeführt[90]. Bei objektiver Anknüpfung des Erbstatuts gilt weiterhin das Prinzip der Nachlaßspaltung; unbewegliches Vermögen untersteht der lex rei sitae, bewegliches dem Recht des letzten Wohnsitzes des Erblassers (Art. 3098 Abs. 1 c.c.q.). Dem Erblasser steht es nach Art. 3098 Abs. 2 c.c.q. aber jetzt frei, in Bezug auf seinen gesamten Nachlaß sein Heimatrecht oder das Recht seines

---

87 Art. 90 Abs. 2 IPRG: "Ein Ausländer kann jedoch durch letztwillige Verfügung oder Erbvertrag den Nachlaß einem seiner Heimatrechte unterstellen. Diese Unterstellung fällt dahin, wenn er im Zeitpunkt des Todes diesem Staat nicht mehr angehört hat oder wenn er Schweizer Bürger geworden ist." Vgl. *Riering*, IPR-Gesetze in Europa, Nr. 8, 232; *Ferid/Firsching*, V, Schweiz, Texte I Nr. 1, 6f.

88 Art. 87 IPRG: "War der Erblasser Schweizer Bürger mit letztem Wohnsitz im Ausland, so sind die schweizerischen Gerichte oder Behörden am Heimatort zuständig, soweit sich die ausländische Behörde mit seinem Nachlaß nicht befaßt.
Sie sind stets zuständig, wenn ein Schweizer Bürger mit letztem Wohnsitz im Ausland sein in der Schweiz gelegenes Vermögen oder seinen gesamten Nachlaß durch letztwillige Verfügung oder Erbvertrag der schweizerischen Zuständigkeit oder dem schweizerischen Recht unterstellt hat. [...]".

89 Art. 91 Abs. 2 IPRG: "Soweit nach Art. 87 die schweizerischen Gerichte oder Behörden am Heimatort zuständig sind, untersteht der Nachlaß eines Schweizers mit letztem Wohnsitz im Ausland schweizerischem Recht, es sei denn, der Erblasser habe in der letztwilligen Verfügung oder im Erbvertrag ausdrücklich das Recht an seinem letzten Wohnsitz vorbehalten."

90 Die neue IPR-Kodifikation vom 18.12.1991 ist abgedruckt in Rev. crit. dr. int. privé 81 (1992), 574ff. S. dazu *Groffier*, Rev. crit. dr. int. privé 81 (1992), 584ff., 600f.; DNotI (Hrsg.), Notarielle Fragen des internationalen Rechtsverkehrs, 401f.; *v. Overbeck*, Hommage à Rigaux, 619, 631.

Wohnsitzes zum Zeitpunkt der Rechtswahl oder des Todes oder für die Erbfolge in unbewegliches Vermögen die jeweilige lex rei sitae zu wählen[91]. Die Tragweite der Parteiautonomie wird durch Art. 3099 c.c.q. jedoch stark eingeschränkt: Sie bleibt ohne Wirkung, soweit sie dem Ehegatten oder den Kindern erbrechtliche Ansprüche, die ihnen nach dem objektiv anwendbaren Recht zustehen, in erheblichem Maße entzieht (Abs. 1) oder soweit sie besondere erbrechtliche Regelungen für bestimmte Güter, die vom Belegenheitsrecht wegen ihrer wirtschaftlichen, familiären oder sozialen Bestimmung aufgestellt werden, beeinträchtigt (Abs. 2)[92].

dd) Rumänien

Eine beschränkte Rechtswahlmöglichkeit enthält ferner das rumänische Gesetz zur Regelung der Verhältnisse des internationalen Privatrechts vom 2.9.1992. Während nach Art. 66 IPRG die Erbfolge in bewegliches Vermögen dem Heimatrecht des Erblassers, in unbewegliches Vermögen und Geschäftsvermögen dem Recht des Lageorts unterliegt, kann der Erblasser nach Art. 68 IPRG ein beliebiges anderes Recht zur Anwendung bringen[93]. Allerdings scheint das gewählte Recht gem. Art. 68 Abs. 2 IPRG nur die in Art. 67 IPRG aufgezählten Bereiche[94] zu

---

91 Art. 3098 Abs. 2 c.c.q.: "*Cependant, une personne peut désigner, par testament, la loi applicable à sa succession à la condition que cette loi soit celle de l'Etat de sa nationalité ou de son domicile au moment de la désignation ou de son décès ou, encore, celle de la situation d'un immeuble qu'elle possède, mais en ce qui concerne cet immeuble seulement.*"

92 Art. 3099 c.c.q.: "*(1) La désignation d'une loi applicable à la succession est sans effet dans la mesure où la loi designée prive le conjoint ou un enfant du défunt, dans une proportion importante, d'un droit de nature successoral auquel il aurait eu droit en l'absence d'une telle désignation.*

(2) Elle est aussi sans effet dans la mesure où elle porte atteinte aux régimes successoraux particuliers auxquels certains biens sont soumis par la loi de l'Etat de leur situation en raison de leur destination économique, familiale ou sociale."

93 Art. 68 IPRG: "(1) Der Erblasser kann bestimmen, daß die Übertragung seines Vermögens durch Erbschaft nach einem anderen als dem in Art. 66 bezeichneten Recht zu erfolgen hat, ohne jedoch von den zwingenden Vorschriften dieses Rechts abweichen zu dürfen.

(2) Das auf diese Weise gewählte Recht ist für alle in Art. 67 genannten Fragen maßgebend. (3) [...]." Vgl. *Ferid/Firsching*, V, Rumänien, Texte I, 5.

94 Art. 67 IPRG: "Nach dem auf die Erbfolge anzuwendenden Recht sind insbesondere festzustellen:

a) der Zeitpunkt des Eintritts des Erbfalles;

regeln, so daß wichtige Fragen, wie z.B. die Höhe der Pflichtteils- bzw. Noterbrechte, ausgenommen bleiben. Denn die Einschränkung in Art. 68 Abs. 1 IPRG wird dahingehend zu verstehen sein, daß grundsätzlich nur eine materiellrechtliche Rechtswahl vorgesehen ist, von der die in Art. 67 IPRG genannten Fragen wiederum ausgeklammert werden[95]. Andernfalls liefe die Verweisung des Art. 68 Abs. 2 IPRG ins Leere[96]. Eine umfassend kollisionsrechtliche Rechtswahl gewährt das rumänische IPR damit nicht.

ee) Niederlande

Auch das internationale Privatrecht der Niederlande gestattet dem Erblasser, das auf seine Erbfolge anwendbare Recht zu bestimmen. Das Erbrechtskollisionsgesetz (Wet Conflictenrecht Erfopvolging - WCErf) vom 4.9.1996[97] hat in seinem Art. 1 das Haager Erbrechtsübereinkommen vom 1.8.1989 und damit die in dessen Art. 5 und 11 enthaltenen Rechtswahlmöglichkeiten in das innerstaatliche niederländische Recht übernommen, und zwar noch bevor das Übereinkommen selbst in Kraft getreten ist[98]. Seit dem Inkrafttreten des WCErf am 1.10.1996 kann der Erblasser nun gem. Art. 5 Abs. 1 des Haager Erbrechtsübereinkommens vom 1.8.1989 das Recht des Staates, dessen Staatsangehörigkeit er zum Zeitpunkt der Vornahme der Rechtswahl oder des Todes besitzt oder das Recht des Staates seines gewöhnlichen Aufenthaltes, wiederum bei Vornahme der Rechtswahl oder zum Zeitpunkt des Todes,

---

b) die zur Erbschaft berufenen Personen;

c) die Voraussetzungen für das Antreten einer Erbschaft;

d) die Ausübung des Besitzes an Sachen des Nachlasses;

e) die Bedingungen und die Wirkungen der Ausübung des Optionsrechts durch die Erben;

f) der Umfang der Pflichten der Erben, für die Erbschaftsschulden aufzukommen;

g) die Rechte des Staates an einer erbenlosen Erbschaft." Vgl. *Ferid/Firsching*, V, Rumänien, Texte I, 4f.

95 Anders wohl *Leonhardt*, IPRax 1994, 156, 158; *Bengel/Reimann-Haas*, 9. Kap. Rn. 225; wie hier *Dreher*, 21.

96 Vgl. auch *Capatîna*, RabelsZ 58 (1994), 465, 495; *Ferid/Firsching*, V, Rumänien, Grdz. C Rn. 23.

97 Abgedruckt bei *van Mourik/Schols/Schmellenkamp/Tomlow/Weber*, 160ff.

98 *Schmellenkamp*, MittRhNotK 1997, 245, 246; *Boele-Woelki*, IPRax 1995, 264, 268; *van Mourik/Schols*, in *van Mourik/Schols/Schmellenkamp/Tomlow/Weber*, 144; *Weber*, in *van Mourik/Schols/Schmellenkamp/Tomlow/Weber*, 105 Fn. 8.

wählen[99]. Ferner gestattet Art. 11 des Haager Erbrechtsübereinkommens vom 1.8.1989, die vertragliche Erbfolge[100] durch eine Vereinbarung dem Recht des Staates zu unterstellen, in dem die Person oder eine der Personen, deren Nachlaß betroffen ist, bei Vertragsschluß ihren gewöhnlichen Aufenthalt hat oder dem sie zu diesem Zeitpunkt angehört. Das so berufene Recht entscheidet über die materielle Gültigkeit und die Wirkungen der gemeinschaftlichen Verfügung von Todes wegen und über die Umstände, die zum Erlöschen dieser Wirkungen führen[101]. Nach Art. 7 Abs. 2, 3 WCErf ist auch eine vor Inkrafttreten dieses Gesetzes vorgenommene Rechtswahl gültig, wenn sie sich auf eine der von dem Übereinkommen zur Verfügung gestellten Rechtsordnungen bezieht; sie ist weiterhin nicht allein deswegen ungültig, weil sie früher nicht gesetzlich geregelt war (Art. 7 Abs. 4 WCErf)[102].

Die objektive Anknüpfung des Erbstatuts erfolgt nach Art. 3 des Übereinkommens je nach den Umständen des Einzelfalls an das Recht des letzten gewöhnlichen Aufenthalts oder an das Heimatrecht im Todeszeitpunkt[103].

---

99 Art. 5 Abs. 1 Haager Erbrechtsübereinkommen vom 1.8.1989: "Eine Person kann das Recht eines bestimmten Staates wählen, dem die Rechtsnachfolge in ihren gesamten Nachlaß unterliegen soll. Die Rechtswahl wird nur wirksam, wenn diese Person im Zeitpunkt der Rechtswahl oder ihres Todes Angehöriger dieses Staates war oder dort ihren gewöhnlichen Aufenthalt hatte." Vgl. *Staudinger-Dörner*, Vorbem. zu Art. 25f. EGBGB Rn. 120.

100 Nach Art. 8 des Übereinkomens ist ein Erbvertrag "eine Vereinbarung, die schriftlich getroffen wird oder sich aus gegenseitigen Testamenten ergibt und die mit oder ohne Gegenleistung Rechte auf den künftigen Nachlaß einer oder mehrerer an dieser Vereinbarung beteiligter Personen begründet, ändert oder entzieht." Vgl. *Staudinger-Dörner*, Vorbem. zu Art. 25f. EGBGB Rn. 120.

101 Art. 11 des Übereinkommens bestimmt: "Die Parteien können durch ausdrückliche Rechtswahl vereinbaren, den Erbvertrag hinsichtlich seiner materiellen Wirksamkeit, seiner Wirkungen und der Umstände, die zum Erlöschen der Wirkungen führen, dem Recht eines Staates zu unterstellen, in dem die Person oder eine der Personen, deren Nachlaß betroffen ist, im Zeitpunkt der Errichtung des Erbvertrags ihren gewöhnlichen Aufenthalt hat oder dem sie in diesem Zeitpunkt angehört." Vgl. *Staudinger-Dörner*, Vorbem. zu Art. 25f. EGBGB Rn. 120.

102 Ob vor Inkrafttreten des WCErf eine Rechtswahl des Erblassers zulässig war, ist in der Literatur umstritten; vorsichtig positiv *v. Overbeck*, Hommage à Rigaux, 619, 631; *Boele-Woelki*, IPRax 1995, 264, 268; *Droz*, Rec. des Cours 229 (1991-IV), 9, 240; dagegen *Riering/Marck*, ZEV 1995, 90, 91; *Tomlow* in DNotI (Hrsg.), Notarielle Fragen des internationalen Rechtsverkehrs, 297.

103 Art. 3 Haager Erbrechtsübereinkommen: "(1) Die Rechtsnachfolge von Todes wegen unterliegt dem Recht des Staates, in dem der Erblasser im Zeitpunkt seines

ff) Liechtenstein

Mittlerweile kennt auch das Recht von Liechtenstein die Rechtswahl im internationalen Erbrecht. Das Gesetz vom 19.9.1996 über das Internationale Privatrecht[104], seit 1.1.1997 in Kraft, knüpft in seinem Art. 29 Abs. 1 die Erbfolge grundsätzlich an das Personalstatut des Erblassers an. Dies ist nach Art. 10 Abs. 1 IPRG das Heimatrecht. Die Erbfolge richtet sich nach liechtensteinischem Recht, wenn die internen Gerichte international zuständig sind, Art. 29 Abs. 2 IPRG[105]. Vorrang vor diesen beiden Anknüpfungen hat jedoch die Bestimmung des anwendbaren Rechts durch den Erblasser. Nach Art. 29 Abs. 3 IPRG kann der ausländische Erblasser durch Verfügung von Todes wegen eines seiner Heimatrechte oder das Recht des Staates seines letzten gewöhnlichen Aufenthalts als Erbstatut wählen. Abs. 4 der Vorschrift eröffnet diese Möglichkeit auch dem Inländer mit Wohnsitz im Ausland[106].

Todes seinen gewöhnlichen Aufenthalt hatte, wenn er in diesem Zeitpunkt Angehöri ger dieses Staates war.

(2) Die Rechtsnachfolge von Todes wegen unterliegt ebenfalls dem Recht des Staates, in dem der Erblasser im Zeitpunkt seines Todes seinen gewöhnlichen Aufenthalt hatte, wenn er sich mindestens fünf Jahre unmittelbar vor seinem Tod in diesem Staat aufgehalten hatte. Unter außergewöhnlichen Umständen ist jedoch, wenn der Erblasser im Zeitpunkt seines Todes offensichtlich mit dem Staat enger verbunden war, dem er in diesem Zeitpunkt angehörte, das Recht dieses Staates anzuwenden.

(3) In anderen Fällen unterliegt die Rechtsnachfolge von Todes wegen dem Recht des Staates, dem der Erblasser im Zeitpunkt seines Todes angehörte, es sei denn, er war in diesem Zeitpunkt mit einem anderen Staat enger verbunden, in welchem Fall das Recht dieses anderen Staates anzuwenden ist." Vgl. *Staudinger-Dörner*, Vorbem. zu Art. 25f. EGBGB Rn. 120.

104 Text in IPRax 1997, 364 ff.; s. dazu *Kohler*, IPRax 1997, 309ff.; *Sturm*, FS Heini, 445ff.

105 Dazu *Kohler*, IPRax 1997, 309, 310; *Sturm*, FS Heini, 445, 451 Fn. 32.

106 Art. 29 Abs. 3 IPRG: "Der ausländische Erblasser kann durch letztwillige Verfügung oder Erbvertrag seine Rechtsnachfolge einem seiner Heimatrechte oder dem Recht des Staates seines letzten gewöhnlichen Aufenthaltes unterstellen."

Art. 29 Abs. 4 IPRG: "Der inländische Erblasser mit Wohnsitz im Ausland kann durch letztwillige Verfügung oder durch Erbvertrag seine Rechtsnachfolge einem seiner Heimatrechte oder dem Recht des Staates seines letzten gewöhnlichen Aufenthaltes unterstellen."

Im Regierungsentwurf aus dem Jahr 1992 war eine Rechtswahlmöglichkeit noch nicht vorgesehen, vgl. *Sturm*, FS Heini, 445, 452 Fn. 33.

gg) Burkina Faso

Das internationale Erbrecht von Burkina Faso enthält ebenfalls eine Rechtswahlmöglichkeit, die sich sehr stark an der Regelung des Haager Erbrechtsübereinkommens von 1989 orientiert und diese nur etwas einschränkt. Objektiv bestimmtes Erbstatut ist das Heimatrecht des Erblassers, wenn er nicht im Zeitpunkt seines Todes eine engere Verbindung zu seinem Wohnsitzstaat hatte, Art. 1043 Code des personnes et de la famille vom 16.11.1989. Nach Art. 1044 Abs. 1 dieses Gesetzes steht dem Erblasser die Möglichkeit einer Rechtswahl offen, die dann wirksam ist, wenn der Erblasser im Zeitpunkt seines Todes dem Staat, dessen Recht er gewählt hat, angehörte oder dort seinen Wohnsitz hatte[107].

c) Haager Übereinkommen

aa) Haager Übereinkommen über die internationale Verwaltung von Nachlässen vom 2.10.1973

Das Haager Nachlaßverwaltungsübereinkommen aus dem Jahre 1973[108] sieht ein internationales Zeugnis vor, das die zur Verwaltung

---

107 Art. 1044 Code des personnes et de la famille: "(1) *Une personne peut désigner la loi d'un Etat pour régir l'ensemble de sa succession; cette désignation ne prend effet que si cette personne, au moment du décès, possédait la nationalité de cet Etat ou y avait son domicile.*

(2) *Cette désignation doit être exprimée dans une déclaration revêtant la forme d'une disposition à cause de mort.*

(3) *L'existence et la validité du consentement quant à cette désignation sont régies par la loi désignée. Si, d'après cette loi, cette désignation n'est pas valide, la loi applicable à la succession est déterminée par application de l'article 1043.*" Vgl. *Kropholler/Krüger/Riering/Samtleben/Siehr*, Außereuropäische IPR-Gesetze, 160.

108 Haager Übereinkommen über die internationale Verwaltung von Nachlässen vom 2.10.1973; englischer und französischer Text in RabelsZ 39 (1973), 104ff. und bei *Staudinger-Dörner*, Vorbem. zu Art. 25f. EGBGB Rn. 128.; eine deutsche, nicht offizielle Übersetzung findet sich bei *Staudinger-Firsching*, 12. Aufl., Vorbem. zu Art. 24-26 EGBGB a.F. Rn. 397. Das Übereinkommen ist von Portugal und der ehemaligen Tschechoslowakei ratifiziert worden. Aus der Teilung dieses Staates in die Tschechische und die Slowakische Republik am 1.1.1993 wird gefolgert, daß die für ein Inkrafttreten nötigen drei Ratifikationen vorliegen; vgl. *Jayme/Hausmann*, Fn. 1 vor Nr. 60. Italien, Luxemburg, die Niederlande, die Türkei und das Vereinte Königreich haben das Abkommen gezeichnet, nicht aber die Bundesrepublik Deutschland. Einen kurzen und kritischen Überblick geben *Kropholler*, § 51 VI 5; *Kegel/Schurig*, § 21 V 3 d, jeweils m.w.N.

des beweglichen Nachlasses eines Erblassers berechtigte Person sowie ihre Befugnisse ausweist; dieses Zeugnis wird in allen Vertragsstaaten anerkannt (Art. 1 des Übereinkommens). Im vorliegenden Zusammenhang interessiert die Frage, nach welchem Recht das Zeugnis auszustellen ist: Grundsätzlich wendet die zuständige Behörde (im Staat des letzten gewöhnlichen Aufenthalts des Erblassers, Art. 2 des Übereinkommens) ihr eigenes Recht an, nur ausnahmsweise das Heimatrecht des Erblassers (Art. 3 des Übereinkommens). Nach Art. 4 des Übereinkommens ist jedoch eine Rechtswahl des Erblassers hin zu seinem Aufenthalts- oder Heimatrecht zum Zeitpunkt des Todes ausschlaggebend, wenn der Vertragsstaat, dessen Behörden zuständig sind, eine entsprechende Erklärung abgegeben hat[109].

Diese Regelung bedeutet zwar nicht die Einführung der professio juris, da sie nur Rechtswahlmöglichkeiten betrifft, die das internationale Erbrecht des Staates, der die Erklärung abgibt, bereits kennt. Auch will das Abkommen gerade nicht das Erbstatut regeln, sondern es ist auf die Bestimmung und die Kompetenzen des Erbschaftsverwalters zur Abwicklung von Nachlässen nach einer einzigen Rechtsordnung beschränkt[110]. Die Grenze zwischen Erbstatut einerseits und Abwicklungs- oder Verwaltungsstatut andererseits läßt sich jedoch in vielen Rechtsordnungen nicht so einfach und klar ziehen. Gerade in den Ländern des „*civil law*" wird, anders als in den *common law* Staaten, die die *administration* gesondert angeknüpfen, der Bereich der Nachlaßverwaltung und -abwicklung oftmals vom Erbstatut umfaßt, so auch in Deutschland und Italien[111]. Somit berührt die Regelung des für diese Teilfrage anwendbaren Rechts aus Sicht dieser Länder gerade doch das Erbstatut. Vor diesem Hintergrund ist die Aufnahme der erbrechtlichen Rechtswahl in das Haager Übereinkommen von Bedeutung. Zum ersten Mal wird der Wille des Erblassers im internationalen Bereich als

---

109 Art. 4 des Übereinkommens: "*Tout Etat contractant a la faculté de déclarer que, pour désigner le titulaire du certificat et indiquer ses pouvoirs, il appliquera, par dérogation à l'article 3, sa loi interne ou celle de l'Etat dont le défunt était ressortissant selon le choix fait par ce dernier.*"

"Ein Vertragsstaat kann erklären, daß er bei Bezeichnung des Inhabers des Zertifikats und bei Angabe seiner Befugnisse entgegen Art. 3 sein eigenes internes Recht anwendet oder aber das Heimatrecht des Erblassers, je nach der Wahl, die der Erblasser trifft." S. dazu *Goldman*, Clunet 101 (1974), 256, 265f.

110 *MünchKomm-Birk*, zu Art. 25 EGBGB Rn. 186; *Deli*, zu Art. 46 IPRG, Nuove leggi civ. comm. 1996, 1278, 1293; *Bucher*, SJIR XXVIII (1972), 76, 128; *Lipstein*, RabelsZ 39 (1975), 29, 39; *Batiffol*, Rev. crit. dr. int. privé 62 (1973), 243, 245.

111 Vgl. *Goldman*, Clunet 101 (1974), 256, 264f; *Lalive*, SJIR XXVIII (1972), 43, 67.

Anknüpfungskriterium akzeptiert und eingeführt und als möglicher Kompromiß zwischen dem Staatsangehörigkeits- und dem Wohnsitzprinzip gesehen[112]. Zwar geschah dies nur für einen kleinen Teilbereich des internationalen Erbrechts, doch wurde damit nicht zuletzt der Weg für ein weiteres Projekt in größerem Ausmaß bereitet[113], nämlich das Haager Erbrechtsübereinkommen aus dem Jahr 1989.

bb) Haager Übereinkommen über das auf die Rechtsnachfolge von Todes wegen anwendbare Recht vom 1.8.1989

Die Vorschriften des Haager Erbrechtsübereinkommens vom 1.8.1989[114], die die Rechtswahl im internationalen Erbrecht detailliert regeln, wurden oben bereits kurz vorgestellt, da sie als innerstaatliches niederländisches internationales Erbrecht Geltung erlangt haben. Der Erblasser kann gem. Art. 5 des Übereinkommens zwischen vier Rechten wählen, nämlich zwischen seinem Heimatrecht und dem Recht des Staates seines gewöhnlichen Aufenthalts, jeweils zur Zeit der Rechtswahl oder des Todes. Für eine Vereinbarung über das auf die vertragliche Erbfolge anwendbare Recht wird nach Art. 11 des Übereinkommens nur auf den Zeitpunkt des Vertragsschlusses abgestellt; wählbar ist das Heimat- oder Aufenthaltsrecht der Person oder Personen, deren Nachlaß betroffen ist.

---

112 *Li*, Rec. des Cours 224 (1990-V), 9, 76f.; *Lipstein*, RabelsZ 39, (1975), 29, 41f.; ablehnend *Firsching*, FS Wengler II, 321, 333; *Goré*, L'administration, 209.

113 Vgl. *Batiffol*, Rev. crit. dr. int. privé 62 (1973), 243, 245. *Lalive* bezeichnet die erbrechtliche Rechtswahl im Bericht zu dem Abkommen, Actes et documents de la Douzième session, Tome II, 285, 292f. als "*moyen qui paraît rencontrer une faveur croissante en droit international privé*."

114 Übereinkommen über das auf die Rechtsnachfolge von Todes wegen anzuwendende Recht vom 1.8.1989, Text in: Conférence de La Haye de droit international privé, Actes et documents de la Seizième session, Tome II, 514ff.; sowie in Riv. dir. int. priv. proc. 1989, 446ff.; deutsche, nicht amtliche Übersetzung in IPRax 2000, 53ff. und bei *Staudinger-Dörner*, Vorbem. zu Art. 25f. EGBGB Rn. 120. Zu dem Übereinkommen s. den Bericht von *Waters*, Actes et doc., 526ff.; die Untersuchung von *Brandi*; *Pirrung*, Mél. Sturm, 1067ff; *v. Overbeck*, SJIR XLVI (1989), 138ff.; *Schmellenkamp*, MittRhNotK 1997, 245ff.; *Borrás*, Liber amicorum Droz, 7ff.; *Hayton*, Liber amicorum Droz, 121ff.

d) Gesetzentwürfe

Im Zuge der Kodifikationen und Reformen des internationalen Privatrechts wurde die Einführung der erbrechtlichen professio juris nicht nur diskutiert, sondern sie wurde auch in einige Gesetzentwürfe eingearbeitet. Einige Beispiele dafür sollen ebenfalls kurz vorgestellt werden:

aa) Brasilien

Ein brasilianischer IPR-Gesetzentwurf, der 1970 dem Justizminister vorgelegt wurde[115], gestattet dem im Ausland domizilierten Erblasser, die Rechtsnachfolge in bewegliches Vermögen, das in Brasilien belegen ist, dem brasilianischen Recht zu unterstellen (Art. 64 § 2 des Entwurfs)[116]. Ohne Rechtswahl soll sich die Erbfolge nach dem Recht des Staates des letzten Wohnsitzes richten, die Rechtsnachfolge in unbewegliches Vermögen nach der lex rei sitae (Art. 64 § 1 des Entwurfs).

bb) Österreich

1971 wurde in Österreich auf Initiative des Bundesministeriums für Justiz ein Gesetzentwurf zur Neuregelung des internationalen Privatrechts vorgelegt[117], der in seinem allgemeinen Teil Parteiautonomie in weitem Umfang, ohne daß der Kreis der wählbaren Rechtsordnungen beschränkt wäre[118], zuläßt (§ 9 des Entwurfs). Die Vorschrift über die Wirksamkeit letztwilliger Verfügungen, § 29 des Entwurfs, beruft das letzte Heimatrecht des Erblassers als Erbstatut; vorrangig ist jedoch eine von diesem nach § 9 des Entwurfs getroffene Rechtswahl[119]. Dieser

---

115 Entwurf eines "Gesetzes über die Anwendung der Rechtsnormen", Text bei *Makarov*, 3. Aufl., Brasilien B., 56ff.

116 Die Vorschrift lautet: "*É facultado ao testador domiciliado no estrangeiro submeter sua sucessão, quanto aos móveis existentes no Brasil, ao regime da lei brasileira.*" S. auch *Valladão*, Annuaire 52 I (1967), 637, der bereits in seinem offiziellen Entwurf aus dem Jahre 1963 die gleiche Regelung vorgeschlagen hatte.

117 *Schwind*, Entwurf eines IPR- und IZPR-Gesetzes, ZfRV 12 (1971), 161ff.

118 Dazu *Schwind*, ZfRV 12 (1971), 161, 206.

119 § 29 des Entwurfs: "Wirksamkeit letztwilliger Verfügungen: Hat der Erblasser nicht gemäß § 9 ein anderes Recht als anwendbar bestimmt, so wird die Wirksamkeit letztwilliger Verfügungen nach dem letzten Personalstatut des Erblassers beurteilt."

§ 9 des Entwurfs: "Parteiautonomie: Schuldrechtliche Rechtsgeschäfte, Ehepakte und letztwillige Verfügungen sind, soweit im folgenden nicht anders bestimmt ist,

Vorschlag ist allerdings nicht Gesetz geworden. Der österreichische Gesetzgeber hat sich in § 28 Abs. 1 des Bundesgesetzes über das internationale Privatrecht vom 15.6.1978, in Kraft seit 1.1.1979, gegen die parteiautonome Bestimmung des Erbstatuts und für die einheitliche Anknüpfung an das Personalstatut des Erblassers (gem. § 9 IPR-Gesetz in erster Linie sein Heimatrecht) entschieden[120], um die Gefährdung von Pflichtteilsansprüchen und Noterbrechten zu vermeiden[121].

cc) Frankreich

Auch ein französischer Gesetzentwurf aus dem Jahre 1967[122] sieht eine Rechtswahl des Erblassers vor. Gem. Art. 2037 Abs. 1 des Entwurfs kann der Erblasser für die Anwendung seines Heimatrechts optieren; andernfalls wird als Erbstatut das Recht seines Wohnsitzes berufen[123]. Die Erbfolge in unbewegliche Sachen und in Handelsgeschäfte richtet sich jedoch immer nach dem Belegenheitsrecht, Abs. 2 der Vorschrift. Nach Art. 2308 des Entwurfs kann der Erblasser die Erbfolge auch einem anderen als dem nach Art. 2307 des Entwurfs anwendbaren Recht unterstellen, allerdings nur vorbehaltlich der zwingenden Normen des Erbstatuts[124]. Geregelt wird hier also nur der Fall einer materiellrechtlichen Verweisung. Diese schränkt jedoch nicht die in Art. 2307 des Entwurfs gewährte Rechtswahlmöglichkeit des Erblassers ein[125], sondern betrifft die Bezugnahme auf eine andere als nach Art. 2307 des

---

nach der Rechtsordnung zu beurteilen, die die Parteien ausdrücklich oder stillschweigend (§ 863 ABGB) vereinbart oder bestimmt haben. Im Zweifel bezieht sich die Rechtswahl nicht auf das internationale Privatrecht." *Schwind*, ZfRV 12 (1971), 161, 165 und 172.

120 *Hoyer*, FS Beitzke, 521, 534ff.; *Schwind*, ZfRV 20 (1979), 2, 3; *Beitzke*, RabelsZ 43 (1979), 245, 259f.

121 *Schwind*, StAZ 1976, 121, 124 und StAZ 1979, 109, 114.

122 Projet de loi complétant le Code civil en matière de droit international privé, abgedruckt bei *Makarov*, 3. Aufl., Frankreich B., 110ff. und in Rev. crit. dr. int. privé 59 (1970), 841ff.; deutsche Übersetzung bei *Reichelt*, ZfRV 12 (1971), 249ff.

123 Art. 2037 Abs. 1 des Entwurfs: "*Les successions sont régies par la loi du domicile du défunt, à moins que celui-ci n'ait pas, par testament, expressément opté pour sa loi nationale.*"

124 Art. 2308 des Entwurfs: "*Le testateur peut se référer à une loi différente de celle qui est applicable en vertu de l'article précédent sous la réserve des règles impératives de la loi régissant la succession.*"

125 So aber *Reichelt*, ZfRV 12 (1971), 249, 258.

Entwurfs bestimmte Rechtsordnung[126]. Nach letzterer Vorschrift kommen als Erbstatut entweder das Wohnsitzrecht des Erblassers kraft objektiver oder sein Heimatrecht kraft subjektiver Anknüpfung zur Anwendung. Auf alle anderen Rechtsordnungen kann gem. Art. 2308 des Entwurfs nur i.S. einer materiellrechtlichen Verweisung summarisch Bezug genommen werden, die Grenzen werden von den zwingenden Vorschriften des Erbstatuts (Art. 2307 des Entwurfs) gezogen.
Der Gesetzentwurf und damit die in ihm enthaltene Rechtswahlmöglichkeit für das Erbstatut ist jedoch nie als Gesetz verabschiedet worden.

dd) Deutschland

Die Rechtswahl im internationalen Erbrecht war auch in der Diskussion zur Reform des deutschen internationalen Privatrechts ein Thema. Alle Gesetzentwürfe mit Ausnahme des Regierungsentwurfs sahen die Wahl des Erbstatuts durch den Erblasser vor; Divergenzen bestanden nur hinsichtlich der Reichweite der wünschenswerten Parteiautonomie[127]. Da die verschiedenen Entwürfe und Vorschläge die Bandbreite der möglichen Ausgestaltung einer Rechtswahl im internationalen Erbrecht aufzeigen, sollen sie hier Erwähnung finden, auch wenn es sich teilweise nicht um „offizielle“ Arbeiten handelt[128].

(1) Zunächst legte die Erbrechtskommission des Deutschen Rates für Internationales Privatrecht 1979 einen Reformvorschlag für das internationale Personen-, Familien- und Erbrecht vor, der neben der grundsätzlichen Anknüpfung des Erbstatuts an das Heimatrecht des Erblassers eine Wahl des Rechts des gewöhnlichen Aufenthalts im Zeitpunkt der Rechtswahl vorsah[129].

---

126 Im Exposé des motifs, Clunet 98 (1971), 50, 53, lautet die Überschrift zu Art. 2307 des Entwurfs "*loi applicable aux successions*", diejenige zu Art. 2308 des Entwurfs "*liberté pour le testateur de se référer à une loi différente sous réserve des dispositions impératives*". Vgl. auch *Foyer*, Clunet 98 (1971), 31, 48; *Bucher*, SJIR XXVIII (1972), 76, 127 Fn. 312; *Makarov*, FS Wengler, 505, 515.

127 Vgl. *Sonnenberger*, Rev. crit. dr. int. privé 76 (1987), 1, 30.

128 Zu Einzelheiten und näheren Erläuterungen siehe *Linde-Rudolf*, 64ff.; *Tiedemann*, RabelsZ 55 (1991), 17, 20ff.; sowie die Begründungen der einzelnen Entwürfe. Eine Übersicht über einen Teil der Vorschläge findet sich bei *Dopffel/Drobnig/Siehr*, 178.

129 Erbstatut § A: "(1) Für die Erbfolge gilt das Recht des Staates, dem der Erblasser zur Zeit seines Todes angehört hat.

(2) Der Erblasser kann die Erbfolge dem Recht seines gewöhnlichen Aufenthaltes im Zeitpunkt der Rechtswahl unterstellen. Die Rechtswahl muß ausdrücklich und in der

(2) Im selben Jahr erstellte Kühne im Auftrag des Bundesministeriums für Justiz den „Entwurf eines Gesetzes zur Reform des internationalen Privat- und Verfahrensrechts (IPR-Gesetz)". Erbstatut ist danach das vom Erblasser gewählte Recht; nur subsidiär sein Heimatrecht zur Zeit des Todes. Die Rechtswahlfreiheit ist jedoch nicht grenzenlos; wählbar sind das Heimatrecht des Erblassers, das Recht seines gewöhnlichen Aufenthalts, im Fall eines verheirateten Erblassers das Güterrechtsstatut und für unbewegliches Vermögen die jeweilige lex rei sitae, wobei stets der Zeitpunkt der Rechtswahl maßgeblich ist[130].

(3) Nach einem ähnlichen Vorschlag, der im Jahr 1980 unterbreitet wurde, stehen Heimatrecht, Recht des gewöhnlichen Aufenthaltes und für Rechte an Grundstücken das Recht des Lageortes zur Wahl. Wird das Erbstatut objektiv angeknüpft, soll es sich nach dem Personalstatut des Erblassers oder, falls er verheiratet ist, dem Ehegüterrechtsstatut richten[131].

Form einer Verfügung von Todes wegen getroffen werden." Vgl. *Beitzke* (Hrsg.), Vorschläge und Gutachten, 13 und 66f. In den Vorschlägen aus dem Jahr 1969 sprach sich die Kommission nach eingehenden Erörterungen noch gegen eine erbrechtliche Rechtswahl aus; vgl. *Lauterbach*, 12f. und 1.

130 § 29 Rechtsnachfolge von Todes wegen:

"(1) Für die Rechtsnachfolge von Todes wegen gilt das von dem Erblasser gewählte Recht, in Ermangelung eines solchen Rechts das Recht des Staates, dem der Erblasser im Zeitpunkt des Todes angehört.

(2) Der Erblasser kann als das für die Rechtsnachfolge von Todes wegen geltende Recht wählen:

1. das Recht des Staates, dem er im Zeitpunkt der Rechtswahl angehört, oder
2. das Recht des Staates, in dem er sich im Zeitpunkt der Rechtswahl gewöhnlich aufhält, oder
3. das Recht, das für die güterrechtlichen Wirkungen seiner Ehe gilt, sofern er im Zeitpunkt der Rechtswahl verheiratet ist, oder
4. hinsichtlich des unbeweglichen Vermögens das Recht des jeweiligen Belegenheitsortes.

(3) Die Wahl des anwendbaren Rechts muß ausdrücklich und in der Form einer Verfügung von Todes wegen erfolgen." Vgl. *Kühne*, IPR-Gesetz-Entwurf, 10 und 153ff.

131 Entwurf eines Gesetzes über Internationales Privat- und Verfahrensrecht (IPR-Gesetz) von *Neuhaus/Kropholler*, RabelsZ 44 (1980), 326, 333f.:

Art. 24: "(1) Die Beerbung untersteht dem Recht, das für den Erblasser zur Zeit seines Todes maßgebend ist. War der Erblasser zu dieser Zeit verheiratet, so untersteht die Beerbung dem Recht, das für die güterrechtlichen Wirkungen seiner Ehe maßgebend ist.

(2) Der Erblasser kann durch Verfügung von Todes wegen ein anderes Recht wählen, mit dem er durch gewöhnlichen Aufenthalt oder durch Staatsangehörigkeit ver-

(4) Eine noch größere Rechtswahlfreiheit schlug das Max-Planck-Institut in seinen ebenfalls 1980 veröffentlichten Thesen vor: These 16 Abs. 1 unterstellt die Erbfolge dem Heimatrecht bzw. dem Güterrechtsstatut des Erblassers im Zeitpunkt des Todes; nach Abs. 2 kann dieser jedoch jede Rechtsordnung als Erbstatut wählen, zu der eine objektive Beziehung besteht[132].

(5) Ein Referentenentwurf des Bundesministeriums für Justiz formulierte die Rechtswahlmöglichkeit bereits wieder enger und schränkte sie dabei weitgehend ein. Der Erblasser sollte nur das Recht seines gewöhnlichen Aufenthaltes oder das Güterrechtsstatut seiner Ehe wählen können, ansonsten sollte das Heimatrecht maßgeblich sein. Pflichteils- bzw. Noterbrechte des Ehegatten, der Eltern und der Abkömmlinge konnten aber in jedem Fall nach dem objektiv anwendbaren Recht, also dem Heimatrecht des Erblassers, geltend gemacht werden[133].

---

bunden ist. Für die Vererbung von Rechten an Grundstücken kann er auch das Recht des Lageortes wählen. (3) [...]".

132 Thesen zur Reform des internationalen Privat- und Verfahrensrechts, RabelsZ 44 (1980), 344, 352, These 16: "(1) Die Erbfolge untersteht dem Recht des Staates, dem der Erblasser zur Zeit seines Todes angehört hat. War der Erblasser zu dieser Zeit verheiratet, so wird er grundsätzlich nach dem für die güterrechtlichen Wirkungen der Ehe maßgebenden Recht beerbt; dies gilt jedoch nicht in den Fällen der These 8 Abs. 1 lit. c.

(2) Der Erblasser kann die Erbfolge jeder Rechtsordnung unterstellen, zu der eine objektive Beziehung besteht; das Erbstatut für Vermögenswerte, die in verschiedenen Staaten belegen sind, kann auch ländermäßig getrennt bestimmt werden. Die Rechtswahl muß in der Form einer Verfügung ausdrücklich getroffen werden oder sich eindeutig aus einer solchen Verfügung ergeben.

(3) War der Erblasser zur Zeit seines Todes verheiratet, so erstreckt sich eine von ihm gemäß Abs. 2 getroffene Rechtswahl auch auf die güterrechtlichen Nachwirkungen der Ehe, wenn der überlebende Ehegatte damit einverstanden ist und dies in Schriftform erklärt hat oder nachträglich erklärt."

133 Art. 25 EGBGB des Referentenentwurfs:

"(1) Die Rechtsnachfolge von Todes wegen unterliegt dem Recht des Staates, dem der Erblasser im Zeitpunkt seines Todes angehört.

(2) Der Erblasser kann für die Rechtsnachfolge von Todes wegen wählen:

1. das Recht des Staates, in dem er im Zeitpunkt der Rechtswahl seinen gewöhnlichen Aufenthalt hat, oder

2. das Recht, dem die güterrechtlichen Wirkungen seiner Ehe unterliegen, sofern er im Zeitpunkt der Rechtswahl verheiratet ist.

Das anwendbare Recht kann nur ausdrücklich und in der Form einer Verfügung von Todes wegen gewählt werden.

(3) Stehen dem Ehegatten, den Eltern oder den Abkömmlingen des Erblassers nach dem gem. Abs. 1 anwendbaren Recht beim Erbfall Rechte zu, die durch eine Verfü-

(6) Der Regierungsentwurf (1983) sah dagegen überhaupt keine erbrechtliche Parteiautonomie mehr vor[134].

(7) Das Max-Planck-Institut hielt in einer weiteren Stellungnahme zu diesem Entwurf an der Einführung der erbrechtlichen Rechtswahl fest und schlug eine Ergänzung des Art. 25 EGBGB/RegE um zwei weitere Absätze vor. Der Kreis der wählbaren Rechte wird im Gegensatz zum ersten Vorschlag des Instituts beschränkt; er ist jedoch weiter als in allen anderen Vorschlägen. Als neue Alternativen kommen das zukünftige Heimat- oder Aufenthaltsrecht des Erblassers sowie für Betriebsvermögen eines Unternehmens das Recht des Sitzes oder der jeweiligen Niederlassung hinzu[135]. Außerdem soll eine Vorbehaltsklausel schutzbedürftige Pflichtteilsberechtigte vor einem Mißbrauch der Wahlfreiheit bewahren[136].

---

gung des Erblassers von Todes wegen nicht beeinträchtigt werden sollen, so können sie ungeachtet der Rechtswahl geltend gemacht werden." Text bei *Linde-Rudolf*, 69; siehe auch *Tiedemann*, RabelsZ 55 (1991), 17, 21.

134 Art. 25 Abs. 1 EGBGB/RegE: "Für die Rechtsnachfolge von Todes wegen soll das Heimatrecht des Erblassers im Zeitpunk seines Todes maßgebend sein." BT-Drucksache 10/504, 74 führt als Begründung an, daß kein Anreiz geschaffen werden solle, "Pflichtteilsberechtigte und Nachlaßgläubiger durch eine manipulierte Aufenthaltsgestaltung zu benachteiligen".

135 Stellungnahme des Max-Planck-Instituts, RabelsZ 47 (1983), 595, 656f.:

Abs. 2: " Der Erblasser kann für die Erbfolge wählen:

1. das Recht jedes Staates, dem er im Zeitpunkt der Rechtswahl angehört, ungeachtet des Artikels 5 Absatz 1;

2. das Recht des Staates, in dem er im Zeitpunkt der Rechtswahl seinen gewöhnlichen Aufenthalt hat;

3. das Recht, dem die güterrechtlichen Wirkungen seiner Ehe unterliegen, sofern er im Zeitpunkt der Rechtswahl verheiratet ist oder eine Eheschließung beabsichtigt, die später auch erfolgt;

4. das Recht eines Staates, dessen Staatsangehörigkeit er erwerben will und später auch erwirbt;

5. das Recht eines Staates, in dem er seinen gewöhnlichen Aufenthalt nehmen will und später auch nimmt;

6. für unbewegliches Vermögen das Recht des Lageortes;

7. für Betriebsvermögen eines Unternehmens das Recht des Unternehmenssitzes oder der jeweiligen Niederlassung."

136 Abs. 3: "Der Ehegatte, die Abkömmlinge und die Eltern des Erblassers können eine Beteiligung am Nachlaß, die ihnen gemäß dem nach Absatz 1 anwendbaren Recht zusteht und hiernach nicht durch Verfügung von Todes wegen ausgeschlossen werden kann, trotz einer Rechtswahl gemäß Absatz 2 geltend machen, wenn sie im Zeitpunkt des Erbfalles

(8) Schließlich wurde auf Vorschlag des Rechtsausschusses und auf Betreiben der Notare hin die Rechtswahl in Gestalt des jetzigen Art. 25 Abs. 2 EGBGB gleichsam als kleinster gemeinsamer Nenner in das Reformgesetz aufgenommen[137].

3. Zwischenbemerkung

Betrachtet man die Verbreitung der Rechtswahl im internationalen Erbrecht in zeitlicher und in geographischer Hinsicht, so kann von einem Phänomen, das nur vereinzelt auftritt, keine Rede sein. Den verschiedensten Rechtsordnungen war und ist die professio juris bekannt, in anderen wurde zumindest ihre Einführung ernsthaft erwogen. Insbesondere in jüngerer Zeit scheint sich das Institut im europäischen Raum mehr und mehr durchzusetzen. Herrschte vor einigen Jahren noch die Befürchtung, die Einführung einer Rechtswahl im Erbrecht sei im nationalen Alleingang nicht durchsetzbar[138] und verursache ein nicht zu überblickendes „Chaos“[139], stellt sie mittlerweile ein Stück gelebter Rechtswirklichkeit dar.

Die angeführten Gesetzesbestimmungen und Vorschläge zeigen aber auch, wie unterschiedlich die Ausgestaltung und der Spielraum der erbrechtlichen Parteiautonomie sein können. Diese Unterschiede lassen bereits die Probleme und die Interessenskonflikte, die in diesem Zusammenhang auftreten, erkennen. Ob und wie der italienische Gesetzgeber sie gelöst hat, ist später zu untersuchen.

---

1. Deutsche sind oder ihren gewöhnlichen Aufenthalt im Inland haben und
2. vom Erblasser Unterhalt verlangen konnten.

Diese Beteiligung am Nachlaß kann jedoch nur als Geldanspruch geltend gemacht werden." Vgl. Max-Planck-Institut, RabelsZ 47 (1983), 595, 660f.

137 Art. 25 EGBGB: "(1) Die Rechtsnachfolge von Todes wegen unterliegt dem Recht des Staates, dem der Erblasser im Zeitpunkt seines Todes angehörte.

(2) Der Erblasser kann für im Inland belegenes unbewegliches Vermögen in der Form einer Verfügung von Todes wegen deutsches Recht wählen." S. dazu *Ferid*, IPR, § 9-12,10.

138 Vgl. *Lauterbach* (Hrsg.), 13; *Neuhaus*, FamRZ 1970, 12, 14; *Scheuermann*, 137.

139 *Schröder*, FamRZ 1969, 291, 292.

4. Problemaufriß: Argumente für und wider die Rechtswahl

Die Frage, ob und in welchem Umfang die Wahl des Erbstatuts durch den Erblasser zulässig und wünschenswert ist, bewegt sich in einem Umfeld, das in rechtsdogmatischer, rechtstechnischer und rechtspolitischer Hinsicht reichlich Diskussionsstoff bietet[140]. Die Auseinandersetzung mit diesem Problem in Wissenschaft und Praxis verlief und verläuft deshalb lebhaft, teilweise leidenschaftlich. Im folgenden sollen die wesentlichen Argumente für und wider die Rechtswahl im internationalen Erbrecht kurz dargestellt werden.

a) Argumente für die Rechtswahl

aa) Theoretische Grundlagen und dogmatische Begründung

(1) Testierfreiheit

Bereits im ausgehenden 19. Jahrhundert taucht der Gedanke, daß der Erblassers das auf die Erbfolge anwendbare Recht selbst bestimmen könne, erstmals auf. Noch bei Savigny diente die Fiktion eines Parteiwillens, nämlich die der freiwilligen Unterwerfung der Parteien unter eine Rechtsordnung[141], als Rechtfertigung lediglich für die objektive Anknüpfung. Auf den tatsächlichen Parteiwillen kam es insoweit nicht an[142]. Mit Mancinis Aufteilung des Privatrechts in eine *„partie nécessaire"* und eine *„partie volontaire"*[143], innerhalb derer die Parteien das anwendbare Recht wählen konnten, hielt zunächst das Prinzip der Parteiautonomie Einzug ins Kollisionsrecht. Ob Mancini auch im Erbrecht eine echte kollisionsrechtliche Verweisung gestatten wollte, kann allerdings bezweifelt werden[144]. Unter dem Einfluß der freiheitlichen Ideen des Liberalismus wurde der Wille des Einzelnen als

140 *Hanisch*, Mél. Flattet, 473.

141 *Savigny*, 109f.

142 S. dazu *Hotz*, 81; *Gamillscheg*, 112ff. und 255; *Wicky*, 13; *Dölle*, RabelsZ 30 (1966), 205, 206.

143 S. oben A II 2 a cc (3).

144 S. oben A II 2 a cc (3). Bejahend wohl *Wicky*, 33f.; ablehnend *Jayme*, s. oben Fn. 81 und Hotz, 82.

Rechtsquelle jedoch bald über das Gesetz gestellt[145]. Das Erbstatut richtet sich demnach nicht nach der gesetzlich vorgesehenen Anknüpfung, sondern allein nach dem Willen des Testators: « *Dans les dispositions testamentaires, tout dépend de la volonté du testateur; dès lors, il ne peut être question de statut, car le statut est une loi qui, en général, s'impose aux parties interessées: [...]. Or, en matière de testament, c'est la volonté du défunt qui tient lieu de la loi; il peut déclarer qu'il entend tester d'après une loi qui n'est pas son statut personnel* »[146].
Diese Ansicht war jedoch nicht unbestritten[147]. So wurde teilweise eine Rechtswahl auch nur innerhalb des dispositiven Rechts, also in Gestalt einer materiellrechtlichen Verweisung, für zulässig erachtet[148] oder aber ein ähnliches Ergebnis dadurch herbeigeführt, daß einzelne Teilgebiete wie das Pflichtteilsrecht und die Rechtsverfolgung der Gläubiger von der Rechtswahl ausgenommen und einer Sonderanknüpfung unterworfen wurden[149].

Ein späterer Begründungsansatz sieht in der Parteiautonomie das kollisionsrechtliche Korrelat zur materiellrechtlichen Testierfreiheit[150]. Wie im internationalen Schuldvertragsrecht werde die im internen Recht gewährte persönliche Freiheit des Individuums, die als solche einen ideellen Wert darstelle, auf die internationale Ebene projiziert[151]. Zwischen schuldrechtlichen Verträgen und erbrechtlichen Verfügungen

---

145 Näher dazu *Batiffol*, Aspects, 89ff., zum Vertragsrecht 70ff.; kritisch auch *Wicky*, 35ff.; *Schnitzer*, Handbuch des IPR, II, 628.

146 *Laurent*, II, 242; s. auch *Meili*, II, 125: "Legislativ ist der Gedanke des Art. 22 II BG sehr zu loben" und könnte auch "im kosmischen Verkehre verwertet werden." Meili und ab dem Jahr 1904 Roguin versuchten in den ersten fünf Haager Konferenzen immer wieder erfolglos, die Rechtswahl auf internationaler Ebene einzuführen. Dazu *Ferid*, Gewillkürte Erbfolge, 91, 99f.; *Hotz*, 87f.

147 Einzelheiten bei Wicky, 39ff.

148 *Pillet*, Principes, 461. Vgl. die Nachweise bei *Kühne*, Parteiautonomie, 44f.; *Hotz*, 82f.

149 *Aubry*, Clunet 23 (1896), 721, 739f., 742; *Pillet*, II, 446f.

150 *Dölle*, RabelsZ 30 (1966), 205, 218f., 222; *Breslauer*, Private International Law of Succession, 128ff. (*favor testamenti*); *Neuhaus*, RabelsZ 39 (1975), 559, 600; *Vischer*, SJIR XXII (1965), 49, 70; *Schwind*, ZfRV 12 (1971), 161, 236; *Beitzke* (Hrsg.), Vorschläge und Gutachten, 67; s. auch *Deli*, zu Art. 46 IPRG, Nuove leggi civ. comm. 1996, 1278, 1288.

151 *Dölle*, RabelsZ 30 (1966), 205, 218. S. auch *Hotz*, 107; *Sturm*, FS E. Wolf, 637, 653 und 658.

könne eine Parallele gezogen werden, weil das gewillkürte Erbrecht dem Eigentümer gerade gestatte, Verfügungen von Todes wegen zu treffen[152], und sich zu bürgerlichem Vermögensrecht entwickelt habe[153]. Auch der *favor testamenti* spräche für die Zulässigkeit der Rechtswahl in Analogie zum internationalen Vertragsrecht[154]. Deshalb stünden zwingende Vorschriften des materiellen Rechts, über die man sich mittels einer Rechtswahl hinwegsetzen könne, wie im Bereich der Schuldverträge der prinzipiellen Zulässigkeit des Instituts auch im Erbrecht nicht entgegen[155].

In jüngster Zeit ist dieser Ansatz für das deutsche Kollisionsrecht unter verfassungsrechtlichen Gesichtspunkten wieder aufgenommen worden. Danach ist Parteiautonomie im Erbrecht Teil der von Art. 14 Abs. 1 GG gewährten Testierfreiheit, da beide die Gestaltung der Rechtsnachfolge von Todes wegen durch den Erblasser betreffen[156].

(2) Anknüpfungsverlegenheit

Die Rechtswahl im Erbrecht wird außerdem mit einer „Anknüpfungsverlegenheit" in Bezug auf das Erbstatut gerechtfertigt[157]. Ein rechtsvergleichender Blick zeigt, daß sich einerseits der Grundsatz der Nachlaßspaltung, nach dem unbewegliches Vermögen der lex rei sitae untersteht (z.B. Frankreich, England), demjenigen der Nachlaßeinheit, wonach das Erbstatut an das Personalstatut angeknüpft wird (z.B. Deutschland, Italien, Schweiz), gegenübersteht[158]. Andererseits bilden auch letztere Staaten keine homogene Gruppe, da sie teils dem Staatsangehörigkeitsprinzip (z.B. Deutschland, Italien), teils dem Wohnsitzprinzip (z.B. Schweiz, Dänemark) verhaftet sind[159]. Vor- und Nachteile eines jeden dieser Standpunkte halten sich die Waage, immer treten

---

152 *Dölle*, RabelsZ 30 (1966), 205, 218f.

153 *Lauterbach* (Hrsg.), 12; s. auch *v. Overbeck*, La professio juris, 1085, 1096.

154 *Breslauer*, Private International Law of Succession, 129; *ders.*, RzW 1969, 164, 166. S. auch *Hotz*, 102, 117.

155 *Dölle*, RabelsZ 30 (1966), 205, 224f.

156 *Dreher*, 108ff.

157 *Kühne*, Parteiautonomie, 67, 91f., 96f.; s. dazu die Besprechungen von *Neuhaus*, RabelsZ 39 (1975), 599f.; *Jayme*, StAZ 1973, 287f.

158 *v. Overbeck*, La professio juris, 1085, 1093; *Kühne*, Parteiautonomie, 86.

159 *Kühne*, Parteiautonomie, 63; *v. Overbeck*, La professio juris, 1085, 1094; s. auch *Loussouarn*, Annuaire 62 I (1987), 295, 308f.

Fälle auf, bei denen die vom Gesetzgeber vorgesehene Anknüpfung nicht sach- und tatbestandsgerecht erscheint[160]. Es herrscht also insoweit ein „Argumentationsgleichgewicht"[161].
Einen Ausweg aus dieser unbefriedigenden Situation bietet eine Rechtswahlmöglichkeit zwischen den international verbreiteten Anknüpfungskriterien. Zu jeder der so in Betracht kommenden Rechtsordnungen hat der Erbfall eine ausreichend enge Verbindung, so daß die Entscheidung für eine von ihnen dem Erblasser als dem Hauptinteressierten überlassen werden kann[162].
Auf diese Weise kann außerdem ein Kompromiß zur Auflösung des Dualismus von Heimatrecht und Wohnsitz- bzw. Aufenthaltsrecht gefunden und damit die Vereinheitlichung der nationalen Kollisionsrechte erleichtert werden[163]. So formulierte das Institut de Droit International in seiner Resolution zur « *dualité des principes de nationalité et de domicile en droit international privé* »: « *En matière de successions, il est recommandé aux Etats de permettre, que toute personne puisse, dans ses dispositions de dernière volonté, soumettre la dévolution de ses biens soit à sa loi nationale, soit à la loi de son domicile.* »[164].

---

160 *Dumoulin*, RabelsZ 28 (1964), 425, 430; *Hotz*, 109f.; Einzelheiten bei *Kühne*, Parteiautonomie, 64ff., 86ff. und 91ff.; *Loussouarn*, Annuaire 62 I (1987), 295, 316ff.

161 *Kühne*, Parteiautonomie, 63; *ders.*, JZ 1973, 403, 405; *Loussouarn*, Annuaire 61 I (1987), 295, 332f.

162 *v. Overbeck*, Osservazioni, 397, 407; *ders.*, La professio juris, 1085, 1098; *Kühne*, Parteiautonomie, 68, 71; *Vitta*, Memoriale e progetto di legge, 120f.; *Davì*, Raccolta Vitta, 45, 65 Fn. 30; s. auch *Picone*, Autonomia della volontà, 514, 538.

163 So *v. Overbeck*, La professio juris, 1085, 1092, 1094ff.; *ders.*, Osservazioni, 397, 405; *Lalive*, Annuaire 52 I (1967), 558f.; *Droz*, La codification, 319, 325: "*moyen simple, pratique, efficace*"; *Hotz*, 111; *Kühne*, Parteiautonomie, 71; *Batiffol*, Annuaire 52 II (1967), 490; *Scheuermann*, 137ff.; *Lipstein*, RabelsZ 39 (1975), 29, 41f.; *Loussouarn*, Annuaire 62 I (1987), 295, 341 Fn. 45.

In den Entschließungen des VII. Kongresses des lateinischen Notariats zum Ehegüter- und Erbrecht, abgedruckt in RabelsZ 28 (1964), 491, 493, wurde erstmals auf internationaler Ebene die Einführung einer Rechtswahl (zugunsten des Wohnsitzrechts bei grundsätzlicher Maßgeblichkeit des Heimatrechts) als Kompromißlösung gefordert. Dazu *Rigaux*, Rev. crit. dr. int. privé 53 (1964), 168, 170; *Dumoulin*, RabelsZ 28 (1964), 425, 430.

164 Vgl. Annuaire 62 II (1987), 292. Bereits im Jahr 1967 hatte das Institut für die testamentarische Erbfolge die Einführung einer Rechtswahl zwischen Wohnsitzrecht und Heimatrecht gefordert; vgl. Annuaire 52 II (1967), 521; zustimmend *Batiffol*, Rev. crit. dr. int. privé 57 (1968), 810f.

bb) Rechtspolitische Erwägungen

Eine Rechtswahlmöglichkeit, insbesondere auf der Grundlage eines derartigen Kompromisses, ist ferner geeignet, einige rechtspolitische Ziele zu verwirklichen.

(1) Förderung des internationalen Entscheidungseinklangs

Zunächst könnte sie einen Beitrag zur Förderung des internationalen Entscheidungseinklangs leisten. Gerade im internationalen Erbrecht ist wegen der weltweit unterschiedlichen Anknüpfung des Erbstatuts die Gefahr widersprüchlicher Entscheidungen groß und praktisch bedeutsam[165]. Für potentielle Kläger bietet es sich geradezu an, *forum shopping* zu betreiben. Mit Hilfe einer Rechtswahl könnte ein Erblasser Vorsorge treffen, daß seine Erbfolge in allen betroffenen Ländern dem gleichen Recht unterworfen wird[166]. Denn wird die professio juris in einem internationalen Übereinkommen, wie z.B. dem Haager Erbrechtsübereinkommen aus dem Jahre 1989 oder in einer *loi uniforme* eingeführt, so wenden alle Vertragsstaaten das parteiautonom bestimmte Recht als Erbstatut an[167]. Bislang ist allerdings dem Haager Übereinkommen ein besonderer Erfolg leider noch nicht beschieden.
Man kommt der internationalen Entscheidungsharmonie aber auch ein Stück entgegen, wenn einige nationale Kollisionsrechte eine erbrechtliche Rechtswahl kennen oder zumindest anerkennen[168].
So kann ein Erblasser beispielsweise aus Sicht des italienischen oder des niederländischen IPR eine Rechtswahl zugunsten seines Aufenthaltsrechts vornehmen, die auch im jeweils anderen Staat anerkannt wird. Ebenso ist nach deutschem IPR eine solche Rechtswahl eines italienischen oder niederländischen Testators wirksam, da nach Art. 25 Abs. 1, 4 Abs. 1 Satz 1 EGBGB auf die die Rechtswahl gestattende ausländische Kollisionsnorm verwiesen wird. In allen diesen Staaten wird folglich die gleiche Rechtsordnung, nämlich das Aufenthaltsrecht, als Erbstatut berufen. Die Rechtswahl dient hier der Herbeiführung des internationalen Entscheidungseinklangs.

---

165 *v. Overbeck*, Osservazioni, 397, 405.

166 *v. Overbeck*, Osservazioni, 397, 405; s. auch *Davì*, Raccolta Vitta, 45, 65 Fn. 30.

167 *Li*, Rec. des Cours 224 (1990-V), 9, 92; *v. Overbeck*, La professio juris, 1085, 1100; *v. Loon*, Unification, 173, 180; *Droz*, Rev. crit. dr. int. privé 72 (1983), 287, 300; *Scheuermann*, 137f.

168 *Geimer*, DNotZ (Sonderheft) 1985, 102, 114; *Boulanger*, 115f.

Auch eine Wahlmöglichkeit, die es gestattet, unbewegliches Vermögen dem Belegenheitsrecht zu unterstellen, führt im Verhältnis zu Rechtsordnungen, die eine solche Nachlaßspaltung anordnen, zur Entscheidungsharmonie[169]. Die Rechtswahlmöglichkeit zugunsten des deutschen Rechts als lex rei sitae, wie sie in Art. 25 Abs. 2 EGBGB enthalten ist, dient so der einheitlichen Anwendung deutschen Rechts sowohl aus Sicht der deutschen Gerichte als auch aus Sicht der Staaten mit Nachlaßspaltung, die eine professio juris nicht kennen[170].

(2) Individuelle und interessengerechte Anknüpfung

Parteiautonomie im Erbrecht ermöglicht ferner eine individuelle Anknüpfung des Erbstatuts und dient damit der Individualgerechtigkeit[171]. Sie vermag die Härten einer starren, schematischen Anknüpfung nach nur objektiven Kriterien zu vermeiden[172]. Der berühmte, aber auch viel kritisierte „Sprung ins Dunkle"[173] weicht einem bewußten Schritt der betroffenen Person zu einer von ihr bestimmten Rechtsordnung.

Eine erbrechtliche Rechtswahl wird ferner den Parteiinteressen, d.h. den Interessen des Erblassers, auf den bei der Anknüpfung des Erbstatuts in erster Linie abgestellt wird, bestmöglich gerecht[174]. Auch der für die Formgültigkeit einer Verfügung von Todes wegen geltende *favor testamenti* (Art. 26 EGBGB, Art. 48 ital. IPRG) berücksichtigt die Interessen des Erblassers in besonderem Maße, da er dem Erblasserwillen die größtmögliche Gültigkeit verleiht[175].

---

169 *Vitta*, Memoriale e progetto di legge, 3, 122.

170 Dazu *Kötters*, 71f.

171 S. z.B. *Kropholler*, § 4 II 3 b; *Dölle*, RabelsZ 30 (1966) 205, 231; *Kötters*, 95; *Kühne*, IPR-Gesetz-Entwurf, 95; *ders.*, Parteiautonomie, 78 m.w.N.

172 *Meili*, 125f.; *Droz*, Rec. des Cours 229 (1991-IV), 9, 239; *Rigaux*, Rev. crit. dr. int. privé 53 (1964), 168, 170; *Lauterbach* (Hrsg.), 13.

173 *Raape*, 62. Eine kurze Darstellung der Kritik an der herkömmlichen, "blinden" Anknüpfungsmethode geben *Raape/Sturm*, 7ff.; *Kötters*, 39f. m.w.N. S. auch, speziell zum Erbstatut, die Kritik bei *Droz*, Rec. des Cours 229 (1991-IV), 9, 236f.: "*[...] la règle de conflit peut conduire, en raison de son caractère automatique et abstrait, à des situations choquantes*"; "*[...] le caractère aveugle et automatique des règles de conflit [...] sera le détonateur d'une déflagration familiale*".

174 *Lauterbach* (Hrsg.), 12f.; *Dölle*, RabelsZ 30 (1966), 205, 219; *v. Overbeck*, La professio juris, 1085, 1096; *Hotz*, 107; *Lüderitz*, FS Kegel, 31, 48f.; *Davì*, Raccolta Vitta, 45, 66 Fn. 30.

175 Dazu *Kötters*, 91f.

Der Erblasser selbst weiß am besten, zu welchem Recht er eine besonders enge Verbindung besitzt[176] und welches im konkreten Fall das geeignetste Recht ist[177]. In der Regel wird dies eine vertraute und sachlich nahestehende Rechtsordnung sein[178]; im Widerstreit stehen dabei Anpassungs- und Kontinuitätsinteresse des Erblassers (Wohnsitz-/Aufenthaltsrecht oder Heimatrecht)[179] sowie sein Interesse, die Durchsetzbarkeit seiner letztwilligen Verfügung sicherzustellen und den Erben bei der Abwicklung des Nachlasses unnötige Komplikationen zu ersparen (lex rei sitae, Ehegüterrechtsstatut).
In Betracht kommt aber auch die Wahl eines Rechts deswegen, weil es den Bedürfnissen und Planungen des Erblassers am ehesten entspricht. Dieser Punkt ist in der Diskussion über Parteiautonomie im Erbrecht heftig umstritten[180]. Materiellrechtliche Erwägungen des Testators und der Wunsch nach Anwendung des sachlich geeignetsten, sachlich „besseren“ Rechts sind jedoch nicht von vornherein zu mißbilligen, sondern durchaus legitim[181]. So können eine Reihe von achtenswerten, lauteren Motiven (z.B. wirtschaftliche Erhaltung des Nachlaßvermögens, gerechte Aufteilung zwischen den Familienangehörigen[182], reibungslose Nachlaßabwicklung, insbesondere der Wunsch nach der Durchsetzbarkeit und der Anerkennung einer gerichtlichen Entscheidung in dem Staat, in dem Nachlaßvermögen belegen ist, oder gute Erfahrungen mit dem Heimatrecht[183]) für die Rechtswahl ausschlaggebend sein; in den diesbezüglichen, materiellrechtlichen Überlegungen des Erblassers ist dann eher ein „Segen“ als ein Fluch zu sehen[184]. Das Kollisionsrecht ist ohnehin nicht völlig unabhängig von Wertungen des materiellen Rechts; im italienischen Reformgesetz aus dem Jahre 1995 finden sie weit stärker Berücksichtigung als im vorherigen italienischen Kollisionsrecht[185].

---

176 Im Prinzip der engsten Verbindung wurzelt der Gerechtigkeitsgehalt des Kollisionsrechts, s. dazu *Kropholler*, § 4 II.

177 *Kühne*, Parteiautonomie, 68, 71; *Kemp*, 45.

178 *Ferid*, Gewillkürte Erbfolge, 91, 101; *Brandi*, Vita not. 1998, 1198, 1200.

179 S. dazu *Lüderitz*, FS Kegel, 31, 40, 53f.

180 Zur Kritik siehe sogleich unter A II 4 b cc (2).

181 *Hanisch*, Mél. Flattet, 473, 483 Fn. 52.; *Kötters*, 95; *Kühne*, Parteiautonomie, 76.

182 S. dazu das Beispiel bei *Droz*, Rec. des Cours 229 (1991-IV), 9, 242 Fn. 510.

183 *Sturm*, FS E. Wolf, 637, 653f.

184 *Kühne*, Parteiautonomie, 71f.

185 Vgl. dazu *Picone*, Raccolta Vitta, 173, 209ff.; *ders.*, La teoria generale, 41, 53ff.; *Boschiero*, Appunti, 68ff.; *Davì*, Raccolta Vitta, 45, 65ff.

Auch insoweit ist für eine ergebnisorientierte Entscheidung des Erblassers auf der kollisionsrechtlichen Ebene Raum[186].

Den Interessen des Erblassers stehen in der Form von Verkehrs- und Ordnungsinteressen öffentliche Interessen[187] gegenüber. Auch ihnen ist mit einer Rechtswahl im Erbrecht gedient.
Bei Wahl der lex fori als Aufenthaltsrecht oder, für im Inland belegenes unbewegliches Vermögen, als lex rei sitae werden Justizgewährung und Nachlaßverfahren vereinfacht[188], da die Ermittlung der sonst anwendbaren ausländischen Rechtsordnung entfällt und sich die verfahrensrechtlich beteiligten Stellen nicht mit unbekannten Rechtsfiguren einer fremden Rechtsordnung auseinandersetzen müssen[189]. Insbesondere im Grundstücksverkehr bringt das Zusammenfallen von Erbstatut einerseits und Sachstatut sowie Verfahrensrecht (lex rei sitae bzw. lex fori) andererseits erhebliche praktische Vorteile mit sich[190].
Die Wahl des Aufenthaltsrechts vermag außerdem die Integration von im Inland lebenden Ausländern zu fördern oder zu manifestieren[191], weil sie ihnen ermöglicht, sich nicht nur im sozialen Umfeld, sondern auch im rechtlichen Bereich auf das Aufenthaltsland einzulassen und im gleichen Maße wie inländische Mitbürger ihre Vermögensverhältnisse zu regeln.
Schließlich ist der Öffentlichkeit auch daran gelegen, daß wirtschaftliche Einheiten, z.B. Unternehmen, die zum Nachlaßvermögen gehören, im

---

186 Vgl. *Kühne*, Parteiautonomie, 72ff.; *Kötters*, 39ff.; s. auch *Kropholler*, § 5 II.

187 Dazu *Batiffol*, FS Kegel, 1, 17ff. ("*intérêts généraux*", die den "*intérêts privés*" gegenüber stehen); *Kegel/Schurig*, § 2 II 2, 3; *Kegel*, FS Lewald, 259, 274ff.

188 *Kindler*, Gestaltung letztwilliger Verfügungen, 85, 116; *Lüderitz*, FS Kegel, 31, 53; *Kötters*, 94; *Schmeding*, RabelsZ 41 (1977), 299, 305f.; Stellungnahme des Max-Planck-Instituts, RabelsZ 47 (1983), 595, 657.

189 Z.B. mit einer "Einantwortung" nach österreichischem Recht, der "*indivision*" des französischen Rechts, dem "*personal representative*" des englischen Rechts, der "*accettazione dell'eredità*" nach italienischem Recht (Art. 459, 470 c.c.; dazu *Rauscher*, DNotZ 1985, 204ff.).

190 *Kühne*, Parteiautonomie, 90 spricht von "starker sozialer und rechtlicher Einbettung von Grundstücken in ihre räumliche Umwelt". S. auch *Hotz*, 115; *Dölle*, RabelsZ 30 (1966), 205, 232; *Dörner*, DNotZ 1988, 67, 93; *Staudinger-Dörner*, zu Art. 25 EGBGB Rn. 481; *V. Stoll*, 55f.

191 *Kropholler*, § 5 I 1; vgl. auch *Luther*, FS Bosch, 559, 564; *Lüderitz*, FS Kegel, 31, 40f.; *Dölle*, RabelsZ 30 (1966), 205, 231; *Deli*, zu Art. 46 IPRG, Nuove leggi civ. comm. 1996, 1278, 1289.

Zuge der Auseinandersetzung nicht zerschlagen und Nachlässe nicht rechtlich zersplittert werden[192].

Was schließlich die Interessen sonstiger am Nachlaß beteiligter Personengruppen, insbesondere der Pflichtteilsberechtigten bzw. Noterben und der Nachlaßgläubiger anbelangt, so ist hier zunächst nur festzuhalten, daß eine Beeinträchtigung durch eine Rechtswahl des Erblassers nicht auszuschließen ist. Der Erblasser kann insbesondere die Erwartungen seiner nächsten Angehörigen enttäuschen, indem er ein Recht wählt, das der Testierfreiheit einen größeren Platz einräumt als das nach objektiven Kriterien ermittelte Erbstatut. Dies allein stellt jedoch die Parteiautonomie im Erbrecht an sich nicht in Frage; vielmehr sind die verschiedenen Interessen gegeneinander abzuwägen und zu werten und die Rechtswahlmöglichkeit dementsprechend auszugestalten[193].

cc) Praktische Vorteile

Für eine Rechtswahl im Erbrecht sprechen weiterhin praktische Vorteile, die sich weitgehend mit den bereits angesprochenen privaten und öffentlichen Interessen decken.

(1) Praktikabilität und Erleichterung der Rechtshandhabung

Hier ist kurz zu wiederholen, daß Parteiautonomie verstärkt zur Anwendung des eigenen Rechts (gewählt als Aufenthaltsrecht oder als lex rei sitae) und damit zu praktikabler und erleichteter Rechtshandhabung sowie zur Entlastung der mit dem Erbfall befaßten Stellen führen kann[194].

(2) Praktisches Bedürfnis des Erblassers

Ein praktisches Bedürfnis nach einer Rechtswahlmöglichkeit besteht vor allem auf Seiten des Erblassers, der sich beispielsweise im Aufenthaltsstaat leichter über das geltende Recht informieren und beraten lassen

---

192 *Kropholler*, § 5 I 3.

193 Vgl. *MünchKomm-Sonnenberger*, Einl. IPR Rn. 92; *Schwind*, ZfRV 12 (1971), 161, 179; unten A II 4 c.

194 Vgl. *Munari*, JbItalR 9 (1996), 37, 56; *Geimer*, DNotZ 1985 (Sonderheft), 102, 112; *Dörner*, DNotZ 1988, 67, 86f., 93f.; *Wiethölter*, 141, 183; *Lauterbach* (Hrsg.), 13; *Sturm*, FS E. Wolf, 637, 652; *Dölle*, RabelsZ 30 (1966), 205, 231ff.; *Migliazza*, Giur. comp. dir. int. priv. XI (1954), 278, 281.

und hier eine Verfügung von Todes wegen notariell beurkunden lassen kann[195]. Auch für die Wählbarkeit anderer Rechtsordnungen als des Aufenthaltsrechts mag ein praktisches Bedürfnis bestehen, mögliche Gründe wurden bereits dargelegt[196].

(3) Rechtssicherheit und Voraussehbarkeit

Außerdem wird durch eine Rechtswahl ein hohes Maß an Rechtssicherheit und Voraussehbarkeit des anwendbaren Rechts gewährleistet[197]. Der Erblasser bestimmt dieses selbst und hat Gewißheit, daß seine Dispositionen nicht nachträglich durch „unvorhergesehene Rückverweisungsmechanismen" hinfällig werden, da normalerweise unmittelbar auf das materielle Recht verwiesen wird[198] (vgl. z.B. Art. 4 Abs. 2 EGBGB und Art. 13 Abs. 2 ital. IPRG). Damit ist das Erbstatut unabhängig von der internationalen Zuständigkeit, die möglicherweise in mehreren Staaten gegeben sein kann[199]. Auch für Mehrstaater und Personen mit mehrfachem Wohnsitz entfallen so die Zweifel, nach welchen ihrer Staatsangehörigkeiten oder Wohnsitze sich das anwendbare Recht richtet[200]. Parteiautonomie trägt also dazu bei, die kollisionsrechtlichen Schwierigkeiten bei der Balance zwischen Individualgerechtigkeit und Rechtssicherheit zu überwinden[201].

(4) Harmonisierung von Erb- und Güterrechtsstatut und Herstellung der Nachlaßeinheit

Schließlich spricht für Parteiautonomie im Erbrecht, daß der verheiratete Erblasser mittels einer erbrechtlichen Rechtswahl, gegebenenfalls im Zusammenspiel mit einer entsprechenden Wahl des Güterrechtsstatuts, eine Harmonisierung von Ehegüter- und Erbstatut herbeiführen kann

---

195 *Geimer*, DNotZ 1985 (Sonderheft), 102, 112; *Mosconi*, D.i.p., Parte speciale, 106. S. auch die Beispiele bei *Breslauer*, Private International Law of Succession, 130ff.

196 S. oben A II 4 a bb (2).

197 *Kegel/Schurig*, § 2 II 3 c zählen diese unter die Ordnungsinteressen.

198 *Hanisch*, Mél Flattet, 473, 476; *Li*, Rec. des Cours 224 (1990-V), 9, 92; *Dölle*, RabelsZ 30 (1966), 205, 229ff.; *Schotten*, FS Schippel, 945, 956; *v. Loon, Unification*, 173, 180; s. auch *Droz*, Rec. des Cours 196 (1986-I), 9, 116f.

199 *Hotz*, 107.

200 *Geimer*, DNotZ 1985 (Sonderheft), 102, 111; *Hotz*, 112ff.

201 *Kühne*, RabelsZ 43 (1979), 290, 313.

und sich seine vermögensrechtliche Planung dadurch bedeutend einfacher gestaltet[202]. Auch dem überlebenden Ehegatten kommt es entgegen, wenn er sich nach dem Tod des Erstversterbenden nicht mit komplizierten kollisionsrechtlichen Fragen auseinandersetzen muß. Desgleichen kann die Wahl des Erbstatuts ein Mittel dafür sein, Nachlaßspaltung zu vermeiden und durch Abbedingung der lex rei sitae und Wahl des Personalstatuts Nachlaßeinheit herzustellen[203]. Diese Möglichkeit besteht sowohl dann, wenn das IPR des Forumstaates eine Nachlaßspaltung vorsieht als auch in den Fällen, in denen erst eine Rückverweisung zu einer derartigen Rechtszersplitterung führen würde[204]. Denn eine Rechtswahl ist, wie z.B. Art. 4 Abs. 2 EGBGB und Art. 13 Abs. 2 lit. b ital. IPRG zeigen, in aller Regel als Sachnormverweisung zu verstehen, so daß ein etwaiger Renvoi nicht zu beachten ist.

b) Argumente gegen die Rechtswahl

aa) Dogmatische Bedenken

(1) Keine Rechtfertigung durch die Testierfreiheit

Die Auffassung, daß Parteiautonomie im Erbrecht aus dem materiellrechtlichen Prinzip der Testierfreiheit folge, begegnet mannigfaltigen Einwänden.

Interne Privatautonomie führt nicht zwangsläufig zu kollisionsrechtlicher Parteiautonomie, insoweit trägt die Parallele zum internationalen Schuldvertragsrecht nicht. Denn im Unterschied zur schuldrechtlichen Vertragsfreiheit stellt die Testierfreiheit im Erbrecht nur ein Prinzip, wenn auch ein maßgebliches, unter mehreren dar. Die wenigsten Rechtsordnungen kennen eine völlige Freiheit des Erblassers, über sein Vermögen von Todes wegen zu verfügen, man denke z.B. an die Beschränkung auf bestimmte Typen erbrechtlicher Verfügungen und an das Pflichtteilsrecht

---

202 *Müller-Freienfels*, 42, 49ff.; *Kühne*, IPR-Gesetz-Entwurf, 158f.; *Henrich*, Lausanner Kolloquium, 103, 112; *Braga*, FS Wengler II, 191, 197; *Droz*, Rev. crit. dr. int. privé 72 (1983), 287, 298; *ders.* Rec. des Cours 229 (1991-IV), 9, 243 ; *v. Overbeck*, Osservazioni, 397, 405; *Hanisch*, Mél. Flattet, 473, 475f.; *Batiffol*, Rec. des Cours 120 (1967-I), 165, 180; *Vitta*, Memoriale e progetto di legge, 3, 121f.; *Mosconi*, D.i.p., Parte speciale, 106.

203 *Lauterbach* (Hrsg.), 13; *Wiethölter*, 141, 145.

204 *Mosconi*, D.i.p., Parte speciale, 108.

im BGB oder die Begrenzung der Verfügungsfreiheit auf eine festgesetzte Quote in den romanischen Rechtsordnungen[205].
Ferner gibt man zu bedenken, daß der von einem Erbfall betroffene und am Nachlaß beteiligte Personenkreis ein anderer und weiterer ist als bei einem internationalen Vertrag. Dort können die beiden Vertragsparteien ihr Verhältnis selbst gestalten, während die Interessen der erstgenannten Gruppe nur von den zwingenden gesetzlichen Bestimmungen gewahrt werden und „nicht dem freien Gutdünken des Testators ausgeliefert werden dürfen"[206], indem dieser das anwendbare Recht selbst bestimmt. Dieses familienrechtliche Element des Erbrechts steht einigen zufolge einer Rechtswahl im Erbrecht entgegen[207]. Auch die Vergleichbarkeit der Situation mit dem ehelichen Güterrecht - hier stehen sich die Ehegatten gleichberechtigt gegenüber, wenn sie eine Rechtswahl treffen- wird aus den gleichen Gründen abgelehnt[208].

Zu berücksichtigen ist in diesem Zusammenhang aber auch, daß das Vorhandensein zwingenden Rechts nicht gegen Parteiautonomie an sich spricht[209]. Die im materiellen Recht geschützten Interessen können auf kollisionsrechtlicher Ebene vielmehr auch durch eine entsprechende Ausgestaltung der Rechtswahlmöglichkeit gewahrt werden.
Außerdem spricht das Prinzip der Testierfreiheit, das in allen internen Rechten, wenn auch in unterschiedlichem Ausmaß, bekannt ist, eher für als gegen Parteiautonomie. Der Testierfreiheit kommt insoweit ein „rechtfertigendes Gewicht"[210] zu, als sie, wie der *favor testamenti*, ein Ausdruck dafür ist, daß der Wille des Erblassers von zentraler Bedeutung ist[211]. Dem trägt der Grundsatz des *favor testamenti* in formeller Hinsicht Rechnung, während eine Rechtswahl die Gültigkeit des Erblasserwillens in materieller Hinsicht fördert: Sie vermeidet Fälle des Testie-

---

205 S. dazu den Bericht von *Müller*, RabelsZ 31 (1967), 337f. und 339; *Kühne*, Parteiautonomie, 59f.

206 *Staudinger-Firsching*, 12. Aufl., Vorbem. zu Art. 24-26 EGBGB a.F. Rn. 210.

207 *Lauterbach* (Hrsg.), 13; *Müller* (Bericht), RabelsZ 31 (1967), 337, 339; *Staudinger-Firsching*, 12. Aufl., Vorbem. zu Art. 24-26 EGBGB a.F. Rn. 211; *Firsching*, Zur Reform, 202, 222. Zur Problematik des Pflichtteilsrechts s. unten A II 4 b cc (2).

208 *Goré*, L'administration, 272; *dies.*, Mél. Loussouarn, 193, 196.

209 S. dazu *Haudek*, 17f.; *Kühne*, Parteiautonomie, 60f.; *Müller*, RabelsZ 31 (1967), 337, 339.

210 *Kühne*, IPR-Gesetz-Entwurf, 158.

211 *Hotz*, 97, 102; *Batiffol*, Rev. crit. dr. int. privé 62 (1973), 243, 248.

rens unter falschem Recht[212] und der daraus resultierenden Unwirksamkeit der dem objekiv anwendbaren Recht unbekannten Verfügungen.

(2) Systemwidrigkeit im Vergleich zum materiellen Erbrecht

Der Grundsatz der Testierfreiheit spielt für die Gegner der Parteiautonomie auch noch in anderer Hinsicht eine Rolle. Wenn die Testierfreiheit als Grundprinzip und die gesetzliche Erbfolge als Ausdruck des vermuteten Erblasserwillens gilt, begegnet eine kollisionsrechtliche Rechtswahl größerer Akzeptanz als im umgekehrten Fall, in dem, wie in den romanischen Rechtsordnungen, die testamentarische Erbfolge als Ausnahme von der gesetzlichen angesehen wird[213].
Vor diesem Hintergrund stößt die professio juris teilweise auf Ablehnung, weil sie mit der Konzeption des Erbrechts in den romanischen Rechten unvereinbar scheint. Denn die Testierfreiheit werde erst vom Gesetz gewährt, und die zwingenden gesetzlichen Bestimmungen verliehen dem Willen des Erblassers über den Todeszeitpunkt hinaus Wirksamkeit. Deshalb könne es dem Erblasser nicht freigestellt werden, das Erbstatut und damit das Gesetz, das ihm die Verfügungsmacht einräume und das Ausmaß der Testierfreiheit bestimme, zu wählen[214].
Dieser Widerspruch besteht jedoch nur, wenn man eine eventuelle Rechtswahl als Ausfluß der materiellrechtlichen Testierfreiheit betrachtet und keinen anderen Begründungsansatz anerkennt. Aus der Testierfreiheit allein folgt jedoch nicht Rechtswahlfreiheit, erst das Kollisionsrecht kann dem einzelnen die Möglichkeit einräumen, das anwendbare Erbrecht zu bestimmen[215]. Und selbst die Beschränkung der Testierfreiheit auf eine bestimmte Quote des Vermögens berührt das Prinzip als solches nicht, weil Testierfreiheit, wenn auch eingeschränkt, dennoch besteht[216]. Daß die Konzeptionen des internen Rechts nicht unbedingt und ausnahmslos auf das Kollisionsrecht übertragbar sind, zeigen schließlich einerseits die Rechtsordnungen des anglo-amerikanischen

---

212 *Hanisch*, Mél. Flattet, 473, 476.

213 *Neuhaus*, Grundbegriffe, 254. Dies zeigte sich auch bei der Ausarbeitung des Haager Erbrechtsübereinkommens vom 1.8.1989, dazu *Lagarde*, Rev. crit. dr. int. privé 78 (1989), 249, 251.

214 *Goré*, L'administration, 271f., 283; *dies.*, Mél. Loussouarn, 193, 195f.: "*Offrir au de cujus la possibilité de choisir la loi applicable à sa succession, c'est nier que c'est cette même loi qui lui donne le pouvoir de disposer.*"

215 *Schotten*, FS Schippel, 945, 956.

216 Dazu *Kühne*, Parteiautonomie, 59f.

Rechtskreises, die trotz starker Position der Testierfreiheit nicht notwendigerweise Parteiautonomie im Erbrecht zulassen, andererseits diejenigen Rechtsordnungen, in denen echte, dingliche Noterbrechte die Verfügungsfreiheit des Erblassers auf einen Teil des Nachlaßvermögens begrenzen und deren Kollisionsrecht dennoch eine erbrechtliche Rechtswahl vorsieht[217], wie z.B. das schweizerische oder das italienische Recht.

bb) Praktische Nachteile

Den praktischen Vorteilen, die die Befürworter einer Rechtswahl hervorheben, stellen ihre Gegner die aus ihr resultierenden praktischen Nachteile gegenüber.

(1) Fehlen eines praktischen Bedürfnisses

Zunächst wird bereits das Fehlen eines Bedürfnisses nach Rechtswahlfreiheit in der Praxis angeführt, da die interne Testierfreiheit zur Gestaltung letztwilliger Verfügungen ausreichend und der Bürger ohnehin ohne fachkundige Beratung nicht in der Lage sei, die kollisionsrechtliche Situation zu überblicken[218]. Ebensowenig seien dazu allerdings die Notare in der Lage, so daß die Möglichkeit einer professio juris für den Erblasser keinerlei praktischen Nutzen habe[219].
Diese Argumente stammen hauptsächlich aus der Diskussion über die Reform des deutschen Kollisionsrechts und sind heute durch die Erfahrungen mit Art. 25 Abs. 2 EGBGB widerlegt[220]. Auch von der Rechtswahl des schweizerischen Kollisionsrechts wird reger Gebrauch gemacht[221]. Dabei zeigt sich, daß gerade die erbrechtlichen Gestaltungsmöglichkeiten einer anderen als der eigentlich anwendbaren Rechtsordnung den Ausschlag für eine Rechtswahl geben können. Und ein Bedürfnis nach erleichterten Informationsmöglichkeiten über das anwendbare Recht (z.B. bei Wahl des Aufenthaltsrechts) sowie nach einem reibungslosen Nachlaßverfahren ist weder auf Seiten des Testa-

---

217 *Goré*, L'administration, 273.

218 *Reinhart*, ZVglRWiss 80 (1981), 150, 166; *Jayme*, StAZ 1973, 287, 288; *Firsching*, Zur Reform, 202, 223; ähnlich *Schwind*, ZfRV 12 (1971), 161, 239.

219 *Staudinger-Firsching*, 12. Aufl., Vorbem. zu Art. 24-26 EGBGB a.F. Rn. 212.

220 *Schotten*, FS Schippel, 945, 956.

221 *Lalive*, Annuaire 52 I (1967), 560, Annuaire 52 II (1967), 493; *ders.*, Liber amicorum Schnitzer, 285, 294; *Sturm*, DNotZ 1985 (Sonderheft), 139.

tors, noch auf Seiten der Erben zu leugnen[222]. Im übrigen müssen bei jedem Fall mit Auslandsberührung Überlegungen bezüglich des anwendbaren Rechts angestellt werden; eine Rechtswahl ändert daran nichts, erleichtert aber nach dem Erbfall die Prüfung[223].

(2) Verkomplizierung der Anknüpfung

Darüber hinaus wird befürchtet, daß Parteiautonomie im Erbrecht „Verwirrung"[224] und unerwünschte Komplikationen[225] mit sich bringe und die Anknüpfung des Erbstatuts wegen der Unbestimmtheit des Wohnsitzbegriffs, der Formerfordernisse und des maßgeblichen Zeitpunkts oder der Möglichkeit einer stillschweigenden Rechtswahl unnötig verkompliziert werde[226]. Die Gerichte würden, um Gesetzesumgehungen zu vermeiden, zu schwierigen Nachforschungen veranlaßt; auch insofern bedeute eine professio juris keine Vereinfachung[227].
Nicht nur diese Umstände, sondern auch die Widerruflichkeit der Rechtswahl und die Auswirkungen eines Statutenwechsels auf die bereits getroffene Wahl können der Rechtssicherheit abträglich sein[228].

Doch technische Schwierigkeiten, verbunden mit einer gewissen anfänglichen Unsicherheit, sind mit der Einführung eines jeden neuen Rechtsinstituts verbunden[229]. Ebensowenig kann die objektive Anknüpfung für sich behaupten, das Erbstatut immer problemlos und ohne Unwägbarkeiten zu bestimmen (s.o.). Viele Unsicherheiten und Schwierigkeiten lassen sich auch durch eine zweckmäßige Regelung in einer entsprechenden Kollisionsnorm aus dem Weg räumen[230].

---

222 Vgl. *Geimer*, DNotZ 1985 (Sonderheft), 102, 115.

223 Vgl. *Sturm*, FS E. Wolf, 637, 652.

224 *Staudinger-Firsching*, a.a.O., Rn. 466.

225 *Ferid*, Gewillkürte Erbfolge, 91, 101; *ders.*, FS Cohn, 31, 38f. und IPR, § 9-12,6 und § 9-12,12.

226 *Ferid*, Gewillkürte Erbfolge, 91, 103f.; *ders.*, Rec. des Cours 142 (1974-II), 70, 188; *Lauterbach* (Hrsg.), 13; *Jayme*, StAZ 1973, 287.

227 *Bellet* in Travaux du comité français (1966-1969), 346.

228 *Scheuermann*, 138 und 141f.; *Ferid*, Rec. des Cours 142 (1974-II), 70, 188; *ders.*, Gewillkürte Erbfolge, 91, 103; *Staudinger-Firsching*, 12. Aufl., Vorbem. zu Art. 24-26 EGBGB a.F. Rn. 212; *Jayme*, StAZ 1973, 287, 288.

229 *Scheuermann*, 139.

230 *Kühne*, Parteiautonomie, 79f.; *Scheuermann*, 139; vgl. auch *Sturm*, FS E. Wolf, 637, 652.

(3) Nachlaßspaltung, Auseinanderfallen von Erb- und Ehegüterrechtsstatut und Störung des internationalen Entscheidungseinklangs

Nachteilig kann sich eine professio juris auch insofern auswirken, als sie zu Nachlaßspaltung[231] (vgl. z.B. Art. 25 Abs. 2 BGB), zum Auseinanderfallen von Erb- und Ehegüterrechtsstatut und, wenn sie nur von einzelnen Staaten ermöglicht wird, zu einer Störung des internationalen Entscheidungseinklangs[232] und damit zu hinkenden Rechtsverhältnissen führen kann, soweit die aus Sicht dieser Staaten wirksame Rechtswahl in anderen Staaten nicht anerkannt wird. Vor allem, wenn sich dort Nachlaßvermögen befindet, laufen die Anordnungen des Erblassers unter Umständen ins Leere und bedeutet Entscheidungseinklang nicht ein dogmatisches Ideal, sondern praktische Notwendigkeit.
All diese Schwiergkeiten können aber auch bei objektiver Anknüpfung auftreten. Insbesondere vom Ideal der internationalen Entscheidungsharmonie ist der gegenwärtige Rechtszustand mit seinem „Anknüpfungswirrwarr“[233] im internationalen Erbrecht weit entfernt, und hinkende Rechtsverhältnisse sind häufig anzutreffen[234]. Das hindert jedoch keinen Staat, sein eigenes IPR möglichst gerecht auszuformen und auf die Ausstrahlungswirkung überzeugender Lösungen zu hoffen[235].
Was das Auseinanderfallen von Erb- und Güterrechtsstatut sowie die Herbeiführung einer Nachlaßspaltung betrifft, ist davon auszugehen, daß viele Erblasser eine Rechtswahl gerade als Chance begreifen, derartige Diskrepanzen zu vermeiden. Andernfalls können die damit verbundenen Schwierigkeiten in Kauf genommen werden; die Praxis ist auch bei objektiv ermitteltem Erbstatut mit ihnen konfrontiert.
Das gleiche gilt für den Einwand, die Gerichte müßten bei Zulassung der Parteiautonomie vermehrt fremdes Recht anwenden[236]. Dazu kommt, daß ebenso eine gegenläufige Entwicklung, ein „*home trend*“, einsetzen kann[237]. Die im deutschen Recht bestehende Rechtswahlmöglichkeit läßt ohnehin nur die Wahl der lex fori (in ihrer Eigenschaft als Belegen-

---

231 *Goré*, Mél. Loussouarn, 193, 198f.

232 *Ferid*, Gewillkürte Erbfolge, 91, 103; *Jayme*, StAZ 1973, 287.

233 *Geimer*, DNotZ 1985 (Sonderheft), 102, 114.

234 *Ballarino*, D.i.p., 520.

235 *Kegel/Schurig*, § 2 II 3 a; speziell zur Parteiautonomie *Kühne*, Parteiautonomie, 81.

236 *Hotz*, 105.

237 *Geimer*, DNotZ 1985 (Sonderheft), 102, 113f.; *Munari*, JbItalR 9 (1996), 37, 56 Fn. 103.

heitsrecht) zu. Auch die Rechtswahl nach Art. 46 Abs. 2 ital. IPRG wird bei gewönlichem Aufenthalt des Erblassers im Forumstaat zur Anwendung der lex fori (als Aufenthaltsrecht) führen, wenn die Gerichte des Forums international zuständig sind. Bei der Wahl deutschen Rechts ergibt sich die internationale Zuständigkeit der deutschen Gerichte aus dem Gleichlaufgrundsatz; bei der Wahl italienischen Rechts ist mit einiger Wahrscheinlichkeit eines der zahlreichen alternativen Kriterien des Art. 50 ital. IPRG erfüllt.

cc) Rechtspolitische Einwände

Rechtswahl im Erbrecht stößt ferner aus rechtspolitischen Gründen auf Ablehnung.

(1) Fehlen eines schutzwürdigen Interesses

Zunächst wird ein anerkennenswertes Bedürfnis und schutzwürdiges Interesse an der Möglichkeit einer Rechtswahl verneint, weil Personen, die schon seit langem nicht (mehr) in ihrem Heimatstaat leben, ohne ihre alte Staatsangehörigkeit aufzugeben, kein ungerechtfertigter Vorteil daraus erwachsen solle, daß sie zwischen Heimat- und Wohnsitzrecht „lavieren" könnten[238].
Wie oben dargestellt, sprechen jedoch nicht wenige legitime Interessen und Bedürfnisse für eine solche Wahlmöglichkeit. Die Befürchtung, Ausländer könnten durch ihre fremde Staatsangehörigkeit gegenüber Inländern Vorteile erlangen, hat durch die zwischenzeitliche Diskussion in Deutschland um die doppelte Staatsbürgerschaft und das neue deutsche Staatsangehörigkeitsgesetz vom 15.7.1999 in anderem Gewand neue Aktualität gewonnen. Auch in diesem Fall käme ja eine Rechtswahl zugunsten eines der Heimatrechte in Frage. Fraglich ist jedoch, ob der betroffenen Personengruppe dadurch ein nicht gerechtfertigter Vorteil erwächst. Nicht zu vergessen ist nämlich, daß es für im Inland lebende Ausländer Gründe gibt, die ursprüngliche Staatsangehörigkeit zu behalten[239], und daß es sich eben um keinen reinen Inlandsfall, sondern um einen Fall mit internationalem Element handelt, bei dem eine andere Behandlung angemessen sein kann.

---

238 *Ferid*, Gewillkürte Erbfolge, 91, 102; *Staudinger-Firsching*, 12. Aufl., Vorbem. zu Art. 24-26 EGBGB a.F. Rn. 212; für das schweizerische Recht *Bucher*, ZBGR 69 (1988), 146, 149; *ders.*, D.i.p. suisse, Rn. 946; *Lalive*, SJIR XXXIII (1977), 338, 339.

239 *Mansel*, StAZ 1990, 29, 42 m.w.N.

(2) Schutz naher Angehöriger und der Gläubiger

Das größte Gewicht kommt jedoch der Tatsache zu, daß der Erblasser mittels einer professio juris zwingende Bestimmungen des nach objektiven Kriterien anwendbaren Rechts umgehen und so insbesondere die Pflichtteils- bzw. Noterbrechte seiner nahen Angehörigen schmälern kann. Auch die Gläubiger könnten möglicherweise durch die Wahl eines anderen Rechts benachteiligt werden. Aus diesem Grund lehnen einige Parteiautonomie im Erbrecht vehement ab.

Im einzelnen wird befürchtet, der Erblasser wähle nicht das sachlich geeignetste oder das ihm nahestehendste Recht, sondern das „bessere", vorteilhafteste[240], das ihm die größtmögliche Verfügungsfreiheit zugestehe. Damit diene eine Rechtswahl weniger der Ausübung eines Freiheitsrechts als der Verwirklichung konkreter, materiellrechtlicher Ziele[241], sie gewähre Verfügungsfreiheit, die über die des an sich anwendbaren Rechts hinausreiche[242]. Dies wird mißbilligt. Die daraus resultierenden Unzuträglichkeiten und Spannungen mit strengeren Rechtsordnungen, die nach ihren eigenen Kriterien das eigene Erbrecht anwenden wollten, gelte es zu vermeiden[243].

Insbesondere der Schutz der Pflichtteilsberechtigten bzw. Noterben steht im Widerstreit mit einer Rechtswahlmöglichkeit des Erblassers. Hier liegt der „neuralgische Punkt"[244] der gesamten Diskussion.
Häufig findet sich das Argument, dem Erblasser könne nicht gestattet werden, einseitig über Rechte anderer zu verfügen[245]. Auch rechtsmißbräuchliches Verhalten durch Umgehung zwingender Vorschriften wird dem Erblasser vorgeworfen, der seine Erbfolge einem Recht unterstellt, das kein oder ein schwächer ausgeprägtes Pflichtteils- bzw. Noterbrecht kennt[246]. In diesem Zusammenhang hat ein Urteil des schweizerischen

---

240 *Ferid*, Gewillkürte Erbfolge, 91, 101; *Bucher*, ZBGR 69 (1988), 146, 148; *ders.* Lausanner Kolloquium, 115, 136.

241 *Reinhart*, ZVglRWiss 80 (1981), 150, 162.

242 *Bucher*, ZBGR 69 (1988), 146, 149; *ders.*, Lausanner Kolloquium, 115, 137.

243 *Ferid*, Gewillkürte Erbfolge, 91, 103.

244 *Hanisch*, Mél. Flattet, 473, 478.

245 *Goré*, L'administration, 272; *Rigaux*, Rev. crit. dr. int. privé 53 (1964), 168, 170; *Bucher*, Lausanner Kolloquium, 115, 138.

246 *Bucher*, Lausanner Kolloquium, 115, 136; *Ferid*, IPR, § 9-12,6; *ders.*, Liber amicorum Cohn, 31, 38f.; *Bellet*, in: Travaux du comité français (1966-1969), 346;

Bundesgerichts eine heftige Kontroverse ausgelöst[247]. Ein Engländer, der schon lange in der Schweiz ansässig war, hatte eine Rechtswahl zugunsten seines Heimatrechts getroffen und so seiner Tochter, einer in der Schweiz lebenden Schweizerin, jede Beteiligung am Nachlaß vorenthalten. Daß das Gericht die Rechtswahl für gültig erachtete und trotz des Fehlens eines Noterbrechts im englischen Recht weder den Vorbehalt des Rechtsmißbrauchs noch den des ordre public anwendete, wurde teilweise als „schockierend" empfunden[248]. Als Korrektur wird u.a. eine stärkere Berücksichtigung der Interessen und des Vertrauens der Pflichterben[249] und eine ausreichend enge Beziehung des Erblassers zu dem Staat, dessen Recht gewählt wurde[250], gefordert.

Neben der Schutzwürdigkeit des Vertrauens und der Interessen der nahen Angehörigen bildet auch die soziale und wirtschaftliche Bedeutung des Pflichtteils- bzw. des Noterbrechts Anlaß zu weiteren Bedenken[251]. Wegen des ordnungspolitischen Charakters vieler Vorschriften des materiellen Erbrechts erscheint manchen eine kollisionsrechtliche Verweisungsfreiheit aus rechtspolitischen Gründen nicht wünschenswert; mindestens jedoch seien die wesentlichen Ziele der materiellrechtlichen Regelungen durch Sonderanknüpfungen zu wahren[252]. Andernfalls stelle sich das Kollisionsrecht in Widerspruch zum materiellen Recht, wo der Schutz naher Angehöriger eher verstärkt werde[253]. Eine derartige Sonderanknüpfung sahen z.B. die Bestimmungen des früheren peruanischen und des guatemaltekischen Rechts[254] ebenso vor wie das

---

ablehnend auch *Staudinger-Firsching,* 12. Aufl., Vorbem. zu Art. 24-26 EGBGB a.F. Rn. 466.

247 Hirsch gegen Cohen, BGE 102 II 136ff. = SJIR XXXIII (1977), 334ff. mit Anm. *Hausheer*, ZBJV 114 (1978), 187, 193ff.; *Lalive*, SJIR XXXIII (1977), 338ff.

248 *Bucher*, Lausanner Kolloquium, 115, 136; *Lalive*, SJIR XXXIII (1977), 338, 339. Zustimmend dagegen *v. Overbeck*, RabelsZ 42 (1978), 601, 625; *Hanisch*, Mél. Flattet, 473, 478f.; *Sturm*, FS E. Wolf, 637, 653.

249 *Hausheer*, ZBJV 114 (1978), 187, 194; *Lalive*, SJIR XXIII (1977), 338, 339. S. auch den Schlußbericht der Expertenkommission zum Entwurf eines IPR-Gesetzes, 184f.

250 *Bucher*, Lausanner Kolloquium, 115, 139.

251 *Lalive*, SJIR XXXIII (1977), 338, 339; vgl. dazu auch *Hotz*, 106.

252 *Reinhart*, ZVglRWiss 80 (1981), 150, 166; dagegen *Kühne*, Parteiautonomie, 138ff.; *ders.*, JZ 1973, 403, 406.

253 *Bucher*, Lausanner Kolloquium, 115, 138 für die Schweiz.

254 Oben A II 2 a aa (2) und (3).

internationale Erbrecht von Québec (Art. 3099 c.c.q.)[255] und der schweizerische Entwurf der Expertenkommission für ein IPR-Gesetz[256]. Auch das italienische IPR-Gesetz läßt unter bestimmten Umständen die nach objektiv anwendbarem italienischen Recht bestehenden Noterbrechte von einer Rechtswahl unberührt (Art. 46 Abs. 2 S. 3 IPRG)[257].

All diese Argumente bleiben natürlich nicht unwidersprochen. Was die Rechte der Nachlaßgläubiger betrifft, so scheinen sie durch Parteiautonomie nicht gefährdet. In allen entwickelten Rechtsordnungen ist die Haftung des Nachlasses für Schulden des Erblassers bekannt[258]. Ebenso ist der Schutz naher Angehöriger durch eine Beteiligung am Nachlaß auch gegen den Willen des Erblassers in den meisten Rechten, wenn auch in Art, Umfang und Voraussetzungen verschieden, verwirklicht[259]. So kann die Teilhabe am Nachlaß als echtes dingliches Noterbrecht, als schuldrechtlicher Geldanspruch oder, wie im englischen Recht, als am Unterhaltsrecht orientierte Geldleistung(en) ausgestaltet sein.

---

255 S. oben A II 2 b cc.

256 Art. 91 Abs. 2 des Entwurfs: " Der Erblasser kann jedoch den Nachlaß dem Recht eines Staates unterstellen, dessen Angehöriger er ist. [...] Ohne Rücksicht auf die Unterstellung können der überlebende Ehegatte und die Nachkommen sich auf den Pflichtteil nach schweizerischem Recht berufen, wenn ihre berechtigten Erwartungen verletzt werden." Text in: Gesetzesentwurf der Expertenkommission und Begleitbericht, 23f. Die Bestimmung, die unter dem Eindruck des oben erwähnten Urteils Hirsch gg. Cohen erarbeitet wurde, sollte Mißbrauchsfällen vorbeugen, so der Begleitbericht, a.a.O., 125; ebenso der Schlußbericht der Expertenkommission, 185f. Sie wurde aber, da sie die Rechtswahl zu sehr ausgehöhlt hätte und zudem zu vage formuliert war, fallengelassen. So stellte *v. Overbeck*, Freiburger Kolloquium, 37, die Frage, "*si cette disposition fera le bonheur de la veuve et de l'orphelin ou plutôt celui des avocats.*" Näher *v. Overbeck*, RabelsZ 42 (1978), 601, 625f., *Hanisch*, Mél. Flattet, 473, 482; *Sturm*, FamRZ 1984, 744, 751.

257 S. dazu unten B II 5 a.

258 Zu den europäischen Rechtsordnungen s. *Ebenroth*, 796ff. *Goré*, L'administration, 29 ff., vergleicht die angelsächsischen Rechtsordnungen mit den Rechtsordnungen, die vom römischen Recht geprägt sind. S. ferner *Bänzinger*, 87; *Li*, Rec. des Cours 224 (1990-V), 9, 83f.; *Hotz*, 104; *Geimer*, DNotZ 1985 (Sonderheft), 102, 113.

259 *Dölle*, RabelsZ 30 (1966), 205, 225f.; *Kühne*, IPR-Gesetz-Entwurf, 159; *Henrich*, Testierfreiheit, 5f.; anders *Bucher*, Lausanner Kolloquium, 115, 139. Eine umfassende rechtsvergleichende Darstellung findet sich bei *Rauscher*, Band II, 2. Teilband, 1ff.; zu den europäischen Rechtsordnungen s. auch *Ebenroth*, 663ff.; *Lange/Kuchinke*, § 37 II 1 Fn. 19.

Unterschiede bestehen auch im Hinblick auf den geschützten Personenkreis, z.B. bei Geschwistern und Eltern[260].
Der Erblasser kann durch eine Rechtswahl also nicht Pflichtteilsansprüche oder Noterbrechte an sich vermeiden, sondern nur die entsprechende Regelung einer anderen Rechtsordnung zur Anwendung bringen, die allerdings wesentlich großzügiger als diejenige des objektiv bestimmten Erbstatuts sein mag.
Ist man aber grundsätzlich bereit, in einem Fall mit Auslandsberührung fremdes Recht anzuwenden und geht man dabei von der Gleichwertigkeit aller Rechtsordnungen aus (von denen jede für sich das Ziel verfolgt, einen Sachverhalt gerecht und ausgewogen zu regeln[261]), so sollte man auch das Pflichtteilsrecht einer fremden Rechtsordnung akzeptieren[262]. Auch bei objektiver Anknüpfung würde die Andersartigkeit in der technischen Ausgestaltung und Durchsetzung sowie bezüglich des Umfangs hingenommen. Die Vorbehalte gegen die Anwendung fremden Pflichtteils- bzw. Noterbrechts im Zusammenhang mit einer Rechtswahl scheinen also eher Ausdruck einer psychologischen Hemmschwelle zu sein, die deshalb hoch ist, weil dem Rechtsgebiet eine so große Bedeutung beigemessen wird[263]. Kann sie jedoch überwunden und die Maßgeblichkeit einer fremden Rechtsordnung toleriert werden, wenn das Kollisionsrecht dies mit einer objektiven Anknüpfung vorschreibt, so sollte man auch eine subjektive Anknüpfung, für die gute Gründe sprechen, vorsehen und ihr die gleiche Wirkung zubilligen.
Gegen ein starres Festhalten am eigenen Pflichtteilsrecht spricht auch der Umstand, daß vielen seiner rechtspolitischen Grundlagen und Funktionen heute aufgrund der geänderten gesellschaftlichen und sozialen Verhältnisse nicht mehr die Bedeutung zukommt, die noch bei Schaffung der entsprechenden Regelungen ausschlaggebend war[264]. Sowohl die

---

260 Einen kurzen Überblick geben *Lange/Kuchinke*, § 37 II 1 Fn. 19 und IV 1 Fn. 52; *Schaer*, 30ff., *Reichert-Facilides*, 49. DJT, A 57, A 66ff.; *Droz*, Rec. des Cours 229 (1991-IV), 9, 224f. und 241f., *Henrich*, Testierfreiheit, 8ff.; zum englischen Recht s. *Henrich*, FS Gernhuber, 667, 669 und 677; *ders.*, Einführung in das englische Privatrecht, 107f.

261 So auch *Droz*, Rev. crit. dr. int. privé 72 (1983), 287, 299.

262 *Schwind*, Die Haager Konferenz, 1113, 1118 bezeichnet das Mißtrauen gegenüber einer fremden Rechtsordnung und ihrer Handhabung als "größten Feind des IPR".

263 S. dazu *Batiffol*, Aspects, 294.

264 Ausführlich *Staudinger-Haas*, 13. Aufl., Vorbem. zu §§ 2303ff. BGB Rn. 17ff., *Henrich*, Testierfreiheit, 13f.; vgl. auch *Hanisch*, Mél. Flattet, 473, 480ff.; *Otte*, ZEV 1994, 193, 194ff.; *Dreher*, 119ff.; *Leisner*, NJW 2001, 126, 127.

Diskussion über eine Reform des deutschen Pflichtteilsrechts[265] als auch die verschiedenen rechtlichen Konstruktionen zur Geringhaltung der zu erwartenden Pflichtteilsansprüche spiegeln den damit einhergehenden Autoritätsverlust des Pflichtteils- und Noterbrechts wieder. Vor diesem Hintergrund dürfte es um so eher möglich sein, das Anwendungsinteresse der eigenen Rechtsordnung in diesem sensiblen Rechtsgebiet zugunsten einer fremden, vom Erblasser (innerhalb gewisser Schranken) gewählten Regelung zurückzustellen. Ohnehin steht in einem Erbfall mit Berührungspunkten zu mehreren Rechten ein „an sich" anwendbares Recht mit vorrangigem Geltungsanspruch nicht von vornherein fest[266].

Des weiteren darf nicht vergessen werden, daß der gut beratene (und vermögende) Erblasser durch geschickte Vermögensplanung, internationale Transaktionen und Schaffung von neuen Anknüpfungspunkten ein ihm günstiges Recht zur Anwendung bringen oder Pflichtteilsansprüche sogar völlig ausschalten kann, ohne daß dabei notwendigerweise eine Gesetzesumgehung vorliegt[267].
Und selbst bei objektiver Anknüpfung des Erbstatuts bleiben die Belange der Pflichtteils- bzw. Noterbberechtigten außer Betracht, da allein in der Person des Erblassers liegende Umstände oder der Ort der Belegenheit von unbeweglichem Vermögen für die Bestimmung des Erbstatuts eine Rolle spielen[268]. Diese Kriterien sind zwar für die Betroffenen überschaubar; jedoch wird auch hier das Vertrauen auf Anwendung einer bestimmten Rechtsordnung leicht durch Rück- oder Weiterverweisungen sowie, aus deutscher Sicht, durch den in Art. 3 Abs. 3 EGBGB niedergelegten Vorrang des Einzelstatuts vor dem Erbstatut enttäuscht. Im Vergleich dazu ist der Wille des Erblassers, um dessen Vermögen es schließlich geht, ein besseres Argument für die Durchbrechung des Grundprinzips der jeweiligen objektiven Anknüpfung[269].

---

265 Dazu *Schaer*, 142ff.; *Otte*, ZEV 1994, 193, 194; *Leisner*, NJW 2001, 126, 127; *Staudinger-Haas*, Vorbem. zu §§ 2303ff. BGB Rn. 10 und Rn. 34 m.w.N.

266 *Kühne*, JZ 1973, 403, 405f.

267 *Lalive*, Stellungnahme, Annuaire 52 I (1967), 555, 559f.; *Geimer*, DNotZ 1985 (Sonderheft), 102, 115; *Droz*, Rev. crit. dr. int. privé 72 (1983), 287, 296; *Calò*, Nuova giur. civ. comm. 1997, 167, 170.

268 Dazu *Kühne*, JZ 1973, 403, 406.

269 Vgl. *v. Overbeck*, La professio juris, 1085, 1100.

An dieser Stelle wird auch deutlich, daß nur von Vertrauen, Interessen, Erwartungen oder tatsächlichen Aussichten[270], nicht aber von „Rechten" oder „Anwartschaften" der nahen Angehörigen gesprochen werden kann[271]. Der Erblasser kann zu Lebzeiten über sein Vermögen nach Belieben verfügen, es frühzeitig verschenken oder restlos verbrauchen. Hat er zum Zeitpunkt seines Todes kein Vermögen mehr oder sogar Schulden, gehen Erben und Pflichtteilsberechtigte leer aus. Hier werden eher Erwartungen, Hoffnungen enttäuscht als Rechte verletzt. Ist aber Nachlaßvermögen vorhanden, hat ein bestimmter Personenkreis einen Anspruch auf Beteiligung, der mit dem Erbfall entsteht (vgl. z.B. § 2317 BGB; Art. 456 c.c.) bzw., in Italien, auch erst ab diesem Zeitpunkt mit der Herabsetzungsklage (*azione di riduzione*, Art. 553ff. c.c.) geltend gemacht werden kann[272]. Dieser Anspruch geht in einem international gelagerten Fall jedoch nicht soweit, daß er sich auf die Anwendung eines bestimmten Rechts beziehen würde. Das anwendbare Recht muß erst durch das jeweilige Internationale Privatrecht bestimmt werden. Es kommen gerade mehrere Rechte in Betracht, und je nach Haltung des Gerichtsstaats kann die Entscheidung unterschiedlich ausfallen.
Nichts anderes gilt, wenn ein Statutenwechsel durch Änderung der objektiven Anknüpfungspunkte herbeigeführt wird und ursprünglich pflichtteilsberechtigte Verwandte nach dem neuen Erbstatut nicht mehr oder in geringerem Maße bedacht werden: Auch hier wird das Vorliegen eines wohlerworbenen Rechts auf Teilhabe am Nachlaß verneint[273].

c) Grenzen der Rechtswahl

Parteiautonomie im Erbrecht muß also nicht an entgegenstehenden Interessen Dritter scheitern.

---

270 BGH, Beschl. v. 19.1.1954, BGHZ 12, 115, 118; *Brox*, § 87 I.

271 *Hanisch*, Mél. Flattet, 473, 479 m.w.N. zum schweizerischen Recht; zum italienischen Recht *Ferid/Firsching*, III, Italien, Grdz. II Rn. 196; *Lenzi*, Riv. not. 1988, 1209, 1216; *Mazzoni*, Riv. dir. priv. 1997, 762, 765; zum deutschen Recht BVerfGE 67, 329, 341; *Kühne*, IPR-Gesetz-Entwurf, 159; *Staudinger-Haas*, Vorbem. zu §§ 2303ff. BGB Rn. 30 m.w.N. und Rn. 63; s. auch *Lange/Kuchinke*, § 37 III 1 a m.w.N. auch zur Gegenmeinung.

272 *Perlingieri-Marinaro*, 875; *Cantelmo*, L'istituto della riserva, 465, 470; *Lenzi*, Riv. not. 1988, 1209, 1216.

273 *Staudinger-Firsching*, 12. Aufl., Vorbem. zu Art. 24-26 EGBGB a.F. Rn. 95; *Staudinger-Haas*, Vorbem. zu §§ 2303ff. BGB Rn. 63.

Dies bedeutet allerdings nicht, daß diese, vor allem die Interessen naher Angehöriger, die durch eine Rechtswahl ja tatsächlich beeinträchtigt werden können, ohne jeglichen Schutz bleiben sollen. Auch die wegen der sozialen Funktion des Pflichtteilsrechts bestehenden öffentlichen Interessen verlangen Beachtung. Bei entsprechender Gewichtung ergibt sich allerdings, daß dem Parteiinteresse des Erblassers Vorrang gebührt[274]. Allen Interessen kann aber Rechnung getragen werden, wenn eine erbrechtliche Rechtswahl nur innerhalb gewisser Schranken stattfindet[275].

aa) Sonderanknüpfung

Eine Möglichkeit besteht darin, einzelne Normkomplexe, namentlich das Pflichtteils- bzw. Noterbrecht, einer Sonderanknüpfung zu unterwerfen[276]. Dies läuft jedoch dem Sinn einer kollisionsrechtlichen Verweisung zuwider, die auch die zwingenden Normen der gewählten Rechtsordnung umfaßt. Es werden aufeinander abgestimmte Regelungen eines geschlossenen erbrechtlichen Systems auseinandergerissen[277], eine Vereinfachung der Nachlaßabwicklung ist auf diese Weise nicht zu erwarten. Auch die Interessenlage gebietet ein derartiges Vorgehen nicht[278]. Allenfalls könnte eine weniger einschneidende Vorbehaltsklausel speziell für die Fälle geschaffen werden, in denen die Schutzwürdigkeit der Betroffenen und die Belange der Öffentlichkeit in besonderem Maße zutage treten. Dies ist dann der Fall, wenn die Unterhaltsfunktion des Pflichtteils zum tragen kommt, d.h. wenn nahe Verwandte des Erblassers diesem gegenüber unterhaltsberechtigt waren. Öffentliche Interessen sind hier insoweit berührt, als diese Personen nach dem Tod des Unterhaltsverpflichteten ohne angemessene Beteiligung am Nach-

---

274 *Beitzke* (Hrsg.), Vorschläge und Gutachten, 67; *Kühne*, IPR-Gesetz-Entwurf, 159; *Heini*, ZSR 1970 I, 417, 421f.

275 *Hotz*, 106.; *Kühne*, IPR-Gesetz-Entwurf, 94f.

276 So der Referentenentwurf zum deutschen IPR, oben A II 3 d; s. auch den schweizerischen Entwurf oben Fn. 256, die Regelungen des alten Rechts von Peru und Guatemala unter A II 2 a aa (2) und (3) sowie die Vorschrift des Rechts von Québec (A II 2 b cc). Zum italienischen IPR s. unten B II 5 a.

277 Vgl. *Staudinger-Firsching*, 12. Aufl., Vorbem. zu Art. 24-26 EGBGB a.F. Rn. 211; *Pirrung*, IPR, 170; Stellungnahme des Max-Planck-Instituts, RabelsZ 47 (1983), 595, 660.

278 Näher *Kühne*, Parteiautonomie, 138ff.

laß auf die inländische öffentliche Fürsorge angewiesen wären[279]. Eine solche Schutzklausel stellt eine Konkretisierung des ordre-public-Vorbehalts dar.
Die Fälle, in denen sie eingriffe, sind angesichts der hohen Lebenserwartung in der heutigen Zeit und der erb- und güterrechtlichen Absicherung des überlebenden Ehegatten in nahezu allen Rechtsordnungen wahrscheinlich eher selten. Der Vorbehalt des allgemeinen ordre public ist deshalb ausreichend, um derartigen Situationen vorzubeugen. Gegen eine solche spezielle Vorbehaltsklausel spricht ferner, daß die Feststellung der Bedürftigkeit im Einzelfall Anlaß zu weiteren Rechtsstreitigkeiten bietet und somit die Nachlaßabwicklung nicht nur in rechtlicher, sondern für die Beteiligten auch in psychischer Hinsicht erschwert[280]. Die Grenzen einer Rechtswahl, die im Interesse Dritter und der Allgemeinheit dennoch nötig sind, sollten aber so gezogen werden, daß die Lösung so praktikabel wie möglich ist und die Einheitlichkeit des Erbstatuts nicht durch Sonderanknüpfungen und spezielle Vorbehalte zerstört wird.

bb) Beschränkung der wählbaren Rechtsordnungen

Deshalb empfiehlt es sich, den Kreis der wählbaren Rechte zu begrenzen und nur die Wahl eines Rechts zuzulassen, zu dem der Erbfall eine enge, objektive Beziehung aufweist[281].
Als mögliche Kriterien dafür bieten sich die international gebräuchlichen objektiven Anknüpfungspunkte an: Staatsangehörigkeit, Wohnsitz bzw. gewöhnlicher Aufenthalt und Ort der Belegenheit von unbeweglichem Vermögen[282]. Eine derartige Rechtwahlmöglichkeit stellt einerseits

---

279 So der Vorschlag des Max-Planck-Instituts unter Hinweis auf die entsprechenden Regelungen im materiellen Recht Englands und einiger ehemals sozialistischer Staaten, RabelsZ 47 (1983), 595, 659f.; s. auch *Linde-Rudolf*, 97f. Ähnliche Gedanken wurden auch in der Reformdiskussion zum deutschen Pflichtteilsrecht geäußert; Nachweise bei *Staudinger-Haas*, Vorbem. zu §§ 2303ff. BGB Rn. 34, 36.

280 Vgl. *Coing*, 49. DJT, A 47.

281 Eine weitgehend freie Rechtswahl wird hingegen nur vereizelt gefordert, so z.B. von *Dölle*, RabelsZ 30 (1966), 205, 234 (Grenze: "spielerische oder verwerfliche Willkür"); *Lalive*, Annuaire 52 II (1967), 493; *Dopffel/Siehr*, RabelsZ 44 (1980), 344, 358; *Sturm*, DNotZ 1985 (Sonderheft), 139, 140; *Dreher*, 130.

282 So z.B. die teilweise variierenden Vorschläge von *Neuhaus*, Grundbegriffe, 254; *Cansacchi*, Osservazioni, 283, 287; *Hotz*, 116; *Valladão*, Annuaire 52 II (1967), 499; *Ballarino*, Enc. dir., Aggiornamento I, 943, 945.
Für eine Wahlmöglichkeit zwischen Heimat- und Wohnsitzrecht z.B. *v. Overbeck*, La professio juris, 1085, 1098 (der jedoch die Wählbarkeit auch des Belegenheitsrechts

einen Kompromiß zwischen den international verbreiteten Anknüpfungsprinzipien dar, andererseits bewegt sie sich nur innerhalb von solchen Rechtsordnungen, die bei Berücksichtigung eines entsprechenden Renvoi ohnehin zur Anwendung kämen. Schutzwürdige Interessen Dritter werden insoweit geachtet, als nur eine begrenzte und überschaubare Zahl von Rechtsordnungen als Erbstatut berufen werden kann. Vor diesem Hintergrund entstand auch die Rechtswahlmöglichkeit des Haager Erbrechtsübereinkommens vom 1.8.1989, die die Wahl des Heimat- oder des Aufenthaltsrechts zum Zeitpunkt der Wahl bzw. des Todes zuläßt[283].
Auch an eine Wahlmöglichkeit hin zum Ehegüterrechtsstatut ist zu denken, doch wird dieses meist (kraft objektiver oder subjektiver Anknüpfung) mit einem der drei vorgenannten Rechte übereinstimmen, so daß ein Gleichlauf mit dem Erbstatut ohnehin herstellbar ist[284].
Daß der Erblasser dem Pflichtteilsrecht eines bestimmten Staates ausweichen kann, verliert damit an Bedeutung. Der Anspruch dieses Staates auf Anwendung seines eigenen Rechts ist in diesem Rahmen nicht derart absolut, als daß er nicht zurücktreten könnte; eine etwaige Beeinträchtigung der Stellung der nahen Angehörigen rechtspolitisch tolerierbar[285].

cc) Ordre public

Führt eine Rechtswahl schließlich zu nicht tragbaren Ergebnissen, kann immer noch mit dem Vorbehalt des ordre public Abhilfe geschaffen werden[286]. Dabei gelten die allgemeinen Grundsätze; der ordre public muß als eine Art „Notbremse" die Ausnahme bleiben und darf nicht allein wegen der Gewährung von Parteiautonomie vermehrt Anwendung

---

als mögliches Erbstatut von seinen Betrachtungen ausschließt); *Droz*, La codification, 319, 325; *Scheuermann*, 137; *Batiffol*, Annuaire 52 II (1967), 489f.; *Geimer*, DNotZ 1985 (Sonderheft), 102, 112; *Vitta*, Memoriale e progetto di legge, 120.

Eine nur einseitige Wahlmöglichkeit deutschen Rechts als Recht des gewöhnlichen Aufenthalts befürworten *Henrich*, Lausanner Kolloquium, 103, 111f., 156, bzw. als lex situs für unbewegliches Vermögen *Eylmann*, DNotZ 1985 (Sonderheft), 143, 145.

283 *Waters*, 534ff.

284 *Geimer*, DNotZ 1985 (Sonderheft), 102, 111f. S. dazu auch *Vitta*, Memoriale e progetto di legge, 3, 121f. Für eine derartige Wahlmöglichkeit *Kühne*, IPR-Gesetz-Entwurf, 160.

285 Vgl. *Hotz*, 111; *Kühne*, IPR-Gesetz-Entwurf, 159; *Heini*, ZSR 1970 I, 417, 421; *Hanisch*, Mél. Flattet, 473, 483.

286 *Sturm*, FamRZ 1984, 744, 751; *Breslauer*, Private International Law of Succession, 129.

finden. Das Fehlen eines dem inländischen Recht entsprechenden Pflichtteils- bzw. Noterbrechts allein rechtfertigt allerdings das Eingreifen der Vorbehaltsklausel nicht[287]. Dies ist aber auch bei objektiver Anknüpfung nicht der Fall, und zwar selbst dann nicht, wenn das Erbstatut unbeschränkte Testierfreiheit gewährt[288].
Denn verweisen die Sachverhaltselemente eines Erbfalls auf verschiedene Rechtsordnungen, ist der Standard des internen zwingenden Rechts nicht ohne weiteres auf internationaler Ebene durchsetzbar[289]. Für ein Eingreifen des ordre public ist vielmehr erforderlich, daß die Anwendung des ausländischen (gewählten) Erbrechts zu einem Ergebnis führt, das mit wesentlichen Grundsätzen der lex fori offensichtlich unvereinbar ist, insbesondere wenn diese durch die Verfassung geschützt sind[290]. Ob das Institut des Pflichtteils- bzw. Noterbrechts als solches einen derartigen Schutz nach dem deutschen Grundgesetz (Art. 14 Abs. 1, 6 Abs. 1 GG) bzw. nach der italienischen Verfassung (Art. 29 Abs. 1, 42 Abs. 4 Cost.) genießt, ist aber umstritten[291], auf der Ebene des Internationalen Privatrechts ein Verstoß gegen den ordre public umso schwerer zu bejahen.
Die Auffassung, daß das Fehlen eines Noterb- oder Pflichtteilsrechts nicht gegen den ordre public verstoße, wurde nunmehr vom italienischen Gesetzgeber bei der Ausarbeitung des Art. 46 ital. IPRG zugrundege-

---

287 BG, 17.8.1976, SJIR XXXIII (1977), 334, 337f. S. auch *Dölle*, RabelsZ 30 (1966), 205, 236; *Hotz*, 122.

288 Zum deutschen Recht RG, Urt. v. 23.10.1911, JW 1912, 22; OLG Köln, Urt. v. 26.6.1975, FamRZ 1976, 170, 172; BGH, Urt. v. 21.4.1993, IPRax 1994, 375; *Staudinger-Firsching*, 12. Aufl., Vorbem zu Art. 24-26 EGBGB a.F. Rn. 287; *Soergel-Schurig*, zu Art. 25 EGBGB Rn. 104; *Klingelhöffer*, ZEV 1996, 258f. m.w.N.; dagegen *Spickhoff*, 278; kritisch *Staudinger-Dörner*, zu Art. 25 EGBGB Rn. 695.

289 *Heini*, ZSR 1970 I, 417, 421.

290 Vgl. Art. 6 EGBGB. Art. 16 Abs. 1 ital. IPRG definiert den ordre public nicht, er umfaßt jedoch gleichfalls vor allem verfassungsrechtlich geschützte Rechtspositionen. Vgl. Cass. civ., sez. II, 5.4.1984, n. 2215, Giur. it. 1984, I, 1, 1368, 1380f. (noch zu Art. 31 disp. prel. c.c. (1942)). Zum neuen Recht s. *Ballarino*, D.i.p., 305, 308f.; *Mosconi*, D.i.p., Parte generale, 130f.; *ders.*, Raccolta Vitta, 369, 370f.; *Pocar*, D.i.p., 40f. Allgemein zu Art. 16 ital. IPRG *Emanuele*, Dir. fam. e pers. 1996, 326ff.; s. auch unten B II 5 b aa.

291 In Deutschland bejahend *Maunz/Dürig-Papier*, zu Art. 14 GG Rn. 294f. m.w.N.; *Staudinger-Otte*, vor §§ 1922ff. BGB Rn. 56; verneinend *Dreier-Wieland*, zu Art. 14 GG Rn. 59; zweifelnd *Staudinger-Haas*, 13. Aufl., Vorbem. zu §§ 2303ff. BGB Rn. 14; s. dazu auch *Dreher*, 118ff. Das Bundesverfassungsgericht konnte die Frage bisher offen lassen, s. zuletzt BverfG, Beschl. v. 30.8.2000, NJW 2001, 141f.; dazu *Leisner*, NJW 2001, 126ff.

legt[292] und in einer neueren Entscheidung des Kassationshofs bestätigt[293].

Trotz der höchstrichterlichen und gesetzgeberischen Entscheidungen verbietet sich jedoch eine schematische Betrachtungsweise. Denn der Vorbehalt des ordre public richtet sich nicht gegen den abstrakten Inhalt der ausländischen anzuwendenden Rechtsordnung, sondern will bestimmte Wirkungen, bestimmte Ergebnisse der Anwendung des fremden Rechts, die im Inland als nicht tragbar empfunden werden, verhindern.
So wird, wenn wegen der fehlenden Beteiligung naher Verwandter am Nachlaß öffentliche Mittel zur Unterhaltsvorsorge aufgewendet werden müssen, in Deutschland ein Verstoß gegen Art. 6 Abs. 1 GG diskutiert[294]. Von demselben, verfassungsrechtlich durch Art. 6 Abs. 1 GG bzw. Art. 29 Abs. 1 Cost. abgesicherten Schutzzweck des Pflichtteilsrechts geht die Ansicht aus, die eine Pflichtteilsversagung gegenüber einem minderjährigen bedürftigen oder behinderten Kind oder einem bedürftigen Verwandten als ordre-public-widrig ansieht[295]. Erfaßt werden so also gerade diejenigen Fälle, in denen die Unterhaltsfunktion des Pflichtteils bzw. Noterbrechts und der Gedanke der familiären Solidarität in besonderem Maße berührt werden. Damit können die Fälle, für die oben eine spezielle Vorbehaltsklausel abgelehnt wurde, vom allgemeinen ordre public aufgefangen und verhindert werden. Ein darüber hinausgehender Schutz des betroffenen Personenkreises erscheint nicht erforderlich.

---

292 Relazione della Commissione (Abschlußbericht der Reformkommission, die den Gesetzentwurf des neuen IPR-Gesetzes vorgelegt hat), zu Art. 44, Studi Marano, 165, 191; *Ballarino*, D.i.p., 521; *Mosconi*, D.i.p., Parte speciale, 113; *Calò*, Nuova giur. civ. comm. 1997, 167, 169; *Bengel/Reimann-Haas*, 9. Kap. Rn. 171. Näher dazu unten B II 5 a aa sowie B II 5 b bb (1).

293 Cass. civ., sez. II, 24.6.1996, n. 5832, Nuova giur. civ. comm. 1997, I, 164, 167 m. Anm. *Calò* (167ff.).

294 *MünchKomm-Birk*, zu Art. 25 EGBGB Rn. 113; *Ebenroth*, Rn. 1252. Dazu kritisch *Staudinger-Haas*, Vorbem. zu §§ 2303ff. BGB Rn. 65 m.w.N.

295 *Dörner*, IPRax 1994, 362, 363f.; *Staudinger-Dörner*, zu Art. 25 EGBGB Rn. 695; *Mengozzi*, D.i.p., 142; *ders.*, Le disposizioni sulla legge in generale, 271, 416; *Clerici*, Raccolta Vitta, 309, 327; *Balladore Pallieri*, 118 und 271.

dd) Verbot der Gesetzesumgehung

Eine letzte Grenze findet die Rechtswahl im Erbrecht schließlich im Verbot der Gesetzesumgehung. Einer mißbräuchlichen Bestimmung des Erbstatuts, die nur dazu dient, nahe Angehörige in ihren Pflichtteils- und Noterbrechten zu beschneiden, kann mit Hilfe dieser Rechtsfigur[296] die Anerkennung versagt werden. Allerdings ist bei der Annahme einer *fraus legis* im Zusammenhang mit einer Rechtswahl äußerste Zurückhaltung geboten. Denn es wäre widersinnig, dem Erblasser zwar die Freiheit zu geben, das maßgebliche Erbstatut zu wählen, eine solche Wahl dann aber als Gesetzesumgehung zu beurteilen[297]. Gerade die Rechtswahlmöglichkeit gestattet ja, den Inhalt der in Betracht kommenden Rechtsordnungen zu vergleichen und sich sodann für die passendste, geeignetste zu entscheiden[298].
Ist die Wahlmöglichkeit außerdem auf die den „klassischen" Anknüpfungsmerkmalen entsprechenden Rechtsordnungen beschränkt, zu denen ja eine objektive Beziehung besteht, verringern sich die Manipulationsmöglichkeiten noch zusätzlich. Eine Gesetzesumgehung kann damit nicht schon in der Rechtswahl an sich liegen, sondern nur bei Manipulation der für die Rechtswahl relevanten Anknüpfungspunkte in Betracht kommen, insbesondere, wenn dadurch eine Rechtswahlmöglichkeit erst geschaffen wird[299]. Ob dies dann einen Fall der *fraus legis* darstellt oder schon die Voraussetzungen für eine wirksame Rechtswahl fehlen, hängt von der Ausgestaltung der jeweiligen Kollisionsnorm, die die Parteiautonomie gestattet, sowie vom Einzelfall ab.

---

296 Voraussetzungen und Folgen einer Gesetzesumgehung sind allerdings umstritten, vgl. *Raape/Sturm*, 329ff.; *v. Hoffmann*, § 6 Rn. 122ff.; *Schurig*, 240ff.; ablehnend *Kropholler*, § 23. Im italienischen IPR wird die "*frode alla legge*" als eigenständiger Begriff überwiegend abgelehnt, vgl. *Picone*, Studi Marano, 57, 76; *Ballarino*. D.i.p., 279; *Balladore Pallieri*, 94f.; *Barile*, Enc. dir. XXX, 1106, 1120; *Vitta*, D.i.p., I, 445ff. m.w.N., während das französische Recht der Gesetzesumgehung sehr aufgeschlossen gegenübersteht. S. z.B. Cour d'appel d'Aix-en-Provence, 9.3.1982, Rev. crit. dr. int. privé 72 (1983), 282ff. m. Anm. *Droz*; dazu *Li*, Rec. des Cours 224 (1990-V), 9, 87ff.

297 *Raape/Sturm*, 332; *v. Bar*, IPR, I, 494f.

298 *v. Bar*, IPR, I, 495.

299 *Kühne*, Parteiautonomie, 152; *Hotz*, 121f.; *Droz*, La codification, 319, 325; *Müller-Freienfels*, 42, 51; vgl. auch *v. Hoffmann*, § 6 Rn. 131.

5. Zwischenbemerkung

Parteiautonomie im internationalen Erbrecht ist zu begrüßen. Beschränkt sie sich auf die Wahl der Rechtsordnungen, die auch mittels der international gebräuchlichen objektiven Anknüpfungspunkte zur Anwendung gelangen können, wird dem Schutz Dritter, insbesondere der nahen Angehörigen, hinreichend Rechnung getragen. Etwaigen Mißbrauchsfällen kann mit dem allgemeinen Instrumentarium des Internationalen Privatrechts begegnet werden. Ein praktisches Bedürfnis für eine erbrechtliche Rechtswahl besteht angesichts der zunehmenden Internationalisierung der Lebensverhältnisse heute mehr denn je.

B Die Rechtswahl im internationalen Erbrecht im italienischen Reformgesetz von 1995

I. Objektive Anknüpfung des Erbstatuts

1. Heimatrecht des Erblassers

a) Grundsatz

Das italienische internationale Erbrecht sowie ein Aspekt des internationalen Prozeßrechts sind in den Art. 46 bis 50 des italienischen Reformgesetzes über das internationale Privatrecht (IPRG) geregelt. Die Vorschriften betreffen das Erbstatut, die Teilung des Nachlasses, die Testierfähigkeit, die Form des Testaments, das Erbrecht des Staates und die internationale Zuständigkeit in Nachlaßsachen.
Die objektive Anknüpfung des Erbstatuts findet sich in Art. 46 Abs. 1 IPRG; maßgeblich ist das Heimatrecht des Erblassers zum Zeitpunkt seines Todes:

"La successione per causa di morte è regolata dalla legge nazionale del soggetto della cui eredità si tratta, al momento della morte."

Im Vergleich zu Art. 23 disp. prel. c.c. (1942), der bis zum Inkrafttreten des Reformgesetzes das Erbstatut bestimmte, hat sich inhaltlich nichts geändert[300]. Der italienische Gesetzgeber blieb damit einer Rechtstradition treu, die, von Savigny ausgehend und von Mancini maßgeblich geprägt, bis zum Codice civile von 1865 zurückreicht[301] und in der das Staatsangehörigkeitsprinzip als tragendes Grundprinzip des internationalen Privatrechts verankert ist. Die Neufassung der Vorschrift erfolgte vor allem aus formalen Gründen[302]; auf diese Weise wurde eine einheitliche Diktion für die gesamte Kodifikation erreicht[303].

---

300 Art. 23 disp. prel. c.c. (1942) lautete: "*Le successioni per causa di morte sono regolate, ovunque siano i beni, dalla legge dello Stato al quale apparteneva, al momento della morte, la persona della cui eredità si tratta.*"

301 Vgl. Art. 8 disp. prel. c.c. (1865), Text oben unter A II 2 a cc (3); dazu *Anzilotti*, 360f.

302 So die Relazione della Commissione (Bericht der Reformkommission), zu Art. 44, Studi Marano, 165, 191 und die Relazione ministeriale (Ministerialbericht zum Regierungsentwurf vom 29.4.1993), Raccolta Vitta, 401, 426. Da beide Berichte nahezu identisch sind, wird im folgenden vorwiegend die Relazione della Com-

b) Flüchtlinge und Staatenlose, mehrfache Staatsangehörigkeit

Für Staatenlose oder Flüchtlinge sieht Art. 19 Abs. 1 IPRG die Anknüpfung an das Recht des Staates vor, in dem die Person ihren Wohnsitz oder, in Ermangelung eines solchen, ihren gewöhnlichen Aufenthalt hat. Vorrangig sind das New Yorker UN-Übereinkommen über die Rechtsstellung der Staatenlosen vom 28.9.1954[304] und das Genfer UN-Abkommen über die Rechtsstellung der Flüchtlinge vom 28.7.1951[305]; Art. 2 Abs. 1 IPRG stellt den Vorrang völkerrechtlicher Vereinbarungen ähnlich wie Art. 3 Abs. 2 EGBGB fest.

Hat eine Person mehrere Staatsangehörigkeiten, ist nach Art. 19 Abs. 2 S. 1 IPRG auf die Staatsangehörigkeit des Staates abzustellen, zu dem sie die engste Verbindung hat. Dieser effektiven geht die italienische Staatsangehörigkeit jedoch stets vor, Art. 19 Abs. 2 S. 2 IPRG[306]. Der Vorrang der italienischen Staatsangehörigkeit war, anders als in Deutschland vor der Neufassung des EGBGB im Jahr 1986[307], in Italien bereits vor der IPR-Reform gefestigte Rechtsprechung[308].
Für deutsch-italienische Doppelstaater bedeutet dies im Hinblick auf Art. 5 Abs. 1 S. 2 EGBGB, daß sie sowohl aus italienischer als auch aus deutscher Sicht jeweils als eigener Staatsangehöriger betrachtet werden

---

missione zitiert. Der Regierungsentwurf - Disegno di legge n. 1192 presentato dal Ministro di grazia e giustizia di concerto col Ministro degli affari esteri e col Ministro dell'interno, comunicato alla Presidenza del Senato il 29 aprile 1993, "Riforma del sistema italiano di diritto internazionale privato" ist ebenfalls abgedruckt in Raccolta Vitta, 448ff., der Gesetzentwurf der Reformkommission in Studi Marano, 165ff.

303 *Deli*, zu Art. 46 IPRG, Nuove leggi civ. comm. 1996, 1278, 1279.

304 Text bei *Jayme/Hausmann*, Nr. 12; in italienisches Recht umgesetzt mit legge 1. febbraio 1962, n. 306, in Kraft seit 3.2.1963.

305 Text bei *Jayme/Hausmann*, Nr. 10; in italienisches Recht umgesetzt mit legge 24 luglio 1954, n. 722 , in Kraft seit 13.2.1955.

306 S. dazu die Kritik von *Clerici*, Raccolta Vitta, 309, 315f.; *Davì*, Raccolta Vitta, 45, 89ff.; *Boschiero*, Appunti, 53f.; *Ballarino*, D.i.p., 276. *Vitta* stellte in seinem Entwurf aus dem Jahr 1983 noch allein auf die effektive Staatsangehörigkeit ab, vgl. *Vitta*, Memoriale e progetto di legge, 3, 262 und 702.

307 Vgl. nur BGH NJW 1980, 2016ff.

308 Cass. civ., sez. II, 19.6.1995, n. 6925, Dir. fam. e pers. 1996, 88, 91; Cass., sez. lav., 25.2.1993, n. 2311, Giust. civ. Mass. 1993, 373f.; Cass., sez. un., 27.6.1986, n. 4276, Giur. it. 1987, I, 1, 1874, 1881; *Barel*, zu Art. 19 IPRG, Nuove leggi civ. comm. 1996, 1075, 1081; *Mosconi*, D.i.p., Parte generale, 105; *Clerici*, zu Art. 19 IPRG, Riv. dir. int. priv. proc. 1995, 997, 1004; *dies.*, Riv. dir. int. priv. proc. 1975, 678, 688 Fn. 26.

und bei objektiver Anknüpfung des Erbstatuts entweder nach Art. 46 Abs. 1 IPRG italienisches oder nach Art. 25 Abs. 1 EGBGB deutsches Erbrecht zur Anwendung gelangt. Entscheidungseinklang wird nicht erzielt.

Die Betroffenen können diesem Ergebnis, das von der Zufälligkeit abhängt, in welchem Land ein möglicher Rechtsstreit anhängig gemacht oder ein Erbschein beantragt wird, durch eine Rechtswahl nur in begrenztem Umfang abhelfen. Aus Sicht des deutschen Rechts besteht keine Rechtswahlmöglichkeit; eine dennoch nach Art. 25 Abs. 2 EGBGB vorgenommene professio juris hat lediglich deklaratorischen Charakter. Nach italienischem Kollisionsrecht können auch italienische Staatsangehörige eine Rechtswahl nach Art. 46 Abs. 2 IPRG vornehmen, so daß der deutsch-italienische Erblasser sein deutsches Aufenthaltsrecht als Erbstatut wählen kann. Der Erblasser kann also Rechtssicherheit über die Anwendbarkeit des deutschen, nicht aber des italienischen Rechts erlangen.

c) Staaten mit mehreren Teilrechtsordnungen

Gelten im Heimatstaat des Erblassers in personeller oder in territorialer Hinsicht mehrere Teilrechtsordnungen, findet nach Art. 18 Abs. 1 IPRG diejenige Teilrechtsordnung Anwendung, die nach dem Recht des Heimatstaates berufen ist. Falls keine derartigen Regeln feststellbar sind, ist Erbstatut die Teilrechtsordnung, zu der der Sachverhalt die engste Verbindung aufweist, Art. 18 Abs. 2 IPRG[309]. Dabei ist in erster Linie die Person des Erblassers maßgeblich, da die Anknüpfung des Erbstatuts in Art. 46 Abs. 1 IPRG personenbezogen erfolgt.

2. Nachlaßeinheit - *unità und universalità* des Erbstatuts

Art. 46 Abs. 1 IPRG schreibt als weitere grundsätzliche Entscheidung den Grundsatz der Nachlaßeinheit fest (*unità* und *universalità della successione*). Das Erbstatut erfaßt sämtliche Nachlaßgegenstände, bewegliche wie unbewegliche, unabhängig vom Ort ihrer Belegenheit. Auch insoweit brachte die Reform keine Neuerung zum vorher geltenden Recht, auch wenn ein ausdrücklicher Hinweis im neuen Gesetz nicht

---

309 Art. 18 IPRG entspricht damit Art. 4 Abs. 3 EGBGB.

mehr enthalten ist[310]. Praktische Schwierigkeiten bei der Durchsetzung des Grundsatzes der Nachlaßeinheit vor allem in Staaten, die dort belegene Immobilien auch in erbrechtlichen Fragen nach der lex rei sitae, also ihrem eigenen Recht beurteilen[311], nimmt das Gesetz in Kauf; eine Art. 3 Abs. 3 EGBGB entsprechende Vorschrift existiert nicht.

Auch das Haager Erbrechtsübereinkommen vom 1.8.1989 knüpft objektiv das Erbstatut in einem Kompromiß zwischen Aufenthalts- und Staatsangehörigkeitsprinzip an die Person des Erblassers an[312] und schreibt in Art. 7 Abs. 1 den Grundsatz der Nachlaßeinheit fest[313], obwohl an seiner Ausarbeitung viele Staaten beteiligt waren, deren Kollisionsrecht Nachlaßspaltung vorsieht[314].

3. Renvoi

a) Einführung des Renvoi im IPRG

Eine der wesentlichen Neuerungen des Reformgesetzes, eine „kleine kopernikanische Wende"[315], ist die Einführung des Renvoi. Während das Schweigen des Codice civile von 1865 zu dieser Frage als Ablehnung ausgelegt wurde[316], bestimmte Art. 30 der disp. prel. c.c. (1942) ausdrücklich, daß eine Rück- oder Weiterverweisung unbeachtlich sei[317]. Dieser Tradition folgend, sahen weder der Gesetzentwurf der

---

310 Relazione della Commissione, zu Art. 44, Studi Marano, 165, 191; zu Art. 8 disp. prel. c.c. (1865) s. *Anzilotti*, 360ff.

311 Vgl. *Vitta*, Memoriale e progetto di legge, 3, 114f.; *Picone*, Studi Marano, 57, 67f.

312 Art. 3 des Übereinkommens.

313 Art. 7 Abs. 1: "*Sous réserve de l'article 6, la loi applicable selon les articles 3 et 5, paragraphe 1, régit l'ensemble de la succession, quelle que soit la situation des biens.*"
"Dem nach Artikel 3 oder Artikel 5 Absatz 1 anzuwendenden Recht unterliegt vorbehaltlich des Artikels 6 der gesamte Nachlaß, wo auch immer die Vermögenswerte belegen sind." Vgl. *Staudinger-Dörner*, Vorbem. zu Art. 25f. EGBGB Rn. 120.

314 Dazu *Waters*, 534; *Li*, Rec. des Cours 224 (1990-V), 9, 46f.

315 *Mosconi*, zu Art. 13 IPRG, Riv. dir. int. priv. proc. 1995, 956, 957.

316 *Ago*, Teoria, 240 und 250; *Anzilotti*, 112 und 365f.; *Fedozzi*, D.i.p., 209f.

317 Art. 30 disp. prel. c.c. (1942): "*Quando, ai termini degli articoli precedenti, si deve applicare una legge straniera, si applicano le disposizioni della legge stessa senza tener conto del rinvio da essa fatto ad altra legge.*"

Reformkommission noch der Regierungsentwurf eine Gesamtnormverweisung vor[318]. Endlosverweisungen und unlösbare Im-Kreis-Verweisungen, denen nur mit einem künstlichen Korrektiv begegnet werden könne, sollten vermieden werden[319]. Art. 13 IPRG, der die Maßgeblichkeit des ausländischen IPR festschreibt, entstand in seiner jetzigen Form erst am Ende der parlamentarischen Beratungen[320].
Nach Art. 13 Abs. 1 IPRG ist der Standpunkt des ausländischen Kollisionsrechts nunmehr zu beachten, wenn es auf das Recht eines anderen Staates verweist, dessen Recht die Verweisung annimmt (*rinvio oltre*, Art. 13 Abs. 1 lit. a IPRG) oder wenn auf das italienische Recht zurückverwiesen wird (*rinvio indietro* oder *di primo grado*, Art. 13 Abs. 1 lit. b IPRG)[321]. Absatz 2 der Vorschrift enthält Einschränkungen der in Absatz 1 aufgestellten Regelung für den Fall einer Rechtswahl sowie bezüglich der Vorschriften über die Form und über außervertragliche Schuldverhältnisse, die für die Bestimmung des Erbstatuts nach objektiven Kriterien nicht von Bedeutung sind; auch Absatz 3 und 4 des Artikel 13[322] sind im Rahmen von Art. 46 Abs. 1 IPRG nicht einschlägig.

---

318 Vgl. Art. 11 des Kommissionsentwurfs, Studi Marano, 165, 171f. und Art. 13 des Regierungsentwurfs, Raccolta Vitta, 448, 450. Auch Vitta entschied sich in seinen Gesetzentwürfen 1983 nur für eine Sachnormverweisung und bot als Alternative nur einen beschränkten Renvoi vom Heimatrecht auf das Domizil-/Aufenthaltsrecht an; vgl. *Vitta*, Memoriale e progetto di legge, 3, 36ff., 262 bzw. 701. Scharfe Kritik am Gesetzentwurf übten wegen des Ausschlusses des Renvoi dagegen *Picone*, Studi Marano, 57, 69ff.; *ders.*, Raccolta Vitta, 173, 192ff.; *Davì*, Raccolta Vitta, 97, 107ff.

319 Relazione della Commissione, zu Art. 11, Studi Marano, 165, 172.

320 Dazu *Fumagalli*, Riv. dir. int. priv. proc. 1997, 829, 831 Fn. 9; *Munari*, zu Art. 13 IPRG, Nuove leggi civ. comm. 1996, 1018 Fn. 1. Der Text der *atti parlamentari* findet sich bei *Pocar*, D.i.p., 218f.

321 Art. 13 Abs. 1 IPRG: "*Rinvio.- Quando negli articoli successivi è richiamata la legge straniera, si tiene conto del rinvio operato dal diritto internazionale privato straniero alla legge di un altro Stato:*

a) se il diritto di tale Stato accetta il rinvio;

b) se si tratta di rinvio alla legge italiana."

322 Im internationalen Kindschaftsrecht ist nach Art. 13 Abs. 3 IPRG nur ein Renvoi *in favorem*, der die Feststellung des Kindschaftsverhältnisses fördert, zu beachten. Erklärt das Gesetz ein internationales Übereinkommen in jedem Fall für anwendbar, ist gem. Art. 13 Abs. 4 IPRG bezüglich des Renvoi die Lösung des Übereinkommens maßgeblich.

b) Der Renvoi im internationalen Erbrecht

Gerade auf dem Gebiet des internationalen Erbrechts führt die Öffnung des italienischen IPR für die Rück- und Weiterverweisung zu einschneidenden Veränderungen, weil die international gebräuchlichen Anknüpfungspunkte stark divergieren (Staatsangehörigkeit, Wohnsitz oder gewöhnlicher Aufenthalt des Erblassers, Ort der Belegenheit von unbeweglichem Vermögen). Bezeichnenderweise hat der Renvoi auch in einer Entscheidung über eine erbrechtliche Streitigkeit das erste Mal Anerkennung durch die Rechtsprechung gefunden, nämlich durch die französische Cour de cassation im Fall Forgo[323].

Die Zulassung des Renvoi kann einen Beitrag dazu leisten, die Konflikte zwischen den verschiedenen kollisionsrechtlichen Ansätzen im Erbrecht zu mildern und gleichzeitig dem Interesse der an einem internationalen Erbfall Beteiligten, insbesondere des Erblassers, der Erben und Gläubiger an einer einheitlichen Beurteilung des Falles in allen beteiligten Staaten[324] sowie an der Durchsetzbarkeit einer einmal ergangenen Entscheidung Rechnung zu tragen. Sie zeigt ferner auch auf dem Gebiet des Erbrechts die Tendenz des neuen Gesetzes, eigene Grundentscheidungen wie z.B. das Staatsangehörigkeitsprinzip zugunsten einer größeren Flexibilität der Anknüpfung zurückzustellen; eine Tendenz, die auch in der Einführung der Rechtswahl im Erbrecht Ausdruck findet.

Daß wegen der Beachtlichkeit einer Rückverweisung auch vermehrt die lex fori als Erbstatut berufen wird, ist nicht zuletzt vor dem Hintergrund zu betrachten, daß Italien sich vom Auswanderungsland zunehmend in ein Einwanderungsland wandelt[325]. Für die italienische Rechtspraxis vereinfacht sich dadurch die Abwicklung eines Erbfalles, wenn der Erblasser Ausländer war, in manchen Fällen nicht unerheblich.

---

323 Cour de cassation, 24.6.1878 und 22.2.1882, abgedruckt bei *Schack*, Höchstrichterliche Rechtsprechung, Nr. 2; s. dazu *v. Hoffmann*, § 6 Rn. 81; *Ballarino*, D.i.p., 257; *Mosconi*, D.i.p., Parte generale, 114f. Zum Renvoi im internationalen Erbrecht s. auch *v. Overbeck*, Rec. des Cours 176 (1982-III), 9, 153ff.

324 Vgl. *Picone*, Studi Marano, 57, 71f.

325 Vgl. *Munari*, zu Art. 13 IPRG, Nuove leggi civ. comm. 1996, 1018, 1021; *Mosconi*, D.i.p., Parte generale, 84 und 117; *Picone*, Studi Marano, 57, 64; vorsichtiger *Ballarino*, Raccolta Vitta, 3, 14.

c) Entscheidungsharmonie

Internationaler Entscheidungseinklang mit Rechtsordnungen, die das Erbstatut nach anderen Kriterien anknüpfen, eines der Hauptargumente für die Maßgeblichkeit des fremden Kollisionsrechts, kann mit der italienischen Neuregelung jedoch nur teilweise herbeigeführt werden.
Im Vergleich zum deutschen IPR, Art. 25 Abs. 1 i.V.m. Art. 4 Abs. 1 S. 1 und 2 EGBGB, ergeben sich keine Unterschiede für den Fall, daß ein ausländischer Erblasser mit letztem Wohnsitz oder gewöhnlichem Aufenthalt im italienischen Inland verstirbt und das als Erbstatut berufene Heimatrecht dem Wohnsitz- oder Domizilprinzip folgt.
Art. 46 Abs. 1 IPRG bezeichnet das ausländische Heimatrecht des Erblassers, welches auf italienisches Recht als Recht des Wohnsitzlandes zurückverweist. Bricht das italienische Recht die Verweisungskette bei einer so ausgesprochenen Rückverweisung auf die lex fori nach Art. 13 Abs. 1 lit. b IPRG ab, wird aus Sicht beider Staaten nur dann dasselbe Recht angewendet, wenn die fremde Rechtsordnung eine Sachnormverweisung auf das italienische Recht ausspricht, einen etwaigen Renvoi also nicht beachtet. Andernfalls stellt sich jede Rechtsordnung auf den kollisionsrechtlichen Standpunkt der jeweils anderen und gelangt zur Maßgeblichkeit des eigenen Rechts als Erbstatut. Die Rückverweisung führt zu einer verstärkten Anwendung der lex fori; Entscheidungsdisharmonie ist die Folge.

Anders verhält es sich im Fall der Weiterverweisung, Art. 13 Abs. 1 lit. a IPRG. Da in der vom Wortlaut der Vorschrift unmittelbar erfaßten Konstellation (*rinvio di secondo grado*) die Beachtlichkeit des *rinvio oltre* davon abhängt, daß das Recht eines dritten Staates die Verweisung annimmt, wird Entscheidungseinklang mit beiden beteiligten Staaten erzielt[326].
Ob damit der Anwendungsbereich der Vorschrift erschöpft ist oder ob auch Weiterverweisungen zu einer vierten oder fünften etc. Rechtsordnung Folge zu leisten ist (*rinvio di terzo, quarto etc. grado*) mit der Konsequenz, daß zumindest mit der letzten weiterverweisenden sowie mit derjenigen Rechtsordnung, die sich schließlich für anwendbar erklärt, Entscheidungseinklang erreicht wird, ist in der Literatur umstritten.
Während eine Meinung unter Hinweis auf den Buchstaben des Gesetzes die Beachtlichkeit einer jeden weiteren Verweisung ablehnt und statt

---

326 *Munari*, zu Art. 13 IPRG, Nuove leggi civ. comm. 1996, 1018, 1022; *Boschiero*, Appunti, 183; s. auch *Davì*, Raccolta Vitta, 45, 108f; *Picone*, Studi Marano, 57, 69 Fn. 26.

dessen eine Sachnormverweisung durch das italienische IPR annimmt[327], sind nach anderer Ansicht derartige Weiterverweisungen zu befolgen: Dies entspreche der Ratio des Art. 13 Abs. 1 lit. a IPRG, Entscheidungsharmonie zu fördern und sei mit dessen Wortlaut ebenfalls zu vereinbaren[328]. Des weiteren wird vorgeschlagen, grundsätzlich das von den italienischen Kollisionsnormen unmittelbar bestimmte Recht anzuwenden, hiervon aber Ausnahmen zu machen, wenn die Anwendung dieses Rechts, das selbst ja nicht angewendet werden möchte, mit dem Ziel oder der inneren Logik der Funktionsweise der betreffenden Kollisionsnorm in Widerspruch stehe. Dies sei angesichts eines besonderen Bedürfnisses nach der Durchsetzbarkeit einer Entscheidung insbesondere im internationalen Erbrecht der Fall. Mittels einer Art *foreign-court*-Theorie sei der kollisionsrechtliche Standpunkt der berufenen Rechtsordnung auch aus italienischer Sicht zu befolgen[329].

Weitgehend Einigkeit besteht nur insoweit, daß Art. 13 Abs. 1 lit. b IPRG Anwendung finden soll, wenn eine der Rechtsordnungen, die in der Verweisungskette auftauchen, wieder auf italienisches Recht zurückverweist[330].

Es wäre im Interesse der Entscheidungsharmonie zu begrüßen und auch mit dem Wortlaut der Vorschrift vereinbar, eine Weiterverweisung zu beachten, wenn eine der berufenen Rechtsordnungen die Verweisung annimmt. Zumindest aus der Sicht dieses, des italienischen und des letztverweisenden Staates wird dann dasselbe Recht angewendet[331]. Angesichts der italienischen Rechtstradition und einer gewissen Skepsis der Rechtspraxis gegenüber dem Renvoi[332] ist jedoch anzunehmen, daß von dieser Lösungsmöglichkeit nur zurückhaltend Gebrauch gemacht werden wird.

---

327 *Munari*, zu Art. 13 IPRG, Nuove leggi civ. comm. 1996, 1018, 1022f.; *Lenzi*, Riv. not. 1995, 1133, 1135; wohl auch *Mosconi*, D.i.p., Parte generale, 116f.; unter Kritik an der getroffenen Regelung *Pocar*, Principi generali, 3, 10; *ders.*, IPRax 1997, 145, 150; grundsätzlich ebenso *Picone*, La teoria generale, 41, 64f.

328 *Boschiero*, Appunti, 184ff.; *dies.*, ZfRV 1996, 143, 147; *Ballarino*, D.i.p., 263; *ders.*, Enc. dir., Aggiornamento I, 943, 944 Fn. 2; *Bonomi*, SZIER 1996, 479, 488.

329 *Picone*, La teoria generale, 41, 65f.; *ders.*, Studi Marano, 57, 71 Fn. 32.

330 *Munari*, zu Art. 13 IPRG, Nuove leggi civ. comm. 1996, 1018, 1022f.; *Picone*, La teoria generale, 41, 64.

331 Vgl. *v. Overbeck*, Rec. des Cours 176 (1982-III), 9, 157.

332 Vgl. dazu *Ballarino*, Raccolta Vitta, 3, 24.

Ist internationaler Entscheidungseinklang noch schwieriger zu verwirklichen, weil die beteiligten Kollisionsrechte im Kreis verweisen, spricht sich die Mehrzahl der Stimmen jedoch zugunsten einer Sachnormverweisung und gegen die Beachtung eines jeglichen Renvoi aus[333]; dies entspricht auch dem Wortlaut des Art. 13 Abs. 1 IPRG.

d) Nachlaßspaltung

aa) Grundsatz

Für das italienische internationale Erbrecht bedeutet die Beachtlichkeit des Renvoi weiterhin, daß das Prinzip der Nachlaßeinheit teilweise aufgegeben wird und italienische Gerichte sich vermehrt mit Fällen der Nachlaßspaltung, mit allen ihr innewohnenden Schwierigkeiten[334], auseinandersetzen müssen.

Verweist z.B. das von Art. 46 Abs. 1 IPRG berufene Heimatrecht des Erblassers für den beweglichen oder den unbeweglichen Teil des Nachlasses auf italienisches Recht zurück (Art. 13 Abs. 1 lit. b IPRG) oder auf das Recht eines weiteren Staates, das diese Verweisung annimmt (Art. 13 Abs. 1 lit. a IPRG), so hat der italienische Rechtsanwender für den betreffenden Nachlaßteil ein anderes Recht anzuwenden als für den restlichen Nachlaß. Er kann nicht mit dem Hinweis, die Nachlaßeinheit sei ein tragendes und unbedingtes Grundprinzip des italienischen internationalen Erbrechts, den ausgesprochenen Renvoi ignorieren[335]: der Wortlaut des Art. 13 IPRG, der eine allgemeine Öffnungsklausel anders als Art. 4 Abs. 1 S. 1 EGBGB nicht enthält, sowie die Tatsache, daß die Zulassung des Renvoi an sich bereits die Aufgabe des eigenen kollisionsrechtlichen Standpunktes beinhaltet, sprechen dagegen. Schließlich hat der italienische Gesetzgeber durch den Vorbehalt des Art. 46 Abs. 2 S. 3 IPRG selbst eine Form der Nachlaßspaltung geschaffen, die neben das gewählte ausländische Erbstatut die Normen des italienischen Noterbrechts treten läßt[336].

Den mit der Nachlaßabwicklung verbundenen Problemen steht aber, wenn bezüglich des unbeweglichen Nachlasses auf die lex rei sitae ver-

---

333 *Boschiero*, Appunti, 186, 188; *Ballarino*, D.i.p., 263; *ders.*, Enc. dir., Aggiornamento I, 943, 944 Fn. 3; *Bonomi*, SZIER 1996, 479, 486f.

334 S. dazu *Klingelhöffer*, ZEV 1996, 258, 259; *Ballarino*, D.i.p., 515f.

335 *Fumagalli*, Riv. dir. int. priv. proc. 1997, 829, 838f.

336 *Fumagalli*, Riv. dir. int. priv. proc. 1997, 829, 839ff.

wiesen wird, der Vorteil gegenüber, daß das Erbstatut mit dem Recht des Staates übereinstimmt, in dem die Immobilien belegen sind. Eine italienische Entscheidung wird dort leichter als unter dem alten Recht anerkannt und vollstreckt werden können[337]; außerdem werden Spannungen mit der lex rei sitae als Sachstatut vermieden. Einige der praktischen Probleme, die der Grundsatz der strengen Nachlaßeinheit mit sich bringt, treten auf diese Weise nicht mehr auf.
Dies gilt jedoch nur für einige der möglichen Fallkonstellationen. Die zum früher geltenden Recht entwickelten Lösungsansätze[338] bleiben aktuell in den Fällen, in denen auch das von Art. 46 Abs. 1 IPRG berufene Recht das Erbstatut einheitlich anknüpft oder ein Renvoi nach Art. 13 Abs. 1 IPRG nicht zu beachten ist und sich unbewegliches Vermögen des Erblassers in einem Staat mit Nachlaßspaltung befindet.

bb) Nachlaßspaltung im Verhältnis zu Deutschland

Im Verhältnis zu Deutschland ergibt sich noch eine weitere Variante. Erbrechtliche Kollisionsnormen, die unbeweglichen Nachlaß der lex rei sitae unterstellen, werden als Vorschriften im Sinne des Art. 3 Abs. 3 EGBGB betrachtet[339], und das betreffende Belegenheitsrecht geht somit als Einzelstatut dem Erbstatut vor.

Verstirbt ein deutscher oder italienischer Staatsangehöriger mit Grundbesitz in Frankreich, beurteilt sich der Erbfall aus deutscher Sicht grundsätzlich nach dem deutschen oder italienischen Heimatrecht, Art. 25 Abs. 1 EGBGB bzw. Art. 25 Abs. 1, Art. 4 Abs. 1 S. 1 EGBGB iVm. Art. 46 Abs. 1 IPRG. Für das in Frankreich belegene Immobiliarvermögen erlangt das französische Recht über Art. 3 Abs. 3 EGBGB Geltung. Die Haltung des italienischen Heimatrechts zur Nachlaßeinheit oder -spaltung ist vom Standpunkt des deutschen Kollisionsrechts aus insoweit unbeachtlich.

---

337 Vgl. *Deli*, zu Art. 46 IPRG, Nuove leggi civ. comm. 1996, 1278, 1284; *Fumagalli*, Riv. dir. int. priv. proc. 1997, 829, 836f.; *Davì*, Raccolta Vitta, 45, 107f.

338 Dazu *Deli*, zu Art. 46 IPRG, Nuove leggi civ. comm. 1996, 1278, 1282f.; *Clerici*, zu Art. 46 IPRG, Riv. dir. int. priv. proc. 1995, 1133, 1135 Fn. 13; *Picone*, Studi Marano, 57, 67f., jeweils m.w.N.

339 S. z.B. BGH, Urt. v. 21.4.1993, IPRax 1994, 375; *Staudinger-Dörner*, zu Art. 25 EGBGB Rn. 536; *MünchKomm-Sonnenberger*, zu Art. 3 EGBGB Rn. 25, 29; *Kropholler*, § 26 I 2; *v. Bar*, IPR, II, § 3 II 1 c, Rn. 371; *v. Hoffmann*, § 4 Rn. 19; s. auch *Dörner*, IPRax 1994, 362, 363.

Aus italienischer Sicht wird der italienische Staatsbürger einheitlich nach italienischem Recht beerbt, Art. 46 Abs. 1 IPRG. Für den deutschen Erblasser verweist Art. 46 Abs. 1 IPRG zunächst auf Art. 25 Abs. 1 EGBGB, der die Verweisung grundsätzlich annimmt. Nach Art. 15 IPRG[340] ist das ausländische Recht nach seinen eigenen Auslegungskriterien anzuwenden; dies gilt für das materielle Recht wie für die Kollisionsnormen der berufenen Rechtsordnung[341]. Der italienische Richter ist also gehalten, das deutsche Kollisionsrecht genauso anzuwenden, wie ein deutsches Gericht dies tun würde. Demnach hat auch er zu beachten, daß der Anwendungsbereich des Art. 25 Abs. 1 EGBGB durch Art. 3 Abs. 3 EGBGB eingeschränkt wird. Art. 3 Abs. 3 EGBGB wiederum hat zur Voraussetzung, daß der Belegenheitsstaat besondere Vorschriften auf den betreffenden Gegenstand angewendet wissen will, nämlich die eigenen, die lex rei sitae. Eine dahingehende Kollisionsnorm wird der Vorschrift entnommen, ohne daß diese das anwendbare Recht ausdrücklich bezeichnet[342]. Damit verweist Art. 3 Abs. 3 EGBGB auf das Recht eines Staates, das die Verweisung annimmt[343]. Nach Art. 13 Abs. 1 lit. a IPRG ist die vom deutschen IPR ausgesprochene Verweisung also beachtlich. Auch aus italienischer Sicht entsteht dadurch ein weiterer Fall der Nachlaßspaltung; gleichzeitig wird Entscheidungseinklang mit Deutschland und dem Belegenheitsstaat erzielt.

e) Renvoi im Haager Erbrechtsübereinkommen

Das Haager Erbrechtsübereinkommen vom 1.8.1989, das grundsätzlich keine Gesamtverweisungen ausspricht, sondern das anwendbare materielle Recht direkt bezeichnet (Art. 17 des Übereinkommens), läßt in sei-

---

340 Art. 15 IPRG lautet: "*Interpretazione e applicazione della legge straniera.- La legge straniera è applicata secondo i propri criteri di interpretazione e di applicazione nel tempo.*"

341 *Boschiero*, zu Art. 15 IPRG, Nuove leggi civ. comm. 1996, 1043, 1044; *dies.*, Appunti, 222; *Ballarino*, D.i.p., 262f.; *Mosconi*, zu Art. 13 IPRG, Riv. dir. int. priv. proc. 1995, 956, 958.

342 Vgl. z.B. BGH, Urt. v. 21.4.1993, IPRax 1994, 375; *Staudinger-Dörner*, zu Art. 25 EGBGB Rn. 542; *Staudinger-Hausmann*, zu Art. 3 EGBGB Rn. 75; *v. Bar*, IPR, II, § 3 II 1 c, Rn. 370. Nach *MünchKomm-Sonnenberger*, zu Art. 3 EGBGB Rn. 29, entspricht Art. 3 Abs. 3 EGBGB seiner Struktur nach eher einer Kollisionsnorm für die Anwendung von Eingriffsnormen.

343 Vgl. *Staudinger-Dörner*, zu Art. 25 EGBGB Rn. 543.

nem Art. 4 ebenfalls einen begrenzten Renvoi zu. Da das Übereinkommen nach seinem Art. 2 als *loi uniforme* konzipiert ist, kann auch das Recht eines Nichtvertragsstaats Erbstatut sein. Verweist dessen Internationales Privatrecht ganz oder teilweise auf das Recht eines anderen Nichtvertragsstaats, das die Verweisung annimmt, so ist dieses Recht anzuwenden. Diese Regelung entspricht derjenigen des Art. 13 Abs. 1 lit. a IPRG in der strengen Auslegung, die nur eine einzige Weiterverweisung, die vom dritten Staat angenommen wird (*rinvio oltre accettato di secondo grado*), beachtet, und garantiert Entscheidungseinklang zwischen den Vertragsstaaten und den beiden beteiligten Nichtvertragsstaaten[344].

---

344 *Waters*, 550.

II. Subjektive Anknüpfung des Erbstatuts: Die Rechtswahl des Erblassers

1. Allgemeines

Das Reformgesetz von 1995 führt als eine seiner wesentlichen Neuerungen in Art. 46 Abs. 2 die Rechtswahl ins italienische internationale Erbrecht ein. Die parteiautonome Anknüpfung ist jedoch kein singuläres Phänomen im Erbrecht, sondern nunmehr auch außerhalb des Rechts der vertraglichen Schuldverhältnisse, für die Art. 57 IPRG auf das EVÜ verweist, in verschiedenen Rechtsgebieten vorgesehen. Eine Wahlmöglichkeit haben Ehegatten im Bereich ihrer güterrechtlichen Beziehungen (Art. 30 Abs. 1 und 2 IPRG), der Schenker hinsichtlich des Schenkungsstatuts (Art. 56 Abs. 2 IPRG), der Geschädigte im Bereich der Haftung aus unerlaubter Handlung (Art. 62 Abs. 1 IPRG) und der Produkthaftung (Art. 63 IPRG), sowie die Erbengemeinschaft in Bezug auf die Auseinandersetzung (Art. 46 Abs. 3 IPRG).
Dem Erblasser stellt das IPRG damit ein gewisses Instrumentarium zur Vermögensplanung zur Verfügung, da er mittels einer Rechtswahl im Schenkungs-, Ehegüter- und Erbrecht einen Gleichlauf der jeweiligen Statuten herbeiführen und so lebzeitige Verfügungen mit Verfügungen von Todes wegen koordinieren und Anpassungsprobleme vermeiden kann.

Für die Bestimmung des Erbstatuts läßt Art. 46 Abs. 2 IPRG eine Ausnahme von dem in Abs. 1 der Vorschrift festgeschriebenen Staatsangehörigkeitsprinzip zu und eröffnet dem Erblasser eine begrenzte Rechtswahlmöglichkeit zugunsten des Rechts des Staates, in dem er seinen letzten gewöhnlichen Aufenthalt hatte:

"Il soggetto della cui eredità si tratta può sottoporre, con dichiarazione espressa in forma testamentaria, l'intera successione alla legge dello Stato in cui risiede. La scelta non ha effetto se al momento della morte il dichiarante non risiedeva più in tale Stato. Nell'ipotesi di successione di un cittadino italiano, la scelta non pregiudica i diritti che la legge italiana attribuisce ai legittimari residenti in Italia al momento della morte della persona della cui eredità si tratta."

Die Fassung des Art. 46 Abs. 2 IPRG entspricht dem Regierungsentwurf aus dem Jahr 1993 wörtlich und, mit geringfügigen sprachlichen Änderungen, auch dem Gesetzentwurf der Reformkommission.

Nach der Begründung der Kommission wurde die erbrechtliche Rechtswahl hauptsächlich im Interesse des Erblassers eingeführt: Dieser könne sich über das Erbrecht seines Aufenthaltsstaates leichter Kenntnis verschaffen; dasselbe gelte für das Sachstatut, da sich das Vermögen des Erblassers meist im Aufenthaltsstaat befinden werde[345]. Neben der besseren Kenntnis des Aufenthaltsrechts kann auch dessen materiellrechtlicher Inhalt den Ausschlag für die Vornahme der Rechtswahl geben. Die professio juris ist damit eines der Instrumente des Reformgesetzes, durch die materielle Erwägungen im Kollisionsrecht Beachtung finden[346]. Die Beschränkung der Wahlmöglichkeit auf eine einzige Rechtsordnung zeigt jedoch, daß dieser Aspekt eher eine Folge der Einführung der Rechtswahl und nicht die Ursache dafür war; in erster Linie dient die Rechtswahl der sachgerechten Lokalisierung eines internationalen Erbfalls[347]. Gleichzeitig schlägt die Vorschrift eine Brücke zwischen dem im italienischen Kollisionsrecht dominierenden Staatsangehörigkeitsprinzip und dem Domizil- oder Aufenthaltsprinzip, dem andere Rechtsordnungen verhaftet sind.

Ganz neu war der Gedanke der Parteiautonomie im italienischen internationalen Erbrecht jedoch nicht. Abgesehen von Art. 9 Abs. 2 disp. prel. c.c. (1865)[348] war bereits in einem Gesetzentwurf, den *Vitta* im Jahr 1983 im Auftrag des Justizministeriums erarbeitete, eine Rechtswahl des Erblassers vorgesehen, die weit weniger restriktiv als die aktuelle Regelung war. Anstelle der objektiven Anknüpfung an das Heimatrecht des Erblassers sollte dieser für die testamentarische Erbfolge das Recht seines Wohnsitzes oder seines gewöhnlichen Aufenthaltes zur Zeit des Todes wählen können[349]. Als Alternative für den Fall, daß dem Testator eine größere Rechtswahlfreiheit gewährt werden sollte, schlägt der Entwurf auch die Wählbarkeit des Rechts vor, dem die güterrechtli-

345 Relazione della Commissione, zu Art. 44, Studi Marano, 165, 191.

346 S. dazu *Picone*, Raccolta Vitta, 173, 219; *ders.*, La teoria generale, 41, 60f.; *Davì*, Raccolta Vitta, 45, 65f. Fn. 30; *Boschiero*, Appunti, 70f.; vgl. auch *Kühne*, Parteiautonomie, 72.

347 *Picone*, Autonomia della volontà, 515, 521 und 538; *ders.*, La teoria generale, 41, 61; anders noch in Raccolta Vitta, 173, 219; *Davì*, Raccolta Vitta, 45, 65 Fn. 30.

348 Dazu oben A II 2 a cc (3).

349 Art. 27 Abs 2: "*Nelle successioni testamentarie, il testatore il cui diritto personale sia determinato dalla cittadinanza, può optare per il diritto del suo domicilio o della sua residenza. L'opzione deve esser esercitata con clausola espressa o resultare con ragionevole certezza dal testamento; essa è relativa al diritto del domicilio o della residenza al momento della morte.*" Vgl. *Vitta*, Memoriale e progetto di legge, 3, 267.

chen Wirkungen der Ehe unterliegen oder des Rechts desjenigen Staates, in dem sich der Großteil seines Vermögens befindet. Maßgeblicher Zeitpunkt ist jeweils der Tod des Erblassers[350].
Der Verfasser des Entwurfs ließ sich von der Überlegung leiten, daß der Wille des Erblassers dazu beitragen könne, das passendste Recht für die Erbfolge zu bestimmen, und auch diesbezüglich zu respektieren sei, da der Erblasser über sein eigenes Vermögen verfüge. Der Kreis der wählbaren Rechtsordnungen wurde im Interesse der sonstigen am Erbfall beteiligten Personen, insbesondere der Erben, beschränkt[351].

Der Reformgesetzgeber hat sich gegen eine solch weitreichende Rechtswahl entschieden, vielmehr die Gültigkeit derselben einer Reihe von Bedingungen und Beschränkungen unterworfen, die ihm angesichts der Tragweite der Wahlmöglichkeit nötig erschienen[352].

2. Voraussetzungen der Rechtswahl

a) Wählbares Recht

aa) Recht des Staates des gewöhnlichen Aufenthalts

Der Erblasser kann als Erbstatut nur das Recht des Staates wählen, in dem er seinen gewöhnlichen Aufenthalt hat.
Der schlichte Aufenthalt allein ist nicht ausreichend, auch wenn der Wortlaut der Vorschrift dies auf den ersten Blick nahelegt („*la legge dello Stato in cui risiede*"). Was Aufenthalt - *residenza* – i.S.d. Art. 46 Abs. 2 S. 1 IPRG bedeutet, ist anhand des italienischen Rechts als lex fori aus-

---

350 Alternativtext: "*Nelle successioni testamentarie, il testatore il cui diritto personale sia determinato dalla cittadinanza, può optare per il diritto del suo domicilio o della sua residenza. Egli può altresí optare per il diritto dello Stato che regola il regime patrimoniale con il di lui coniuge, oppure per quello dello Stato in cui è situata la maggior parte dei suoi beni. L'opzione deve esser esercitata con clausola espressa o resultare con ragionevole certezza dal testamento; il diritto prescelto deve esser inteso in riferimento, rispettivamente, al domicilio o residenza, al regime patrimoniale od alla situazione dei beni al momento della morte*". Vgl. *Vitta*, Memoriale e progetto di legge, 3, 267f. Fn. 3.

351 *Vitta*, Memoriale e progetto di legge, 3, 119.

352 Relazione della Commissione, zu Art. 44, Studi Marano, 165, 191.

zulegen. Dazu kann Art. 43 Abs. 2 c.c. herangezogen werden[353], der bestimmt, daß die *residenza* an dem Ort ist, an dem eine Person ihren gewöhnlichen Aufenthalt hat[354]. Auch der Begleitbericht zum Gesetzentwurf spricht sich in diesem Sinne aus[355]. Für ein derartiges Verständnis des Begriffs läßt sich schließlich anführen, daß die Wahl des Aufenthaltsrechts als Erbstatut an die Stelle der Anknüpfung an die Staatsangehörigkeit des Erblassers tritt. Der Aufenthalt muß sich deshalb in gewissem Umfang verfestigt haben[356], um überhaupt erkennbar zu sein, vor allem aber, um eine Alternative zur Staatsangehörigkeit darstellen zu können. Die Rechtfertigung der professio juris zum Recht des Staates des (gewöhnlichen) Aufenthalts hin liegt gerade darin, daß dieses Recht möglicherweise besser geeignet ist, den Erbfall zu regeln, weil der Erblasser zu diesem Staat, in dem sich sein Lebensmittelpunkt befindet, die engere Bindung hat. Auch die praktischen Vorteile für den Erblasser, die leichteren Informationsmöglichkeiten über das geltende Recht und die Möglichkeit, Gleichlauf mit der lex rei sitae als Sachstatut herbeizuführen, weil sich sein Vermögen häufig ebenfalls im Aufenthaltsstaat befindet, liegen deutlicher auf der Hand, wenn er in diesem Staat seinen gewöhnlichen und nicht nur seinen schlichten Aufenthalt hat.

bb) Heimatrecht

Art. 46 Abs. 2 IPRG nennt, anders als Art. 5 Abs. 1 des Haager Erbrechtsübereinkommens von 1989, nicht das Heimatrecht des Testators als wählbare Rechtsordnung. Der Unterschied erklärt sich zunächst damit, daß die italienische Norm das Erbstatut bereits objektiv an die Staatsangehörigkeit des Erblassers anknüpft, während das Übereinkommen je nach den konkreten Umständen teils auf den gewöhnlichen Aufenthalt, teils auf die Staatsangehörigkeit abstellt.

---

353 *Mosconi*, D.i.p., Parte speciale, 106; *Ballarino*, Raccolta Vitta, 3, 20; *Bonomi*, SZIER 1996, 479, 494; *Brandi*, Vita not. 1998, 1198, 1208; *Maglio/Thorn*, ZVglRWiss 96 (1997), 347, 366 Fn. 96; zum IPR vor der Reform *Morelli*, 54.

354 Art. 43 Abs. 2 c.c.: "*La residenza è nel luogo in cui la persona ha la dimora abituale.*"

355 Relazione della Commissione, zu Art. 44, Studi Marano, 165, 191; ebenso *Clerici*, zu Art. 46 IPRG, Riv. dir. int. priv. proc. 1995, 1133, 1138f.; *Picone*, Studi Marano, 57, 76; *Villani*, zu Art. 46 IPRG, Corr. giur. 1995, 1249.

356 Vgl. auch *Deli*, zu Art. 46 IPRG, Nuove leggi civ. comm. 1996, 1278, 1288.

Aber auch im italienischen IPR ist die Wahl des Heimatrechts unter zwei Gesichtspunkten nicht uninteressant, und es fragt sich deshalb, ob sie zulässig ist.
Personen mit mehreren Staatsangehörigkeiten könnten auf diese Weise selbst bestimmen, welche ihrer Staatsangehörigkeiten für das Erbstatut ausschlaggebend sein soll. Befindet sich darunter auch die italienische, könnten sie den schematischen Vorrang dieser Staatsangehörigkeit (Art. 19 Abs. 2 S. 2 IPRG) beseitigen. Sind sie Bürger mehrerer fremder Staaten, hätten sie ein Mittel gegen die Ungewißheit in der Hand, welche ihrer Staatsangehörigkeiten in einer nachträglichen Entscheidung als effektive (vgl. Art. 19 Abs. 2 S. 1 IPRG) betrachtet wird[357].
Des weiteren ist im Falle einer Rechtswahl nach Art. 13 Abs. 2 lit. a IPRG ein etwaiger Renvoi nicht zu beachten[358], so daß der Erblasser auch in dieser Hinsicht Rechtssicherheit über das anwendbare Recht schaffen könnte. Ein Bedürfnis hiernach ist nicht zu leugnen, bis der Anwendungsbereich des Art. 13 Abs. 1 IPRG durch eine gesicherte Rechtsprechung hinreichend geklärt ist. Auch ansonsten kann ein Interesse am Ausschluß von Rück- und Weiterverweisung bestehen, insbesondere zur Herstellung der Nachlaßeinheit, wenn der Erblasser einem Staat angehört, dessen Kollisionsrecht Nachlaßspaltung anordnet, oder um ein bestimmtes materiellrechtliches Ergebnis zu erzielen.

Angesichts des klaren Wortlauts des Art. 46 Abs. 2 IPRG scheidet die Annahme, das Heimatrecht könne als solches gewählt werden, von vornherein aus. Hat der Testator jedoch seinen gewöhnlichen Aufenthalt in einem Staat, dessen Staatsangehörigkeit er besitzt, steht ihm die Wahl dessen Rechts in der Eigenschaft als Aufenthaltsrecht offen[359].
Dies ergibt sich zunächst aus dem Verhältnis von objektiver und subjektiver Anknüpfung des Erbstatuts, von Absatz 1 und Absatz 2 des Art. 46 IPRG. Hat der Erblasser eine wirksame Rechtswahl getroffen, kommt es auf die objektive Anknüpfung nicht mehr an. Diese kommt vielmehr nur dann zum Zuge, wenn eine parteiautonome Bestimmung des Erbstatuts unwirksam und damit hinfällig ist oder überhaupt nicht vorliegt. Art. 46 Abs. 2 IPRG geht Absatz 1 der Vorschrift vor[360]; diese enthält für das Erbstatut zwei selbständige Anknüpfungspunkte. Im Rahmen von Art. 46

---

357 *Waters*, 554, zum Haager Erbrechtsübereinkommen von 1989.

358 Näher dazu unten B II 4 a.

359 *Franceschelli*, 66.

360 *Cian/Trabucchi-Costantino*, zu Art. 46 IPRG, II. Rn. 2: "*priorità logica*"; vgl. auch *Ballarino*, D.i.p., 519.

Abs. 2 IPRG spielt aber die Staatsangehörigkeit des Verfügenden, abgesehen von dem Vorbehalt in Satz 3, überhaupt keine Rolle.
Die Ratio der Vorschrift läßt zweierlei Schlußfolgerungen zu. Zunächst wird mit der Wahlmöglichkeit ein zusätzliches Anknüpfungsmoment, das des gewöhnlichen Aufenthalts, in das internationale Erbrecht eingeführt, gleichsam als Alternative zum Kriterium der Staatsangehörigkeit. Aus diesem Grund könnte man in Art. 46 Abs. 2 IPRG die ungeschriebene Voraussetzung hineinlesen, daß Staatsangehörigkeit und gewöhnlicher Aufenthalt auseinander fallen müssen und den Anwendungsbereich entsprechend einschränken. Die Wählbarkeit des Aufenthaltsrechts ist aber weiterhin von dem Gedanken getragen, daß zu diesem Recht eine enge Verbindung besteht. Diese Vermutung liegt erst recht nahe, wenn der Erblasser gleichzeitig Angehöriger des betreffenden Staates ist. Das gleiche gilt, wenn sich ein Zusammentreffen oder Auseinanderfallen von Staatsangehörigkeit und gewöhnlichem Aufenthalt erst nach der Rechtswahl ergibt[361] und der gewöhnliche Aufenthalt der stabile Faktor im Leben einer Person ist.
Schließlich bedürfte die Ungleichbehandlung von Personen mit und ohne Staatsangehörigkeit des Aufenthaltsstaats auch im Hinblick auf den in Art. 3 Abs. 1 Cost. verankerten Gleichheitssatz, der auch für Ausländer gilt[362], einer zusätzlichen sachlichen Rechtfertigung. Dasselbe dürfte im Anwendungsbereich des europarechtlichen Diskriminierungsverbotes, Art. 12 EGV, zu verlangen sein.

Die Wählbarkeit des Heimatrechts in seiner Eigenschaft als Aufenthaltsrecht ist von praktischer Bedeutung vor allem zum Ausschluß eines etwaigen Renvoi, für Mehrstaater ergeben sich keine besonderen Gestaltungsmöglichkeiten.
Daß der Vorrang der italienischen Staatsangehörigkeit (Art. 19 Abs. 2 S. 2 IPRG) durch eine Rechtswahl beseitigt werden kann, erscheint selbstverständlich, weil auch der „Nur-Italiener" die Anknüpfung an die italienische Staatsangehörigkeit mittels einer professio juris durch die Anknüpfung an den gewöhnlichen Aufenthalt ersetzen kann. Bei allen Doppelstaatern wird aber der Staat, in dem sie sich gewöhnlich aufhalten, in der Regel auch derjenige sein, dessen Staatsangehörigkeit die effektive ist.
Es wäre allerdings überlegenswert, ob Mehrstaatern nicht die Möglichkeit eröffnet werden sollte, eines ihrer Heimatrechte als Erbstatut zu

---

361 *Cian/Trabucchi-Costantino*, zu Art. 46 IPRG, II. Rn. 2.

362 *Clerici*, Raccolta Vitta, 309, 325; *Davì*, Raccolta Vitta, 45, 94 Fn. 79 m.w.N.; s. auch unten B II 5 a cc.

wählen, auch wenn sie in dem jeweiligen Staat keinen gewöhnlichen Aufenthalt haben[363]. Eine solche Regelung hielte sich im Rahmen der objektiven Anknüpfung mit dem einen Unterschied, daß nicht das Gesetz, sondern die betroffene Person selbst entscheidet, welche ihrer Staatsangehörigkeiten den Ausschlag geben soll, und stellt damit ein Minus im Vergleich zur jetzigen Rechtswahlmöglichkeit im italienischen Recht dar. Die Interessenlage und die Gründe (bessere Kenntnis und Informationsmöglichkeiten über die betreffende Rechtsordnung, Belegenheit des Vermögens), die den Reformgesetzgeber veranlaßt haben, die Wahl des Aufenthaltsrechts zuzulassen, können in derartigen Fallkonstellationen ebenso vorliegen.

Zum Ausschluß eines Renvoi hat die Wahl des Heimatrechts größere Bedeutung. Da Staatsangehörigkeit und gewöhnlicher Aufenthalt zusammenfallen müssen, gilt dies zwar nicht für italienische Bürger; hier ist immer das italienische materielle Recht anwendbar. Aber auch in den auf den ersten Blick rein ausländisch erscheinenden Fällen ist die professio juris nach italienischem Recht von Bedeutung, weil die internationale Zuständigkeit der italienischen Gerichte in Nachlaßsachen in Art. 50 IPRG sehr großzügig geregelt ist, so daß z.B. bereits die Belegenheit von Nachlaßgegenständen im Inland zuständigkeitsbegründend wirkt (vgl. Art. 50 lit. e IPRG).
Hat nun ein englischer Erblasser mit gewöhnlichem Aufenthalt in England Grundbesitz in Italien, so ist für diesen Grundbesitz nach objektiven Kriterien das italienische Recht als Erbstatut berufen: Das nach Art. 46 Abs. 1 IPRG anwendbare englische Heimatrecht verweist hinsichtlich des unbeweglichen Vermögens auf die lex rei sitae; diese Verweisung nimmt das italienische Recht an, Art. 13 Abs. 1 lit. b IPRG. Der Erblasser kann aber stattdessen nach Art. 46 Abs. 2 IPRG sein englisches Heimatrecht wählen, so daß die Rückverwerweisung nach Art. 13 Abs. 2 lit. a IPRG ausgeschlossen ist. Der Erbfall beurteilt sich damit auch in Bezug auf das unbewegliche Vermögen nach englischem materiellen Recht, welches der Testierfreiheit ein wesentlich größeres Gewicht beimißt als das sonst anwendbare italienische Erbrecht.

---

363 So z.B. Art. 90 Abs. 2 des schweizerischen IPRG oder Art. 29 Abs. 3 des liechtensteiner IPRG, s. oben A II b bb sowie A II b ff.

b) Maßgeblicher Zeitpunkt für die Bestimmung des gewöhnlichen Aufenthalts

aa) Zeitpunkt der Rechtswahl

In zeitlicher Hinsicht ist zur Bestimmung des gewöhnlichen Aufenthalts und damit der wählbaren Rechtsordnung der Zeitpunkt maßgeblich, in dem die Rechtswahl vorgenommen wird[364]. Dies ergibt sich aus einer Zusammenschau der Sätze 1 und 2 des Art. 46 Abs. 2 IPRG; Satz 2 wäre andernfalls gegenstandslos.

bb) Zeitpunkt des Todes

Art. 46 Abs. 2 S. 2 IPRG stellt nämlich ein weiteres zeitliches Kriterium auf. Danach ist die Rechtswahl unwirksam, wenn der Erblasser zur Zeit seines Todes nicht mehr in dem Staat, dessen Recht er gewählt hat, seinen gewöhnlichen Aufenthalt hat.
Diese Vorschrift ist als eine Art Widerruf kraft Gesetzes aufgrund veränderter Umstände bezeichnet worden[365]. In ihrer Wirkung kommt sie auch einer gesetzlich angeordneten Bedingung für die Wirksamkeit der Rechtswahl gleich[366]. Nur dann, wenn der Erblasser im Zeitpunkt seines Todes seinen gewöhnlichen Aufenthalt in dem Staat hatte, dessen Recht er gewählt hat, ist seine Rechtswahl wirksam.
Besondere Bedeutung hat Art. 46 Abs. 2 S. 2 IPRG für die italienische Rechtspraxis in den Fällen, in denen italienische Staatsangehörige, die längere Zeit im Ausland gelebt haben, in ihren Heimatstaat zurückkehren, weil dann eine von ihnen getroffene Rechtswahl unbeachtlich ist und die mit dem Erbfall befaßten italienischen Stellen ihr eigenes Recht anwenden können[367].

---

364 *Migliazza*, Enc. giur. XXX, 1, 4; *Boschiero*, Appunti, 61; *Brandi*, Vita not. 1998, 1198, 1208.

365 *Zabban*, zitiert bei *Deli*, zu Art. 46 IPRG, Nuove leggi civ. comm. 1996, 1278, 1289 Fn. 53.

366 Art. 633 c.c. regelt im materiellen Erbrecht, daß eine Erbeinsetzung oder ein Vermächtnis unter einer Bedingung angeordnet werden können.

367 *Kindler*, RabelsZ 61 (1997), 227, 273.

cc) Kritik

Dieses Erfordernis der doppelten Verbindung des Erblassers zum Aufenthaltsstaat erweist sich unter verschiedenen Aspekten als nicht unproblematisch.

(1) Keine Rechtssicherheit für den Erblasser

Zunächst verhindert es, daß der Erblasser bei der Vornahme der Rechtswahl Gewißheit darüber hat, daß das bezeichnete Recht auch tatsächlich Erbstatut sein wird[368]. Denn ob er auch zum Todeszeitpunkt seinen gewöhnlichen Aufenthalt noch unverändert in dem ursprünglichen Aufenthaltsstaat haben wird, kann er möglicherweise nicht absehen und, denkt man an Krankheit oder Pflegebedürftigkeit, auch nicht beeinflussen. Sicherheit wird oftmals nur in Bezug auf die Verhältnisse zur Zeit der Rechtswahl bestehen[369].
Nicht von der Hand zu weisen ist die Überlegung, daß der Zeitpunkt des Todes für die Bestimmung des Erbstatuts eine besondere Bedeutung hat. Erst in diesem Zeitpunkt tritt der Erbfall ein und beginnt die Rechtsnachfolge von Todes wegen, vgl. § 1922 BGB und Art. 456 c.c. Auch eine letztwillige Verfügung entfaltet ihre Wirkungen nicht vorher[370].
Während aber bei der gesetzlichen Erbfolge ein Abstellen auf einen anderen Zeitpunkt als den des Todes wenig sinnvoll erscheint, stellt sich die Situation anders dar, wenn eine Verfügung von Todes wegen und eine Rechtswahl im Raum stehen. Hier wird ein erbrechtliches Rechtsgeschäft auf der Grundlage einer bestimmten Rechtsordnung vorgenommen, ausgehend von den gegenwärtigen Verhältnissen und der zu erwartenden zukünftigen Entwicklung. Führt ein Statutenwechsel später zur Änderung des Erbstatuts, wird die Verfügung eventuell hinfällig und das Vertrauen des Testators auf ihre Gültigkeit enttäuscht.
Im deutschen Kollisionsrecht trägt Art. 26 Abs. 5 S. 1 EGBGB diesem Umstand zumindest teilweise Rechnung. Diese Vorschrift unterstellt die Frage nach der Gültigkeit der Errichtung einer Verfügung von Todes wegen dem hypothetischen Erbstatut zur Zeit der Verfügung[371]. Der Gedanke, daß die einmal vorliegende Wirksamkeit von einem nachfol-

---

368 *Priemer*, MittRhNotK 2000, 45, 58; *Kindler*, RabelsZ 61 (1997), 227, 273.

369 *Kühne*, IPR-Gesetz-Entwurf, 160.

370 Vgl. auch *Vitta*, Memoriale e progetto di legge, 3, 119; *MünchKomm-Birk*, zu Art. 26 EGBGB Rn. 31.

371 Dazu *MünchKomm-Birk*, zu Art. 25 EGBGB Rn. 19f.

genden Statutenwechsel unberührt bleiben soll, weil so Rechtssicherheit geschaffen wird und das Interesse des Erblassers am Fortbestand der Verfügung in gewissem Maß schutzwürdig ist, trägt auch im Hinblick auf eine Rechtswahl. Er gewinnt an Bedeutung durch den Umstand, daß dort, wo Parteiautonomie gewährt wird, der Wille des Betroffenen als Tatbestandsmerkmal der Kollisionsnorm eine entscheidende Rolle spielt[372]. Diesem Willen würde durch ein Abstellen nur (oder auch) auf den Zeitpunkt der Rechtswahlerklärung zuverlässig Geltung verschafft[373].
Demnach wäre es ausreichend, wenn der Erblasser seinen gewöhnlichen Aufenthalt zur Zeit der Rechtswahl in dem Staat hätte, dessen Recht er gewählt hat, ein späterer Aufenthaltswechsel unschädlich[374]. Er hätte so die Möglichkeit, die Erbfolge im Einklang mit dem gewählten Recht zu regeln. Dem Bedürfnis des Verfügenden nach Rechts- und Planungssicherheit, das bei der Abfassung eines Testaments mit internationalem Bezug besonders deutlich zutage tritt, käme eine derartige Regelung am meisten entgegen.

Dieses Argument hat auch die Haager Konferenz dazu bewegt, in Art. 5 Abs. 1 des Erbrechtsübereinkommens von 1989 abweichend vom Vorentwurf auf den Zeitpunkt der Wahl *oder* des Todes abzustellen[375]. Art. 4 Abs. 1 des Vorentwurfs knüpfte die Wirksamkeit einer Rechtswahl noch an die Bedingung, daß der Erblasser zur Zeit seines Todes die Staatsangehörigkeit des betreffenden Staats besitze oder dort seinen gewöhnlichen Aufenthalt habe; die Umstände zur Zeit der Wahl spielten überhaupt keine Rolle[376]. Ebenso ist bei einer Rechtswahl für die vertragliche Erbfolge nach Art. 11 des Übereinkommens der Zeitpunkt maßgeblich, in dem der Vertrag geschlossen wird. Die in Art. 5 Abs. 1 des Übereinkommens enthaltene Lösung wird allerdings dadurch relativiert, daß die Vertragsstaaten nach Art. 24 Abs. 1 lit. c des Überein-

---

372 Vgl. *v. Overbeck*, La professio juris, 1085, 1108f.

373 Im Ergebnis ebenso *Scheuermann*, 142.

374 Für die Rechtswahl nach Art. 56 Abs. 2 IPRG, nach der der Schenker statt seines Heimatrechts das Recht seines gewöhnlichen Aufenthalts wählen kann, hat der Gesetzgeber diese Lösung im Interesse der Rechtssicherheit und Stabilität gewählt, s. die Relazione della Commissione, Studi Marano, 165, 195.

375 *Waters*, 536 und 554; zustimmend *Lagarde*, Rev. crit. dr. int. privé 78 (1989), 249, 260f.; *Droz*, Rec. des Cours 229 (1991-IV), 9, 245; *Li*, Rec. des Cours 224 (1990-V), 9, 79f.; *Brandi*, 295f.

376 Actes et doc., 232. S. dazu den Bericht der Commission spéciale, Actes et doc., 252f.

kommens den Vorbehalt erklären können, eine Rechtswahl nicht anzuerkennen, wenn der Erblasser zur Zeit des Todes nicht (mehr) dem Staat angehörte, dessen Recht gewählt wurde oder dort nicht (mehr) seinen gewöhnlichen Aufenthalt hatte, sondern Angehöriger des Staates war, der den Vorbehalt erklärt hat oder dort seinen gewöhnlichen Aufenthalt hatte.

(2) Abstellen auch auf den Zeitpunkt der Rechtswahl überflüssig

Selbst wenn der gewöhnliche Aufenthalt zur Zeit der Rechtswahl allein als Bezugspunkt für eine professio juris nicht ausreichen soll, weil der Erblasser zur Zeit seines Todes möglicherweise mit dem Staat des gewählten Rechts keine enge Verbindung mehr hat oder eine solche Rechtswahlmöglichkeit einigen aus Angst vor fraudulösem Verhalten zu liberal erscheint[377], ist es nicht zwingend, daß neben dem Zeitpunkt des Todes auch noch auf den der Rechtswahl abgestellt wird. Entscheidend ist im Rahmen von Art. 46 Abs. 2 IPRG im Ergebnis nur der Zeitpunkt des Todes[378], erst hier stellt sich heraus, ob die Wahl ihre Wirkungen entfalten kann.
Deshalb wäre es ausreichend, die Wahl eines beliebigen Rechts zuzulassen, ihre Wirksamkeit aber unter die Bedingung zu stellen, daß der Erblasser zum Zeitpunkt seines Todes seinen gewöhnlichen Aufenthalt in dem betreffenden Staat hat[379], so wie es im Vorentwurf zum Haager Erbrechtsübereinkommen von 1989 vorgesehen war. Durch Auslegung des Art. 46 Abs. 2 IPRG gelangt man allerdings nicht zu diesem Ergebnis[380], dagegen steht der klare Wortlaut. So wird in Satz 1 der Vorschrift nur das Aufenthaltsrecht und nicht einfach eine bestimmte oder andere Rechtsordnung als die nach Art. 46 Abs. 1 IPRG berufene zur Wahl gestellt[381]. Vor allem aber ist die Rechtswahl nach Satz 2 nicht wirksam, wenn der Erblasser in dem betreffenden Staat nicht „mehr" seinen gewöhnlichen Aufenthalt hatte. Das Wort „mehr" geht davon aus, das der Aufenthalt zu einem früheren Zeitpunkt bereits bestand.

---

377 *Goré*, L'administration, 283; *Kunz*, ZRP 1990, 212, 214; kritisch auch *v. Overbeck*, SJIR XLVI (1989), 138, 146.

378 *Picone*, Studi Marano, 57, 76.

379 *Picone*, Studi Marano, 57, 76f.

380 So aber *Bonomi*, SZIER 1996, 479, 495.

381 Vgl. auch die offene Formulierung des Art. 5 Abs. 1 S. 1 des Haager Erbrechtsübereinkommens von 1989 ("*loi d'un Etat déterminé*" - "*law of a particular State*" - "Recht eines bestimmten Staates").

Bei einem Lösungsvorschlag, der allein auf die Zeit des Todes abstellt, zusätzlich zu verlangen, daß dieser letzte gewöhnliche Aufenthalt eine Mindestdauer von drei bis fünf Jahren gehabt habe, um sicherzustellen, daß der Erblasser eine tatsächliche Bindung zu und seinen wirklichen Lebensmittelpunkt in diesem Staat gehabt habe[382], ist nicht ratsam. Zum einen kann auch im italienischen Kollisionsrecht der gewöhnliche Aufenthalt bereits nach einer kurzen Zeit begründet werden, wenn nur der *animus manendi* vorhanden ist[383], so daß ein neuer Begriff des gewöhnlichen Aufenthalts ins italienische System eingeführt würde. Außerdem ist eine solche Voraussetzung gerade im Bereich des Erbrechts aufgrund der Unvorhersehbarkeit des Todes wenig sinnvoll und könnte willkürlich erscheinen[384]; sie führte für alle am Erbfall Beteiligten wieder nur zu Rechtsunsicherheit.
Die jetzt im italienischen Recht geltende Regelung, die der Gesetzgeber als Vorsichtsmaßnahme wegen des weiten Regelungsbereichs des gewählten Erbstatuts eingeführt hat[385], bringt außer mangelnder Rechtssicherheit und einer Beschränkung der wählbaren Rechtsordnungen, die nicht unbedingt notwendig erscheint, keine weiteren Vorteile mit sich.

(3) Keine Rechtssicherheit für andere Beteiligte

Denn auch für die sonstigen am Erbfall beteiligten Personen, also insbesondere die Erben, Pflichtteilsberechtigten und Gläubiger, bringt das Erfordernis der doppelten Verbindung zum Aufenthaltsstaat keine erhöhte Rechtssicherheit. Vielmehr wird es oft schwierig sein, im nachhinein festzustellen und gegebenenfalls zu beweisen, ob der Erblasser zur Zeit der Rechtswahl seinen gewöhnlichen Aufenthalt tatsächlich in dem Staat hatte, dessen Recht er gewählt hatte[386]. Zwischen der Testamentserrichtung und dem Tod kann schließlich eine längere Zeitspanne

---

382 *Picone*, Studi Marano, 57, 76f.

383 *Cian/Trabucchi-Barel*, zu Art. 43 c.c., III. Rn. 2; *Forchielli*, Enc. dir. XIII, 842, 846; s. auch *Tedeschi*, Nov. dig. it. VI, 189, 198; zum deutschen Recht *Kropholler*, § 39 II 4 b; zum Haager Erbrechtsübereinkommen von 1989 s. *Waters*, 550 und 552; *Brandi*, 97. S. auch die Empfehlung Nr. 10 des Europarats zur Vereinheitlichung der Rechtsbegriffe "Wohnsitz" und "Aufenthalt" vom 18.1.1972, abgedruckt bei *Kropholler*, § 39 II 1 c.

384 *Deli*, zu Art. 46 IPRG, Nuove leggi civ. comm. 1996, 1278, 1290 Fn. 56.

385 Relazione della Commissione, Studi Marano, 165, 191.

386 *Picone*, Studi Marano, 57, 76; *Deli*, zu Art. 46 IPRG, Nuove leggi civ. comm. 1996, 1278, 1290; *Brandi*, Vita not. 1998, 1198, 1208.

liegen, und die daraus resultierenden tatsächlichen Schwierigkeiten tragen nicht unbedingt zum Rechtsfrieden bei, sondern können Anlaß zu Rechtsstreitigkeiten bieten[387]. Art. 46 Abs. 2 IPRG unterscheidet sich in dieser Hinsicht, da nur die Wahl des Aufenthaltsrechts in Betracht kommt, von der Regelung in Art. 90 Abs. 2 des schweizerischen IPRG, der ebenfalls eine doppelte zeitliche Verknüpfung verlangt, aber eines der Heimatrechte zur Wahl stellt. Welche Staatsangehörigkeit der Erblasser zu einem bestimmten Zeitpunkt hatte, ist auch nach längerer Zeit leicht feststellbar.

(4) Keine Schutzfunktion

Darüber hinaus erfüllt das Erfordernis, daß sich der Erblasser zu zwei Zeitpunkten in dem Staat, dessen Recht er gewählt hat, gewöhnlich aufhalten muß, keine Schutzfunktion für Erben, Gläubiger oder Pflichtteilsberechtigte. Es hindert ihn nicht, seinen gewöhnlichen Aufenthalt in einen Staat zu verlegen, dessen Recht ihm größere testamentarische Gestaltungsfreiheit einräumt[388]. Beabsichtigt der Erblasser, bestimmte Pflichtteils- oder Noterbrechte zu vermeiden, wird er sich von den zeitlichen Voraussetzungen des Art. 46 Abs. 2 IPRG nicht abhalten lassen.

dd) Unterbrechung des gewöhnlichen Aufenthalts

Die Vorschrift des Art. 46 Abs. 2 S. 2 IPRG wirft schließlich das Problem auf, wie sich eine Unterbrechung des gewöhnlichen Aufenthalts in dem Staat, dessen Recht gewählt wurde, auf die Wirksamkeit der Rechtswahl auswirkt. Vorstellbar ist beispielsweise der Fall eines italienischen Erblassers, der den größten Teil seines Lebens in Deutschland verbracht und deutsches Recht als Erbstatut bezeichnet hat, der aber vorübergehend für eine gewisse Zeit in einem weiteren Staat beruflich tätig war.

Begründete er in diesem Staat einen gewöhnlichen Aufenthalt, so könnte man die Wahl des deutschen Rechts nach dem Wortlaut des Art. 46 Abs. 2 S. 2 IPRG für hinfällig halten. Denn danach ist die Rechtswahl dann unwirksam, wenn der Erblasser seinen gewöhnlichen Aufenthalt zur Zeit seines Todes „nicht mehr" in dem Staat hatte, dessen Recht er gewählt hat („*non risiedeva più in tale Stato*"). „Nicht mehr" kann in dem

---

387 *Ballarino*, Enc. dir., Aggiornamento I, 943, 946; *Bonomi*, SZIER 1996, 479, 495.

388 *Picone*, Studi Marano, 57, 76; *Deli*, zu Art. 46 IPRG, Nuove leggi civ. comm. 1996, 1278, 1290.

Sinne verstanden werden, daß der Aufenthalt durchgehend und ohne zwischenzeitliche Unterbrechung bestanden haben muß.
Eine solch restriktive Auslegung verlangt das Erfordernis der doppelten zeitlichen Verknüpfung in Art. 46 Abs. 2 IPRG nach seinem Sinn und Zweck jedoch nicht. Es soll sicherstellen, daß zu dem Staat, dessen Recht gewählt wurde, eine tatsächliche, enge Verbindung besteht. Dies ist bei einer Person, die ihren gewöhnlichen Aufenthalt zu zwei verschiedenen Zeitpunkten in demselben Staat hat, nämlich bei Vornahme der Rechtswahl und bei ihrem Tod, ohne weiteres gewährleistet. Weiterhin wurde die professio juris wegen ihrer praktischen Vorteile für den Erblasser, insbesondere wegen der besseren Informationsmöglichkeiten über das geltende Recht, eingeführt. Auch unter diesem Gesichtspunkt erscheint eine Einschränkung der Rechtswahlmöglichkeit bei vorübergehender Unterbrechung des gewöhnlichen Aufenthalts nicht notwendig, da sich dadurch die Interessenlage auf Seiten des Erblassers nicht wesentlich ändern dürfte.

c) Umfang der Rechtswahl

Der Erblasser kann mit einer Rechtswahl nach Art. 46 Abs. 2 IPRG nur die gesamte Rechtsnachfolge von Todes wegen, „*l'intera successione*", seinem Aufenthaltsrecht unterstellen. Weder aus dem Gesetzeswortlaut noch aus dem Begleitbericht zum Gesetzentwurf geht hervor, was genau hierunter zu verstehen ist. Der Begriff „gesamte Rechtsnachfolge" wird daher in einem umfassenden Sinn ausgelegt, nach dem sich die Rechtswahl sowohl auf den gesamten Nachlaß als auch auf die gesamte Rechtsordnung beziehen muß.

aa) Gesamter Nachlaß

Eine Rechtswahl hat sich nach Art. 46 Abs. 2 S. 1 IPRG auf das gesamte Nachlaßvermögen zu erstrecken[389].
Dies folgt aus der Entscheidung des Gesetzgebers, für das Erbstatut am Grundsatz der Nachlaßeinheit festzuhalten[390]. Nicht nur bei der objektiven, sondern auch bei der subjektiven Anknüpfung des Erbstatuts soll

389 *Deli*, zu Art. 46 IPRG, Nuove leggi civ. comm. 1996, 1278, 1292f.; *Lenzi*, Riv. not. 1995, 1133, 1137; *Kindler*, RabelsZ 61 (1997), 227, 270; *Dutoit*, FS Broggini, 137, 155; *Bonomi*, SZIER 1996, 479, 495; ebenso die Übersetzung von *Jayme/Siehr/Kronke*, IPRax 1996, 356, 364.

390 Relazione della Commissione, Studi Marano, 165, 190.

ein Recht allein alle erbrechtlichen Fragen regeln; im Rahmen der subjektiven Anknüpfung wird lediglich das Kriterium der Staatsangehörigkeit durch dasjenige des gewöhnlichen Aufenthalts ersetzt[391].
Dieses Verständnis des Tatbestandsmerkmals entspricht auch dem im Haager Erbrechtsübereinkommen vom 1.8.1989 eingeschlagenen Weg, nach dem das gem. Art. 5 Abs. 1 gewählte Recht die Erbfolge in das gesamte Vermögen des Erblassers regelt (*„l'ensemble de sa succession"* - *„the succession to the whole of his estate"* – *„in ihren gesamten Nachlaß"*). Die Auslegungsregel in Art. 5 Abs. 4 des Übereinkommens scheint auf den ersten Blick dazu im Widerspruch zu stehen, bestimmt sie doch, daß die Bezeichnung des Erbstatuts ohne ausdrückliche gegenteilige Bestimmung durch den Erblasser als auf den gesamten Nachlaß bezogen anzusehen ist. Dies könnte für die Zulässigkeit einer Teilrechtswahl sprechen. Aus dem Zusammenspiel mit Art. 7 Abs. 1 des Übereinkommens, der den Grundsatz der Nachlaßeinheit vorbehaltlich einer materiellrechtlichen Verweisung für bestimmte Nachlaßgegenstände (Art. 6 des Übereinkommens) auch für das gewählte Erbstatut festschreibt, wird jedoch deutlich, daß auch Art. 5 Abs. 4 des Übereinkommens keine Ausnahme davon zuläßt, sondern ebenfalls nur eine materiellrechtliche Verweisung iSd. Art. 6 des Übereinkommens anspricht[392]. Letztere muß sich zwar nicht auf das gesamte Vermögen beziehen, ist aber nur im Rahmen der zwingenden Vorschriften des umfassend geltenden Erbstatuts möglich. Eine Nachlaßspaltung kann sie deshalb nicht verursachen.

Wie im Haager Erbrechtsübereinkommen ist also auch im italienischen internationalen Erbrecht eine Teilrechtswahl, die nur für abgrenzbare Nachlaßteile (z.B. unbewegliches Vermögen) oder einzelne Nachlaßgegenstände getroffen wird, nicht zulässsig und damit unwirksam. Im Verhältnis zu Rechtsordnungen, die Nachlaßspaltung oder, wie das deutsche IPR in Art. 25 Abs. 2 EGBGB, eine gegenständlich beschränkte professio juris vorsehen, kommt es zu hinkenden Rechtsverhältnissen. Eine Rechtswahl nach Art. 25 Abs. 2 EGBGB ist aus italienischer Sicht immer unwirksam. Entscheidungseinklang wird verfehlt. Dies gilt umso mehr, als auch ein Renvoi wegen des Ausschlusses in Art. 13 Abs. 2 lit. a IPRG nicht als Korrektiv wirken kann.
Es wäre jedoch kein Systembruch im italienischen Kollisionsrecht, eine auf unbewegliches Vermögen beschränkte Teilrechtswahl des Belegen-

---

391 *Clerici*, zu Art. 46 IPRG, Riv. dir. int. priv. proc. 1995, 1133, 1138 Fn. 27.

392 Vgl. auch *Waters*, 552.

heitsrechts zuzulassen[393]. Auch im Rahmen der objektiven Anknüpfung kommt es wegen Rück- oder Weiterverweisungen zu Nachlaßspaltung, so daß das Ideal der Nachlaßeinheit nicht verwirklicht werden kann. Der Erblasser könnte selbst entscheiden, ob er für seinen unbeweglichen Nachlaß eine möglichst reibungslose Nachlaßabwicklung im Einklang mit der lex rei sitae sowie die Anerkennung seiner Dispositionen im Belegenheitsstaat sicherstellen möchte.

bb) Gesamte Rechtsordnung

Wählbar ist weiterhin nur das Aufenthaltsrecht im ganzen[394]. Das gewählte Recht regelt umfassend alle Bereiche, die aus Sicht des italienischen Kollisionsrechts vom Erbstatut erfaßt werden; insbesondere sind es die zwingenden Normen der gewählten Rechtsordnung, die die Grenzen der Testierfreiheit und die Gestaltungsmöglichkeiten des Erblassers festlegen[395].

Eine statutenspaltende Teilrechtswahl, die sich auf einzelne Normkomplexe beschränkt, z.B. nur das Pflichtteilsrecht des Aufenthaltsstaats zur Anwendung beruft, während es für alle anderen Fragen bei der Geltung des objektiv angeknüpften Erbstatuts verbleiben soll, ist nicht zulässig und damit unwirksam. Sie würde die aufeinander abgestimmten Regelungen des jeweiligen materiellen Erbrechts auseinanderreißen und zu Anpassungsproblemen führen. Der Gedanke des Art. 3 Abs. 1 S. 3 EVÜ, der die Aufspaltung des Vertragsstatuts gestattet, ist auf das internationale Erbrecht nicht übertragbar. Denn der Wille des Erblassers ist nicht allein ausschlaggebend für die Bestimmung des anwendbaren Rechts, sondern hat Bedeutung nur dort, wo das Gesetz Parteiautonomie einräumt[396].

cc) Sämtliche Verfügungen

Eine Rechtswahl erfaßt schließlich sämtliche Verfügungen von Todes wegen, gleichgültig, ob sie vor oder nach dem Zeitpunkt der Wahl ver-

---

393 *Bonomi*, SZIER 1996, 479, 495. Für eine derartige Wahlmöglichkeit auch *Ballarino*, Enc. dir., Aggiornamento I, 943, 945.

394 *Kindler*, RabelsZ 61 (1997), 227, 270; zum deutschen Recht *Tiedemann*, RabelsZ 55 (1991), 17, 25; s. auch *Dölle*, RabelsZ 30 (1966), 205, 235.

395 *Ballarino*, D.i.p., 520.

396 *MünchKomm-Birk*, zu Art. 25 EGBGB Rn. 49; ablehnend auch *Kühne*, Parteiautonomie, 127ff.

faßt wurden[397]. Nach dem gewählten Recht beurteilen sich ebenso alle Sachverhalte, die dem Erbstatut unterfallen, unabhängig davon, wann sie sich verwirklicht haben.
Denn das parteiautonom bestimmte Erbstatut steht mit dem Tod des Erblassers unwandelbar fest und entfaltet insofern eine Art Rückwirkung. Dies ist aber keine Besonderheit einer erbrechtlichen professio juris, sondern Folge der Unwandelbarkeit des Erbstatuts.
Wie bei der objektiven wird auch bei der subjektiven Anknüpfung nach Art. 46 Abs. 2 IPRG wegen dessen Satz 2 das anwendbare Erbrecht erst durch die Umstände zum Todeszeitpunkt endgültig festgelegt. Es wirkt sich nicht auf das nach Art. 46 Abs. 1 IPRG objektiv bestimmte Erbstatut aus, wenn der Erblasser im Laufe seines Lebens die Staatsangehörigkeit gewechselt hat, nicht einmal in Bezug auf Teilfragen, da das italienische Recht keine Vorschrift wie Art. 26 Abs. 5 S. 1 EGBGB kennt[398]. Maßgeblich ist allein das Heimatrecht zur Zeit des Todes, an dem beispielsweise die inhaltliche Zulässigkeit aller Verfügungen von Todes wegen unabhängig vom Zeitpunkt ihrer Errichtung gemessen wird. Nichts anderes gilt, wenn der Erblasser das Recht seines Aufenthaltsstaats wählt. Die Rechtswahl bewirkt nicht etwa eine Zäsur, vor deren Eintreten das hypothetische, objektiv angeknüpfte Erbstatut maßgeblich wäre, sei es bezogen auf den Zeitpunkt der Rechtswahl oder den des Todes[399]. Bei Vorliegen einer wirksamen Rechtswahl ist für die objektive Anknüpfung kein Raum. Das gewählte Erbstatut tritt an die Stelle des sonst nach objektiven Kriterien bestimmten Erbstatuts.

d) Form der Rechtswahl

aa) Testamentarische Form

(1) Verweis auf das Formstatut für Testamente

Eine wirksame Rechtswahl muß nach Art. 46 Abs. 2 S. 1 IPRG in testamentarischer Form vorgenommen werden. Ob die Rechtswahl formgültig ist, richtet sich damit nicht nach dem objektiv bestimmten oder gewähl-

---

[397] Vgl. zum Haager Erbrechtsübereinkommen von 1989 den Rapport de la Commission spéciale, Actes et doc., 254.

[398] Vgl. *Ballarino*, D.i.p., 532.

[399] So aber wohl *Priemer*, MittRhNotK 2000, 45, 58.

ten Erbstatut, sondern nach dem für Testamente maßgeblichen Formstatut[400].
Auch das Haager Erbrechtsübereinkommen von 1989 verlangt für die Bezeichnung des Erstatuts durch den Erblasser die Form einer Verfügung von Todes wegen und verweist so auf das Formstatut[401], ebenso Art. 25 Abs. 2 EGBGB[402] und einige andere Kollisionsnormen, die eine erbrechtliche professio juris gestatten.

Das Erfordernis der testamentarischen Form bedeutet nicht, daß die Rechtswahl in einem Testament enthalten sein muß, in welchem der Erblasser gleichzeitig letztwillig verfügt. Er kann vielmehr auch eine isolierte Rechtswahl treffen, indem er sich auf die Bezeichnung des Erbstatuts beschränkt und so die gesetzliche Erbfolge des Aufenthaltsrechts zur Anwendung bringt[403]. Hat er bereits früher eine Verfügung von Todes wegen errichtet, wird diese von der Rechtswahl erfaßt und beurteilt sich nun nach dem gewählten Recht. Ausreichend ist, daß die Erklärung zur Bezeichnung des anwendbaren Rechts die Formvorschriften des Rechts erfüllt, das die Form des Testaments regelt.

(2) Bestimmung des Formstatuts für Testamente

Das Haager Übereinkommen über das auf die Form letztwilliger Verfügungen anzuwendende Recht vom 5. 10. 1961[404] ist von Italien nur gezeichnet, aber nicht ratifiziert worden, wohl aber das Washingtoner UN-Übereinkommen über ein einheitliches Recht der Form eines inter-

---

400 *Deli*, zu Art. 46 IPRG, Nuove leggi civ. comm. 1996, 1278, 1291 (Analogie zu Art. 48 IPRG); *Clerici*, zu Art. 46 IPRG, Riv. dir. int. priv. proc. 1995, 1133, 1137 Fn. 23; *Villani*, zu Art. 46 IPRG, Corr. giur. 1995, 1249; *Cian/Trabucchi-Costantino*, zu Art. 46 IPRG, II. Rn. 3; *Mosconi*, D.i.p., Parte speciale, 107; *Ballarino*, Enc. dir., Aggiornamento I, 943, 945; a.A. wohl *Bonomi*, SZIER 1996, 479, 495 Fn. 36.

401 Art. 5 Abs. 2 S. 1 des Übereinkommens bestimmt: "*Cette désignation doit être exprimée dans une déclaration revêtant la forme d'une disposition à cause de mort.*" S. dazu *Waters*, 556.

402 Vgl. *Palandt-Heldrich*, zu Art. 25 EGBGB Rn. 8; *MünchKomm-Birk*, zu Art. 25 EGBGB Rn. 36; *Schotten*, IPR, Rn. 305; *Riering*, ZEV 1995, 404, 405; *Tiedemann*, RabelsZ 55 (1991), 17, 31; a.A. *Dörner*, DNotZ 1988, 67, 87, der aber im Ergebnis ebenfalls Art. 26 Abs. 1 und 4 EGBGB analog anwendet.

403 *Deli*, zu Art. 46 IPRG, Nuove leggi civ. comm. 1996, 1278, 1291; *Clerici*, zu Art. 46 IPRG, Riv. dir. int. priv. proc. 1995, 1133, 1138; *Picone*, Studi Marano, 57, 77f.; *Lenzi*, Riv. not. 1995, 1133, 1139; *Ballarino*, D.i.p., 519; *Mosconi*, D.i.p., Parte speciale, 107; *Mengozzi*, La riforma, 163 Fn. 34.

404 Text bei *Jayme/Hausmann*, Nr. 60.

nationalen Testaments vom 26.10.1973[405]. Da von Testamenten im Sinne dieses sachrechtlichen Übereinkommens mangels Bedürfnisses - die meisten Kollisionsrechte sehen für die Anknüpfung der Testamentsform mehrere Rechtsordnungen vor - kein besonders reger Gebrauch gemacht wird[406], verbleibt es aus italienischer Sicht für eine Vielzahl der Fälle bei der Geltung des innerstaatlichen Kollisionsrechts, Art. 48 IPRG, der für die Formgültigkeit eines Testaments nach dem Grundsatz des *favor validitatis* (*favor testamenti*)[407] alternativ verschiedene Rechtsordnungen zur Verfügung stellt: das Recht des Staates, in dem der Erblasser verfügt hat, also die lex loci actus, das Heimatrecht des Erblassers im Zeitpunkt der Testamentserrichtung oder des Todes, das Recht des Staates, in dem er seinen Wohnsitz (*domicilio*) oder seinen gewöhnlichen Aufenthalt (*residenza*) hatte[408]. Auch die letztgenannten Rechtsordnungen sind jeweils bezogen auf den Moment der Errichtung des Testaments oder des Todes zu ermitteln, was zwar nicht aus dem Wortlaut der Vorschrift, aber aus der Entwurfs- bzw. Gesetzesbegründung hervorgeht[409]. Art. 48 IPRG stellt somit sieben verschiedene Rechtsordnungen zur Auswahl und ist damit bedeutend großzügiger als der vor der Reform einschlägige Art. 26 disp. prel. c.c. (1942)[410].

---

405 In Italien in kraft getreten am 16.11.1991 durch das Zustimmungsgesetz Legge 29.11.1990 n. 387, Gazz. Uff. n. 297 vom 21.12.1990; Text in Riv. dir. int. priv. proc. 1991, 1105ff.; *Staudinger-Firsching*, 12. Aufl., vor Art. 24-26 EGBGB a.F. Rn. 401.

406 *Deli*, zu Art. 48 IPRG, Nuove leggi civ. comm. 1996, 1301, 1309; *Kindler*, RabelsZ 61 (1997), 227, 268.

407 Relazione della Commissione, zu Art. 46, Studi Marano, 165, 192. Dazu ausführlich *Deli*, zu Art. 48 IPRG, Nuove leggi civ. comm. 1996, 1301, 1304f. m.w.N.; rechtsvergleichend *Li*, Rec. des Cours 224 (1990-V), 9, 93ff.; zu Art. 26 disp. prel. c.c. (1942) *Ballarino*, Forma, 349ff.

408 Art. 48 IPRG: "*Forma del testamento.- Il testamento è valido, quanto alla forma, se è considerato tale dalla legge dello Stato nel quale il testatore ha disposto, ovvero dalla legge dello Stato di cui il testatore, al momento del testamento o della morte, era cittadino o dalla legge dello Stato in cui aveva il domicilio o la residenza.*"

409 Relazione della Commissione, zu Art. 46, Studi Marano, 165, 192. Auch *Vitta* schlug in seinem Gesetzentwurf eine Vorschrift gleichen Inhalts vor, vgl. Memoriale e progetto di legge, 3, 123ff., 268.

410 Art. 26 disp. prel. c.c. (1942) unterstellte einheitlich die Formgültigkeit sowohl lebzeitiger als auch letztwilliger Verfügungen der lex loci actus, der lex causae, dem Heimatrecht des Verfügenden oder dem gemeinsamen Heimatrecht der Vertragsparteien. Welcher Zeitpunkt für die Bestimmung des Heimatrechts des letztwillig Verfügenden maßgeblich sei, war umstritten: Für ein Abstellen *in favorem validitatis* sowohl auf den Errichtungs- als auch auf den Todeszeitpunkt *Migliazza*, Comunicazioni e studi IV, 179, 236. Demgegenüber hielt die überwiegende Meinung allein den

Art. 48 IPRG spricht eine Sachnormverweisung aus, da nach Art. 13 Abs. 2 lit. b IPRG die Beachtung eines Renvoi bei den Vorschriften des Gesetzes, die die Form betreffen, ausgeschlossen ist. Auch auf diese Weise soll dem *favor validitatis* zur Geltung verholfen, also ein bestimmtes materiellrechtliches Ergebnis, die Formgültigkeit des Rechtsgeschäfts, gefördert und verhindert werden, daß der Kreis der alternativ anwendbaren Rechtsordnungen durch Rück- oder Weiterverweisungen sich verkleinere[411]. Dieses Ziel hätte durch die Zulassung eines Renvoi in den Fällen, in denen er zur Formgültigkeit des Testaments bzw. der Rechtswahl führt (Renvoi *in favorem*), besser erreicht werden können, ist aber wegen des Wortlauts und der Struktur des Art. 13 IPRG, auch durch Auslegung nach der Ratio des Art. 13 Abs. 2 lit. b IPRG, wohl nicht erreichbar[412]. Selbst die Befürworter einer solchen Auslegung nehmen diese für jede einzelne Formvorschrift gesondert vor und belassen es im Fall des Art. 48 IPRG bei einer Sachnormverweisung: Art. 48 IPRG stelle eine ausreichende Anzahl von Anknüpfungskriterien zur Verfügung[413], und der Auschluß des Renvoi entspreche der Lösung des Art. 1 Abs. 1 des Haager Testamentsformübereinkommens, der ebenfalls direkt auf das innerstaatliche Recht verweise[414].

Abweichend vom Haager Testamentsformübereinkommen, an dem sich Art. 48 IPRG weitgehend orientiert hat, ist die lex rei sitae für ein Testament über unbewegliches Vermögen als Formstatut nicht vorgesehen, weil dies dem im italienischen IPR verfolgten Grundsatz der Nachlaßeinheit widerspreche[415]. Durch die Einführung des Renvoi treten jedoch auch aus italienischer Sicht Fälle mit Nachlaßspaltung auf, so daß unter

---

Zeitpunkt der Testamentserrichtung für maßgeblich. Vgl. *Vitta*, D.i.p., III, 165f. m.w.N. auch zum c.c. (1865); *Vitta/Mosconi*, Corso, 278; *Balladore Pallieri*, 287; *Ballarino*, Forma, 462f.; *ders.*, Riv. not, 1986, 1, 21. Tatsächlich ergaben sich aus den beiden Ansichten jedoch keine Unterschiede, da die lex causae, das Erbstatut, nach Art. 23 disp. prel. c.c. (1942) an die Staatsangehörigkeit zur Zeit des Todes angeknüpft wurde.

411 Dazu *Boschiero*, Appunti, 192f.; *Munari*, zu Art. 13 IPRG, Nuove leggi civ. comm. 1996, 1018, 1029.

412 Art. 13 Abs. 2 IPRG schließt die Befolgung eines Renvoi gänzlich aus, während Absatz 3 der Vorschrift den Anwendungsbereich des Renvoi *in favorem* auf die Feststellung des Kindschaftsverhältnisses beschränkt.

413 *Picone*, La teoria generale, 41, 79f.; *Venturi*, Riv. dir. int. priv. proc. 1999, 525, 533ff., 546; s. auch *Davì*, Raccolta Vitta, 45, 102 Fn. 93.

414 *Boschiero*, Appunti, 193f.

415 So die Relazione della Commissione, zu Art. 46, Studi Marano, 165, 192; *Vitta*, Memoriale e progetto di legge, 3, 125.

diesem Gesichtspunkt ein Abstellen auch auf das Recht der Belegenheit von Immobiliarvermögen durchaus sinnvoll wäre, um die Unwirksamkeit einer letztwilligen Verfügung, die im Einklang mit diesem Recht als Erbstatut errichtet wurde, aus formalen Gründen zu vermeiden[416].
Die Formwirksamkeit einer Rechtswahl wird hieran jedoch nicht scheitern, da eine Teilrechtswahl für den unbeweglichen Nachlaß ausgeschlossen ist und nur das Aufenthaltsrecht, das auch nach Art. 48 IPRG als Formstatut vorgesehen ist, gewählt werden kann. Ein Gleichlauf von Erb- und Formstatut ist also gewährleistet und kann auch durch Rück- bzw. Weiterverweisung wegen deren Ausschluß sowohl bei Vorliegen einer Rechtswahl als auch bei der Bestimmung des Formstatuts (Art. 13 Abs. 2 lit. a und b IPRG) nicht gestört werden. Deshalb ist auch das Fehlen der Formwirksamkeit nach dem tatsächlichen oder hypothetischen Erbstatut, wie sie in Art. 26 Abs. 1 Nr. 5 EGBGB enthalten ist, im Rahmen des Art. 46 Abs. 2 IPRG unproblematisch.

bb) Rechtswahl im Erbvertrag

Art. 46 Abs. 2 S. 1 IPRG verlangt für die Rechtswahl eine Erklärung in testamentarischer Form und läßt die Frage offen, ob das anwendbare Recht auch in Form eines Erbvertrags bestimmt werden kann. Ebensowenig hilft zunächst der Verweis auf Art. 48 IPRG weiter, weil auch dieser nur eine Regelung über die Form des Testaments enthält. Die beiden Vorschriften sind damit enger gefaßt[417] als z.B. Art. 5 Abs. 2 S. 1 des Haager Erbrechtsübereinkommens vom 1.8.1989, der für die Rechtswahlerklärung die Form einer Verfügung von Todes wegen erfordert und darunter alle Arten von Verfügungen versteht, die ihre Wirkungen anläßlich des Todes des Erblassers entfalten, also auch Erbverträge[418]. Art. 11 des Erbrechtsübereinkommens sieht ferner für die Parteien eines Erbvertrags[419] die Möglichkeit vor, durch Rechtswahl das auf den Erbvertrag anwendbare Recht zu vereinbaren; für die Form gilt wiederum Art. 5 Abs. 2 des Übereinkommens[420].

---

416 Nach *Clerici*, zu Art. 48 IPRG, Riv. dir. int. priv. proc. 1995, 1144, 1146, wurde dies übersehen, als der Renvoi in das Gesetz eingefügt wurde; Ausweg biete die Ratifikation des Haager Testamentsformübereinkommens.

417 Vgl. *Deli*, zu Art. 46 IPRG, Nuove leggi civ. comm. 1996, 1278, 1291 Fn. 62.

418 *Waters*, 556.

419 Erbvertrag i.S.d. Übereinkommens ist auch ein gemeinschaftliches Testament und ein Erb- oder Pflichtteilsverzicht, vgl. Art. 8 des Übereinkommens.

420 *Waters*, 574. Allerdings bleibt es den zukünftigen Vertragsstaaten gem. Art. 24 Abs. 1 lit. a des Übereinkommens vorbehalten, das Übereinkommen nicht auf Erb-

Auch Art. 25 Abs. 2 EGBGB spricht von der Form einer Verfügung von Todes wegen und erfaßt damit sowohl Testamente als auch Erbverträge, ebenso Art. 26 Abs. 1 und Abs. 4 EGBGB. Schließlich seien die schweizerischen Bestimmungen über die erbrechtliche professio juris genannt, die ausdrücklich vorsehen, daß diese durch einen Erbvertrag vorgenommen werden kann.

(1) Keine Regelung des Erbvertrags im IPRG

Das Schweigen des Reformgesetzes über die Behandlung von Erbverträgen, sei es hinsichtlich formeller, sei es hinsichtlich materieller Fragen, erklärt sich aus der Tatsache, daß das italienische innerstaatliche Recht das Institut des Erbvertrags nicht kennt, dieses vielmehr gem. Art. 458 c.c.[421] verbietet[422]. Eine diesbezügliche Regelung erschien dem italienischen Gesetzgeber deshalb überflüssig[423]. Auf kollisionsrechtlicher Ebene verhindert das Verbot jedoch nicht, daß sich die italienische Rechtspraxis mit nach ausländischen Rechtsordnungen abgeschlossenen Erbverträgen auseinandersetzen und sie mit dem zur Verfügung stehenden Instrumentarium beurteilen muß; das Fehlen entsprechender Vorschriften im IPRG ist dementsprechend kritisiert worden[424].

(2) Qualifikation des Verbots des Art. 458 c.c.

Was die Formwirksamkeit eines Erbvertrags anbelangt, ergeben sich aus dem Verbot des Art. 458 c.c. selbst zunächst keine besonderen Schwierigkeiten, da dieses als materielles und nicht als formelles Verbot qualifiziert wird. Die Formwirksamkeit wird deshalb nicht schon am Eingreifen des italienischen ordre public scheitern. Im Unterschied zu anderen Rechtsordnungen, die den Abschluß eines Erbvertrags oder die Errichtung eines gemeinschaftlichen Testaments aus formellen Gründen

---

verträge und gemeinschaftliche Testamente anzuwenden und somit eine Rechtswahl nach Art. 5 nicht anzuerkennen, wenn die Rechtswahl nicht in Form einer letztwilligen Verfügung getroffen wurde.

421 Art. 458 c.c.: "*È nulla ogni convenzione con cui taluno dispone della propria successione. È del pari nullo ogni atto col quale taluno dispone dei diritti che gli possono spettare su una successione non ancora aperta, o rinunzia ai medesimi.*"

422 Einen kurzen Überblick über das Verbot geben *Rauscher/Scheuer*, JbItalR 8 (1995), 59, 76ff.; *Lenzi*, Riv. not. 1988, 1209, 1214ff.; *Perlingieri-Marinaro*, 859f.

423 *Vitta*, Memoriale e progetto di legge, 3, 125f.

424 Vgl. insbesondere *Picone*, Studi Marano, 57, 95ff.; *Deli*, zu Art. 48 IPRG, Nuove leggi civ. comm. 1996, 1301, 1307f.

ablehnen[425] - es sollen nicht mehrere Personen in einer Urkunde Verfügungen von Todes wegen treffen -, mißbilligt Art. 458 c.c. Erbverträge wegen ihres Inhalts.
Patti istitutivi, mit denen der Erblasser über seinen eigenen Nachlaß verfügt, sind in erster Linie wegen der erbvertraglichen Bindung des Verfügenden verboten. Diese ist nicht mit der Testierfreiheit vereinbar, die nach dem Verständnis des italienischen Rechts beinhaltet, daß eine letztwillige Verfügung stets und ohne Einschränkung widerruflich ist[426]: *Ambulatoria debet esse voluntas testatoris usque ad vitae supremum exitum*[427]. Mit dem Verbot soll ferner sichergestellt werden, daß bei einem Rechtsgeschäft von Todes wegen allein der Wille des Verfügenden maßgeblich ist[428]. Neben der Verfügungsfreiheit des Erblassers soll der Rechtsverkehr geschützt werden, damit dieser nicht durch *res extra commercium* beeinträchtigt werde[429]. Außerdem bestimmt der Codice civile in Art. 457 Abs. 1, daß eine Erbschaft nur durch Gesetz oder Testament anfallen kann; Erbverträge sind im System des italienischen Erbrechts also nicht vorgesehen[430]. Art. 458 c.c. nennt weiterhin die *patti dispositivi*, in denen jemand über Rechte verfügt, die ihm aus einer noch nicht angefallenen Erbschaft zustehen können[431] sowie *patti rinunciativi*, in denen auf diese Rechte verzichtet wird. Ihr Verbot wird begründet mit dem Schutz des voraussichtlichen Erben bzw. des durch

---

425 Dies wird z.B. für die Verbote des französischen und des niederländischen Rechts vertreten, vgl. *MünchKomm-Birk*, zu Art. 26 EGBGB Rn. 100; *Schotten*, IPR, Rn. 316, jeweils m.w.N.

426 Vgl. *Cendon-Palazzo*, zu Art. 458 c.c., 8; *Lenzi*, Riv. not. 1988, 1209, 1215f.; kritisch *De Giorgi*, Enc. dir. XXXII, 553. *Caccavale*, Il divieto, 25, 38 und *Lenzi*, a.a.O., 1221f. wenden ein, daß die Widerruflichkeit auch eines Erbvertrags von Gesetzes wegen oder durch einen Widerrufsvorbehalt vorgesehen werden könne.

427 Zu den Wurzeln des Verbots im römischen Recht s. *Lenzi*, Riv. not 1988, 1209, 1215f. Fn. 19; *Kaser*, § 65 IV 2 a.

428 *Caccavale*, Il divieto, 25, 42ff.; *Caccavale/Tassinari*, Riv. dir. priv. 1997, 74, 77.

429 Vgl. *Migliazza*, Nov. dig. it. XVIII, 862, 877; *Leoncini Bartoli*, 68. Eine Beeinträchtigung des Rechtsverkehrs ist demgegenüber z.B. im deutschen Recht deshalb nicht zu befürchten, weil ein Erbvertrag nach § 2286 BGB nicht das Recht des Erblassers beschränkt, über sein Vermögen durch Rechtsgeschäft unter Lebenden zu verfügen. Der vertragsmäßig Begünstigte ist nur im Rahmen der §§ 2287, 2288 BGB geschützt.

430 Dazu kritisch *Caccavale*, Il divieto, 25, 33f.

431 Vgl. im deutschen Recht § 312 BGB, dessen Verbot auch für Verfügungen über den Nachlaß eines noch lebenden Dritten gilt; dazu *Palandt-Heinrichs*, zu § 312 BGB Rn. 1 und 4 m.w.N.

den Erbverzicht Begünstigten vor Verschwendungssucht bzw. vor Handlungen, deren Tragweite er noch nicht überschauen kann[432], sowie mit der Befürchtung, daß derartige Vereinbarungen sozial gefährlich und moralisch bedenklich seien, weil sie den Tod einer dritten Person voraussetzen[433] und die Beteiligten diesen deshalb herbeiwünschen könnten[434].

(3) Formwirksamkeit eines Erbvertrags

Damit steht aber noch nicht fest, welche Kollisionsnorm für die Formgültigkeit eines Erbvertrags einschlägig ist. Das Reformgesetz hält ja, anders als das vorher geltende IPR, keine allgemeine Vorschrift über die Form von Rechtsgeschäften bereit, sondern bestimmt das Formstatut für die einzelnen Rechtsgeschäfte in speziellen Vorschriften. Demnach könnte man das Institut des Erbvertrags vertraglich qualifizieren[435] und Art. 57 IPRG iVm. Art. 9 EVÜ über die Form entscheiden lassen.
Der Schwerpunkt eines Erbvertrags in Gestalt des *patto istitutivo*, wie ihn das deutsche Recht kennt, liegt jedoch nicht in der Begründung vertraglicher Beziehungen, sondern in der Regelung der Erbfolge. In ihm werden Verfügungen von Todes wegen getroffen (vgl. Art. 458 S. 1 c.c. sowie z.B. Art. 8 des Haager Erbrechtsübereinkommens vom 1.8.1989 und §§ 2278, 2288 Abs. 1 BGB), so daß die Qualifikation, die *lege fori* und unter funktionellen Gesichtspunkten vorzunehmen ist[436], zur Einordnung unter die erbrechtlichen Kollisionsnormen führt[437]. Bestäti-

---

432 *Cendon-Palazzo*, zu Art. 458 c.c., 8; *Caccavale/Tassinari*, Riv. dir. priv. 1997, 74, 88; *Mazzoni*, Riv. dir. priv. 1997, 762, 765; vgl. auch *Lenzi*, Riv. not. 1988, 1209, 1216; *Caccavale*, Il divieto, 25, 46f.

433 *Caccavale/Tassinari*, Riv. dir. priv. 1997, 74, 83f.; *Zaccaria*, 274. Dies trifft jedoch auch für einige vom italienischen Recht (auch aleatorische) erlaubte Rechtsgeschäfte zu, vgl. *Lenzi*, Riv. not. 1988, 1209, 1216f.; *Rauscher/Scheuer*, JbItalR 8 (1995), 59, 82; *Palazzo*, Riv. crit. dir. priv. 1983, 435, 442ff. m.w.N. zur Rechtsprechung.

434 *Cendon-Palazzo*, zu Art. 458 c.c., 8; ablehnend *Caccavale*, Il dievieto, 25, 36f.

435 So *Balladore Pallieri*, 268.

436 *Ballarino*, D.i.p., 237; *Mosconi*, D.i.p., Parte generale, 100f.; *Migliazza*, Comunicazioni e studi VI, 179, 184; *Vitta*, D.i.p., I, 314ff.; *Campiglio/Mosconi*, Dig. civ., 320, 326.

437 *Deli*, zu Art. 48 IPRG, Nuove leggi civ. comm. 1996, 1301, 1308; *Ballarino*, Riv. not. 1986, 1, 6; *Migliazza*, Nov. dig. it. XVIII, 862, 881; *ders.*, Comunicazioni e studi VI, 179, 185; *Vitta*, D.i.p., III, 145; *Lenzi*, Riv. not. 1988, 1209, 1242; zur Abgrenzung s. auch *Picone*, Studi Marano, 57, 95. Für die Einordnung in den vertraglichen Bereich *Balladore Pallieri*, 268.

gung findet diese Betrachtungsweise durch das Haager Erbrechtsübereinkommen vom 1.8.1989, das seine Art. 8 bis 12 der vertraglichen Erbfolge widmet[438].
Die Formwirksamkeit eines solchen Erbvertrags ist daher anhand einer der in Art. 48 IPRG genannten Rechtsordnungen festzustellen[439]; Art. 48 IPRG mithin nicht nur für die Form des Testaments, sondern auch anderer Arten von Verfügungen von Todes wegen entsprechend anwendbar[440]. Denn die Bestimmung des Anwendungsbereichs der einzelnen Kollisionsnormen darf sich nicht ausschließlich von den Begriffen und Instituten des materiellen Rechts leiten lassen, sondern ist diesem gegenüber eigenständig und von einer größeren Flexibilität geprägt[441].

Fraglich erscheint, ob Art. 48 IPRG auch zur Beurteilung der Formwirksamkeit eines Erbverzichts (*patto rinunciativo*) herangezogen werden kann. Die Wirkungen dieses Vertrags liegen auf dem Gebiet des Erbrechts, weil er die Erbfolge nach dem Erblasser beeinflußt, so daß eine erbrechtliche Qualifikation naheliegt[442]. Er stellt aber keine Verfügung von Todes wegen im engeren Sinn, sondern ein Rechtsgeschäft unter Lebenden dar[443]. Für das deutsche IPR vertritt daher der überwiegende Teil der Literatur, daß die Formwirksamkeit eines Erbverzichts nicht entsprechend Art. 26 Abs. 4 iVm. Abs. 1 EGBGB, sondern nach Art. 11 Abs. 1 EGBGB zu prüfen ist[444].
Derselbe Grund könnte auch gegen die Anwendung von Art. 48 IPRG sprechen, zumal dessen Wortlaut bereits andere Verfügungen von Todes wegen als Testamente nicht unmittelbar erfaßt. Als Alternative kommt in Ermangelung einer allgemeinen Kollisionsnorm für die Form von Rechtsgeschäften, wie sie Art. 11 EGBGB darstellt, jedoch nur das

---

438 Die Vorschriften betreffen sowohl Erbverträge und gemeinschaftliche Testamente als auch den Erbverzicht; zu letzterem *Waters*, 576, 582.

439 *Deli*, zu Art. 48 IPRG, Nuove leggi civ. comm. 1996, 1301, 1308; *Kindler*, RabelsZ 61 (1997), 227, 268.

440 *Kindler*, RabelsZ 61 (1997), 227, 268.

441 *Mosconi*, D.i.p., Parte generale, 101.

442 *Ballarino*, Riv. not. 1986, 1, 5; *Vitta*, D.i.p., III, 145.

443 *De Giorgi*, Enc. dir. XXXII, 533 und 535; *Perlingieri-Marinaro*, 860; *Caccavale*, Il divieto, 25, 32; zum deutschen Recht s. *Palandt-Edenhofer*, Vor § 2346 BGB Rn. 5.

444 *Riering*, ZEV 1998, 248, 250; *MünchKomm-Birk*, zu Art. 26 EGBGB Rn. 146; *Schotten*, IPR, Rn. 339; *Palandt-Heldrich*, zu Art. 26 EGBGB Rn. 5; für die Anwendung von Art. 26 Abs. 4 EGBGB *v. Bar*, IPR, II, § 3 III 1 Fn. 282; *Kegel/Schurig*, § 21 III 2 a.

Formstatut für Schuldverträge in Betracht. Dies würde zu einer kollisionsrechtlichen Aufspaltung des Erbverzichts führen, der hinsichtlich der Form dem Recht der vertraglichen Schuldverhältnisse unterstellt würde, während im übrigen das Erbstatut maßgeblich ist. Denn die vertragliche Qualifikation des Erbverzichts mit der Konsequenz, daß die Parteien das Vertragsstatut parteiautonom völlig frei bestimmen könnten, läßt sich angesichts der erbrechtlichen Besonderheiten kaum vertreten. Vorzugswürdig ist es deshalb, den *patto rinunciaivo* einheitlich erbrechtlich zu qualifizieren und seine Formwirksamkeit anhand von Art. 48 IPRG zu prüfen[445].

Daß dieser von dem Gedanken des *favor testamenti* getragen ist, wonach einer letzwilligen Verfügung des Erblassers zur Formgültigkeit verholfen werden soll, steht dem nicht entgegen. Eine derartige Verfügung im engeren Sinn liegt zwar beim Erbverzicht, anders als bei einem *patto successorio istitutivo*, nicht vor; es verfügt in erster Linie der Verzichtende. Der künftige Erblasser trifft jedoch erbrechtliche Dispositionen im weiteren Sinn. Der Erbverzicht betrifft seine Erbfolge und ist ein Gestaltungsmittel, um erbrechtliche Planungen zu verwirklichen; der Erblasser nimmt eine zentrale Position ein. Schließlich muß er den Verzicht annehmen, und nach dem deutschen Recht kann er dies nur höchstpersönlich tun (§ 2347 Abs. 2 S. 1 BGB). Dieses Erfordernis rückt den Erbverzicht bereits in die Nähe von Testament und Erbvertrag[446], die ebenfalls das persönliche Handeln des Erblassers verlangen (§§ 2064, 2274 BGB). Eine einseitige Erklärung des Verzichtenden hat demgegenüber zu Lebzeiten des Erblassers keinerlei Wirkung. Eine indirekte Verfügung des Erblassers kann man auch darin sehen, daß er eine andere Verfügung von Todes wegen, die ähnliche Wirkungen hätte[447], gerade unterläßt. Sein Wille spielt also eine maßgebliche Rolle, so daß die Anwendung des Art. 48 IPRG auf die Formgültigkeit eines *patto rinunciativo* auch insofern sachgerecht erscheint.

Im übrigen ist die Ermittlung des Formstatuts in allen entsprechenden Vorschriften des IPRG vom Günstigkeitsprinzip getragen.

Weisen die Anknüpfungspunkte des Art. 48 IPRG für die Parteien eines Erbvertrags auf verschiedene Rechtsordnungen, z.B. wegen unterschiedlicher Staatsangehörigkeit, ist fraglich, ob die Formgültigkeit aus nur einer dieser Rechtsordnungen hergeleitet werden kann. Für das gleichgelagerte Problem bei gemeinschaftlichen Testamenten, die,

---

445 So auch *Deli*, zu Art. 48 IPRG, Nuove leggi civ. comm. 1996, 1301, 1307f.

446 Ebenso *v. Dickhuth-Harrach*, FS des Rheinischen Notariats, 185, 189.

447 Und die er, denkt man an den Pflichtteilsverzicht, in dieser Weise auch gar nicht oder nur unter besonderen Umständen treffen könnte.

anders als Erbverträge, unter das Haager Testamentsformübereinkommen von 1961 fallen (Art. 4), wird das Abstellen nur auf einen der Testatoren als ausreichend erachtet[448]; dasselbe gilt für die Formwirksamkeit von Erbverträgen nach Art. 26 Abs. 4 iVm. Abs. 1 EGBGB. Dem *favor validitatis* wird mit dieser Auslegung am ehesten genüge getan, so daß sie auch im Rahmen von Art. 48 IPRG, der ebenfalls die Formgültigkeit fördern will, sinnvoll erscheint. Dementsprechend liefe es dem Sinn der Vorschrift zuwider, kumulativ auf beide Vertragsparteien abzustellen. Die anwendbaren Rechtsordnungen allein an die Person des jeweiligen Erblassers oder des gegebenenfalls einseitig Verfügenden anzuknüpfen, trägt der vertraglichen Natur eines Erbvertrags nicht genügend Rechnung, da dies dazu führen kann, den Vertrag für eine Partei als formgültig, für die andere Partei aber als unwirksam zu betrachten. Außerdem können Streitigkeiten und damit auch Formfragen bereits zu Lebzeiten der Vertragsparteien auftreten, so daß ein Abstellen auf die Person des Erblassers ins Leere läuft.

(4) Folgerungen für die Rechtswahl

Gibt es aus Sicht des italienischen IPR die Möglichkeit, einen Erbvertrag nach einem der entsprechend Art. 48 IPRG anwendbaren Rechte formgültig zu errichten, so läßt sich dies auch auf die Rechtswahl übertragen. Sie kann also auch in Form eines Erbvertrags erklärt werden, wenn eine der von Art. 48 IPRG bezeichneten Rechtsordnungen diesen als mögliche Form einer Verfügung von Todes wegen kennt[449].
Der Wortlaut des Art. 46 Abs. 2 IPRG, der eine Erklärung in testamentarischer Form verlangt, steht dem nicht entgegen, da er auf die Tatsache zurückzuführen ist, daß das italienische interne Recht Erbverträge nicht kennt. Das Formerfordernis wurde ausweislich der Gesetzesmaterialien als Vorsichtsmaßnahme eingeführt[450]. Es soll, wie der Formzwang im materiellen Erbrecht[451], Rechtssicherheit schaffen, indem es dazu beiträgt, daß der Wille des Verfügenden, eine Rechtswahl zu treffen, deutlich zum Ausdruck kommt, die Echtheit seiner Erklärung verbürgt ist

---

448 *MünchKomm-Birk*, zu Art. 26 EGBGB Rn. 68; *Palandt-Heldrich*, zu Art. 26 EGBGB Rn. 4; *Scheucher*, ZfRV 1964, 216, 219f.

449 A.A. *Bonomi*, SZIER 1996, 479, 496; unklar *Ebenroth/Kleiser*, RIW 1993, 343, 357.

450 Relazione della Commissione, zu Art. 44, Studi Marano, 165, 191.

451 Zum deutschen Recht s. *Palandt-Edenhofer*, zu § 2231 BGB Rn. 1; *Lange/Kuchinke*, § 16 IV 3; zum italienischen Recht *Perlingieri-Marinaro*, 888f.; *Mamocchi*, 757, 763ff.

und Rechtsstreitigkeiten über den Inhalt vermieden werden. Außerdem soll es dem Erblasser vor Augen führen, daß er ein Rechtsgeschäft von nicht unerheblicher Tragweite vornimmt. Diese Funktionen erfüllen die für Erbverträge vorgesehenen Formerfordernisse in gleichem Maße wie diejenigen für Testamente, wenn nicht sogar in höherem Maße (vgl. nur z.B. § 2247 BGB -Eigenhändigkeit- einerseits und §§ 2276; 2348 BGB -notarielle Beurkundung- andererseits).
Die Verweisung des Art. 46 Abs. 2 IPRG auf Art. 48 IPRG bringt außerdem zum Ausdruck, daß der Grundsatz des *favor validitatis* auch für die Rechtswahlerklärung Geltung beansprucht[452]. Dies ist nur konsequent, da der Erblasser mittels einer Rechtswahl auf die Gestaltung der Erbfolge Einfluß nehmen kann und so seinen Willen äußert. Damit dieser Wille Verwirklichung findet, ist auf die Formen, die die nach Art. 48 IPRG in Frage kommenden Rechtsordnungen für erbrechtliche Rechtsgeschäfte vorsehen, vollumfänglich zurückzugreifen und nicht buchstabengetreu nur die Form eines Testaments zu akzeptieren. Auch hier gilt es, die Tatbestandsmerkmale der Kollisionsnorm funktionell und mit einer größeren Elastizität als im materiellen Recht auszulegen[453]. Aufgabe des Kollisionsrechts ist es, Konflikte zwischen unterschiedlichen Rechtssystemen mit unterschiedlichen Rechtsinstituten und -formen zu lösen; seine Begriffe haben deshalb gegenüber dem materiellen Recht eine gewisse Eigenständigkeit[454].

Das Zusammenspiel von Art. 46 Abs. 2 S. 1 mit Art. 48 IPRG ergibt vor diesem Hintergrund, daß eine Rechtswahl auch in der Form eines Erbvertrags erklärt werden kann.

cc) Rechtswahl im gemeinschaftlichen Testament

Eine Rechtswahl kann auch in einem gemeinschaftlichen Testament enthalten sein. Der deutsche Jurist wird keine Probleme haben festzustellen, daß damit die testamentarische Form erfüllt ist, wenn das gemeinschaftliche Testament nach dem Formstatut wirksam errichtet wurde.
Vom italienischen Standpunkt aus sind jedoch einige weitere Erwägungen anzustellen, da der Codice civile in Art. 589 das gemeinschaftliche

---

452 So auch *Davì*, Raccolta Vitta, 45, 85.

453 Vgl. *Mosconi*, D.i.p., Parte generale, 101; *Davì*, Raccolta Vitta, 45, 82ff.

454 *Migliazza*, Problemi generali, 355, 362.

und das gegenseitige Testament verbietet[455] und dieses Verbot durch das weitere Verbot absichert, eine Verfügung unter die Bedingung der Wechselbezüglichkeit zu stellen (Art. 635 c.c.). Auch das Verbot des Art. 589 c.c. richtet sich nicht primär gegen die Form, sondern vor allem gegen den Inhalt einer derartigen Verfügung von Todes wegen, weil es die Ernstlichkeit des Willens und die jederzeitige Widerrufbarkeit der Verfügung schützen soll[456]. Dagegen ist die gleichzeitige Abfassung zweier Testamente in einer Urkunde, das *testamento simultaneo*, zulässig[457]. Das Testament ist per definitionem ein einseitiges widerrufliches Rechtsgeschäft (Art. 587 c.c.), der Widerruf nicht verzichtbar (Art. 679 c.c.); so daß das gemeinschaftliche Testament, wenn der Widerruf eingeschränkt oder ausgeschlossen ist (vgl. § 2271 BGB) und es nur von bestimmten Personen, z.B. Ehegatten, errichtet werden kann (vgl. § 2265 BGB), nicht als eine Spielart des Testaments, sondern als ein Rechtsinstitut eigener Art betrachtet wird[458]. Über Zulässigkeit und Wirkungen entscheidet wie bei Erbverträgen das Erbstatut, über die Formgültigkeit das Formstatut[459], das anhand von Art. 48 IPRG zu ermitteln ist[460].

Eine in einem gemeinschaftlichen Testament erklärte Rechtswahl ist demnach formgültig, wenn eine der nach Art. 46 Abs. 2 IPRG iVm. Art. 48 IPRG anwendbaren Rechtsordnungen diese Form des Testierens gestattet und die Rechtswahl die entsprechenden Formerfordernisse

---

455 Art. 589 c.c.: "*Non si può fare testamento da due o più persone nel medesimo atto, né a vantaggio di un terzo, né con disposizione reciproca.*"

456 *Migliazza*, Comunicazioni e studi VI, 179, 228f.; *ders.*, Nov. dig. it. XVIII, 862, 880f.; *Morelli*, 148; *Ballarino*, D.i.p., 538; *Luzzatto*, ZfRV 6 (1965), 182, 189; differenzierend *Ballarino*, Forma, 169ff.; für die Qualifikation als Formfrage dagegen *Balladore Pallieri*, 288. Zur Abgrenzung von Erb- und Formstatut beim gemeinschaftlichen Testament s. auch *Kegel*, FS Jahrreiss, 143, 154ff.

457 *Picone*, Studi Marano, 57, 96.

458 *Ballarino*, D.i.p., 538; *ders.*, Enc. dir. XLIII, 1268, 1283 sowie Riv. not. 1986, 1, 26f.; *Deli*, zu Art. 48 IPRG, Nuove leggi civ. comm. 1996, 1301, 1307; *Picone*, Studi Marano, 57, 99 Fn. 91; *Vitta*, D.i.p., III, 158f.

459 S. die Nachweise in den vorhergehenden Fn. Zur Errichtung eines gemeinschaftlichen Testaments durch italienische Ehegatten in Deutschaland s. OLG Frankfurt, Beschl. v. 17.5.1985, IPRax 1986, 111ff. m. Anm. *Grundmann*, IPRax 1986, 94ff.; allgemein zum gemeinschaftlichen Testament im deutschen IPR *Kegel*, FS Jahrreiss, 143, 154ff.; zur Qualifikation der in den verschiedenen Ländern bestehenden Verbote s. die umfangreichen Nachweise bei *Schotten*, IPR, Rn. 316 Fn. 253.

460 *Deli*, zu Art. 48 IPRG, Nuove leggi civ. comm. 1996, 1301, 1307; s. auch oben unter B II 2 d bb (3).

erfüllt. Im Vergleich zum Erbvertrag ergeben sich in dieser Hinsicht keine Unterschiede, so daß auf die vorangehenden Ausführungen verwiesen weden kann.

dd) Andere Rechtsgeschäfte von Todes wegen

Die für Erbverträge und gemeinschaftliche Testamente gewonnenen Erkenntnisse lassen sich auch auf andere Verfügungen von Todes wegen übertragen, die in den Anwendungsbereich des Erbstatuts fallen, wie z.B. Schenkungen von Todes wegen[461]. Sie sind nach Art. 46 Abs. 2 IPRG einer Rechtswahl zugänglich, die in dem Rechtsgeschäft selbst, in den hierfür geltenden Formen, enthalten sein kann. Ob die Wahl des anwendbaren Erbrechts selbst damit formgültig erklärt ist, richtet sich nach einer der entsprechend Art. 48 IPRG bestimmten Rechtsordnungen. Art. 48 IPRG verweist dabei nicht nur auf die Formvorschriften für Testamente, sondern umfassend auf die Formvorschriften für Verfügungen von Todes wegen[462]. Da als Erbstatut nur das Aufenthaltsrecht gewählt werden kann, das gem. Art. 48 IPRG auch als Formstatut zur Verfügung steht, und da in beiden Fällen ein Renvoi ausgeschlossen ist, wird ein Gleichlauf der Statuten erzielt. Eine Rechtswahl, die in der Form einer Verfügung von Todes wegen des gewählten Rechts getroffen wird, ist daher auch aus italienischer Sicht immer formgültig. Dem Erblasser kommt dies entgegen, weil die Vorschriften seines Aufenthaltsrechts sowohl für die Form von Rechtswahl und letztwilliger Verfügung als auch für den Inhalt der letzteren maßgeblich sind.

e) Ausdrückliche oder schlüssige Rechtswahl

Uneinigkeit besteht über die zentrale Frage, ob die Rechtswahl nach Art. 46 Abs 2 S. 1 IPRG ausdrücklich zu treffen sei ob auch eine schlüssige oder konkludente Rechtswahl ausreichend sei. Der Passus „*con dichiarazione espressa in forma testamentaria*“ kann verstanden und übersetzt werden mit „durch eine in testamentarischer Form ausgedrückte Erklärung“ oder „durch ausdrückliche Erklärung in testamentarischer Form“.

---

461 S. unten B II 4 c aa (3).

462 Auch *Picone*, Studi Marano, 57, 78; *Clerici*, zu Art. 46 IPRG, Riv. dir. int. priv. proc. 1995, 1133, 1137 Fn. 23, und *Lenzi*, Riv. not. 1995, 1133, 1138, benutzen die allgemeine Formulierung, daß die Erklärung die Form einer Verfügung von Todes wegen erfüllen muß.

Die Meinungen zu diesem Problem sind geteilt. Ein Teil der Literatur liest die Vorschrift in der Weise, daß die Wahl ausdrücklich erklärt werden müsse[463]. Diese Interpretation stützt sich darauf, daß der italienische Gesetzgeber sich für eine nur begrenzte und strengen Bedingungen unterworfene Rechtswahlmöglichkeit entschieden hat[464]. Aus der Tatsache, daß Art. 46 Abs. 2 IPRG der restriktivsten Variante der abstrakt vorstellbaren Modelle[465] einer professio juris entspricht, wird der Schluß auf eine möglichst einschränkende Auslegung gezogen. Der Schluß ist jedoch nicht zwingend. Auch wenn Art. 46 Abs. 2 IPRG Inhalt, Objekt, Form und Reichweite der Rechtswahl beschränkt, so ist noch nichts darüber ausgesagt, in welcher Art und Weise die Willenserklärung des Erblassers geäußert werden muß, um existent zu sein und anerkannt zu werden. Auch stellt die subjektive Anknüpfung des Erbstatuts keine Ausnahme zur objektiven Anknüpfung dar, sondern eine vom Willen des Erblassers abhängige Alternative[466], so daß auch unter diesem Gesichtspunkt eine enge oder einschränkende Auslegung nicht angezeigt ist.
Weiter wird argumentiert, die Ausdrücklichkeit der Wahl sei im Interesse der Rechtssicherheit angeordnet worden, um Streitigkeiten über ihr Vorliegen vorzubeugen[467]. Sicherlich ist es wünschenswert und ratsam, eine Rechtswahl in aller Deutlichkeit vorzunehmen; genauso wie bei einer jeden letztwilligen Verfügung. Die Rechtssicherheit wird jedoch auch durch eine konkludente Rechtswahl nicht in besonderem Maße beeinträchtigt, wenn sich diese mit hinreichender Sicherheit aus der Verfügung von Todes wegen ergibt. Mit dieser Formulierung umschreibt Art. 3 Abs. 1 S. 2 EVÜ die Anforderungen an eine schlüssige Rechtswahl für das internationale Schuldvertragsrecht, und *Vitta* hat sie in seinem Gesetzentwurf für die erbrechtliche professio juris übernommen[468]. Auch im Rahmen des Art. 46 Abs. 2 IPRG könnte auf diese Weise die

---

463 So ohne nähere Begründung *Saulle*, 18; *Maglio/Thorn*, ZVglRWiss 96 (1997), 347, 366; *Dutoit*, FS Broggini, 137, 155; *Facci*, 150 und 153; *Boschiero*, zu Art. 56 IPRG, Riv. dir. int. priv. proc. 1995, 1167, 1174 Fn. 14; *Ebenroth/Kleiser*, RIW 1993, 353, 357; *Broggini*, SZIER 1996, 1, 24 (*Jayme/Ganz* berichten allerdings in IPRax 96, 372, 373, *Broggini* vertrete die gegenteilige Meinung); *De Meo* in seiner Übersetzung des Art. 46 IPRG.

464 *Deli*, zu Art. 46 IPRG, Nuove leggi civ. comm. 1996, 1278, 1287; ähnlich *Villani*, zu Art. 46 IPRG, Corr. giur. 1995, 1249.

465 Dazu *Picone*, Studi Marano, 57, 73, 75.

466 Vgl. *Franceschelli*, 67; *Broggini*, SZIER 1996, 1, 24.

467 *Bonomi*, SZIER 1996, 479, 495.

468 *Vitta*, Memoriale e progetto di legge, 3, 121 und 267.

Frage beantwortet werden, wann eine schlüssige Rechtswahl überhaupt vorliegt.

Ein Vergleich mit anderen Vorschriften des Reformgesetzes und die Begründung des Gesetzentwurfs zeigen außerdem, daß sich die Zulässigkeit einer konkludenten Wahl im italienischen internationalen Erbrecht gut begründen läßt[469].
Art. 3 Abs. 1 S. 2 EVÜ, auf den Art. 57 IPRG verweist, ordnet in der ersten Alternative explizit an, daß die Wahl ausdrücklich sein muß (*la scelta dev'essere espressa*). Hier bestehen nach dem Wortlaut keine Zweifel über die Art und Weise, wie die Parteien ihren Willen kundzutun haben[470].
Für die parteiautonome Bestimmung des Schenkungsstatuts liefert der Bericht zum Gesetzentwurf die nötige Klarstellung. Art. 56 Abs. 2 IPRG räumt dem Schenker die Möglichkeit ein, statt seines Heimatrechts (Art. 56 Abs. 1 IPRG) das Recht des Staates zu wählen, in dem er seinen gewöhnlichen Aufenthalt hat, und zwar „*con dichiarazione espressa contestuale alla donazione*". Im Begleitbericht wird ausgeführt, daß die Rechtswahl ausdrücklich und im Zusammenhang mit der Schenkung vorzunehmen sei und die Vorschrift damit vom internationalen Vertragsrecht abweiche[471]. Auch hier hat der Gesetzgeber Sorge getragen, Unklarheiten über die Auslegung der Norm vorzubeugen. Angesichts der ähnlichen Formulierung der Rechtswahlmöglichkeiten im internationalen Erb- und Schenkungsrecht könnte man nun meinen, auch Art. 46 Abs. 2 IPRG verlange die Ausdrücklichkeit der Erklärung. In der Begründung zum Gesetzentwurf fehlt aber bei den Erläuterungen zur erbrechtlichen professio juris eine Feststellung wie zum Schenkungsstatut oder eine Bezugnahme darauf. Es heißt dort vielmehr, daß die Wahl in testamentarischer Form ausgedrückt werden („*la scelta deve venire espressa in forma testamentaria*")[472] und nicht, daß sie ausdrücklich sein muß (beispielsweise „*dev'essere espressa*"). Demnach spricht viel dafür, daß der

---

469 Für die Zulässigkeit einer konkludenten Wahl *Broggini* und *Jayme*, zitiert bei *Jayme/Ganz*, IPRax 1996, 372, 373 (anders *Broggini*, SZIER 1996, 1, 24); *Kindler*, RabelsZ 61 (1997), 227, 271f. (anders noch in: Gestaltung letztwilliger Verfügungen, 85, 119); vgl. auch *Broggini*, zu Art. 72 IPRG, Nuove leggi civ. comm. 1996, 1493, 1498.

470 S. dazu *Kindler*, RabelsZ 61 (1997), 227, 272.

471 Relazione della Commissione, zu Art. 54, Studi Marano, 165, 195.

472 Relazione della Commissione, zu Art. 44, Studi Marano, 165, 191.

Gesetzgeber im Erbrecht eine schlüssige Rechtswahl gerade nicht ausschließen wollte[473].
Ein weiterer Begründungsansatz für die liberalere Auslegung sieht in der Frage der Ausdrücklichkeit ein Formproblem: eine schlüssige Rechtswahl sei nur dann ausgeschlossen, wenn das nach Art. 48 IPRG anwendbare Recht dies vorsehe[474]. Art. 46 Abs. 2 S. 1 IPRG selbst enthält auch nach dieser Ansicht nicht das Erfordernis einer ausdrücklichen Erklärung. Auf diese Vorschrift des italienischen Kollisionsrechts kommt es auch entscheidend an; denn ob der Erblasser seinen Willen konkludent erklären kann, ist strenggenommen keine Frage der Form. Auch eine konkludente oder schlüssige Willenserklärung kann dem jeweiligen Formzwang genügen[475], hierüber entscheidet das Formstatut. In einem nach den deutschen oder italienischen Formvorschriften wirksam errichteten Testament wird man z.B. sowohl die Verfügung „X ist Erbe, Y soll als Vermächtnis 10.000 Euro erhalten" als auch „X bekommt meine drei Häuser, Y bekommt 10.000 Euro, weiteres Vermögen habe ich nicht" als formgültige Erbeinsetzung des X auslegen können, obwohl sie im zweiten Beispiel nicht ausdrücklich erfolgte (vgl. § 2087 BGB, Art. 588 c.c.).
Ähnlich dem materiellen Erbrecht sollten auch die Anforderungen an eine Rechtswahlerklärung nicht durch eine restriktive Interpretation des Art. 46 Abs. 2 IPRG überspannt werden; die Wahlmöglichkeit ist ohnehin starken Beschränkungen unterworfen. Eine gewisse Flexibilität ist wünschenswert[476] und trägt der zentralen Position des Erblasserwillens bei einer Rechtswahl Rechnung; sie stellt damit im Bereich der gewillkürten Erbfolge auch keinen Fremdkörper dar. Geht der Erblasser bei der Abfassung einer Verfügung von Todes wegen offensichtlich von der Geltung einer bestimmten Rechtsordnung aus und unterläßt er es, seiner Verfügung den Satz „Hiermit wähle ich das Recht des Staates XY" voranzustellen, erscheint es als nicht gerechtfertigter Formalismus, einer professio juris deswegen die Anerkennung zu versagen.
Auch aus diesen Erwägungen heraus sollte eine schlüssige Rechtswahl zulässig sein.

---

473 Vgl. *Kindler*, RabelsZ 61 (1997), 227, 272. Auch *Mengozzi*, La riforma, 43, erwähnt das Erfordernis einer ausdrücklichen Wahl nur beim Schenkungsstatut.

474 *Clerici*, zu Art. 46 IPRG, Riv. dir. int. priv. proc. 1995, 1133, 1137 Fn. 23.

475 Dazu *Kühne*, Parteiautonomie, 114.

476 *Vitta*, Memoriale e progetto di legge, 3, 121.

Das Haager Erbrechtsübereinkommen von 1989 ist als Auslegungshilfe für das vorliegende Problem nur bedingt geeignet, weil hier dieselben Meinungsverschiedenheiten herrschen[477]. Die sprachliche Fassung des Art. 5 Abs. 2 S. 1 verlangt keine ausdrückliche Erklärung[478]. Im Begleitbericht wird ausgeführt, daß das Übereinkommen eine stillschweigende oder konkludente Rechtswahl („*désignation tacite ou implicite*") verwerfe, daß es aber ausreichend sei, wenn die mit dem Erbfall befaßten Stellen ohne Schwierigkeiten feststellen könnten, daß eine Rechtswahl getroffen worden sei[479]. Um dieser Anforderung gerecht zu werden, ist eine ausdrückliche Bezeichnung des anwendbaren Rechts aber nicht unbedingt notwendig. Es genügt, daß die Rechtswahl „in einer Erklärung ausgedrückt" ist[480], die den jeweiligen Formerfordernissen entspricht; eine Wahl allein durch schlüssiges Verhalten scheint damit ausgeschlossen. Daß eine strengere Auslegung des Art. 5 des Übereinkommens nicht angezeigt ist, verdeutlicht auch Art. 11 des Übereinkommens, der für die vertraglich vereinbarte Rechtswahl ausdrücklich eine „ausdrückliche" Erklärung vorschreibt.

Demgegenüber ist für das deutsche und das schweizerische Kollisionsrecht allgemein anerkannt, daß die erbrechtliche Rechtswahl auch konkludent vorgenommen werden kann und eine ausdrückliche, wörtliche Erklärung nicht nötig ist[481].

Wann liegt aber eine konkludente Rechtswahl vor? Als Faustformel kann man in Anlehnung an Art. 3 Abs. 1 S. 2 EVÜ verlangen, daß sie sich mit

---

477 Für eine ausdrückliche Erklärung *Schmellenkamp*, MittRhNotK 1997, 245, 252 Fn. 113; *Watté*, Rev. belge dr. int. privé 24 (1991), 413, 422; *Dreher*, 198; für die Zulässigkeit einer konkludenten Rechtswahl *Kindler*, RabelsZ 61 (1997), 227, 272; *Brandi*, 304.

478 "*Cette désignation doit être exprimée dans une déclaration* [...]" - "*This designation shall be epressed in a statement* [...]" - "Die Rechtswahl muß in einer Erklärung ausgedrückt sein, [...]".

479 *Waters*, 556 und 554.

480 *Waters*, 556, unter Bezugnahme auf den Wortlaut.

481 Zum deutschen Recht *MünchKomm-Birk*, zu Art. 25 EGBGB Rn. 42; *Dörner*, DNotZ 1988, 67, 89; *Pünder*, MittRhNotK 1989, 1, 5; *Tiedemann*, RabelsZ 55 (1991), 17, 27; *Kropholler*, § 51 III 2 a; LG Hamburg, Beschl. v. 12.2.1991, IPRspr. 1991 Nr. 142. Zum schweizerischen Recht zuletzt Tribunal fédéral, IIe Cour civile, 3.9.1998, SZIER 1999, 348, 349ff. mit ausführlicher Begründung und umfangreichen weiteren Nachweisen zur Entwicklung der Rechtsprechung und zur Literatur; dazu *Bucher*, SZIER 1999, 311, 353ff.; *Dutoit*, SZIER 2000, 279, 294f.; s. auch BG, Urt. v. 22.12.1983, BGE 109 II 403, 406; BG, Urt. v. 6.6.1985, BGE 111 II 16, 19.

hinreichender Sicherheit aus der Verfügung von Todes wegen ergibt. Ob sie auch aus den Umständen des Falles resultieren kann, wie es im internationalen Vertragsrecht möglich ist, begegnet Zweifeln. Man könnte die Beantwortung der Frage der Beurteilung durch das Formstatut überlassen, da der Formzwang des Art. 46 Abs. 2 S. 1 i.V.m. Art. 48 IPRG einer derartigen Rechtswahl Grenzen setzen wird[482]. Es empfiehlt sich jedoch, das Erfordernis einer „in testamentarischer Form ausgedrückten Erklärung" im Interesse der Rechtssicherheit und -klarheit dahingehend einzuschränken, daß die Erklärung in der Verfügung von Todes wegen selbst Ausdruck gefunden haben muß[483]. Andernfalls würde eine professio juris für die mit dem Erbfall befaßten Stellen kaum mehr handhabbar und der Vorteil in Frage gestellt, daß das anwendbare Recht sicher und leicht festgestellt werden kann. In diesem Sinn scheinen auch manche Autoren das Wort „ausdrücklich" zu verstehen[484], so daß trotz terminologischer Unterschiede in der Sache ein breiterer Konsens erzielt werden kann. Übereinstimmung besteht auf diese Weise auch mit der Auslegung testamentarischer Verfügungen im italienischen materiellen Recht: auch hier kann dem Willen des Testators nur zur Geltung verholfen werden, wenn er im Testament Niederschlag gefunden hat[485].

Daß der Erblasser eine Rechtswahl treffen wollte, liegt nahe, wenn er in seiner Verfügung von Todes wegen erkennbar und eindeutig[486] von der Anwendbarkeit des Rechts des Staates ausgeht, in dem er seinen gewöhnlichen Aufenthalt hatte und dieses auch nicht kraft objektiver Anknüpfung berufen ist. Zeigen kann sich dies in der Wahl einer

---

482 So *Waters*, 556, nach dem auch eine mündliche Erklärung ausreichend sein kann, wenn das Formstatut diese erlaubt. Dagegen schließt nach *Ballarino*, Enc. dir., Aggiornamento I, 943, 950, das Erfordernis einer "ausdrücklichen" Erklärung ein mündliches Testament aus, auch wenn es nach dem Formstatut zulässig wäre.

483 Ähnlich *Kemp*, 124.

484 So wohl *Ballarino*, Enc. dir., Aggiornamento I, 943, 950. *Bonomi*, SZIER 1996, 479, 496, untersucht (und verneint dies allerdings), ob die ausdrückliche Bezugnahme auf Vorschriften des Aufenthaltsrechts eine ausdrückliche Erklärung darstellt. S. dazu auch *Kühne*, Parteiautonomie, 115; *Hotz*, 52.

485 *Trabucchi*, 857: *"[...] l'interprete è chiamato a determinare unicamente la volontà che è stata espressa nel testamento [...]"* und 858: *"[... il] ricorso a elementi di prova estranei al testamento è ammesso ragionatamente soltanto per capire il contenuto di una volontà espressa sia pure poco chiaramente."*

486 *Tiedemann*, RabelsZ 55 (1991), 17, 28; ebenso These 16 Abs. 2 des Max-Planck-Instituts, RabelsZ 44 (1980), 344, 352.

bestimmten Art von Verfügung von Todes wegen, in der Verwendung bestimmter Rechtsbegriffe und in der Bezugnahme auf Vorschriften und Rechtsinstitute des Aufenthaltsrechts[487]. Hier gilt es bei der Auslegung der betreffenden Erklärung, eine Rechtswahl von einer nur materiellrechtlichen Verweisung abzugrenzen, bei der lediglich der Gestaltungsspielraum des objektiv bestimmten Erbstatuts ausgefüllt werden soll[488]. Es kommt weiterhin in Betracht, daß die bezeichnete Rechtsordnung nur als Auslegungshilfe für die angesprochenen Fragen herangezogen werden soll[489]. Auch eine unwirksame Teilrechtswahl nur bestimmter Normkomplexe muß ausgeschlossen werden[490].

Gibt es verschiedene Interpretationsmöglichkeiten der Erklärung des Erblassers, wird die Annahme einer Rechtswahl seinem Willen oft am ehesten entsprechen[491]. Denn das Bewußtsein über eine Rechtswahlmöglichkeit oder die umfassende Maßgeblichkeit eines bestimmten Rechts wird eher vorhanden sein als Vorstellungen über das Zusammenspiel zweier Rechtsordnungen wie bei einer Teilrechtswahl, einer materiellrechtlichen Verweisung oder der Auslegung nach einem anderen Recht als dem Erbstatut. Je nachdem, welche Rechtsordnung auf das Zustandekommen der Rechtswahl anzuwenden ist[492], können auch Auslegungsregeln wie § 2084 BGB[493] oder Art. 1367 c.c.[494] herangezogen werden, nach denen eine Verfügung im Zweifel so auszulegen ist, daß sie Erfolg hat und wirksam ist.

---

487 Dazu LG Hamburg, Beschl. v. 12.2.1991, IPRspr. 1991 Nr. 142, 264, 273.

488 *Dörner*, DNotZ 1988, 67, 89. Zu den diesbezüglichen Auslegungs- und Abgrenzungsproblemen s. *Picone*, Studi Marano, 57, 82, der vor diesem Hintergrund eine schlüssige Rechtswahl wohl ebenfalls für möglich hält.

489 *Dörner*, a.a.O.; zum deutschen IPR vor Einführung der Rechtswahl BGH, Urt. v. 29.3.1972, NJW 1972, 1001, 1002.

490 *Bonomi*, SZIER 1996, 479, 496, sieht in jeder Bezugnahme auf einzelne Vorschriften eine unzulässige Teilrechtswahl und verlangt deshalb eine Rechtswahl "*expressis verbis*".

491 Dazu *Tiedemann*, RabelsZ 55 (1991), 17, 29f., die dort auch darlegt, daß für die Konstruktion des "Handelns unter falschem Recht" durch die Berücksichtigung einer konkludenten Rechtswahl kein Raum ist.

492 Dazu unten B II 3.

493 *Tiedemann*, RabelsZ 55 (1991), 17, 30.

494 Dazu unten B II 3 c bb.

f) Befristete und bedingte Rechtswahl

Im Rahmen des Art. 46 Abs. 2 IPRG stellt sich weiterhin die Frage, ob eine befristete oder bedingte Rechtswahl zulässig ist.
Grundsätzlich begegnen Bedingungen oder Befristungen einer professio juris keinen Bedenken. Zum einen ist sie als Rechtsgeschäft einer Bedingung oder Befristung zugänglich, zum anderen steht auch die kollisionsrechtliche Interessenlage nicht entgegen[495]. Denn wenn der Erblasser auf diese Weise seine materiellrechtlichen Vorstellungen verwirklicht[496], handelt er dabei nicht mißbräuchlich, sondern nutzt lediglich die Gestaltungsmöglichkeiten, die ihm das Kollisionsrecht eröffnet. Die Gewährung von Parteiautonomie, insbesondere im internationalen Erbrecht, ist Ausdruck einer Tendenz des italienischen Reformgesetzes zu mehr Flexibilität, bei der materiellrechtliche Erwägungen eine tragende Rolle spielen (dürfen)[497]. Eine Befristung oder Bedingung, die unter diesem Aspekt angeordnet wird, ist deshalb nicht zu beanstanden.

Damit ist aber noch nicht gesagt, ob Bedingungen und Befristungen einer Rechtswahl nach Art. 46 Abs. 2 IPRG unbeschränkt zulässig sind. Die Vorschrift selbst trifft auch hierzu keine Aussage. Trotzdem kann die Beantwortung nicht allein dem auf das Zustandekommen (und den Fortbestand) der Rechtswahl anwendbaren Recht überlassen werden. Dieses entscheidet zwar über Fragen wie die inhaltliche Zulässigkeit und die Wirkungen einer Bedingung oder Befristung[498]. Die Rechtswahl stellt jedoch ein Rechtsgeschäft auf der Ebene des Kollisionsrechts dar[499], dessen Rechtsfolgen sich im Kollisionsrecht zeigen. Durch sie hat der Erblasser die Möglichkeit, die Anknüpfung des Erbstatuts in Art. 46 Abs. 1 IPRG an die Staatsangehörigkeit abzubedingen und stattdessen sein Aufenthaltsrecht zu berufen. In beiden Fällen ist der Zeitpunkt des Todes ausschlaggebend für die Bestimmung des anwendbaren Rechts, das ab diesem Zeitpunkt unwandelbar feststeht. Deswegen sind die Regelungen der jeweiligen Rechtsordnungen über Bedingungen und

---

495 Ausführlich *Kemp*, 115ff.

496 Z.B. eine Rechtswahl unter der Bedingung trifft, daß er keine Abkömmlinge hinterläßt.

497 S. dazu *Boschiero*, Appunti, 68ff.; *Picone*, Raccolta Vitta, 173, 212f., 219; *Davì*, Raccolta Vitta, 45, 65f.; s. auch *Kühne*, Parteiautonomie, 72ff.

498 *Dreher*, 177; s. dazu unten B II 3 c cc.

499 *Ballarino*, FS Wengler, 105, 115; *Mosconi*, D.i.p., Parte generale, 88; *Münch-Komm-Birk*, zu Art. 25 EGBGB Rn. 32; *Staudinger-Dörner*, zu Art. 25 EGBGB Rn. 473.

Befristungen nicht unbesehen heranzuziehen, sondern die kollisionsrechtlichen Besonderheiten des auf das Erbstatut bezogenen Rechtsgeschäfts zu berücksichtigen: Beim Tod des Erblassers muß sich das Erbstatut feststellen lassen.

Für eine Befristung bedeutet dies, daß sie nicht zu einem Statutenwechsel nach dem Tod des Erblassers führen kann[500]. Andernfalls kämen zwei verschiedene Rechtsordnungen, die objektiv und die subjektiv angeknüpfte, zeitlich hintereinander geschaltet zur Anwendung, was sowohl zu einem Systembruch im IPR als auch, im Bereich der Nachlaßabwicklung, zu untragbaren Ergebnissen führen würde. Der Zeitpunkt, an dem die Wirksamkeit der Rechtswahl sich entfalten oder enden soll, kann also nur vor dem Todeszeitpunkt liegen, danach ist er unbeachtlich.
Ähnlich verhält es sich mit einer bedingten Rechtswahl. Prämisse für die Anordnung einer Bedingung ist ebenfalls, daß das Erbstatut beim Tod des Erblassers bestimmbar ist[501]. Demnach sind nur solche Bedingungen statthaft, deren Eintritt oder Nichteintritt vor dem Zeitpunkt des Todes liegt oder von den Beteiligten, insbesondere den Erben und den mit dem Erbfall befaßten Stellen, ohne besondere Schwierigkeiten festgestellt werden kann[502]. Die Rechtssicherheit über das anwendbare Recht und die leichtere Bestimmbarkeit desselben, beides Vorteile der Rechtswahl gegenüber der objektiven Anknüpfung, werden auf diese Weise nicht ungebührlich beeinträchtigt.
Als mögliche Bedingung kommt im Hinblick auf Pflichtteils- und Noterbrechte beispielsweise in Betracht, daß der Erblasser Abkömmlinge (nicht) hinterläßt[503]. Er kann die Rechtswahl auch von der Wirksamkeit seiner letztwilligen Verfügungen nach dem gewählten Recht abhängig

---

500 Für die Rechtswahl nach Art. 25 EGBGB wird eine Befristung nach allgemeinen rechtsgeschäftlichen Grundsätzen ohne Einschränkung und ohne nähere Begründung allgemein für zulässig gehalten, vgl. *Staudinger-Dörner*, zu Art. 25 EGBGB Rn. 505; *Dörner*, DNotZ 1988, 67, 89; *Tiedemann*, RabelsZ 55 (1991), 17, 26.

501 *Kropholler*, § 51 III 2 b; *Dörner*, DNotZ 1988, 67, 90; *Staudinger-Dörner*, zu Art. 25 EGBGB Rn. 507: Die Rechtswahl ist als kollisionsrechtliches Gestaltungsrecht grundsätzlich bedingungsfeindlich; ein Schwebezustand und daraus resultierende Unklarheiten sind deshalb zu vermeiden. Zur güterrechtlichen Rechtswahl *Mankowski/Osthaus*, DNotZ 1997, 10, 19f.

502 S. die Nachweise in den letzten beiden Fn.

503 *Krzywon*, BWNotZ 1987, 6; *Tiedemann*, RabelsZ 55 (1991), 17, 26.

machen[504] oder mit einer weiteren, auf der Grundlage einer anderen Rechtsordnung getroffenen Rechtswahl verknüpfen. Ist diese weitreichender als nach italienischem Recht, wie z.B. die Rechtswahl des niederländischen IPR, so kann auf der Grundlage von Art. 46 Abs. 2 IPRG eine Rechtswahl für den Fall getroffen werden, daß die „Hauptrechtswahl" nicht wirksam ist oder im Forumstaat nicht anerkannt wird[505].

3. Zustandekommen und materielle Wirksamkeit der Rechtswahl

Die Rechtswahl ist ein Rechtsgeschäft auf dem Gebiet des Kollisionsrechts, dessen Voraussetzungen in Art. 46 Abs. 2 IPRG nur teilweise geregelt sind. Es können jedoch weitere Fragen nach dem Zustandekommen und der Wirksamkeit des Rechtsgeschäfts als solchen auftauchen, z.B. über die Auslegung der Willenserklärung, nach der Behandlung und den Folgen von Willensmängeln, dem zulässigen Inhalt von Bedingungen und Befristungen oder den persönlichen Voraussetzungen, die der Erklärende erfüllen muß.
Welcher Rechtsordnung ihre Beantwortung obliegt, ist umstritten. Vertreten werden die Anwendbarkeit des italienischen Rechts, das als lex fori die Rechtswahl gestattet, die Heranziehung des gewählten Rechts oder des Rechts, das die Testierfähigkeit regelt. In Betracht kommt weiterhin, die anwendbare Rechtsordnung durch selbständige Anknüpfung direkt dem italienischen Kollisionsrecht zu entnehmen.

a) Fähigkeit zur Vornahme der Rechtswahl

Die letzte Alternative wird überwiegend für die Fähigkeit zur Vornahme der Rechtswahl vertreten. Diese wird entsprechend Art. 47 IPRG dem

---

504 *Dörner*, DNotZ 1988, 67, 90; *Staudinger-Dörner*, zu Art. 25 EGBGB Rn. 507; *MünchKomm-Birk*, zu Art. 25 EGBGB Rn. 56.

505 Aus Sicht des deutschen Kollisionsrechts bietet sich eine Rechtswahl nach Art. 25 Abs. 2 EGBGB hilfsweise für den Fall an, daß die Rechtswahl nach Art. 46 Abs. 2 IPRG nicht anerkannt wird. Dies ist regelmäßig bei allen Nicht-Italienern der Fall, wenn nicht italienisches Kollisionsrecht durch Weiterverweisung zur Anwendung gelangt. Nur für den italienischen Staatsangehörigen verweist Art. 25 Abs. 1 EGBGB ja auf Art. 46 IPRG. Durch geltungserhaltende Reduktion gelangt man aus Sicht des deutschen Rechts zwar zu demselben Ergebnis, dazu unten B II 4 b bb und B II 7 b; Unsicherheiten lassen sich durch eine Bedingung jedoch vermeiden.

Recht unterstellt, das über die Testierfähigkeit bestimmt[506], und nicht als Problem der Geschäftsfähigkeit i.S.d. Art. 23 IPRG behandelt.

aa) Testierfähigkeit

Nach Art. 47 IPRG richtet sich die Testierfähigkeit sowie die Fähigkeit, ein Testament zu ändern oder zu widerrufen, nach dem Heimatrecht des Verfügenden im Zeitpunkt der Testamentserrichtung, der Änderung oder des Widerrufs[507]. Art. 47 IPRG soll, ähnlich wie Art. 26 Abs. 5 EGBGB, verhindern, daß die einmal erlangte Testierfähigkeit durch einen Statutenwechsel aufgrund des Erwerbs einer neuen Staatsangehörigkeit beeinträchtigt wird, und wählt deshalb als Zeitpunkt der Anknüpfung die Errichtung des Testaments und nicht den Tod[508]. Anders als im deutschen IPR (Art. 25 i.V.m. Art. 26 Abs. 5 EGBGB)[509] umfaßt aber nicht das Erbstatut (zur Zeit der Errichtung der letztwilligen Verfügung), sondern eine eigene Norm den Aspekt der Testierfähigkeit, so daß es mehrere Konstellationen gibt, in denen Erbstatut und Testierfähigkeitsstatut auseinanderfallen können. Bei objektiver Anknüpfung des Erbstatuts ist zwar jeweils das Heimatrecht des Verfügenden anwendbar. Abgesehen von dem Fall, daß dieser nach der Testamentserrichtung eine andere Staatsangehörigkeit erwirbt, ist jedoch auch wegen möglicher Rück-

---

506 *Ballarino*, Enc. dir., Aggiornamento I, 943, 950; *Deli*, zu Art. 46 IPRG, Nuove leggi civ. comm. 1996, 1278, 1292; *Mosconi*, D.i.p., Parte speciale, 111; *Clerici*, zu Art. 46 IPRG, Riv. dir. int. priv. proc. 1995, 1133, 1138.

507 Art. 47: "*Capacità di testare.- La capacità di disporre per testamento, di modificarlo o di revocarlo è regolata dalla legge nazionale del disponente al momento del testamento, della modifica o della revoca.*"

508 Für das vor der Reform geltende Recht war umstritten, ob das auf die Testierfähigkeit anwendbare Recht im Zeitpunkt des Todes oder der Testamentserrichtung festzustellen sei. Auf den Zeitpunkt des Todes stellte z.B. *Migliazza*, Nov. dig. it. XVIII, 862, 874, ab; auf den der Testamentserrichtung die Rechtsprechung (z.B. App. Firenze, 29.3.1967, Riv. dir. int. priv. proc. 1968, 118, 121) und der überwiegende Teil der Literatur: *Vitta*, D.i.p., III, 153 und II, 37; *Balladore Pallieri*, 285; *Ballarino*, Riv. not. 1986, 1, 20; *ders.*, Enc. dir. XLIII, 1268, 1279; *Morelli*, 146f.; *Mengozzi*, D.i.p., 139. Auch im übrigen war die Anknüpfung der Testierfähigkeit heftig umstritten (Art. 17 oder Art. 23 disp. prel. c.c. (1942)); ausführlich *Deli*, zu Art. 47 IPRG, Nuove leggi civ. comm. 1996, 1296, 1297ff. m.w.N.

509 Str., wie hier *MünchKomm-Birk*, zu Art. 26 EGBGB Rn. 13; *v. Bar*, IPR, II, § 3 II 1 b, § 3 II 2 c; *v. Hoffmann*, § 9 Rn. 41; *Kropholler*, § 51 V 3; *Staudinger-Dörner*, zu Art. 25 EGBGB Rn. 224f.; a.A. *Palandt-Heldrich*, zu Art. 25 EGBGB Rn. 16; *Ferid*, IPR, § 9-49; *Kegel/Schurig*, § 21 III 2 b: Die Testierfähigkeit unterstehe grundsätzlich dem Geschäftsfähigkeitsstatut gem. Art. 7 EGBGB und nur dann dem Erbstatut, wenn dieses Sonderregeln vorsehe.

oder Weiterverweisungen ein Gleichlauf der beiden maßgeblichen Statuten nicht gewährleistet. Hat der Erblasser nach Art. 46 Abs. 2 IPRG sein Aufenthaltsrecht als Erbstatut gewählt, hängt es ebenfalls von der Haltung des Kollisionsrechts seines nach Art. 47 IPRG berufenen Heimatstaats ab, ob sich die Testierfähigkeit und alle sonstigen erbrechtlichen Fragen nach derselben oder nach verschiedenen Rechtsordnung beurteilen.
Auch über Art. 20 S. 2 IPRG oder Art. 23 Abs. 1 S. 2 IPRG, die spezielle Voraussetzungen und Anforderungen, die die lex causae für die Rechts- oder Geschäftsfähigkeit aufstellt, nach dieser selbst beurteilen, läßt sich eine Übereinstimmung der anwendbaren Rechtsordnungen nicht erreichen, da Art. 47 IPRG als Spezialregelung die beiden Vorschriften verdrängt[510].
Dies führt beim Auseinanderfallen von Testierfähigkeitsstatut und Erbstatut dazu, daß möglicherweise ein Recht über die inhaltliche Zulässigkeit einer letztwilligen Verfügung entscheidet, die nach diesem Recht mangels Testierfähigkeit gar nicht hätte wirksam errichtet werden können. Auch die Wahl des Aufenthaltsrechts bringt in dieser Hinsicht keine praktischen Vorteile und keine Erleichterung der Rechtshandhabung, weil erst eine andere Rechtsordnung über das Vorliegen der Testierfähigkeit befragt werden muß.
Die Entscheidung des italienischen Gesetzgebers, das auf die Testierfähigkeit anwendbare Recht unabhängig vom Erbstatut anzuknüpfen, findet aber Bestätigung im Haager Erbrechtsübereinkommen vom 1.8.1989, das nach Art. 1 Abs. 2 lit. b die Testierfähigkeit von seinem Anwendungsbereich ausnimmt[511]; sie folgt aus der Einschätzung, daß bei der Testierfähigkeit der personale Aspekt den erbrechtlichen überwiege[512].

bb) Fähigkeit zum Abschluß eines Erbvertrags

Bei Vorliegen eines Erbvertrags stellt sich wiederum die Frage, wie die Fähigkeit zum Abschluß eines Erbvertrags anzuknüpfen ist. Ein Blick auf das deutsche materielle Erbrecht, das dafür gem. § 2275 Abs. 1 BGB Geschäftsfähigkeit und nicht Testierfähigkeit des Erblassers voraussetzt,

---

510 *Mosconi*, D.i.p., Parte generale, 110; *Annibale*, 249; s. dazu auch *Picone*, Studi Marano, 57, 79 Fn. 42.

511 *Deli*, zu Art. 47 IPRG, Nuove leggi civ. comm. 1996, 1296, 1298; vgl. auch *v. Overbeck*, SJIR XLVI (1989), 138, 143: "*La capacité de disposer est traditionnellement rattachée séparément dans les pays de civil law* [...]".

512 *Deli*, zu Art. 47 IPRG, Nuove leggi civ. comm. 1996, 1296, 1299.

könnte Anlaß zu Zweifeln geben, ob Art. 47 IPRG unbesehen heranzuziehen ist. Als Alternative kommt die Vorschrift des Art. 23 IPRG über die Geschäftsfähigkeit in Betracht, die ebenfalls das Heimatrecht einer Person für anwendbar erklärt (Abs. 1 S. 1) und in Abs. 4 ausdrücklich erbrechtliche Rechtsgeschäfte erwähnt, indem sie für diese die Anwendung der Verkehrsschutzvorschriften der Absätze 2 und 3 ausschließt. Konsequenterweise müßte dann auch Art. 23 Abs. 1 S. 2 IPRG zur Anwendung kommen, der die Geschäftsfähigkeit dem Wirkungsstatut, hier also dem Erbstatut, unterstellt, wenn dieses besondere Anforderungen an die Geschäftsfähigkeit stellt[513]. Unter dem früheren Rechtszustand wurde auch die Testierfähigkeit von der überwiegenden Meinung als spezielle Form der Geschäftsfähigkeit angesehen, die sich jedoch nicht nach dem Erbstatut, sondern nach dem Heimatrecht des Verfügenden richten sollte[514]. Der Gesetzgeber hat in Art. 47 IPRG diese Auffassung festgeschrieben. Eine Ausnahme bei der für den Abschluß von Erbverträgen verlangten Geschäfts- oder Testierfähigkeit zu machen, würde dem dadurch zum Ausdruck kommenden personenrechtlichen Charakter der Fähigkeit, erbrechtliche Verfügungen treffen zu können, nicht gerecht. Auch die Erwähnung erbrechtlicher Rechtsgeschäfte in Art. 23 Abs. 4 IPRG führt nicht zu einem anderen Schluß. Sie entspricht Art. 12 S. 2 EGBGB und rührt daher, daß in Art. 23 IPRG die Vorschriften des Art. 11 EVÜ eingearbeitet wurden[515].
Im übrigen ist bei der Prüfung des Kollisionsrechts noch nicht bekannt, welche Art von Testier- oder Geschäftsfähigkeit die in Betracht kommenden Rechtsordnungen vorschreiben. Auch die erbrechtliche Qualifikation der Erbverträge spricht für die Heranziehung der Sonderregelung des Art. 47 IPRG, der sich im Kapitel über die Rechtsnachfolge von Todes befindet. Deswegen wird man Art. 47 IPRG auf die Fähigkeit, *mortis causa* zu verfügen[516], allgemein und damit auch in Bezug auf Erbverträge anwenden können[517].

---

513 Solche besonderen Anforderungen enthält z.B. das deutsche Recht, das gem. § 2275 Abs. 1 BGB unbeschränkte Geschäftsfähigkeit verlangt und davon für Ehegatten und Verlobte eine Ausnahme zuläßt, § 2275 Abs. 2, 3 BGB.

514 *Vitta*, D.i.p., II, 37; weitere Nachweise bei *Deli*, zu Art. 47 IPRG, Nuove leggi civ. comm. 1996, 1296, 1298 Fn. 11 und 12.

515 *Ballarino*, D.i.p., 338; *di Blase*, zu Art. 23 IPRG, Riv. dir. int. priv. proc. 1995, 1017, 1024.

516 *Deli*, zu Art. 47 IPRG, Nuove leggi civ. comm. 1996, 1296, 1300; *Staudinger-Dörner*, zu Art. 26 EGBGB Rn. 70: "Unter Testierfähigkeit im kollisionsrechtlichen Sinne ist [...] die Fähigkeit zu verstehen, als Erblasser eine [...] Verfügung von Todes

cc) Folgerungen für die Rechtswahlerklärung

Auch die Fähigkeit, eine Rechtswahl treffen zu können, richtet sich entsprechend Art. 47 IPRG nach dem Heimatrecht des Wählenden zum Zeitpunkt der Rechtswahl, wobei Art. 47 IPRG eine Gesamtverweisung ausspricht. Das IPR des Heimatstaates ist also zu befragen, wie es die Fähigkeit zur Vornahme einer Rechtswahl anknüpft. Gibt es dafür keine eigenständigen Regeln, wie wohl in einem Großteil der nationalen Kollisionsrechte, ist auf die Testierfähigkeit abzustellen, wenn die Wahl in einem Testament enthalten ist oder isoliert getroffen wird. Ist die Rechtswahl Bestandteil eines Erbvertrags, entscheidet ebenfalls das von Art. 47 IPRG berufene Heimatrecht über die kollisionsrechtliche Einordnung. Entsprechendes gilt auf der Ebene des anwendbaren materiellen Rechts.
Verweist Art. 47 IPRG auf deutsches Recht, ist für eine Rechtswahl in einem Erbvertrag nach § 2275 Abs. 1 BGB die unbeschränkte Geschäftsfähigkeit und damit z.B. Volljährigkeit (§§ 2, 106 BGB) des Erblassers erforderlich[518]. Bei einer testamentarischen Rechtswahl findet dagegen § 2229 BGB Anwendung, nach dessen Abs. 1 bereits ein Minderjähriger nach Vollendung des sechzehnten Lebensjahrs das anwendbare Recht bezeichnen kann. Ob er dazu das Testament zur Niederschrift eines Notars errichten muß (§§ 2247 Abs. 3, 2233 Abs. 1 BGB), hängt vom Formstatut ab. Bei Fehlen der Testier- oder Geschäftsfähigkeit ist die Rechtswahl unwirksam.
Im italienischen Recht erlangt erst der Volljährige die Testier- und damit die Rechtswahlfähigkeit, Art. 591 Abs. 2 Nr. 1 c.c. iVm. Art. 2 Abs. 1 c.c.[519]. Das Testament eines Testierunfähigen ist gem. Art. 591 Abs. 3 c.c. anfechtbar; diese Rechtsfolge gilt bei Anwendbarkeit des italienischen Rechts für die Rechtswahl entsprechend.

---

wegen vorzunehmen, insbesondere als Vertragserblasser einen Erbvertrag abzuschließen".

517 Auch im deutschen Kollisionsrecht unterfällt die Testier- und Geschäftsfähigkeit der Vertragsparteien dem Errichtungsstatut, d.h. dem hypothetischen Erbstatut bei Vertragsschluß; vgl. *Staudiger-Dörner*, zu Art. 25 EGBGB Rn. 329; unklar *MünchKomm-Birk*, zu Art. 26 EGBGB Rn. 136.

518 *MünchKomm-Birk*, zu Art. 25 EGBGB Rn. 33.

519 Testierunfähig sind nach Art. 591 Abs. 2 c.c. Minderjährige, wegen geistiger Störungen Entmündigte sowie Personen, die sich bei Testamentserrichtung in einem, wenn auch nur vorübergehenden, die freie Willensbestimmung ausschließenden Zustand befinden. Einen weiteren Fall der Testierunfähigkeit sieht Art. 32 des Codice penale für zur Zuchthausstrafe Verurteilte vor.

Kann danach also ein sechzehnjähriger Deutscher mit gewöhnlichem Aufenthalt in Italien in einem in Deutschland errichteten notariellen Testament das italienische Recht wählen? Für die Rechtswahlfähigkeit verweist Art. 47 IPRG auf das deutsche Recht. Das deutsche Kollisionsrecht beurteilt die Testierfähigkeit und damit die Rechtswahlfähigkeit nach dem hypothetischen Erbstatut zur Zeit der Wahl, Art. 26 Abs. 5 i.V.m. Art. 25 EGBGB. Dabei wird im Fall einer Rechtswahl nicht auf das objektiv bestimmte Erbstatut abgestellt, sondern das gewählte Recht entfaltet für das Zustandekommen der Rechtswahl bereits Vorwirkungen[520]. Diese für die professio juris nach Art. 25 Abs. 2 EGBGB entwickelte Regel ist auch für den italienischen Juristen beachtlich, da er gem. Art. 15 IPRG das fremde Recht nach dessen eigenen Auslegungskriterien anwendet. Das deutsche Recht spricht demzufolge eine Rückverweisung auf das gewählte italienische Recht aus, die dieses annimmt, Art. 13 Abs. 1 lit. b IPRG. Nach Art. 591 c.c. ist jedoch der Sechzehnjährige nicht fähig, eine Rechtswahl zu treffen. Zu einem anderen Ergebnis gelangt man mit der Meinung der deutschen Literatur, die die Testierfähigkeit grundsätzlich unter Art. 7 EGBGB subsumiert[521]: Da das italienische Erbstatut keine besonderen Erfordernisse an die Testier- und Rechtswahlfähigkeit stellt, findet hiernach eine Rückverweisung auf das italienische Recht nicht statt. Anwendbar ist vielmehr das deutsche Personalstatut.
Auch der sechzehnjährige Italiener kann in den Formen des deutschen Rechts keine wirksame Rechtswahl auf der Grundlage von Art. 46 Abs. 2 IPRG zugunsten des deutschen Rechts treffen. Denn über die Fähigkeit dazu bestimmt gem. Art. 47 IPRG sein italienisches Heimatrecht. Dieser Standpunkt des italienischen Rechts ist aus deutscher Sicht im Rahmen der von Art. 25 Abs. 1, 4 Abs. 1 EGBGB ausgesprochenen Gesamtverweisung von Bedeutung. Nur für eine Wahl nach Art. 25 Abs. 2 EGBGB hat der italienische Minderjährige die nötige Rechtswahlfähigkeit, die sich im Vorgriff auf das gewählte deutsche Recht nach § 2229 BGB beurteilt.

b) Sonstige rechtsgeschäftliche Wirksamkeitsvoraussetzungen

Für die Anknüpfung der sonstigen Voraussetzungen für das Zustandekommen und die Wirksamkeit der Rechtswahlerklärung steht eine eigene Kollisionsnorm nicht zur Verfügung, so daß das anwendbare

---

520 *MünchKomm-Birk*, zu Art. 25 EGBGB Rn. 32; *Schotten*, IPR, Rn. 294.

521 S. die Nachweise oben B II 3 a aa.

Recht auf andere Weise bestimmt werden muß. Auf der Ebene des materiellen Rechts sind sodann in erster Linie die Vorschriften über Verfügungen von Todes wegen heranzuziehen, da die Rechtswahl ein erbrechtliches Rechtsgeschäft darstellt, das Einfluß auf die Ausgestaltung der Erbfolge und die mit dem Erbfall entstehenden Rechte und Pflichten hat. Erst wenn die jeweilige Rechtsordnung keine besonderen Regelungen vorsieht, kommen die allgemeinen rechtsgeschäftlichen Vorschriften zum Zuge.

aa) Testierfähigkeitsstatut

Ein Teil der Literatur möchte den Fragenkreis, insbesondere die Behandlung von Willensmängeln, dem Testierfähigkeitsstatut (Art. 47 IPRG) unterstellen[522]. Diese Meinung geht davon aus, daß das Zustandekommen der Rechtswahl enger mit den subjektiven Verhältnissen auf Seiten des Wählenden als mit der Wahl selbst verbunden sei. Es könne nicht die lex causae, also das gewählte Recht, maßgeblich sein, da der Erblasser dieses Recht möglicherweise gerade beeinflußt von Irrtum, Drohung oder Arglist bezeichnet habe. Da nach dieser Ansicht das Testierfähigkeitsstatut gleichzeitig über Willensmängel bei der Testamentserrichtung entscheiden solle[523], ergebe sich eine einheitliche und leicht handhabbare Regelung[524].
Dem wird entgegengehalten, das Testierfähigkeitsstatut regle nur die allgemeinen Voraussetzungen der Fähigkeit zur Vornahme einer Rechtswahl und nicht die speziellen rechtsgeschäftlichen Erfordernisse[525]. Auch aus dem Ausschluß der Testierfähigkeit vom Anwendungsbereich des Haager Erbrechtsübereinkommens vom 1.8.1989 (Art. 1 Abs. 2 lit. b des Übereinkommens) läßt sich keine Aussage zugunsten des Testierfähigkeitsstatuts herleiten[526]. Denn das Übereinkommen läßt die Frage nach dem anwendbaren Recht für das

---

522 *Deli*, zu Art. 46 IPRG, Nuove leggi civ. comm. 1996, 1278, 1292; *Lenzi*, Riv. not. 1995, 1133, 1139; *Facci*, 153f.

523 *Deli*, zu Art. 47 IPRG, Nuove leggi civ. comm. 1996, 1296, 1300; ebenso *Annibale*, 251; *Lenzi*, Riv. not. 1995, 1133, 1142; *Brandi*, Vita not. 1998, 1198, 1216; für die Maßgeblichkeit des Erbstatuts jedoch *Picone*, Studi Marano, 57, 79f.; *Cian/Trabucchi-Costantino*, zu Art. 46 IPRG, III. Rn. 2; *Vitta*, D.i.p., III, 149. Später hielt *Vitta* ebenfalls das Testierfähigkeitsstatut für einschlägig, s. Memoriale e progetto di legge, 3, 112.

524 *Deli*, zu Art. 46 IPRG, Nuove leggi civ. comm. 1996, 1278, 1292.

525 *Picone*, Studi Marano, 57, 78.

526 So aber *Deli*, zu Art. 46 IPRG, Nuove leggi civ. comm. 1996, 1278, 1292.

Zustandekommen und die materielle Gültigkeit der professio juris nicht etwa offen, sondern erklärt in Art. 5 Abs. 2 S. 2 das gewählte Recht für maßgeblich.

bb) Lex fori

Einer weiteren Ansicht zufolge soll das Zustandekommen und die materielle Wirksamkeit der Rechtswahl der lex fori unterstehen, und zwar nicht der lex fori des jeweiligen Gerichtsstaates, sondern dem italienischen Recht als lex fori desjenigen Staates, der die Rechtswahl gestattet[527]. Da der Wille des Erblassers als Anknüpfungskriterium Bestandteil der italienischen Kollisionsnorm sei, könne seine Wirksamkeit auch nur anhand des italienischen Rechts geprüft werden[528]. Durch eine wirksame Wahl komme außerdem die objektive Anknüpfung des Art. 46 Abs. 1 IPRG nicht zum Tragen; ob und unter welchen Voraussetzungen diese Rechtsfolge im italienischen Kollisionsrecht eintrete, könne nicht der Entscheidung der gewählten Rechtsordnung überlassen weden, die eine Rechtswahl vielleicht gar nicht kenne[529].

cc) Lex causae

Schließlich wird vertreten, die lex causae, also das gewählte Recht, über die rechtsgeschäftliche Wirksamkeit der professio juris entscheiden zu lassen[530].

Diese Lösung entspricht einer im italienischen IPR neuen, dem Reformgesetz innewohnenden Orientierung. Für die Rechtswahl im internationalen Schuldvertragsrecht vor der Reform hielt man noch überwiegend die lex fori auf das Zustandekommen und die Wirksamkeit der Einigung für anwendbar[531]; durch die umfassende Verweisung des Art. 57 IPRG auf das Römische Übereinkommen vom 19.6.1980 ist diese Meinung

---

527 *Cian/Trabucchi-Costantino*, zu Art. 46 IPRG, II. Rn. 4; *Ballarino*, D.i.p., 519; *ders.*, FS Wengler, 105, 116 zur professio juris nach schweizerischem Recht; ebenso wohl *Mosconi*, D.i.p., Parte speciale, 110 zur Rechtswahl nach Art. 46 Abs. 3 IPRG, jedoch in verallgemeinerungsfähiger Form. Zum schweizerischen Recht s. *Hotz*, 120.

528 *Ballarino*, D.i.p., 519; ähnlich *Mosconi*, D.i.p., Parte speciale, 110.

529 *Cian/Trabucchi-Costantino*, zu Art. 46 IPRG, II. Rn. 4; *Ballarino*, FS Wengler, 105, 116.

530 *Clerici*, zu Art. 46 IPRG, Riv. dir. int. priv. proc. 1995, 1133, 1139; *Lenzi*, Studi Marano, 127, 134; *Picone*, Studi Marano, 57, 78; *Davì*, Raccolta Vitta, 45, 86.

531 Umfangreiche Nachweise bei *Davì*, Raccolta Vitta, 45, 82 Fn. 62.

überholt: Nach Art. 3 Abs. 4 EVÜ i.V.m. Art. 8 EVÜ unterliegen diese Fragen nunmehr dem Recht, das anwendbar wäre, wenn die Rechtswahl wirksam wäre; auch Art. 55 Abs. 4 des Gesetzentwurfs der Reformkommission sah dies ausdrücklich vor[532]. Ebenso beurteilt sich die Gültigkeit der Einigung der Ehegatten über das auf die güterrechtlichen Beziehungen anwendbare Recht gem. Art. 30 Abs. 2 IPRG nach der lex causae, also dem gewählten Recht, oder der lex loci actus. Der im internationalen Vertrags- und Ehegüterrecht normierten Regelung läßt sich die Abkehr vom lex fori-Prinzip entnehmen; sie kann als Ausdruck einer neuen Tendenz des Reformgesetzes auf die anderen Rechtswahlmöglichkeiten des IPRG und damit auch auf die professio juris im Erbrecht übertragen werden[533].

Nicht zu vergessen ist, daß auf diese Weise nicht irgendeine beliebige Rechtsordnung über die Wirksamkeit der Wahl entscheidet, sondern nur das Aufenthaltsrecht, das die einzige wählbare Rechtsordnung darstellt[534]. Zu diesem besteht sowohl örtlich als auch zeitlich eine enge Verbindung, die durch die auf ihre Gültigkeit hin zu untersuchende Erklärung des Erblassers noch verstärkt wird. Demgegenüber ist auch der Einwand eines Zirkelschlusses nicht tragfähig[535]. Der Wille des Wählenden, sein Aufenthaltsrecht solle Erbstatut sein, ist ja bereits in gewisser Weise manifestiert und wird, insbesondere was Willensmängel betrifft, bis zum Beweis des Gegenteils respektiert. Das gewählte Recht entfaltet eine Art Vorwirkung[536]. Damit geht der weitere Vorteil einher, daß die Wirksamkeit der Verfügung von Todes wegen und die Wirksamkeit der professio juris, die oft genug gleichzeitig getroffen und in demselben Schriftstück enthalten sein werden, sich nicht nach verschiedenen Rechtsordnungen beurteilen, sondern einheitlich nach dem Aufenthaltsrecht. Andernfalls risse man zusammengehörende Erklärungen rechtlich auseinander mit der Folge, daß beispielsweise ein Willensmangel bei der Rechtswahl beachtlich, beim gleichzeitig verfaßten Testament aber unbeachtlich wäre und umgekehrt. Für den Erblasser wie für die Erben bedeutete dies keinerlei Erleichterung.

---

532 Abgedruckt in Studi Marano, 165, 200; die Relazione della Commissione, Studi Marano, 165, 197, verweist auf die internationale Verbreitung der neuen Bestimmung und die mit ihr verbundenen Erleichterungen für die Rechtspraxis. S. dazu auch *Davì*, Raccolta Vitta, 45, 85.

533 *Davì*, Raccolta Vitta, 45, 88; *Clerici*, zu Art. 46 IPRG, Riv. dir. int. priv. proc. 1995, 1133, 1139; *Lenzi*, Studi Marano, 127, 134.

534 *Lenzi*, Studi Marano, 127, 134.

535 *Kühne*, Parteiautonomie, 117f.; *Neuhaus*, Grundbegriffe, 256.

536 *MünchKomm-Birk*, zu Art. 25 EGBGB Rn. 32.

Daß die rechtsgeschäftlichen Voraussetzungen der Rechtswahl sich nach dem gewählten Recht richten, erscheint auch mit Blick auf das Haager Erbrechtsübereinkommen vom 1.8.1989, das den Verfassern des Reformgesetzes in vielerlei Hinsicht als Vorbild diente, schlüssig[537]. Dort heißt es in Art. 5 Abs. 2 S. 2 ausdrücklich: „Das Zustandekommen und die materielle Wirksamkeit der Rechtswahl unterliegen dem gewählten Recht."[538] Ebenso besteht in Deutschland darüber Einigkeit, die materielle Gültigkeit der Rechtswahlerklärung nach Art. 25 Abs. 2 EGBGB nach dem gewählten deutschen Recht zu prüfen[539].
Die Zulässigkeit der professio juris als solcher ergibt sich aus der Kollisionsnorm selbst, also aus Art. 46 Abs. 2 IPRG, aus deutscher Sicht aus Art. 25 Abs. 2 EGBGB oder aus Art. 5 Abs. 1 des Haager Erbrechtsübereinkommens; ob das gewählte Recht sie kennt oder anerkennt, ist unerheblich[540].

c) Anwendungsbereich der lex causae

aa) Höchstpersönlichkeit

Die lex causae, d.h. das vom Erblasser bezeichnete Recht des Staates, in dem er seinen (letzten) gewöhnlichen Aufenthalt hat, bestimmt, ob der Erblasser die Rechtswahl höchstpersönlich vornehmen muß oder ob er die Erklärung auch durch einen Stellvertreter abgeben kann. Zurückzugreifen ist primär auf die Vorschriften über die Errichtung einer Verfügung von Todes wegen.
Bei der Wahl deutschen Rechts finden demnach die §§ 2064, 2274 BGB Anwendung, die höchstpersönliches Handeln des Erblassers vorschreiben. Das italienische Recht enthält keine ausdrückliche Norm diesen Inhalts, jedoch wird das Erfordernis der Höchstpersönlichkeit als Selbst-

---

537 *Picone*, Studi Marano, 57, 78.

538 "*L'existence et la validité au fond du consentement quant à cette désignation sont régis par la loi désignée.*" Dazu *Waters*, 556.

539 *Kropholler*, § 51 III 2 b; *v. Hoffmann*, § 9 Rn. 23-24; *MünchKomm-Birk*, zu Art. 25 EGBGB Rn. 32; *Tiedemann*, RabelsZ 55 (1991), 17, 26; *Dörner*, DNotZ 1988, 67, 87; *Riering*, ZEV 1995, 404, 405; *Palandt-Heldrich*, zu Art. 25 EGBGB Rn. 8. Ebenso schon *Kühne*, Parteiautonomie, 117f.; *Neuhaus*, Grundbegriffe, 256.

540 Dies stellen *Waters*, 556 und *Picone*, Studi Marano, 57, 78 Fn. 40, klar. Abzulehenen ist deshalb die Auffassung von *Kunz*, ZRP 1990, 212, 213f., der für das Haager Erbrechtsübereinkommen vom 1.8.1989 auch diese Entscheidung dem gewählten Recht überlassen möchte.

verständlichkeit behandelt und findet Ausdruck in dem für die Testamentserrichtung geltenden Formzwang, weil dieser das persönliche und direkte Handeln des Verfügenden verlangt[541].

bb) Auslegung der Rechtswahlerklärung

Nach welchen Grundsätzen die Rechtswahlerklärung ausgelegt wird, richtet sich als eine Frage des Zustandekommens ebenfalls nach dem gewählten Recht.
Ob dies das italienische oder das deutsche Recht ist, führt im Ergebnis nicht zu besonderen Unterschieden. Denn sowohl im italienischen als auch im deutschen materiellen Erbrecht hat die Auslegung einer testamentarischen Verfügung zum Ziel, den wirklichen Willen des Erblassers zu ermitteln[542]. Das italienische Recht kennt jedoch keine allgemeinen Auslegungsregeln für Testamente, so daß über den Wortlaut von Art. 1324 c.c. hinaus die Vorschriften über die Auslegung von Verträgen auch auf Testamente angewendet werden, soweit sie für diese Situation passend sind[543]. Sie können demnach auch für die Rechtswahlerklärung herangezogen werden. Nach Art. 1361, 1365 c.c. ist ebenso wie nach § 133 BGB nicht am Buchstaben der Erklärung zu haften; speziell für die Abgrenzung von Erben und Vermächtnisnehmern schreiben Art. 588 c.c. bzw. § 2087 BGB diesen Grundsatz fest. Dabei ist in beiden Rechtsordnungen nur ein Wille beachtlich und wirksam, der im Testament bzw. in der Rechtswahlerklärung auch ausgedrückt, erklärt, angedeutet wurde[544]. Bei verschiedenen Auslegungsmöglichkeiten hilft der Grundsatz der wohlwollenden Auslegung (§ 2084 BGB, Art. 1367 c.c.),

---

541 *Azzariti*, Le successioni e le donazioni, 425; s. auch *Cuffaro*, 727, 743; *Ferid/Firsching*, III, Italien, Grdz. F § 1 II 3.

542 Gesichtspunkte des Vertrauensschutzes spielen bei der Auslegung einer Rechtswahlerklärung in testamentarischer Form keine Rolle; vgl. *Trabucchi*, 857 Fn. 2; *Ferid/Firsching*, III, Italien, Grdz. § 1 V 2; *Brox*, § 15 II 1; *Palandt-Edenhofer*, zu § 2084 BGB Rn. 1. Nur bei einer Rechtswahl nach Art. 25 Abs. 2 EGBGB, die, wenn man dies für möglich hält, als vertragsmäßige Verfügung (§ 2278 BGB) in einem Erbvertrag oder als wechselbezügliche Verfügung (§ 2270 BGB) in einem gemeinschaftlichen Testament enthalten ist, ist nach §§ 157, 242 BGB auch der Horizont des Erklärungsemfängers beachtlich.

543 Vgl. *Trabucchi*, 857; *Baralis*, 927, 929; *Ferid/Firsching*, III, Italien, Grdz. F § 1 V.

544 *Ferid/Firsching*, III, Italien, Grdz. F § 1 V 2; *Trabucchi*, 857: "[...] *va ricercato la volontà testamentaria, cioè la volontà espressa nel testamento, e non la volontà del testatore*, [...]". Zur Andeutungstheorie im deutschen Recht s. *Palandt-Heinrichs*, zu § 133 BGB Rn. 19; *Palandt-Edenhofer*, zu § 2084 BGB Rn. 4.

nach dem eine Verfügung im Zweifel so ausgelegt wird, daß sie Erfolg haben kann[545].

Durch Auslegung der Erklärung des Erblassers gilt es vor allem festzustellen, ob der Erblasser eine schlüssige Rechtswahl vorgenommen hat. Damit verbunden sind die Abgrenzungsschwierigkeiten zwischen einer kollisionsrechtlichen Rechswahl oder einer nur materiellrechtlichen Verweisung[546]. Die Unterscheidung wird insbesondere dann relevant, wenn der Erblasser in einem Testament eine Rechtswahl getroffen, aber nur über einen Teil seines Nachlasses verfügt hat[547]. Da eine Teilrechtswahl nach Art. 46 Abs. 2 IPRG unwirksam ist, kommt es darauf an, ob die Bezeichnung des anwendbaren Rechts als auf den gesamten Nachlaß bezogen zu verstehen ist, so daß für den übrigen Teil des Nachlasses die gesetzliche Erbfolge nach dem gewählten Recht eintritt. Wählt ein italienischer Erblasser das deutsche Recht auf der Grundlage des Art. 25 Abs. 2 EGBGB, ohne diese Vorschrift ausdrücklich zu nennen, richtet sich die Auslegung seiner Erklärung auch aus Sicht des italienischen Rechts nach dem gewählten deutschen Recht. Nach § 133 BGB ist zu ermitteln, ob der Erblasser auch für seinen beweglichen Nachlaß stillschweigend deutsches Recht gewählt hat. Zu diesem Ergebnis können Umstände außerhalb der Verfügung von Todes wegen führen, die bei der Auslegung heranzuziehen sind. Die Grundsätze der ergänzenden Auslegung[548] ermöglichen ferner die Berücksichtigung eines hypothetischen Willens des Erblassers, wenn dieser bei Kenntnis der Möglichkeit einer Rechtswahl für den gesamten Nachlaß eine solche vorgenommen hätte. Ob diese Voraussetzungen vorliegen, muß jeweils im Einzelfall entschieden werden. Verbleiben nach der Auslegung nach diesen allgemeinen Grundsätzen Zweifel über die Reichweite der Rechtswahl, so spricht der Grundsatz der wohlwollenden Auslegung, § 2084 BGB, für die Annahme einer umfassenden Rechtswahl in Übereinstimmung mit Art. 46 Abs. 2 IPRG.

Das Haager Erbrechtsübereinkommen vom 1.8.1989 enthält für diese Fälle in Art. 5 Abs. 4 eine Auslegungsregel, nach der die Wahl eines

---

545 Zum italienischen materiellen Recht *Baralis*, 927, 937ff.; zur Rechtswahl im deutschen Recht ausführlich *Tiedemann*, RabelsZ 55 (1991), 17, 30.

546 Dazu *Picone*, Studi Marano, 57, 82.

547 Dies wird oft der Fall sein, wenn der Erblasser eine Rechtswahl nach Art. 25 Abs. 2 EGBGB trifft, da diese nur für in Deutschland belegenes unbewegliches Vermögen zulässig ist.

548 Dazu *Palandt-Edenhofer*, zu § 2084 BGB Rn. 8ff.

Rechts ohne gegenteilige Anordnung des Erblassers so auszulegen ist, daß sie sich auf den gesamten Nachlaß bezieht[549].

cc) Bedingungen und Befristungen

(1) Bedingung

Unter Beachtung der kollisionsrechtlichen Besonderheit, daß das Erbstatut beim Tod des Erblassers bestimmbar sein muß[550], ist eine bedingte Rechtswahl sowohl für die Wahl deutschen als auch italienischen Rechts zulässig. Die §§ 2074, 2075 BGB gehen von der Statthaftigkeit aufschiebender und auflösender Bedingungen in Verfügungen von Todes wegen aus; Art. 633 c.c. stellt dies ausdrücklich fest. Art. 634 c.c. sieht ferner vor, daß eine unmögliche oder unerlaubte Bedingung als nicht angeordnet gilt[551]. Das Testament im übrigen hat aber im Interesse des *favor testamenti* weiterhin Bestand, wenn nicht das Motiv für die testamentarische Verfügung selbst unerlaubt und diese deswegen nichtig ist (Art. 626 c.c.). Als Absicherung des Verbotes von gemeinschaftlichen Testamenten (Art. 589 c.c.) und Erbverträgen (Art. 458 c.c.) ist nach Art. 635 c.c. außerdem eine Zuwendung unter der Bedingung der Gegenseitigkeit nichtig. Dies dürfte wegen des dahinterstehenden Schutzzwecks, der Sicherung der freien Willensentschließung und der jederzeitigen Widerruflichkeit einer testamentarischen Verfügung, auch für die Rechtswahl gelten. In diesen Grenzen kann aber die Wirksamkeit einer professio juris zugunsten des deutschen oder italienischen Rechts vom Eintritt oder Nichteintritt eines zukünftigen ungewissen Ereignisses abhängig gemacht werden.

(2) Befristung

Auch eine befristete Wahl des deutschen oder italienischen Rechts kann der Erblasser treffen. Im deutschen materiellen Erbrecht ist eine befri-

---

549 Art. 5 Abs. 4 :"*Pour l'application du présent article, la désignation d'une loi est considerée, sauf précision expresse contraire du défunt, comme concernant l'ensemble de la succession, que le défunt soit décédé ab intestat ou qu'il ait disposé à cause de mort de tout ou partie de ses biens.*" Dazu *Waters*, 558.

550 S. oben B II 2 f.

551 Ob im deutschen Recht unmögliche aufschiebende oder unerlaubte Bedingungen zur Unwirksamkeit der gesamten Verfügung führen oder diese durch Auslegung nach dem mutmaßlichen Willen aufrechterhalten werden kann, ist umstritten, vgl. *Palandt-Edenhofer*, zu § 2074 BGB Rn. 3f.; *Lange/Kuchinke*, § 27 VI 3 m.w.N.

stete Zuwendung möglich; eine befristete Erbeinsetzung führt zu Vor- und Nacherbfolge (vgl. auch §§ 2104, 2105 Abs. 1 BGB)[552]. Demzufolge wird auch für eine Rechtwahl nach Art. 25 Abs. 2 EGBGB, deren rechtsgeschäftliche Voraussetzungen sich nach dem gewählten deutschen Recht richten, eine Befristung allgemein ohne Einschränkungen für zulässig gehalten[553], soweit der Anfangs- oder Endtermin vor dem Tod des Erblassers liegt. Wird das deutsche Recht auf der Grundlage von Art. 46 Abs. 2 IPRG gewählt, gilt nichts anderes, da das deutsche Recht als lex causae über die inhaltliche Zulässigkeit der Befristung entscheidet.

Bei einer professio juris zugunsten des italienischen Rechts scheint die Situation auf den ersten Blick komplizierter. Denn das materielle Erbrecht sieht einen Zeitpunkt, an dem eine Erbeinsetzung in oder außer Kraft treten soll, als nicht angeordnet an, Art. 637 c.c.; die Erbeinsetzung selbst bleibt wirksam. Die Vorschrift schreibt den römisch-rechtlichen Grundsatz „*semel heres, semper heres*" fest[554] und sichert gleichzeitig das Verbot der Nacherbfolge (Art. 692 Abs. 5 c.c.) ab. Außerdem soll sie die Kontinuität der Rechtsnachfolge in die zum Nachlaß gehörenden Rechtsverhältnisse wahren[555]. Vermächtnisse können demgegenüber auch befristet angeordnet werden.

Wirkte sich eine Rechtswahl also wie eine Erbeinsetzung aus, wäre eine Befristung entsprechend Art. 637 c.c. gegenstandslos. Als erbrechtliches Rechtsgeschäft zeigt die Rechtswahl zwar ähnliche Wirkungen wie eine Verfügung von Todes wegen, da sie die gesetzliche oder die Wirkungen der gewillkürten Erbfolge des objektiv angeknüpften Erbstatuts ändert. Sie ist aber nicht grundsätzlich einer Erbeinsetzung gleichzustellen, die in aller Regel eine eigenständige Verfügung von Todes wegen erfordert. Vor allem aber kann die Wahl des Erbstatuts ohnehin nur mit einer Befristung versehen werden, die vor dem Zeitpunkt des Todes an- oder abläuft. Damit vermag sie keine Änderung in der Person der Erben herbeizuführen; diese stehen vielmehr beim Todeszeitpunkt fest. Art. 637 c.c. steht damit einer befristeten Wahl des italienischen Rechts nicht entgegen.

---

552 *Lange/Kuchinke*, § 27 VI 1; *Palandt-Edenhofer*, zu § 2074 BGB Rn. 5.

553 S. die Nachweise oben B II 2 f.

554 *Trabucchi*, 858.

555 *Rescigno-Saldutti*, zu Art. 637 c.c. Rn. 1; *Azzariti*, Le successioni e le donazioni, 533.

dd) Willensmängel

Nach dem gewählten Recht beurteilen sich weiterhin das Vorliegen und die Folgen von Willensmängeln, insbesondere also, ob die Rechtswahl unter dem Einfluß von Irrtum, Täuschung oder Drohung zustandegekommen ist.
Für die Erklärung, die deutsches Recht als Erbstatut bezeichnet, gelten die §§ 2078ff. BGB bzw. §§ 2281ff. BGB, hält man eine Rechtswahl in einem Erbvertrag oder in einem gemeinschaftlichen Testament für bindend[556]. Danach ist die Rechtswahl wegen Irrtums oder Drohung anfechtbar, wobei nach § 2078 Abs. 2 BGB auch ein Motivirrtum (und damit auch eine Täuschung) ausreichend ist. Anfechtungsberechtigt sind nur die in § 2080 BGB genannten Personen, insbesondere also derjenige, dem die Aufhebung der Rechtswahl unmittelbar zustatten kommen würde (§ 2080 Abs. 1 BGB), der also bei Anwendung des objektiv bestimmten Erbstatuts erbrechtlich besser stünde[557]. Zu beachten ist dabei die Jahresfrist des § 2082 BGB, die mit Kenntnis des Anfechtungsgrundes zu laufen beginnt.
Wird das italienische Recht gewählt, kann die Erklärung gem. Art. 624 Abs. 1 c.c. wegen Drohung, Täuschung und Irrtums von jedem, der daran ein Interesse hat, angefochten werden. Auch hier stellt der Motivirrtum, wenn er allein den Erblasser bewegt hat und aus dem Testament ersichtlich ist, einen Anfechtungsgrund dar, und zwar unabhängig davon, ob er tatsächlicher oder rechtlicher Natur ist (§ 624 Abs. 2 c.c.). Damit kommt auch eine Anfechtung wegen eines Irrtums des Erblassers über den Inhalt des italienischen materiellen Rechts bzw. einzelner erbrechtlicher Bestimmungen in Betracht[558]. Die Klage ist innerhalb von fünf Jahren ab Kenntnis des Anfechtungsgrundes zu erheben, Art. 624 Abs. 3 c.c.

d) Rechtswahl im Erbvertrag oder im gemeinschaftlichen Testament

Schließlich stellt sich die Frage, ob eine Rechtswahl in einem gemeinschaftlichen Testament oder in einem Erbvertrag enthalten sein kann.

---

556 Str., s. dazu unten B II 6 d.

557 *Staudinger-Dörner*, zu Art. 25 EGBGB Rn. 497.

558 So zum deutschen Recht *Staudinger-Dörner*, zu Art. 25 EGBGB Rn. 497; zweifelnd *MünchKomm-Birk*, zu Art. 25 EGBGB Rn. 61.

Denn der Erblasser kann auf der Grundlage des Art. 46 Abs. 2 IPRG ein Recht als Erbstatut bezeichnen, das, wie das deutsche Recht, diese Arten der Verfügung von Todes wegen kennt, so daß die Verbote des italienischen materiellen Rechts im Rahmen des Erbstatuts nicht zum Tragen kommen. Da sich die Verbote der Art. 458 und 589 c.c. gegen den Inhalt und nicht gegen die Form derartiger Verfügungen richten und demzufolge als materiellrechtlich qualifiziert werden, läßt sich eine Antwort nicht in der als Formstatut berufenen Rechtsordnung (Art. 46 Abs. 2 i.V.m. Art. 48 IPRG) finden. Es geht vielmehr darum, ob die Willenserklärung des Erblassers, in der er sein Aufenthaltsrecht als Erbstatut wählt, auch dann wirksam ist, wenn sie, anstatt in einer eigenständigen Urkunde oder in einem Testament, in einem Erbvertrag oder in einem gemeinschaftlichen Testament enthalten ist. Denkbar ist eine Beantwortung nach dem italienischen Recht[559], das die Rechtswahl gestattet, oder nach dem gewählten Recht. Weiterhin wird vertreten, das objektiv bestimmte Erbstatut entscheiden zu lassen[560]. Ausschlaggebend ist, daß es sich um eine Frage der materiellen Wirksamkeit, des Zustandekommens der Rechtswahl handelt. Deshalb ist, wie auch bei den anderen Wirksamkeitsvoraussetzungen, die lex causae, d.h. das gewählte Recht zur Entscheidung berufen.

Wie sich das objektiv bestimmte Erbstatut zur Rechtswahl und zu ihrem Zustandekommen verhält, ist unerheblich[561]. Im Falle einer wirksamen Rechtswahl ist für die Anknüpfung an die Staatsangehörigkeit des Erblassers zur Zeit des Todes, Art. 46 Abs. 1 IPRG, kein Raum; Abs. 2 der Vorschrift stellt die Anknüpfung des Erbstatuts an den (letzten) gewöhnlichen Aufenthalt als selbständige, vom Willen des Erblassers abhängige Alternative neben die objektive Anknüpfung. Ebenso hängt die Wirksamkeit der Rechtswahl als Rechtsgeschäft nicht von der nach Art. 46 Abs. 1 IPRG berufenen Rechtsordnung ab: Mit Ausnahme der Fähigkeit zur Vornahme der Rechtswahl (Art. 47 IPRG) beurteilen sich die Wirksamkeitsvoraussetzungen, die nicht schon Art. 46 Abs. 2 IPRG selbst vorsieht, nach dem gewählten Recht.

---

559 So wohl *Ballarino*, D.i.p., 519.

560 *Ebenroth/Kleiser*, RIW 1993, 353, 357; *Priemer*, MittRhNotK 2000, 45, 58.

561 *Ballarino*, D.i.p., 519; *ders.* Enc. dir., Aggiornamento I, 943, 945; a.A. *Priemer*, MittRhNotK 2000, 45, 58, nach der die Rechtswahl nur aus dem objektiv bestimmten Erbstatut heraus unter den Wirksamkeitsvoraussetzungen, die dieses vorschreibt, vorgenommen werden kann.

Eine Rechtswahl kann demnach wirksam in einem Erbvertrag oder in einem gemeinschaftlichen Testament getroffen werden, wenn das gewählte Recht diese Verfügungen von Todes wegen zuläßt.
Möchte ein italienisches oder deutsch-italienisches Ehepaar, das dauerhaft in Deutschland lebt, einen Erbvertrag schließen, kann die Wahl des deutschen Rechts in diesem enthalten sein[562]. Die materielle Wirksamkeit der professio juris richtet sich nach deutschem Recht als der lex causae, nach dem Erbverträge ein zulässiges erbrechtliches Gestaltungsmittel sind.
Auch für die Rechtswahl im deutschen IPR (Art. 25 Abs. 2 EGBGB) ist anerkannt, daß sie in einem Erbvertrag oder einem gemeinschaftlichen Testament vorgenommen weden kann; gestritten wird nur darüber, ob sie entsprechend § 2278 BGB bindende Wirkung entfaltet oder nicht[563].

4. Wirkungen der Rechtswahl

a) Ausschluß des Renvoi

Art. 13 Abs. 2 lit. a IPRG schließt wie Art. 4 Abs. 2 EGBGB[564] im Falle einer Rechtswahl die Beachtung eines etwaigen Renvoi aus, so daß die Wahl des Erblassers sich unmittelbar auf das innerstaatliche, materielle Recht seines Aufenthaltsstaats bezieht. Art. 46 Abs. 2 IPRG spricht eine Sachnormverweisung aus. Dies ist folgerichtig, da die bessere Kenntnis und die leichteren Informationsmöglichkeiten des Erblassers über sein Aufenthaltsrecht für die Einführung der professio juris ausschlaggebend waren. Auch die Rechtssicherheit des Wählenden bezüglich des anwendbaren Rechts würde durch eine Gesamtverweisung beeinträchtigt, ebenso die Erleichterungen für die mit der Beratung des Erblassers und mit dem Erbfall befaßten Stellen[565].

---

562 Es ist also nicht nötig, dem Erbvertrag in gesonderter Urkunde Rechtswahltestamente voranzustellen, wie *Priemer*, a.a.O., dies vorschlägt. Streng genommen müßte dann auch die Uhrzeit in den Testamenten und im Erbvertrag vermerkt werden, wenn die Beurkundungen am selben Tag stattfinden. In der italienischen Literatur wird diese Frage nicht untersucht; ebenso wenig gibt es bereits Rechtsprechung dazu.

563 Umfangreiche Nachweise bei *Schotten*, IPR, Rn. 295 Fn. 130; s. dazu unten B II 6 d.

564 Dazu *Kropholler*, § 24 II 5.

565 Vgl. dazu auch *Picone*, Raccolta Vitta, 173, 228. An anderer Stelle führt *Picone* aus, daß der Gesetzgeber im Interesse des Entscheidungseinklangs auch die

Der Ausschluß eines Renvoi bringt mit sich, daß eine Nachlaßspaltung nicht entstehen kann, weil Rück- und Weiterverweisungen eines fremden Kollisionsrechts für unbewegliches Nachlaßvermögen auf die lex rei sitae unbeachtlich sind. Auch die Anwendung des Art. 3 Abs. 3 EGBGB kommt bei der Wahl des deutschen Rechts nicht in Frage. Dem Ideal der Nachlaßeinheit kommt das Reformgesetz damit wesentlich näher als im Fall der Regelanknüpfung nach Art. 46 Abs. 1 IPRG. Der ausländische Erblasser, dessen Heimatrecht dem Prinzip der Nachlaßspaltung folgt, kann also eine Rechtswahl vornehmen, um die Anwendung verschiedener Erbstatute und die Bildung verschiedener Nachlaßmassen zu vermeiden[566]. Die Option steht ihm unabhängig davon offen, ob er auch die Staatsangehörigkeit desjenigen Staates besitzt, in dem er seinen gewöhnlichen Aufenthalt hat[567].

Aus italienischer Sicht hat ein Engländer mit gewöhnlichem Aufenthalt in England und Grundvermögen in Italien die Möglichkeit, seinen Nachlaß vollständig dem englischen Recht zu unterstellen. Ebenso kann ein in Deutschland lebender Deutscher, zu dessen Vermögen in Frankreich belegene Immobilien gehören, die Anwendung des französischen Rechts für diesen Teil des Nachlasses aus Sicht des italienischen Rechts verhindern, indem er deutsches Recht wählt. Art. 3 Abs. 3 EGBGB, der im Falle der objektiven Anknüpfung des Erbstatuts nach Art. 46 Abs. 1 IPRG auch für italienische Stellen beachtlich ist, bleibt wegen der von Art. 46 Abs. 2 IPRG ausgesprochenen Sachnormverweisung außer Betracht.

Auch eine Rück- oder Weiterverweisung kraft abweichender Qualifikation wird durch eine Rechtswahl ausgeschlossen. Das gewählte Recht findet für alle Bereiche Anwendung, die das italienische Kollisionsrecht dem Erbstatut zuordnet.

Beachtlichkeit des Renvoi hätte normieren können, vgl. Autonomia della volontà, 515, 525 Fn. 32. Dadurch würde jedoch die Wirksamkeit der Rechtswahl vom IPR der gewählten Rechtsordnung abhängig gemacht und die Reichweite des Art. 46 Abs. 2 IPRG empfindlich eingeschränkt.

566 *Mosconi*, D.i.p., Parte speciale, 108; *Ballarino*, D.i.p., 520.

567 S. oben B II 2 a bb.

b) Standpunkt anderer Rechtsordnungen

aa) Grundsatz

Der kollisionsrechtliche Standpunkt anderer Rechtsordnungen gegenüber einer erbrechtlichen Rechtswahl ist unbeachtlich; insbesondere kommt es nicht darauf an, ob das gewählte Recht eine Rechtswahl kennt oder anerkennt[568]. Dies wird schon deshalb deutlich, weil wegen des Ausschlusses des Renvoi (Art. 13 Abs. 2 lit. a IPRG) das IPR des Aufenthaltsstaats gar nicht zum Zuge kommt. Aber auch die Wirksamkeit der professio juris hängt nicht von der Haltung des gesetzlichen, objektiv angeknüpften Erbstatuts ab. Denn es ist das italienische Kollisionsrecht, das in Art. 46 Abs. 2 IPRG Parteiautonomie originär gewährt und das Erbstatut vom Willen des Erblassers abhängig macht[569].

Dadurch können hinkende Rechtsverhältnisse auftreten, insbesondere, wenn das gewählte Recht selbst nicht angewendet werden möchte oder die lex rei sitae für unbewegliches Vermögen als Erbstatut Geltung beansprucht. Dieses Problem ist jedoch im internationalen Erbrecht häufig[570]. Andererseits kann eine Rechtswahl auch zum internationalen Entscheidungseinklang beitragen[571], wenn durch sie ein Gleichlauf mit dem Sachstatut im Verhältnis zu einem Staat herbeigeführt wird, der das Erbstatut an den Wohnsitz oder Aufenthalt des Erblassers anknüpft sowie in denjenigen Fällen, in denen das italienische IPR aufgrund einer Gesamtverweisung entscheidend ist.

bb) Wirkungen aus der Sicht des deutschen Kollisionsrechts

Vom Standpunkt des deutschen Kollisionsrechts aus ist die Wahl deutschen Rechts auf der Grundlage von Art. 46 Abs. 2 IPRG wirksam, wenn sie von einem italienischen Staatsangehörigen vorgenommen wird. Art. 25 Abs. 1 EGBGB verweist mit einer Gesamtverweisung (Art. 4 Abs. 1 S. 1 HS. 1 EGBGB) auf das italienische Heimatrecht des Erblassers, so

---

568 *Picone*, Studi Marano, 57, 78 Fn. 40; anders aber in Autonomia della volontà, 515, 539f.: Im Interesse der Durchsetzbarkeit und Anerkennungsfähigkeit sei die Rechtswahl auf diejenigen Fälle zu beschränken, in denen das gewählte Recht sich auch selbst für anwendbar erkläre.

569 *Ballarino*, Enc. dir., Aggiornamento I, 934, 935.

570 *Ballarino*, D.i.p., 520.

571 *Clerici*, zu Art. 46 IPRG, Riv. dir. int. priv. proc. 1995, 1133, 1137; *Ebenroth/Kleiser*, RIW 1993, 353, 357.

daß Art. 46 Abs. 2 IPRG zur Anwendung kommt. Die von Art. 46 Abs. 2 IPRG bei wirksamer Rechtswahl ausgesprochene Rückverweisung auf das deutsche Recht nimmt dieses gem. Art. 4 Abs. 1 S. 2 EGBGB an. In einem solchen Fall wird Entscheidungseinklang erzielt. Ein italienischer Erblasser ist deshalb nicht auf die gegenständlich beschränkte Teilrechtswahl nach Art. 25 Abs. 2 EGBGB beschränkt. Für die deutsche Rechtspraxis ist die Rechtswahlmöglichkeit des italienischen Kollisionsrechts aus diesem Grund von großer Bedeutung.

Anders verhält es sich, wenn ein ausländischer Staatsangehöriger, dessen Heimatrecht keine professio juris vorsieht, sein deutsches Aufenthaltsrecht als Erbstatut bezeichnet. Die aus italienischer Sicht zulässige und wirksame Rechtswahl für das gesamte Vermögen wird in Deutschland in der Regel nicht anerkennungsfähig sein, da Art. 25 Abs. 2 EGBGB nur eine Teilrechtswahl gestattet und Art. 25 Abs. 1 EGBGB auf das Kollisionsrecht des Heimatstaates verweist. Nur wenn das Heimatrecht in einer Gesamtverweisung auf das italienische Recht weiterverweist, kommt Art. 46 Abs. 2 IPRG auch vom Standpunkt des deutschen Juristen aus zur Anwendung[572].
Ähnlich gelagert ist der Fall, in dem ein Erblasser aus einem dritten Staat, dessen Heimatrecht keine Parteiautonomie gewährt, sein italienisches Aufenthaltsrecht wählt. Aus deutscher Sicht findet die Rechtswahl nur Beachtung, wenn das Heimatrecht, weil es dem Domizil- bzw. Aufenthaltsprinzip folgt, eine Gesamtverweisung auf italienisches Recht ausspricht[573].
Ein deutscher oder deutsch-italienischer Erblasser kann aus deutscher Sicht von der Rechtswahlmöglichkeit des Art. 46 Abs. 2 IPRG ebenfalls keinen Gebrauch machen. Art. 25 Abs. 1 EGBGB erklärt, gegebenenfalls iVm. Art. 5 Abs. 1 S. 2 EGBGB, das deutsche Erbrecht für anwendbar[574].

---

572 Ein solcher Fall ist jedoch angesichts der international verbreiteten Anknüpfungsmomente (Staatsangehörigkeit, gewöhnlicher Aufenthalt, Belegenheit von unbeweglichem Vermögen) praktisch kaum denkbar.

573 In diesem Fall würde aber auch ohne Rechtswahl italienisches Recht angewendet, weil das italienische Recht die Verweisung annimmt, Art. 13 Abs. 1 lit. b IPRG.

574 Die aus italienischer Sicht wirksame Rechtswahl kann aus Sicht des deutschen Rechts auch nicht in entsprechender Anwendung des Art. 25 Abs. 2 EGBGB über Art. 3 Abs. 3 EGBGB bezüglich des in Italien belegenen unbeweglichen Vermögens aufrecht erhalten werden. Art. 3 Abs. 3 EGBGB bezieht sich auf Sondervorschriften der ausländischen lex rei sitae und gibt nur einem Einzelstatut Vorrang vor dem Gesamtstatut. Das gem. Art. 46 Abs. 2 IPRG bestimmte Erbstatut ist wegen des Grundsatzes der Nachlaßeinheit jedoch Gesamtstatut.

Einer aus Sicht des deutschen Kollisionsrechts unzulässigen Rechtswahl für das ganze Vermögen nach Art. 46 Abs. 2 IPRG kann aber durch geltungserhaltende Reduktion in begrenztem Umfang zur Wirksamkeit verholfen werden, soweit die Voraussetzungen des Art. 25 Abs. 2 EGBGB erfüllt sind[575]. Die Wahl des deutschen Rechts bleibt auf diese Weise wenigstens für den in Deutschland belegenen unbeweglichen Nachlaß aufrecht erhalten. Im Zweifel ist in entsprechender Anwendung des § 2085 BGB, der als Norm des gewählten Rechts für das Zustandekommen der Rechtswahl herangezogen werden kann, ein dahingehender Wille des Erblassers anzunehmen, so daß die Rechtswahl nur dann in vollem Umfang unwirksam ist, wenn der Erblasser sie als Teilrechtswahl nicht getroffen hätte[576].

c) Anwendungsbereich des gewählten Rechts

aa) Alle erbrechtlichen Fragen

Das Erbstatut, sei es durch objektive Anknüpfung bestimmt oder vom Erblasser gewählt, regelt, wie schon unter der Geltung des Art. 23 disp. prel. c.c. (1942), alle mit dem Erbfall zusammenhängenden erbrechtlichen Fragen[577]. Das Reformgesetz verzichtet im Gegensatz zum Haager Erbrechtsübereinkommen vom 1.8.1989[578] bewußt auf eine Aufzählung der erfaßten Fragen und Bereiche, die als überflüssig und „gefährlich" angesehen wurde[579]. Nur für die Testierfähigkeit und die

---

575 *Tiedemann*, RabelsZ 55 (1991), 17, 23f.; *Kropholler*, § 51 III 2 d; *v. Hoffmann*, § 9 Rn. 29-30; *Dörner*, DNotZ 1988, 67, 90; *Pünder*, MittRhNotK 1989, 1, 6; *Palandt-Heldrich*, zu Art. 25 EGBGB Rn. 7; *Schotten*, IPR, Rn. 291.

576 A.A. *Soergel-Schurig*, zu Art. 25 EGBGB Rn. 8: im Zweifel Nichtigkeit nach § 139 BGB; ähnlich *MünchKomm-Birk*, zu Art. 25 EGBGB Rn. 74: Im Zweifel ist der Erblasser nicht mit der Nachlaßspaltung einverstanden; dagegen *Tiedeman*, a.a.O. und LG Hamburg, Beschl. v. 12.2.1991, IPRspr. 1991 Nr. 142, 264, 274.

577 *Picone*, Studi Marano, 57, 78; *Cian/Trabucchi-Costantino*, zu Art. 46 IPRG, III. Rn. 1; *Ballarino*, D.i.p., 521; *ders.*, Riv. not. 1986, 1, 3; *Migliazza*, Enc. giur. XXX, 1, 7f.

578 In Art. 7 Abs. 2 des Übereinkommens sind die Bereiche genau aufgelistet, für die das nach dem Übereinkommen bestimmte Erbstatut Geltung beansprucht, wobei es nach Art. 7 Abs. 3 des Übereinkommens den Vertragsstaaten freisteht, das Erbstatut auch auf weitere Fragen anzuwenden.

579 Relazione della Commissione, zu Art. 44, Studi Marano, 165, 191.

Form des Testaments sehen Art. 47 IPRG und Art. 48 IPRG eigene Kollisionsnormen vor.

(1) Alle Phasen des Erbschaftserwerbs

Dem Erbstatut unterfallen grundsätzlich die verschiedenen Phasen des Erbschaftserwerbs, angefangen von Voraussetzungen und Eintritt des Erbfalls und der Bestimmung der Erbfolge bis hin zum Erbgang[580] [581].
Ist der Zeitpunkt des Todes, der sowohl im deutschen (§ 1922 BGB) als auch im italienischen Recht (Art. 456 c.c.) für den Eintritt des Erbfalls ausschlaggebend ist, ungewiß, entscheidet das Erbstatut gem. Art. 21 IPRG über die Prämorienten- oder Kommorientenvermutung[582], wenn die Frage in einer erbrechtlichen Angelegenheit aufgeworfen wird. Voraussetzungen und Wirkungen von Verschollenheit, Abwesenheit und Todesvermutung unterliegen dagegen dem letzten Heimatrecht der betroffenen Person, Art. 22 Abs. 1 IPRG. Hier wird ein Gleichlauf mit dem Erbstatut nur im Fall der objektiven Anknüpfung nach Art. 46 Abs. 1 IPRG erzielt, wenn nicht durch das Eingreifen eines Renvoi verschiedene Rechte zur Anwendung gelangen. Wird das Erbstatut durch eine Rechtswahl nach Art. 46 Abs. 2 IPRG bestimmt, wird das Auseinanderfallen der maßgeblichen Rechtsordnungen nur dann vermieden, wenn das Heimatrecht des Erblassers in den von Art. 22 IPRG behandelten Bereichen des Personalstatuts dem Domizil- bzw. Aufenthaltsprinzip folgt und das Recht des Aufenthaltsstaats die so ausgesprochene Verweisung annimmt (Art. 13 Abs. 1 lit. a IPRG).
Da nach italienischem materiellen Recht die Erbschaft unmittelbar auf den oder die Erben übergeht[583], ohne daß, wie in den meisten Staaten des *common law*, ein *personal representative* zur Verwaltung und Abwicklung der Erbschaft dazwischengeschaltet würde, kennt das italienische Kollisionsrecht keine gesonderte Anknüpfung der *administration*[584]. Demnach unterfallen auch Fragen wie die Notwendigkeit einer

---

580 *Ferid*, Liber amicorum Cohn, 31, 32, rechnet zum Erbgang "alle Vorgänge zwischen dem Erbfall und der Ausschüttung des Nachlasses an die Berechtigten".

581 *Deli*, zu Art. 46 IPRG, Nuove leggi civ. comm. 1996, 1278, 1293; *Clerici*, zu Art. 46 IPRG, Riv. dir. int. priv. proc. 1995, 1133, 1139; *Picone*, Studi Marano, 57, 83.

582 Sowohl Art. 4 c.c. als auch § 11 VerschG vermuten das gleichzeitige Versterben.

583 Dafür ist jedoch, anders als im deutschen Recht, die Annahme der Erbschaft nötig, deren Wirkung, der Erbschaftserwerb, auf den Zeitpunkt des Todes zurückreicht; vgl. Art. 459, 456 c.c.

584 Zur prozeßrechtlichen Qualifikation der *administration* vgl. *Deli*, zu Art. 46 IPRG, Nuove leggi civ. comm. 1996, 1278, 1293 Fn. 75; *Picone*, Studi Marano, 57, 84f.

Annahme der Erbschaft[585], die Nachlaßverwaltung[586], die Feststellung der Erbmasse nach Begleichung der Schulden[587], sowie, wenn die Erben nicht ein anderes Recht für anwendbar erklärt haben (Art. 46 Abs. 3 IPRG)[588], die Auseinandersetzung der Erbengemeinschaft dem Erbstatut.

Das Haager Erbrechtsübereinkommen vom 1.8.1989 beschränkt angesichts der Unterschiede zwischen den Rechtsordnungen Kontinentaleuropas und denen des *common law* den verbindlichen Anwendungsbereich des Erbstatuts im Gegensatz zum italienischen oder deutschen Kollisionsrecht auf die Phase des Anfalls der Erbschaft (Art. 7 Abs. 2 des Übereinkommens) und stellt es nach Art. 7 Abs. 3 des Übereinkommens jedem Vertragsstaat frei, den Anwendungsbereich auch auf andere Fragen zu erstrecken, die das Recht dieses Staates dem Erbstatut unterstellt[589]. Dem Haager Übereinkommen über die internationale Nachlaßverwaltung vom 2.10.1973, das sich mit der darauffolgenden Phase der *administration* beschäftigt, ist der Durchbruch ebensowenig gelungen[590] wie dem Haager Erbrechtsübereinkommen aus dem Jahre 1989.

(2) Gesetzliche und gewillkürte Erbfolge

Das Erbstatut bestimmt insbesondere darüber, wer gesetzlicher oder gewillkürter Erbe ist und ob die Erbschaft auf ihn als Rechtsnachfolger des Erblassers unmittelbar übergeht oder ob eine Zwischenperson zur Nachlaßverwaltung eingeschaltet wird. Es entscheidet weiterhin über Annahme und Ausschlagung[591] der Erbschaft durch die Erben. Nach

---

m.w.N. Zu den Schwierigkeiten und Lösungsmöglichkeiten der Abwicklung eines Erbfalls, wenn Erbstatut das Recht eines *common law* Staates ist, s. *Picone*, a.a.O., 57, 86ff.

585 *Ballarino*, D.i.p., 522; *Lenzi*, Riv. not. 1995, 1133, 1139; *Deli*, zu Art. 46 IPRG, Nuove leggi civ. comm. 1996, 1278, 1293.

586 *Deli*, zu Art. 46 IPRG, Nuove leggi civ. comm. 1996, 1278, 1293.

587 *Ballarino*, D.i.p., 522; *Deli*, zu Art. 46 IPRG, Nuove leggi civ. comm. 1996, 1278, 1293.

588 S. unten B III.

589 *Waters*, 562.

590 Dazu *Picone*, Studi Marano, 57, 85; *Deli*, zu Art. 46 IPRG, Nuove leggi civ. comm. 1996, 1278, 1293 Fn. 75. Italien hat das Übereinkommen zwar ratifiziert, die Ratifikation jedoch nicht hinterlegt.

591 Art. 519ff. c.c.; *Vitta*, Memoriale e progetto di legge, 3, 117.

der *lex successionis* beurteilen sich außerdem Erbfähigkeit[592] und Erbunwürdigkeit[593].

Im Bereich der gewillkürten Erbfolge legt das Erbstatut die Grenzen der Testierfreiheit und damit der Verfügungsbefugnis des Erblassers fest. Dies ist insbesondere im Hinblick auf das Pflichtteils- oder Noterbrecht von Bedeutung, das je nach anwendbarer Rechtsordnung den Gestaltungsspielraum in unterschiedlicher Weise beschränkt.
So beläßt das italienische Erbrecht dem Erblasser nur einen bestimmten Teil seines Nachlasses zur freien Verfügung (die *quota disponibile*) und räumt den Noterben (*legittimari*)[594] eine feste Erbquote (*quota riservata*, Art. 536 c.c.) ein, die diese durch die Herabsetzungsklage (*azione di riduzione*, Art. 553ff. c.c.) geltend machen können. Je nachdem, welche und wieviele Noterben miteinander konkurrieren, beträgt die ihnen vorbehaltene Erbquote ein Drittel (der Eltern, Art. 538 c.c.) bis drei Viertel der Erbschaft (beim Zusammentreffen des überlebenden Ehegatten mit mehreren Kindern, Art. 542 Abs. 2 c.c.).
Im deutschen Recht haben die Berechtigten einen schuldrechtlichen Anspruch auf Zahlung einer bestimmten Summe in Höhe der Hälfte des gesetzlichen Erbteils (§ 2303 BGB). Danach betragen die Pflichtteilsansprüche beim Zusammentreffen des überlebenden Ehegatten, der im gesetzlichen Güterstand lebte, mit einem oder mehreren Kindern nur den Wert der Hälfte des Nachlasses[595].
Ein weiterer Unterschied besteht darin, daß im deutschen Recht der Pflichtteilsanspruch zunächst nur gegenüber dem Erben geltend gemacht werden muß, wofür keine besonderen Formvorschriften bestehen, während im italienischen Recht in jedem Fall die Erhebung der Herabsetzungsklage gem. Art. 564 c.c. nötig ist.
Auch die inhaltliche Zulässigkeit der einzelnen getroffenen Verfügungen richtet sich nach dem objektiv angeknüpften oder gewählten Erbstatut, beispielsweise die Zulässigkeit der Erbeinsetzung oder der Anordnung

---

592 *Ballarino*, D.i.p., 533; *Cian/Trabucchi-Costantino*, zu Art. 46 IPRG, III. Rn. 2; *Clerici*, zu Art. 47 IPRG, Riv. dir. int. priv. proc. 1995, 1144, 1145.

593 *Cian/Trabucchi-Costantino*, zu Art. 46 IPRG, III. Rn. 2.

594 Noterben sind der überlebende Ehegatte, die Kinder, falls diese verstorben sind, die Enkel und die ehelichen Aszendenten, vgl. Art. 536 c.c.

595 Dies gilt unabhängig davon, ob der überlebende Ehegatte den großen Pflichtteil geltend machen kann, der sich aus den §§ 1931 Abs. 1, 1371 Abs. 1 BGB berechnet (in Höhe von 1/4; der Pflichtteil der Abkömmlinge hat insgesamt ebenfalls einen Wert von 1/4) oder ob der kleine Pflichtteil geltend gemacht wird (1/8; der Pflichtteil der Abkömmlinge erhöht sich in diesem Fall auf 3/8).

eines Vermächtnisses, von Bedingungen oder Befristungen sowie von Vor- und Nacherbfolge[596]. Hier weisen das italienische und das deutsche materielle Erbrecht ebenfalls Unterschiede auf. Während im deutschen Recht die Einsetzung eines Nacherben nach §§ 2100ff. BGB erlaubt und verbreitet ist, verbietet der italienische Codice civile das Institut der Vor- und Nacherbschaft (*sostituzione fedecommissaria*) bis auf enge Ausnahmen, Art. 692ff. c.c.[597].

Von den Vorschriften des Erbstatuts hängt es weiterhin ab, welche Arten von Verfügungen von Todes wegen zulässig sind[598]. Das italienische Recht kennt nur das jederzeit widerrufliche Testament, Art. 587 c.c., und spricht für Erbverträge[599] (Art. 458 c.c.) und gemeinschaftliche Testamente (Art. 589, 635 c.c.) ausdrückliche Verbote aus, die als materielle Verbote dem Erbstatut unterfallen. Bei Geltung des deutschen Rechts als Erbstatut stehen dem Erblasser diese Institute dagegen zur Verfügung, §§ 2265ff. BGB und §§ 2274ff. BGB.

In den Bereich des Erbstatuts fällt schließlich die Frage, ob eine wirksame Verfügung von Todes wegen vorliegt. Hierher gehört neben den rechtsgeschäftlichen Voraussetzungen auch die Beurteilung etwaiger Willensmängel und deren Folgen[600]. Das italienische Recht unterstellt die Gültigkeit der Errichtung der Verfügung von Todes wegen, abgesehen von Testierfähigkeit (Art. 47 IPRG) und Form (Art. 48 IPRG), dem Erbstatut, das bei objektiver wie bei subjektiver Anknüpfung erst im Zeitpunkt des Todes feststeht. Es hält dafür keine Norm wie Art. 26 Abs. 5 EGBGB bereit, der auf die Zeit der Errichtung der Verfügung abstellt. Ein

---

596 Cass. civ., sez. II, 15.3.1984, n. 2215, Giur. it. 1984, I, 1, 1368, 1374f.; *Migliazza*, Nov. dig. it. XVIII, 862, 878; *Ballarino*, D.i.p., 523; a.A. dagegen noch *Morelli*, 149 und *Balladore Pallieri*, 216, die das Sachstatut für maßgeblich halten.

597 Nach Art. 692 c.c. ist eine Nacherbeneinsetzung nur statthaft, wenn sie von den Eltern oder anderen Aszendenten in gerader Linie oder vom Ehegatten eines Entmündigten oder eines Minderjährigen mit dauernder Geisteskrankheit angeordnet wird und dieser als Vorerbe eingesetzt wird, während Nacherbe die Person oder Einrichtung wird, die ihn unter vormundschaftlicher Aufsicht gepflegt hat.

598 *Deli*, zu Art. 46 IPRG, Nuove leggi civ. comm. 1996, 1278, 1295; *Cian/Trabucchi-Costantino*, zu Art. 46 IPRG, III. Rn. 2; *Ballarino*, D.i.p., 531.

599 Zur erbrechtlichen Qualifikation s. bereits oben B II 2 d bb (3).

600 *Ballarino*, D.i.p., 532; *Cian/Trabucchi-Costantino*, zu Art. 46 IPRG, III. Rn. 2; *Picone*, Studi Marano, 57, 79f.; a.A. (Art. 47 IPRG) *Deli*, zu Art. 47 IPRG, Nuove leggi civ. comm. 1996, 1296, 1300; *Annibale*, 251; *Lenzi*, Riv. not. 1995, 1133, 1142; *Brandi*, Vita not. 1998, 1198, 1216.

Wechsel der Staatsangehörigkeit nach der Testamentserrichtung kann demnach die Hinfälligkeit der Verfügung mit sich bringen, wenn das Erbstatut objektiv nach Art. 46 Abs. 1 IPRG bestimmt wird[601]. Im Fall einer Rechtswahl ist zwar ein Staatsangehörigkeitswechsel ohne Einfluß auf das Erbstatut und die Gültigkeit der Errichtung der Verfügung von Todes wegen, doch führt die Verlegung des gewöhnlichen Aufenthalts zur Unwirksamkeit der Rechtswahl. Die Wirksamkeit der Errichtung einer Verfügung von Todes wegen beurteilt sich also ebenfalls nicht nach dem Recht, von dessen Geltung der Erblasser zum damaligen Zeitpunkt ausging, so daß auch deshalb die ursprünglich wirksame Verfügung unwirksam sein kann. Besonders in Bezug auf Erbverträge wird das Fehlen einer eigenen Kollisionsnorm, die die Wirksamkeit im Zeitpunkt des Vertragsschlusses anknüpft, als mißlich empfunden, weil die Vertragsparteien weder Rechtssicherheit über den Bestand der getroffenen Verfügung noch über die eingegangene Bindung und die daraus folgenden Rechte und Pflichten haben[602].

(3) Rechtsgeschäfte unter Lebenden auf den Todesfall

Nicht nur die Zulässigkeit der verschiedenen Arten einer Verfügung von Todes wegen beurteilt sich nach dem Erbstatut, sondern auch die Zulässigkeit von Rechtsgeschäften unter Lebenden auf den Todesfall.
Der Erbverzicht, wie ihn das deutsche Recht in § 2346 BGB kennt, wird erbrechtlich qualifiziert[603] und im italienischen Recht ausdrücklich von Art. 458 c.c. verboten. Nur bei Geltung des deutschen Rechts steht dem Erblasser dieses Mittel erbrechtlicher Gestaltung und Planung zur Verfügung. Ebenso verhält es sich mit der Schenkung von Todes wegen, die im italienischen materiellen Recht als Rechtsgeschäft *mortis causa* vom Verbot der Erbverträge erfaßt wird[604]. Ihre Qualifikation ist umstritten. Einige Autoren sehen in Art. 56 IPRG eine das Erbstatut verdrän-

---

601 Nach *Ballarino*, D.i.p., 532, ergibt sich diese Folge aus der Natur einer letztwilligen Verfügung, da zwar das Vorhandensein von Willensmängeln bezogen auf den Zeitpunkt der Errichtung der Verfügung von Todes wegen festzustellen sei, die rechtliche Beurteilung jedoch erst im Todeszeitpunkt relevant werde. S. auch *Vitta*, D.i.p., III, 148: Gesetzliche und gewillkürte Erbfolge sind nach demselben Recht zu beurteilen; erst im Zeitpunkt des Todes entstehen die erbrechtlichen Rechtsverhältnisse.

602 *Picone*, Studi Marano, 57, 99; *Deli*, zu Art. 46 IPRG, Nuove leggi civ. comm. 1996, 1278, 1295; vgl. aber auch *Ballarino*, Riv. not. 1986, 1, 6.

603 Dazu schon oben B II 2 d bb (3).

604 Auch im deutschen Recht finden wegen § 2301 BGB die §§ 2276ff. BGB Anwendung; vgl. *Palandt-Edenhofer*, zu § 2301 BGB Rn. 1, 6f.

gende Spezialvorschrift für alle Schenkungen, die nicht in den Anwendungsbereich des EVÜ und damit des Art. 57 IPRG fallen, und unterstellen die *donatio mortis causa* deshalb dem Schenkungsstatut[605]. Wegen der Einordnung der Schenkung von Todes wegen als Erbvertrag und wegen ihrer erbrechtlicher Wirkungen dürften Zulässigkeit und Wirkungen einer Schenkung von Todes wegen jedoch dem Erbstaut unterfallen[606].

bb) Abgrenzung vom Sachstatut

Die Grenzziehung zwischen dem Erbstatut einerseits und dem Sachstatut andererseits ist im italienischen Kollisionsrecht seit jeher ein viel diskutiertes Thema. Ausgangspunkt ist die Überlegung, daß sich der Erwerb der Erbschaft durch die Erben und Vermächtnisnehmer, wie ihn das Erbstatut vorsieht, im Hinblick auf den Übergang von Besitz und Eigentum an den einzelnen Gegenständen nicht gegen den Willen des Sachstatuts, der lex rei sitae, durchzusetzen vermag.
Die überwiegende italienische Literatur unterscheidet deshalb zwischen dem *titolo d'acquisto*, d.h. der erbrechtlichen Berechtigung, und dem *modo d'acquisto*, der Art und Weise des Erwerbs der einzelnen Nachlaßgegenstände; die Corte di Cassazione hat diese Auffassung in einem *obiter dictum* bestätigt[607]. Danach unterfallen die Fragen bezüglich des *titulus*, der vor allem die Bestimmung der Erben, der Vermächtnisnehmer und der Erbmasse umfaßt, dem Erbstatut; das Sachstatut entscheidet über den *modus* des Erwerbs von Eigentum oder Besitz[608].

---

605 *Boschiero*, Appunti, 65; *Mosconi*, D.i.p., Parte speciale, 129; zum früheren IPR ebenso *Balladore Pallieri*, 275f. und 337; *Venturini*, Enc. dir. XIII, 992, 993: Wegen der kollisionsrechtlichen Schwierigkeiten, die ein Wechsel der Staatsangehörigkeit des Verfügenden verursachen würde, sollte die Schenkung von Todes wegen nach Art. 24 disp. prel. c.c. (1942), also nach dem Heimatrecht des Schenkers zur Zeit der Schenkung, beurteilt werden. Zu den Schwierigkeiten, den Anwendungsbereich des Art. 56 IPRG gegenüber dem Vertragsstatut (Art. 57 IPRG i.V.m. Art. 3, 4 EVÜ) festzulegen, s. *Bariatti*, Nuove leggi civ. comm. 1996, 1341, 1349ff. m.w.N.

606 *Bariatti*, zu Art. 56 IPRG, Nuove leggi civ. comm. 1996, 1341, 1352f.; *Ballarino*, D.i.p., 558 (das Erbstatut soll nur die Zulässigkeit einer Schenkung von Todes wegen regeln, das Schenkungsstatut ihre Wirkungen); *Annibale*, 247 Fn. 524; *Vitta*, D.i.p., III, 211; *Leoncini Bartoli*, 71f.; zum deutschen Recht OLG Düsseldorf, Urt. v. 16.8.1996, ZEV 1996, 423, 424 m. Anm. *Lorenz*, ZEV 1996, 406ff. Zu den Qualifikationsproblemen s. auch *Henrich*, FS Firsching, 111, 118ff.

607 Cass, sez. II, 21.2.1956, n. 488, Giust. civ., I, 1956, 1065, 1068.

608 *Deli*, zu Art. 46 IPRG, Nuove leggi civ. comm. 1996, 1278, 1293; *Benvenuti*, zu Art. 51 IPRG, Nuove leggi civ. comm. 1996, 1325, 1331f.; *Picone*, Studi Marano, 57,

Dabei sind die Einzelheiten jedoch umstritten. So wird die etwaige Notwendigkeit der Annahme der Erbschaft, wie sie das italienische materielle Recht vorsieht, teilweise dem *titolo* zugerechnet, da erst sie die Erbenstellung endgültig begründe[609], während sie nach anderer Ansicht für in Italien belegene Nachlaßgegenstände auch bei Geltung fremden Erbstatuts nach Art. 459 c.c. immer zu erklären ist[610]. Da dies gem. Art. 476 c.c. aber auch konkludent geschehen kann, etwa durch Beantragung eines Erbscheins, entstehen bei dieser Streitrage nicht allzu große praktische Unterschiede.
Vor diesem Hintergrund ist auch Art. 51 Abs. 2 IPRG zu lesen, der für den Bereich des Erbrechts eine Ausnahme von dem Grundsatz statuiert, daß der Erwerb und Verlust von Besitz, Eigentum und anderen dinglichen Rechten der lex rei sitae unterstehe[611]. Der Reformgesetzgeber wollte mit dieser Formulierung erklärtermaßen die überwiegende Meinung in Rechtsprechung und Literatur festschreiben und der These entgegentreten, daß die lex rei sitae für alle sachenrechtlichen Tatbestände unbeschränkt Geltung beanspruche[612]. Besondere Publizitätserfordernisse[613] der Rechtsakte zum Erwerb von Eigentum, Besitz und anderen

---

84; *Frigo*, Enc. dir., Aggiornamento III, 512, 515; *Ballarino*, Enc. dir. XLIII, 1268, 1286ff.; *Vitta*, D.i.p., III, 181f.; *ders.*, Memoriale e progetto di legge, 3, 128ff.; *Migliazza*, Nov. dig. it. XVIII, 862, 883; ebenso schon *Anzilotti*, 369. Auch im deutschen Recht können sich Rechtsinstitute eines fremden Erbstatuts nicht unbeschränkt durchsetzen; sie finden eine Grenze in dem vom deutschen Recht als Sachstatut vorgegebenen *numerus clausus* der dinglichen Rechte. Ein Vindikationslegat z.B. des italienischen Rechts ist deshalb im Wege der Anpassung in ein Damnationslegat mit nur schuldrechtlicher Wirkung umzudeuten. Vgl. BGH, Urt. v. 28.9.1994, IPRax 1996, 39, 40f.; dazu *Dörner*, IPRax 1996, 26, 27.

609 *Vitta*, D.i.p., III, 182; *Deli*, zu Art. 46 IPRG, Nuove leggi civ. comm. 1996, 1278, 1293; *Migliazza*, Nov. dig. it. XVIII, 862, 883.

610 *Ballarino*, Enc. dir. XLIII, 1268, 1288; *Balladore Pallieri*, 266 und 271f.; *Cian/Trabucchi-Costantino*, zu Art. 46 IPRG, III. Rn. 5.

611 Art. 51 IPRG lautet: "*Possesso e diritti reali.- (1) Il possesso, la proprietà e gli altri diritti reali sui beni mobili ed immobili sono regolati dalla legge dello Stato in cui i beni si trovano.*

(2) La stessa legge ne regola l'acquisto e la perdita, salvo che in materia successoria e nei casi in cui l'attribuizione di un diritto reale dipenda da un rapporto di famiglia o da un contratto."

612 Relazione della Commissione, zu Art. 49, Studi Marano, 193f.; s. auch *Luzzatto*, zu Art. 51 IPRG, Riv. dir. int. priv. proc. 1995, 1154, 1156.

613 Publizität betrifft, im Gegensatz zur Form, die auf das Zustandekommen des Erwerbsakts gerichtet ist, die Möglichkeit, daß die Rechtshandlung bestimmte Wirkungen zeigt. Vgl. *Luzzatto*, zu Art. 55 IPRG, Riv. dir. int. priv. proc. 1995, 1165, 1166.

dinglichen Rechten am Nachlaß bzw den einzelnen Gegenständen sowie die Wirkung der Publizität[614] richten sich dagegen in jedem Fall nach dem Recht der Belegenheit der Sache, Art. 55 IPRG.

cc) Anknüpfung von Vorfragen

Bei der Anwendung der von Art. 46 IPRG berufenen Rechtsordnung können Fragen aufgeworfen werden, die nicht zum Gebiet des Erbrechts gehören. Solche Vorfragen, die beispielsweise das Bestehen einer wirksamen Ehe oder eines Kindschaftsverhältnisses betreffen, sind für die Bestimmung der gesetzlichen Erbfolge sowie der Noterbberechigten oder Pflichtteilsberechtigten von Bedeutung.
Umstritten ist jedoch, ob die für die Beantwortung dieser Fragen maßgebliche Rechtsordnung durch selbständige Anknüpfung aufgrund der Kollisionsnormen des italienischen Rechts zu bestimmen ist (*soluzione disgiunta*) oder ob dafür das Kollisionsrecht der lex causae, also des Erbstatuts, heranzuziehen ist (*soluzione congiunta*); das IPRG selbst schweigt zu der Frage[615]. Daß Vorfragen durch unselbständige Anknüpfung zu lösen seien, wird mit der Begründung vertreten, daß dies der umfassenden Geltung des Erbstatuts (*universalità*) entspreche und nach Einführung des Renvoi in das Reformgesetz die Maßgeblichkeit des fremden Kollisionsrechts nicht von vornherein von der Hand zu weisen sei[616]. Dieses Argument trägt indes nicht bei Vorliegen einer wirksamen Rechtswahl, da die Beachtung von Rück- oder Weiterverweisungen gem. Art. 13 Abs. 2 lit. a IPRG in diesem Fall ausgeschlossen ist.
Nach anderer Meinung sind Vorfragen im Interesse des internen Entscheidungseinklangs grundsätzlich[617] selbständig anzuknüpfen[618]. Der

---

614 *Benvenuti*, zu Art. 55 IPRG, Nuove leggi civ. comm. 1996, 1340, 1341.

615 In Art. 6 IPRG wird nur klargestellt, daß die italienischen Gerichte inzidenter auch über Vorfragen entscheiden können, für die sie international eigentlich nicht zuständig sind. Dazu *Luzzatto*, zu Art. 3 IPRG, Riv. dir. int. priv. proc. 1995, 923, 943. Eine kurze rechtsvergleichende Darstellung des Streits gibt *Picone*, Questioni preliminari, 25ff.

616 *Clerici*, zu Art. 46 IPRG, Riv. dir. int. priv. proc. 1995, 1133, 1139f.; ähnlich *Bariatti*, zu Art. 1 IPRG, Nuove leggi civ. comm. 1996, 877, 887. Vor der Reform wurde der Ausschluß des Renvoi durch Art. 30 disp. prel. c.c. (1942) als Argument gegen die unselbständige Anknüpfung angeführt; vgl. *Vitta*, D.i.p., III, 473ff.; *Vitta/Mosconi*, 175. Weitere Nachweise zur unselbständigen Anknüpfung bei *Picone*, Questioni preliminari, 27 Fn. 19.

617 Zu den Ausnahmen s. *Mosconi*, D.i.p., Parte generale, 108; *Ballarino*, D.i.p., 528.

italienische Richter könne die Kollisionsnormen der lex fori nicht einfach ignorieren, nur weil das Rechtsverhältnis nicht als Hauptfrage, sondern als Vorfrage zu beurteilen sei[619]. Die selbständige Anknüpfung hat daneben den Vorteil, daß unabhängig davon, ob das Erbstatut objektiv bestimmt oder vom Erblasser gewählt wurde, sich die in Frage stehenden Rechtsverhältnisse wie z.B. die Wirksamkeit der Ehe des Erblassers nach derselben, vom italienischen IPR berufenen Rechtsordnung beurteilen.

d) Maßgeblicher Zeitpunkt für den Inhalt des gewählten Rechts

Das gewählte Recht findet Anwendung mit dem Inhalt, den es zur Zeit des Todes des Erblassers hat[620]. Eine „Versteinerung" der zum Zeitpunkt der Rechtswahl geltenden Normen findet nicht statt und kann vom Erblasser nur im Rahmen der Testierfreiheit angeordnet werden.

e) Abstimmung mit anderen Statuten

Die Rechtswahl im internationalen Erbrecht ist nur ein Aspekt des Instrumentariums, das das IPRG einem Erblasser zur Verfügung stellt, dessen persönliche oder vermögensrechtliche Verhältnisse Bezugspunkte zu verschiedenen Rechtsordnungen aufweisen. Ist er verheiratet, so können die Ehegatten nach Art. 30 Abs. 1 S. 2 IPRG ihre güterrechtlichen Beziehungen unter anderem dem Recht desjenigen Staates unterstellen, in dem einer von ihnen seinen gewöhnlichen Aufenthalt hat[621]. Auch im Hinblick auf das Schenkungsstatut, das nach Art. 56

---

618 *Ballarino*, D.i.p., 527f.; *ders.*, Enc. dir., Aggiornamento I, 943, 948; *Mosconi*, D.i.p., Parte gnerale, 107f.; *Vitta*, D.i.p., III, 133f. m.w.N.; *Balladore Pallieri*, 270; s. auch *Migliazza*, Nov. dig. it. XVIII, 862, 869; *Luzzatto*, Stati giuridici, 255ff.; ebenso Trib. Milano, 10.3.1997, Fam. e dir. 1998, 170, 171. Auch im Rahmen von Art. 25 EGBGB weden Vorfragen grundsätzlich selbständig angeknüpft, vgl. *Staudinger-Dörner*, zu Art. 25 EGBGB Rn. 557ff.

619 *Mosconi*, D.i.p., Parte generale, 107f.; *Vitta*, D.i.p., I, 471f.; vgl. auch *Conetti*, Fam. e dir. 1998, 172.

620 *Clerici*, zu Art. 46 IPRG, Riv. dir. int. priv. proc. 1995, 1133, 1138 Fn. 26.

621 Art. 30 Abs. 1 IPRG lautet: "*Rapporti patrimoniali tra coniugi.- (1) I rapporti patrimoniali tra coniugi sono regolati dalla legge applicabile ai loro rapporti personali. I coniugi possono tuttavia convenire per iscritto che i loro rapporti patrimoniali sono regolati dalla legge dello Stato di cui almeno uno di essi è cittadino o nel quale almeno uno di essi risiede.*"

Abs. 1 IPRG an die Staatsangehörigkeit des Schenkers angeknüpft wird, steht dem Schenker die Wahl seines Aufenthaltsrechts offen[622]. Für den Großteil der Schenkungen besteht ohnehin die Rechtswahlfreiheit des Art. 57 IPRG iVm. Art. 3 EVÜ. Diese verschiedenen Rechtswahlmöglichkeiten gestatten es, einen Gleichlauf der jeweiligen Statuten herbeizuführen und lebzeitige Verfügungen mit einer Verfügung von Todes wegen auch inhaltlich abzustimmen.
Denn zu Lebzeiten getätigte Schenkungen sind möglicherweise auch nach dem Tod des Schenkers relevant, wenn sie unter Miterben auszugleichen oder anzurechnen sind. Beeinträchtigen sie die den Pflichterben vorbehaltene Quote oder schmälern sie den (deutschen) Pflichtteil, können sie weiterhin Gegenstand einer Herabsetzungsklage (Art. 555 c.c.) bzw. eines Pflichtteilsergänzungsanspruchs (§§ 2325, 2329 BGB) sein. Durch entsprechende Rechtswahlen vermeidet der Erblasser bzw. Schenker, daß die erbrechtlichen Fragen einem anderen Recht unterstehen als die Schenkung im übrigen.
Im Zusammenspiel mit der Wahl des Ehegüterstatuts hilft die erbrechtliche professio juris, Qualifikations- und Anpassungsprobleme zu vermeiden, die beim Erbrecht und beim güterrechtlichen Ausgleichsanspruch des überlebenden Ehegatten auftauchen, wenn verschiedene Rechtsordnungen anwendbar sind[623].

5. Grenzen der Rechtswahl

a) Vorbehalt des Art. 46 Abs. 2 S. 3 IPRG

Der Vorbehalt des Art. 46 Abs. 2 S. 3 IPRG stellt das umstrittenste Element der italienischen Rechtswahlmöglichkeit dar. Ist der Erblasser italienischer Staatsangehöriger, sichert die Vorschrift den Noterben, die zum Zeitpunkt des Todes ihren Aufenthalt in Italien haben, ihre nach italienischem Recht bestehenden Rechte, in erster Linie die Noterbrechte:

---

622 Art. 56 IPRG lautet: "*Donazioni.- (1) Le donazioni sono regolate dalla legge nazionale del donante al momento della donazione.*
(2) Il donante può, con dichiarazione espressa contestuale alla donazione, sottoporre la donazione stessa alla legge dello Stato in cui egli risiede. (3) [...]".

623 Dazu *Vitta*, D.i.p., III, 134ff.; *Migliazza*, Nov. dig. it. XVIII, 862, 868ff.; zum deutschen Recht s. *Staudinger-Dörner*, zu Art. 25 EGBGB Rn. 715ff.; *Mankowski/Osthaus*, DNotZ 97, 10ff.

"Nell'ipotesi di successione di un cittadino italiano, la scelta non pregiudica i diritti che la legge italiana attribuisce ai legittimari residenti in Italia al momento della morte della persona della cui eredità si tratta."

Die Vorschrift soll die Noterben davor schützen, daß der Erblasser seinen gewöhnlichen Aufenthalt allein aus dem Grund ins Ausland verlegt, ihre nach italienischem Recht bestehenden Noterbrechte zu vereiteln[624].
Eine ähnliche Bestimmung, die zugunsten der im Inland lebenden Angehörigen die Reichweite der professio juris einschränkte, fand sich im alten Recht von Peru und Guatemala[625]. Auch in Québec begrenzt ein Vorbehalt zugunsten des objektiv bestimmten Erbstatuts die Wirkung einer Rechtswahl in bestimmten Fällen[626].

Das Haager Erbrechtsübereinkommen vom 1.8.1989 enthält in Art. 5 selbst keine Begrenzung der Parteiautonomie zugunsten der Pflichtteilsberechtigten. Allerdings kann nach Art. 24 Abs. 1 lit. d des Übereinkommens jeder Vertragsstaat den Vorbehalt erklären, eine Rechtswahl insgesamt nicht anzuerkennen, wenn ohne Rechtswahl das Recht dieses Staates aufgrund der objektiven Anknüpfung gem. Art. 3 des Übereinkommens anwendbar wäre, die Anwendung des gewählten Rechts dem überlebenden Ehegatten oder einem Kind des Erblassers eine erb- oder familienrechtliche Zuwendung ganz oder teilweise entziehen würde, auf die sie nach den zwingenden Bestimmungen des Rechts des den Vorbehalt erklärenden Staates Anspruch gehabt hätten, und wenn der Ehegatte oder das Kind Staatsangehöriger dieses Staates ist oder dort seinen gewöhnlichen Aufenthalt hat.

aa) Voraussetzungen und Rechtsnatur des Vorbehalts

Voraussetzung für das Eingreifen des Vorbehalts des Reformgesetzes ist neben dem Vorliegen einer wirksamen Rechtswahl zunächst, daß der Erblasser italienischer Staatsangehöriger war; die Erbfolge nach einem ausländischen Erblasser unterliegt dagegen vollumfänglich dem gewählten Recht. Weiterhin greift die Schutzvorschrift nur zugunsten der Noterbberechtigten, die zur Zeit des Erbfalls ihren Aufenthalt in Italien haben. Dabei ist, wie auch in Satz 1 des Art. 46 Abs. 2 IPRG, der

---

624 *Ballarino*, D.i.p., 520; *Mosconi*, D.i.p., Parte generale, 106; *Calò*, Nuova giur. civ. comm. 1997, I, 167, 169.

625 S. oben A II 2 a aa (2) und (3).

626 S. oben A II 2 b cc.

schlichte Aufenthalt allein nicht ausreichend; verlangt wird vielmehr der gewöhnliche Aufenthalt iSd. Art. 43 Abs. 2 c.c.[627]. Eine unterschiedliche Auslegung desselben Begriffs erscheint nicht gerechtfertigt, weil sie zu willkürlichen Ergebnissen führen könnte, wenn schon der schlichte, auch zufällige Aufenthalt eines nahen Angehörigen zum maßgeblichen Zeitpunkt in Italien den Vorbehalt aktivieren würde. Ein Abstellen nur auf den schlichten Aufenthalt würde auch Raum geben für die Vortäuschung oder die kurzzeitige Begründung eines Aufenthalts im Inland, nur um zum berechtigten Personenkreis zu gehören[628]. Zudem kann auf den Begleitbericht zum Gesetzentwurf verwiesen werden, in dem die Kommission in Bezug auf Satz 1 des Art. 46 Abs. 2 IPRG ausführt, der Aufenthalt müsse im italienischen Rechtssystem selbstverständlich ein tatsächlicher und gewöhnlicher Aufenthalt sein[629].

Die Beschränkung des Vorbehalts auf die nach italienischem Recht bestehenden Noterbrechte, die kraft objektiver Anknüpfung nach Art. 46 Abs. 1 IPRG anwendbar wären, und auf die in Italien ansässigen Noterbberechigten bringt die Auffassung des Gesetzgebers zum Ausdruck, daß das Noterbrecht nicht Bestandteil des ordro public ist[630], eine Auffassung, die nach Inkrafttreten des Reformgesetzes von der Corte die Cassazione bestätigt wurde[631]. Demnach kann Art. 46 Abs. 2 S. 3 IPRG keine Konkretisierung des ordre public Vorbehalts dergestalt darstellen, daß für das Eingreifen des ordre public eine doppelte Inlandsbeziehung, nämlich die italienische Staatsangehörigkeit des Erblassers sowie der gewöhnliche Aufenthalt des Berechtigten im Inland notwendig ist[632]. Gegen die Einordnung der Regelung als Konkretisierung des ordre public spricht auch, daß sie unabhängig vom Inhalt des gewählten Rechts und seiner Anwendung eingreift.

---

627 Ebenso *Deli*, zu Art. 46 IPRG, Nuove leggi civ. comm. 1996, 1278, 1291.

628 *Deli*, zu Art. 46 IPRG, Nuove leggi civ. comm. 1996, 1278, 1291; *Facci*, 152f.; vgl. auch *Picone*, Studi Marano, 57, 77; *Lenzi*, Riv. not. 1995, 1133, 1138.

629 Relazione della Commissione, zu Art. 44, Studi Marano, 165, 191.

630 Relazione della Commissione, zu Art. 44, Studi Marano, 165, 191.

631 Cass. civ., sez. II, 24.6.1996, n. 5832, Nuova giur. civ. comm. 1997, I, 164, 167 m. Anm. *Calò*; dazu sowie zu der vor der Reform bestehenden Streitfrage, ob das Noterbrecht zum ordre public zu zählen sei, s. unten B II 5 b bb (1).

632 *Clerici*, Raccolta Vitta, 309, 328; *Cian/Trabucchi-Costantino*, zu Art. 46 IPRG, II. Rn. 7; *Deli*, zu Art. 46 IPRG, Nuove leggi civ. comm. 1996, 1278, 1290f.; *Calò*, Nuova giur. civ. comm. 1997, 167, 169; a.A. *Ballarino*, D.i.p., 308; *Maglio/Thorn*, ZVglRWiss 96 (1997), 347, 366. Zur Maßgeblichkeit des gewöhnlichen Aufenthalts der geschützten Personen im Inland s. *Spickhoff*, 288.

Die Vorschrift ähnelt, auch aufgrund ihres einseitigen Charakters, eher einer Art Vorbehalt für Eingriffsnormen, einer Sonderanknüpfung international zwingender Bestimmungen[633]. Die Vorschriften des Codice civile über das Noterbrecht wären dann nach der Definition des Art. 17 IPRG[634] Vorschriften, die nach ihrem Gegenstand und ihrem Zweck auch bei Geltung eines ausländischen Statuts angewendet werden müssen. Sieht man den Zweck des Pflichtteils- oder Noterbrechts in erster Linie im Schutz der nahen Angehörigen, begegnet diese Betrachtungsweise angesichts der Beschränkung des Schutzes auf nur einen Teil der Pflichterben Zweifeln[635]. Im Hinblick auf ein inländisches öffentliches Interesse, nicht für den Unterhalt dieses Personenkreises aufkommen zu müssen, können die Vorschriften über das Noterbrecht jedoch durchaus als Eingriffsnormen gesehen und eine Sonderanknüpfung nur zugunsten der im Inland lebenden Berechtigten vorgenommen werden[636]. Insoweit betreffen die Art. 536 ff. c.c. ein wirtschaftlich-soziales Interesse des Staates, das mit Hilfe von Eingriffsnormen unabhängig von den Vorschriften des anwendbaren Rechts von vornherein durchgesetzt werden soll[637].

bb) Funktionsweise

Das Eingreifen des Vorbehalts des Art. 46 Abs. 2 S. 3 IPRG führt dazu, daß die Vorschriften des italienischen Codice civile über die Rechte der Noterben neben die Bestimmungen des gewählten Rechts treten; es kommt zu einer Spaltung des Erbstatuts.

Fraglich ist, ob diese Spaltung automatisch und in jedem Fall eintritt, oder ob hierfür ein konkreter Vergleich des italienischen und des gewählten Pflichtteils- oder Noterbrechts nötig ist, so daß die italienischen Vorschriften nur dann zur Anwendung gelangen, wenn sie dem berechtigten Personenkreis im konkreten Fall ein höheres Maß an Schutz gewähren. Diese Vorgehensweise ist von Art. 5 Abs. 2 und Art. 6

---

633 *Migliazza*, Enc. giur. XXX, 1, 4; *Clerici*, Raccolta Vitta, 309, 328; *Ballarino*, Raccolta Vitta, 3, 27. Zur Sonderanknüpfung zwingender Bestimmungen bei Vorliegen einer Rechtswahl vgl. *Kühne*, Parteiautonomie, 133ff.; 139ff.

634 Art. 17 IPRG: "*Norme di applicazione necessaria.- È fatta salva la prevalenza sulle disposizioni che seguono delle norme italiane che, in considerazione del loro oggetto e del loro scopo, debbono essere applicate nonostante il richiamo alla legge straniera.*"

635 *Clerici*, Raccolta Vitta, 309, 328.

636 Dazu *Kühne*, Parteiautonomie, 138f.

637 Vgl. *Boschiero*, zu Art. 16 IPRG, Nuove leggi civ. comm. 1996, 1046, 1050.

Abs. 1 EVÜ, im deutschen Kollisionsrecht von Art. 29 Abs. 1 und Art. 30 Abs. 1 EGBGB bekannt und wird unter Hinweis auf die Parallelität der Struktur der Vorschriften auch im Rahmen von Art. 46 Abs. 2 S. 3 IPRG vertreten[638]. Die Vergleichbarkeit der Bestimmungen des Römischen Übereinkommens von 1980 und des Vorbehalts des italienischen Reformgesetzes erschöpft sich jedoch darin, daß die jeweiligen Bestimmungen bei Vorliegen einer Rechtswahl Sonderanknüpfungen bestimmter Schutzvorschriften vorsehen, die unter bestimmten Voraussetzungen[639] dem Aufenthaltsrecht entnommen werden. Während aber Art. 5 und Art. 6 EVÜ als allseitige Kollisionsnormen den Schutz der schwächeren Vertragspartei bezwecken, gibt Art. 46 Abs. 2 S. 3 IPRG ein Beispiel für eine einseitige, die lex fori begünstigende Kollisionsnorm. Er bezweckt aber nicht in erster Linie den Schutz der aus italienischer Sicht Noterbberechtigten, denn sonst hätte sich dieser Schutz nicht auf die sich in Italien gewöhnlich aufhaltenden Personen beschränken dürfen. Ohnehin ist zweifelhaft, ob sich die Kategorie der „schwächeren Vertragspartei" überhaupt auf das Erbrecht übertragen läßt. Der Vorbehalt des Art. 46 Abs. 2 S. 3 IPRG ist vielmehr auf den Schutz öffentlicher, im Inland zutage tretender Interessen zugeschnitten[640] und in seiner konkreten Fassung vor diesem Hintergrund am ehesten nachvollziehbar.

Damit ist Art. 46 Abs. 2 S. 3 IPRG in seiner Zielrichtung wie auch in seiner Struktur mit Art. 17 IPRG vergleichbar, der den Vorrang italienischer Eingriffsnormen vor dem jeweils maßgeblichen Statut zum Gegenstand hat[641]. Dies bedeutet für die Funktionsweise des Vorbehalts in Art. 46 Abs. 2 IPRG, daß die Normen des Codice civile, die die Rechte der Noterben enthalten, *en bloc* und in jedem Fall an die Stelle des entsprechenden Normkomplexes des gewählten Rechts treten. Eine Prüfung der konkret günstigeren Regelung im Einzelfall brächte außerdem erhebliche Rechtsunsicherheit mit sich. Denn außer der wertmäßigen Höhe der Beteiligung müßten eine Reihe weiterer Kriterien in Betracht

---

638 *Bonomi*, SZIER 1998, 479, 499f.

639 Im Fall eines Verbrauchervertrags ist eine weitere effektive Verbindung zum Aufenthaltsstaat nötig (vgl. Art. 5 Abs. 2 EVÜ; Art. 29 Abs. 1 EGBGB); im Fall eines Arbeitsvertrags ist das objektive, nach Art 6 Abs. 1, 2 EVÜ bzw. Art. 30 Abs. 1, 2 EGBGB bestimmte Vertragsstatut maßgeblich.

640 Näher dazu sogleich unten B II 5 a cc.

641 Zur Wirkungsweise des Art. 17 IPRG *Treves*, zu Art. 17 IPRG, Riv. dir. int. priv. proc. 1995, 986, 989; *Boschiero*, zu Art. 17 IPRG, Nuove leggi civ. comm. 1996, 1062, 1064; vgl. auch *Davì*, Raccolta Vitta, 45, 137ff.

gezogen werden, z.B. ob es günstiger ist, einen schuldrechtlichen Anspruch zu erhalten oder eine feste Erbquote, die jedoch nur im Klagewege geltend gemacht werden kann und zur Konsequenz hat, daß der Berechtigte sich mit den Miterben auseinandersetzen muß, oder welche Verjährungsregeln gelten[642]. Danach würde sich die Frage stellen, ob dann nur die günstigeren Bestimmungen zur Anwendung gelangen sollen. Eine weitere Aufspaltung des erbrechtlichen Systems innerhalb des Noterb- bzw. Pflichtteilsrechts wäre jedoch unpraktikabel, da ein erbrechtliches Teilgebiet, das noch enger in sich verzahnt ist, als es das Erbrecht ohnehin ist, nicht noch weiter aufteilbar ist.

Art. 46 Abs. 2 S. 3 IPRG bewirkt also eine Spaltung des Erbstatuts. Die Rechte der nach italienischem Recht Noterbberechtigten richten sich nach italienischem Recht, wenn die betreffenden Personen zum Zeitpunkt des Todes des Erblassers ihren gewöhnlichen Aufenthalt in Italien haben. Im übrigen ist die Rechtswahl wirksam, und es gilt das gewählte Recht, auch hinsichtlich der Noterbrechte oder Pflichtteilsansprüche derjenigen Angehörigen, die ihren gewöhnlichen Aufenthalt zum maßgeblichen Zeitpunkt nicht in Italien haben.

Eine weitere Besonderheit gilt es zu beachten: Daß das Eingreifen des Vorbehalts praktische Wirkung zeigt, ist in seinem wichtigsten Anwendungsbereich davon abhängig, daß die nach italienischem Recht Berechtigten ihr Noterbrecht durch Erhebung der Herabsetzungsklage geltend machen. Davor ist das Testament, das die ihnen vorbehaltenen Erbquoten verletzt, wirksam; erst durch das obsiegende Urteil werden die testamentarischen Verfügungen entsprechend den jeweiligen Quoten herabgesetzt. Für die Erhebung der *azione di riduzione* gilt die normale zehnjährige Verjährungsfrist, Art. 2946 c.c., die mit dem Erbfall zu laufen beginnt[643].

Hat also ein italienischer Erblasser das deutsche Erbrecht gewählt und seinen überlebenden Ehegatten als Alleinerben eingesetzt, greift zugunsten der beiden in Italien lebenden Kinder Art. 46 Abs. 2 S. 3 IPRG. Sie sind nach Art. 536 Abs. 1 c.c. Pflichterben, die ihnen vorbehaltene Quote beträgt 1/2 des Nachlasses, Art. 542 Abs. 2 c.c. Solange sie nicht die Herabsetzungsklage erfolgreich erhoben haben, ist der Ehegatte nach deutschem Recht Alleinerbe, weil die Verfügung von Todes wegen

---

642 Z.B. zehn Jahre im italienischen Recht (Art. 2946 c.c.), drei Jahre im deutschen Recht (§ 2332 BGB).

643 *Trabucchi*, 876; *Torrente/Schlesinger*, 913.

bis zu diesem Zeitpunkt voll wirksam ist; bezüglich der den Kindern zustehenden Noterbquote von 1/2 ist die Erbenstellung allerdings auflösend bedingt. Ob der überlebende Ehegatte damit zu 1/2 die Stellung eines Vorerben innehat mit der Folge, daß er den Beschränkungen der §§ 2112ff. BGB unterliegt, erscheint fraglich[644]. Der „Nacherbfall" tritt gerade nicht auf Anordnung, sondern gegen den Willen des Erblassers ein, wenn und weil die Noterben ihre gesetzlichen Rechte geltend machen. Zwar kennt das italienische Recht einen Schutz der Noterben vor der Veräußerung der zur Wiederherstellung ihrer Quote notwendigen Gegenstände. Dieser ist jedoch nur dann vorgesehen, wenn die veräußerten Gegenstände Objekt einer lebzeitigen Schenkung waren und vom Beschenkten veräußert wurden[645], entsprechende Vorschriften für die Veräußerung durch den testamentarischen Erben enthält der Codice civile nicht. Eine Schmälerung der den Noterben vorbehaltenen Quoten durch Veräußerung von Nachlaßgegenständen ist trotzdem nicht zu befürchten, da die verfügbare und die vorbehaltenen Quoten ihrem Wert nach bezogen auf den Zeitpunkt des Todes festzustellen sind[646].

Der in Deutschland lebende italienische Staatsangehörige, der deutsches Recht nach Art. 46 Abs. 2 IPRG gewählt hat, kann das Eingreifen des Art. 46 Abs. 2 S. 3 IPRG auch nicht dadurch umgehen, daß er mit seinen in Italien ansässigen Kindern einen Erb- oder Pflichtteilsverzicht gem. § 2346 Abs. 1 oder Abs. 2 BGB vereinbart. Grundsätzlich richten sich Zulässigkeit und Wirkungen eines Erbverzichts zwar nach dem Erb-

---

644 Bei der Erteilung eines Erbscheins kann das Noterbrecht jedoch wie eine bedingte Nacherbfolge behandelt und im Erbschein eingetragen werden, so *Schotten*, Rpfleger 1991, 181, 188 m.w.N. auch zu anderen Vorschlägen; ebenso *Schömmer/Faßold/Bauer*, Rn. 224. Für die Eintragung des Vorbehalts der Herabsetzungsklage *Taupitz*, IPRax 1988, 207, 210.

645 Nach Art. 536 c.c. kann der Noterbe, wenn er vom Beschenkten keinen wertmäßigen Ersatz erhalten konnte, gegen den Erwerber der Gegenstände vorgehen. Dieser hat Immobilien in jedem Fall herauszugeben, in Bezug auf bewegliche Gegenstände gelten die Vorschriften über den gutgläubigen Erwerb (Art. 1153 bis Art. 1157 c.c.). Von der Herausgabe *in natura* kann sich der Erwerber durch Zahlung der entsprechenden Summe befreien.

646 Dies geschieht durch die "*riunione fittizia*", Art. 556 c.c., einer fiktiven Berechnung, bei der zunächst vom *relictum*, dem beim Erbfall vorhandenen Aktivvermögen, die Schulden abgezogen und dem Betrag sodann die Schenkungen (*donatum*) hinzugerechnet werden. Das Ergebnis bildet das für die Bestimmung der einzelnen Quoten maßgebliche Nachlaßvermögen. Von der Quote, die dem Erblasser zur freien Verfügung zusteht, sind wiederum die getätigten Schenkungen in Abzug zu bringen, um den Wert zu erhalten, über den der Erblasser testamentarisch verfügen kann. Vgl. *Torrente Schlesinger*, 909f.; *Palazzo*, Enc. giur. XXX, 1, 9ff.

statut, im Beispiel also nach dem gewählten deutschen Recht. Zwar ist nicht davon auszugehen, daß das Verbot des Art. 458 c.c., das auch die Erbverzichtsverträge (*patti rinunciativi*) umfaßt, in den Kreis der von Art. 46 Abs. 2 S. 3 IPRG vorbehaltenen Vorschriften fällt. Denn der Vorbehalt gilt nur für die Rechte der Noterben, die ihnen das italienische Recht zuspricht. Sieht man den Grund des Verbots[647] im Schutz des Begünstigten vor Verschwendung oder in der Einschätzung, daß derartige Verträge, die den Tod einer Person voraussetzen, unmoralisch sind, dürfte es nicht unter die Vorschriften fallen, deren Anwendung Art. 46 Abs. 2 S. 3 c.c. sicherstellen will. Denn Art. 458 c.c. verleiht den Noterbberechtigten keine Rechte und dient auch nicht ihrem Schutz, sondern verbietet Erbvezichtsverträge als Gestaltungsmittel der Erbfolge.
Ein Erb- oder Pflichtteilsverzicht zwischen einem italienischem Erblasser und seinen Kindern nach dem gewählten deutschen Recht kann jedoch aus anderen Gründen keine Wirksamkeit entfalten. Nach dem Vorbehalt des Art. 46 Abs. 2 S. 3 IPRG bleiben die Rechte der Noterbberechtigten mit gewöhnlichem Aufenthalt in Italien von einer Rechtswahl unberührt. Damit wird auch die Erbquote, die der italienische Codice civile den Kindern vorbehält, von der professio juris nicht erfaßt und kann nicht Gegenstand eines Erbverzichts auf der Grundlage des gewählten Erbstatuts sein. Darüber hinaus ist zu beachten, daß Art. 557 Abs. 2 c.c. verbietet, zu Lebzeiten des Erblassers auf die Erhebung der Herabsetzungsklage zu verzichten. Auch diese Vorschrift dürfte sich nach Art. 46 Abs. 2 S. 3 IPRG gegenüber dem gewählten Recht durchsetzen, da sie das Noterbrecht absichert.

cc) Verfassungsrechtliche Bedenken

Die Verfassungsmäßigkeit des Art. 46 Abs. 2 S. 3 IPRG wird wegen der Beschränkung des Vorbehalts auf nur die in Italien ansässigen Pflichterben des italienischen Erblassers von zahlreichen Autoren in Zweifel gezogen[648]. Wie auch im deutschen Recht unterliegt das italienische Kollisionsrecht als einfachgesetzliches Recht einer verfassungsrechtlichen Kontrolle. Das Kollisionsrecht stellt kein wertneutrales Rechtsge-

---

647 S. oben B II d bb (2).

648 *Picone*, Studi Marano, 57, 77; *Migliazza*, Enc. giur. XXX, 1, 4; *Mosconi*, D.i.p., Parte speciale, 107; *Clerici*, Raccolta Vitta, 309, 324ff.; *dies.*, zu Art. 46 IPRG, Riv. dir. int. priv. proc. 1995, 1133, 1139; *Deli*, zu Art. 46 IPRG, Nuove leggi civ. comm. 1996, 1278, 1291 Fn. 61; *Cian/Trabucchi-Costantino*, zu Art. 46 IPRG, II. Rn. 7; *Villani*, zu Art. 46 IPRG, Corr. giur. 1995, 1249; *Bonomi*, SZIER 1996, 479, 500ff.; *Facci*, 152.

biet dar, dessen Funktion sich in der Bezeichnung des anwendbaren Rechts erschöpfen würde. Mit der Wahl der maßgeblichen Anknüpfungsmerkmale bringt es vielmehr normative Wertungen zum Ausdruck, die im Einklang mit den Vorgaben der Verfassung stehen müssen[649].
Im Raum steht eine Verletzung des Art. 3 Abs. 1 der italienischen Verfassung[650], der den Gleichbehandlungsgrundsatz festschreibt. Der Sache nach verbietet Art. 3 Abs. 1 Cost., ähnlich wie Art. 3 Abs. 1 GG, gleiche Sachverhalte ungleich zu behandeln, wenn nicht ein sachlicher Grund eine unterschiedliche Behandlung rechtfertigt[651]. Art. 3 Abs. 1 Cost. garantiert seinem Wortlaut nach nur italienischen Staatsangehörigen das Recht auf Gleichbehandlung, sein Anwendungsbereich wird jedoch, mindestens für den Bereich der Menschenrechte, auch auf ausländische Staatsangehörige erstreckt[652].
Durch die Anwendung des Vorbehalts des Art. 46 Abs. 2 S. 3 IPRG können Ungleichbehandlungen in verschiedenen Konstellationen[653] auftreten:

Zunächst ist der Fall vorstellbar, daß ein italienischer Erblasser seinen gewöhnlichen Aufenthalt in England hat und englisches Recht als Erbstatut gewählt hat. Eines seiner beiden Kinder (die italienische Staatsangehörige sind) lebt ebenfalls in England, das andere in Italien. Der Erblasser hat außerdem ein Testament verfaßt, nach dem sein Ehegatte oder eine andere Person Alleinerbe sein soll. Vorliegend führt Art. 46 Abs. 2 S. 3 IPRG dazu, daß das in Italien ansässige Kind sein vom italienischen Recht gewährtes Noterbrecht (in Höhe von ¼, vgl. Art. 542

---

649 Corte cost., 5.3.1987, n. 71, Foro it. 1987, I, 2316, 2326ff.; Corte cost., 10.12.1987, n. 477, Foro it. 1988, I, 1455, 1458; s. dazu *Jürgens*, 165ff. und 207ff.; *Lenzi*, Riv. not. 1987, 981, 984; *Ballarino*, D.i.p., 63, 67ff.; *ders.*, Costituzione e d.i.p., 16ff.; *Mosconi*, D.i.p., Parte generale, 77f., sowie die Beiträge bei *Barel/Costantino*, Norme di conflitto italiane e controllo di costituzionalità. Zum deutschen Recht s. den Spanierbeschluß des BVerfG vom 4.5.1971, NJW 1971, 1509ff., abgedruckt auch bei *Schack*, Höchstrichterliche Rechtsprechung, Nr. 1.

650 Art. 3 Abs. 1 Cost.: "*Tutti i cittadini hanno pari dignità e sono eguali davanti alla legge, senza distinzione di sesso, di razza, di lingua, di religione, di opinioni politiche, di condizioni personali e sociali.*"

651 *Davì*, Raccolta Vitta, 45, 94 Fn. 79; *Kindler*, Einführung, 25, jeweils m.w.N.

652 *Clerici*, Raccolta Vitta, 309, 325 und 333f; *Davì*, Raccolta Vitta, 45, 94 Fn. 79; *Scialoja/Branca-Giardina*, zu Art. 16 disp. prel., 1, 15f.;*Torrente/Schlesinger*, Appendice, 54; *Poletti di Teodoro*, Foro it. 1987, I, 2317, 2323 m.w.N.; Corte Cost., 16.7.1970, n. 144, Foro it. 1970, I, 2033, 2036f.; a.A. *Ballarino*, D.i.p., 68; *ders.*, Costituzione e d.i.p., 16.

653 Beispiele teilweise nach *Bonomi*, SZIER 1996, 479, 500ff.

Abs. 2 c.c.) geltend machen kann. Gegenüber dem Kind, das seinen gewöhnlichen Aufenthalt in England hat, ist die Rechtswahl dagegen in vollem Umfang wirksam, so daß sich auch eine Beteiligung dieses Kindes am Nachlaß gegen den Willen des Erblassers nach englischem Recht richtet und danach vom Richter nur im Fall der Abhängigkeit vom Erblasser die Zahlung von Unterhalt aus den Mitteln des Nachlasses[654] zugesprochen wird. Möglicherweise hat der Erblasser seinen Kindern aber auch testamentarisch etwas zugewendet, z.B. jedem ein Haus, wobei die Häuser den gleichen Wert haben. Bleibt der Wert der Zuwendung hinter der vorbehaltenen Pflichterbquote zurück, kann wiederum nur das Kind mit gewöhnlichem Aufenthalt in Italien die Ergänzung derselben verlangen. In beiden Varianten wird die Gleichbehandlung der Kinder, die der Erblasser im negativen oder im positiven beabsichtigt hat, zu Lasten des im Ausland ansässigen Abkömmlings vom Vorbehalt des Art. 46 Abs. 2 S. 3 IPRG zerstört.
In einer weiteren Konstellation lassen sich die nahen Angehörigen vergleichen, die allesamt ihren gewöhnlichen Aufenthalt in Italien haben. Verlegt ein französischer Erblasser, der mit einer Italienerin verheiratet ist, seinen gewöhnlichen Aufenthalt von Italien nach England, während Frau und Kinder in Italien bleiben, steht ihm die Wahl englischen Rechts ohne Einschränkungen offen, denn die Voraussetzungen des Art. 46 Abs. 2 S. 3 IPRG sind nicht erfüllt. Die in Italien lebenden Familienangehörigen, denen nach italienischem Recht ein Noterbrecht zustehen würde, können sich darauf nicht berufen, anders als die Hinterbliebenen eines italienischen Erblassers. In beiden Fällen liegt der gewöhnliche Aufenthalt der potentiell Berechtigten in Italien; außerdem wäre für die Beerbung des französischen Erblassers bei objektiver Anknüpfung des Erbstatuts italienisches Recht kraft Rückverweisung zumindest für das in Italien belegene unbewegliche Vermögen anwendbar.
Schließlich liegt eine Ungleichbehandlung auch hinsichtlich der Erblasser vor. Der italienische Erblasser muß immer damit rechnen, daß zur Zeit seines Todes ein Noterbe seinen gewöhnlichen Aufenthalt in Italien hat und seine Rechtswahl damit teilweise hinfällig ist. Der ausländische Erblasser hingegen hat Gewißheit über den Bestand seiner professio juris und der auf ihrer Grundlage getroffenen Verfügungen, solange er nicht seinen eigenen gewöhnlichen Aufenthalt verlegt.

Sucht man nach einer Rechtfertigung der unterschiedlichen Behandlung vergleichbarer Sachverhalte, die durch Art. 46 Abs. 2 S. 3 hervorgerufen wird, begegnet die zunächst naheliegende Möglichkeit, der Vorbehalt

---

654 Vgl. *Henrich*, Einführung in das englische Privatrecht, 105.

diene dem Schutz der Pflichtteils- oder Noterbberechtigten, sogleich Zweifeln.

In diesem Sinn spricht sich zwar der Begleitbericht zum Gesetzentwurf aus[655], doch bleibt vor diesem Hintergrund die Frage, warum nur die sich in Italien aufhaltenden Noterben als schutzwürdig gelten[656] und dies auch nur dann, wenn der Erblasser italienischer Staatsangehöriger war[657]. Zwar legt diese Art von doppelter Inlandsbeziehung die Vermutung nahe, daß sich der Sachverhalt in einem sozialen Kontext abspielt, der geprägt ist von den Vorstellungen des italienischen Rechts und der italienischen Gesellschaft über die Rolle der Familie und die Rechte der Familienmitglieder[658].
Indes dürften durchaus häufig familiäre Situationen auftreten, in denen der Mittelpunkt des gemeinsamen Lebens mit dem Erblasser nicht so deutlich in Italien liegt. Man denke an eine Familie, die gemeinsam ins Ausland zieht und dort dauerhaft lebt oder an einen italienischen Staatsangehörigen, der im Ausland aufgewachsen ist und dort erst eine Familie gründet[659]. Allein in Deutschland gibt es unzählige Beispiele. Schließlich setzt eine professio juris immer voraus, daß der Erblasser in dem Staat, dessen Recht er gewählt hat, seinen gewöhnlichen Aufenthalt hat, und zwar sowohl bei Vornahme der Rechtswahl als auch bei seinem Tod, so daß sich sein Lebensmittelpunkt ohnehin nicht mehr in Italien befindet.

Ein weiterer Ansatz, die Ungleichbehandlung zwischen den sich im Inland und den sich im Ausland aufhaltenden potentiellen Pflichterben zu rechtfertigen, sieht den Sinn des Vorbehalts darin, die Verlegung des gewöhnlichen Aufenthalts durch den Erblasser zu vermeiden, der allein zum Zwecke der Enterbung seiner Angehörigen erfolgt[660]. Das Abstel-

---

655 Relazione della Commissione, zu Art. 44, Studi Marano, 165, 191; s. auch *Bonomi*, SZIER 1996, 479, 496ff.

656 *Picone*, Studi Marano, 57, 77; *Clerici*, Raccolta Vitta, 309, 327; *Mosconi*, D.i.p., Parte speciale, 107; *Bonomi*, SZIER 1996, 479, 502; *Migliazza*, Enc. giur. XXX, 1, 4; *Deli*, zu Art. 46 IPRG, Nuove leggi civ. comm. 1996, 1278, 1291.

657 *Bonomi*, SZIER 1996, 479, 501.

658 *Mengozzi*, La riforma, 164f.; s. auch *Mengozzi*, D.i.p., 140f.

659 S. auch *Clerici*, Raccolta Vitta, 309, 327f.

660 *Ballarino*, Enc. dir., Aggiornamento I, 943, 946; *Mosconi*, D.i.p., Parte speciale, 106.

len auf den Aufenthalt der Berechtigten diene der Unterscheidung zwischen den internationalen und den internen Fällen[661].
Im Normalfall einer professio juris hat der Erblasser jedoch seinen gewöhnlichen Aufenthalt in einem Staat, dessen Staatsangehörigkeit er nicht besitzt, so daß bereits aus diesem Grund ein Sachverhalt mit Auslandsberührung vorliegt. Außerdem vermag auch diese Ansicht nicht zu erklären, warum die Erben eines ausländischen Staatsangehörigen von dem Schutz ausgenommen bleiben, auch wenn sie sich im Inland aufhalten.

Die Beschränkung des Vorbehalts in Art. 46 Abs. 2 IPRG auf die in Italien ansässigen Noterbberechtigten könnte sich schließlich aus einem inländischen, öffentlichen Interesse rechtfertigen. Sieht man die Ratio der Vorschrift darin, die Enterbung der potentiell Noterbberechtigten zu verhindern, damit diese nicht mittellos gestellt werden und auf die öffentliche Fürsorge angewiesen sind, erklärt sich die Anknüpfung an den gewöhnlichen Aufenthalt der Berechtigten[662].
Konsequenterweise müßte die Vorschrift dann allerdings auch auf die nahen Angehörigen eines ausländischen Erblassers erstreckt werden, denn es besteht kein Unterschied in der Interessenlage. Auch hier tritt ein Schutz- und Fürsorgebedürfnis der Angehörigen im italienischen Inland auf.

Was den Vergleich der beiden Erblasser anbelangt, deren Rechtswahl eine unterschiedliche Reichweite hat, liegt eine verfassungsrechtliche Rechtfertigung möglicherweise in der stärkeren Inlandsbeziehung des Sachverhalts, wenn der Erblasser die italienische Staatsangehörigkeit besitzt und dem dadurch stärkeren Interesse von Seiten des italienischen Staates, daß sein eigenes Recht Anwendung finde. Dazu kommt, daß der Gesetzgeber einen Gestaltungsspielraum bei der Schaffung von Kollisionsnormen hat; er ist nicht verpflichtet, Parteiautonomie im Erbrecht zu gewähren. In den Grenzen des Willkürverbots kann eine Rechtswahlmöglichkeit deshalb für verschiedene Personengruppen unterschiedlich ausgestaltet werden.

661 *Calò*, Nuova giur. civ. comm. 1997, 167, 169.

662 *Lenzi*, Riv. not. 1995, 1133, 1138; vgl. auch *Mosconi*, D.i.p., Parte speciale, 107 und *Picone*, Studi Marano, 57, 77.

dd) Rechtspolitische Einwände

Unabhängig vom Problem der Verfassungsmäßigkeit der Vorschrift begegnet Art. 46 Abs. 2 S. 3 IPRG weiteren Bedenken vor allem rechtspolitischer Art.

Dabei geht einigen der Vorbehalt unter dem Gesichtspunkt des Angehörigenschutzes bei Mißbrauch der Rechtswahlmöglichkeit zum Zwecke der Enterbung dieses Personenkreises nicht weit genug. Kritisiert wird zunächst, daß Art. 46 Abs. 2 S. 3 IPRG nur einseitig bei italienischer Staatsangehörigkeit eingreift und nicht auch die Rechtswahl eines Ausländers betrifft[663]. Eine bessere Alternative wäre es nach dieser Ansicht gewesen, entweder das Pflichtteils- oder Noterbrecht generell gesondert anzuknüpfen[664] oder die Rechtswahl einer materiellrechtlichen Kontrolle durch das nach objektiven Kriterien anwendbare Recht zu unterwerfen[665]. Auch die Beschränkung der Vorschrift auf nur diejenigen Noterbberechtigten, die ihren gewöhnlichen Aufenthalt in Italien haben, wird als unbefriedigend empfunden, weil alle Betroffenen in gleichem Maße schutzwürdig seien[666].
Die Anknüpfung an die *„residenza"* der Noterbberechtigten ist damit wenig geeignet, den Schutz naher Angehöriger vor einer mißbräuchlichen Ausübung der Rechtswahl zu gewährleisten[667], und findet keine Grundlage in den Verfassungsnormen zum Schutz der Familie[668]. Die wenigen Vorbilder in anderen Rechtsordnungen sind nur bedingt aussagekräftig, da sie aus einer anderen Zeit stammen und nicht mehr in Kraft sind. Auch der Vorbehalt in Art. 24 Abs. 1 lit. d des Haager Erbrechtübereinkommens vom 1.8.1989 erklärt sich eher aus einem Kompromiß, der auch Staaten die Unterzeichnung des Abkommens ermöglichen soll, die einer erbrechtlichen Rechtswahl ablehnend gegenüberstehen. Das

---

663 *Ballarino*, Raccolta Vitta, 3, 28; *Bonomi*, SZIER 1996, 479, 500f.; *Mosconi*, D.i.p., Parte speciale, 107.

664 *Mosconi*, D.i.p., Parte speciale, 107; *Bonomi*, SZIER 1996, 479, 500f.

665 *Ballarino*, Raccolta Vitta, 3, 28; dazu *Deli*, zu Art. 46 IPRG, Nuove leggi civ. comm. 1996, 1278, 1290 Fn. 57.

666 *Bonomi*, SZIER 1996, 479, 501f.; *Mosconi*, D.i.p., Parte speciale, 107; *Munari*, JbItalR 9 (1996), 37, 56 Fn. 104.

667 *Clerici*, Raccolta Vitta, 309, 327; *Bonomi*, SZIER 1996, 479, 502; *Lenzi*, Riv. not. 1995, 1133, 1138; a.A. *Calò*, Nuova giur. civ. comm. 1997, 167, 169; *Mengozzi*, La riforma, 164f.; s. auch *Dölle*, RabelsZ 30 (1996), 205, 217.

668 *Clerici*, Raccolta Vitta, 309, 327.

Erbstatut wird im allgemeinen entweder an den Ort der Belegenheit des Nachlaßvermögens oder an die Person des Erblassers angeknüpft, die Person der Erben oder sonst am Nachlaß Berechtigten spielt demgegenüber eine untergeordnete Rolle[669].

Eine Lösung der Situation durch Ausweitung der einseitigen Norm auf einen allseitigen Anwendungsbereich durch die Rechtsprechung dürfte allerdings ausscheiden, da die Absicht des Gesetzgebers, nur die Rechtswahl eines italienischen Erblassers unter einen Vorbehalt zu stellen, sowohl aus dem Wortlaut als auch aus dem Begleitbericht zum Gesetzestext klar hervorgeht und die Rechtsprechung in dieser Hinsicht nicht ermutigen wird[670].

Von anderer Seite wird eine Einschränkung der Reichweite der professio juris abgelehnt. Bereits vor Inkrafttreten des Gesetzes wurde vielmehr empfohlen, Art. 46 Abs. 2 S. 3 IPRG ersatzlos zu streichen[671].
In der Tat ist fraglich, ob angesichts der engen Grenzen, innerhalb derer die Wahl des Erbstatuts durch den Erblasser Wirksamkeit entfalten kann, ein weiterer Schutz der nahen Angehörigen angezeigt ist. Wählbar ist nur das Recht des Staates, in dem der Erblasser seinen gewöhnlichen Aufenthalt hat; durch das Erfordernis, daß der Erblasser zur Zeit der Wahl und zur Zeit des Todes seinen gewöhnlichen Aufenthalt in dem bestimmten Staat hat, ist gewährleistet, daß zu dem jeweiligen Staat eine tatsächliche, enge Bindung besteht. Demgegenüber erscheint es eher unwahrscheinlich, daß eine Person kurz vor ihrem Tod noch einen Aufenthaltswechsel herbeiführt, nur um in den Genuß der Rechtswahlmöglichkeit zu gelangen und so ein Recht wählen zu können, das die Angehörigen schlechter stellt als das gesetzliche Erbstatut. Wie gerade gezeigt wurde, eignet sich Art. 46 Abs. 2 S. 3 IPRG in seiner konkreten Fassung auch nicht dazu, potentielle Noterben oder Pflichtteilsberechtigte wirksam zu schützen. Zur Vermeidung eklatanter Fälle, in denen ein Schutzbedürfnis tatsächlich auftritt, steht mit dem ordre public-Vorbehalt, Art. 16 IPRG, ein geeignetes Korrekturinstrument zur Verfügung[672]
Außerdem ist es eine der charakteristischen Eigenschaften der Parteiautonomie, daß sie die zwingenden Vorschriften des durch objektive

---

669 Vgl. *Bonomi*, SZIER 1996, 479, 502.

670 *Bonomi*, SZIER 1996, 479, 501; *Mosconi*, D.i.p., Parte speciale, 107.

671 *Picone*, Studi Marano, 57, 77.

672 *Picone*, Studi Marano, 57, 77; *Clerici*, Raccolta Vitta, 309, 327.

Anknüpfung bestimmten Rechts überwindet und an ihre Stelle die zwingenden Vorschriften des gewählten Rechts treten. Das gewählte Recht regelt den jeweiligen Rechtsbereich umfassend. Um das Institut der professio juris nicht auszuhöhlen, sollte an diesem Grundsatz ohne Einschränkung festgehalten werden[673].

Schließlich kann der Vorbehalt des Art. 46 Abs. 2 S. 3 IPRG de facto zu einer Bevorzugung italienischer Staatsangehöriger führen[674]. Auch wenn das maßgebliche Kriterium der gewöhnliche Aufenthalt in Italien und nicht die italienische Staatsangehörigkeit der Noterbberechtigten ist, werden diese in einer Vielzahl der Fälle italienische Staatsangehörige sein. Denn der Vorbehalt greift nur bei einem italienischen Erblasser ein, dessen Kinder die italienische Staatsangehörigkeit durch Geburt erwerben (Art. 1 Abs. 1 lit. a legge 5.2.1992, n. 91 - Nuove norme sulla cittadinanza) und dessen ausländischer Ehegatte die italienische Staatsangehörigkeit unter erleichterten Voraussetzungen beantragen und erwerben kann (Art. 5 i.V.m. Art. 7 legge 5.2.1992). Auch die möglicherweise noterbberechtigten Eltern des Erblassers werden diesem die italienische Staatsangehörigkeit in einem Großteil der Fälle nach dem *ius-sanguinis*-Prinzip vererbt haben. Eine solche einseitige Besserstellung stellt im System des Reformgesetzes, das fast ausschließlich allseitige Kollisionsnormen enthält, einen Fremdkörper dar und ist auch in neueren IPR-Kodifikationen kaum mehr zu finden[675]. Mit der Reform des deutschen Kollisionsrechts wurde im Jahr 1986 z.B. das *privilegium germanicum* des Art. 25 S. 2 EGBGB a.F. abgeschafft, das deutschen Staatsangehörigen auch bei Geltung eines ausländischen Erbstatuts ihre nach deutschem Recht begründeten Ansprüche unter bestimmten Voraussetzungen sicherte.

ee) Europarechtliche Bedenken

Die oben dargestellten Ungleichbehandlungen, zum einen zwischen den Noterbberechtigten, zum andern zwischen den Erblassern mit italienischer und ausländischer Staatsangehörigkeit, werfen auch die Frage

---

673 *Migliazza*, Enc. giur. XXX, 1, 4; *Picone*, Studi Marano, 57, 77; s. auch *Kühne*, Parteiautonomie, 134, 139ff.

674 *Picone*, Studi Marano, 57, 77.

675 Vgl. *Deli*, zu Art. 46 IPRG, Nuove leggi civ. comm. 1996, 1278, 1290. Eine Bevorzugung der französischen Staatsangehörigen bezweckt z.B. das *droit de prélèvement* des französischen Rechts. S. dazu *Audit*, 696ff. m.w.N.

nach der Vereinbarkeit des Art. 46 Abs. 2 S. 3 IPRG mit dem Gemeinschaftsrecht auf, die hier jedoch nur kurz angeschnitten werden soll.

(1) Vereinbarkeit mit den Grundfreiheiten

In der Benachteiligung der im europäischen Ausland lebenden Noterbberechtigten eines italienischen Erblassers sowie der sich im Inland aufhaltenden Noterbberechtigten eines ausländischen Erblassers gegenüber dem von Art. 46 Abs. 2 S. 3 IPRG erfaßten Personenkreis könnte ein Verstoß gegen die Freiheit des Personenverkehrs liegen, im einzelnen gegen die Freizügigkeit der Arbeitnehmer (Art. 39 EGV) und gegen die Niederlassungsfreiheit (Art. 43 EGV)[676]. Auch die Einschränkung der Rechtswahl des italienischen Erblassers gegenüber einem ausländischen Erblasser ist vor diesem Hintergrund zu untersuchen. Eine Verletzung der Dienstleistungsfreiheit, Art. 49 EGV, kommt dagegen weniger in Betracht, da unter Dienstleistung nach Art. 50 EGV nur solche Leistungen fallen, die während eines vorübergehenden Aufenthalts in einem fremden Staat erbracht oder entgegengenommen werden. Die Begründung eines gewöhnlichen Aufenthalts (und damit auch der Verlust des gewöhnlichen Aufenthalts in Italien), wie er bei der Anwendung des Art. 46 Abs. 2 S. 3 IPRG eine entscheidende Rolle spielt, ist unter diesen Voraussetzungen schwer vorstellbar.
Doch selbst wenn der Anwendungsbereich der Grundfreiheiten auch für Maßnahmen eröffnet sein kann, die nicht in unmittelbarem Zusammenhang mit einer wirtschaftlichen Tätigkeit stehen[677], wird man einen Verstoß des Art. 46 Abs. 2 S. 3 IPRG gegen die Arbeitnehmerfreizügigkeit und gegen die Niederlassungsfreiheit nicht ohne weiters annehmen dürfen. Denn nötig wäre dazu, daß der Vorbehalt in Art. 46 Abs. 2 IPRG geeignet ist, die beiden Grundfreiheiten in irgend einer Form zu beeinträchtigen. Daß ein italienischer Arbeitnehmer oder Selbständiger in der Ausübung dieser gemeinschaftsrechtlichen Rechte dadurch behindert wird, daß er seiner Noterbberechtigung nach italienischem Recht verlustig geht und erbrechtlich schlechter steht, wenn er sich im europäischen Ausland und nicht in Italien aufhält, erscheint kaum möglich. Gleiches gilt aus Sicht der in Italien ansässigen Noterben oder Pflichtteilsberechtigten eines ausländischen Erblassers. Auch die Begrenzung der Rechtswahlmöglichkeit des italienischen Erblassers wird diesen nicht

676 *Mosconi*, D.i.p., Parte speciale, 107.

677 Vgl. *Streinz*, Rn. 654f.

hindern, im Ausland eine berufliche Tätigkeit aufzunehmen[678]. Die Grundfreiheiten sind in dieser Hinsicht tatbestandlich nicht einschlägig.

(2) Allgemeines Diskriminierungsverbot

Art. 46 Abs. 2 S. 3 IPRG ist ferner am allgemeinen Diskriminierungsverbot des Art. 12 EGV zu messen. Danach ist im Anwendungsbereich des EGV jede Diskriminierung aus Gründen der Staatsangehörigkeit verboten. Erforderlich ist also eine Verbindung der staatlichen Maßnahme zu Bereichen, die im EGV geregelt sind.

Untersuchungen, die sich mit der Vereinbarkeit des kollisionsrechtlichen Staatsangehörigkeitsprinzips mit dem Gemeinschaftsrecht befassen, beenden an diesem Punkt zumeist einen Teil der Prüfung: Die Kernbereiche des Familien- und Erbrechts fielen nicht in den sachlichen Anwendungsbereich des EGV; dieser umfasse vielmehr nur Sachverhalte, die sich auf das Wirtschaftsleben im gemeinsamen Markt unmittelbar auswirkten[679]. Ein Verstoß gegen das allgemeine Diskriminierungsverbot könne deshalb überhaupt nicht in Betracht kommen.

In dem Fall von Art. 46 Abs. 2 S. 3 IPRG kann man dieses Ergebnis jedoch heute nicht mehr ohne weiteres übernehmen. Zum einen geht es nicht um die allseitige Anwendung des Heimatrechts des Erblassers, sondern es liegt eine einseitige Exklusivnorm vor. Zum anderen ist der Anwendungsbereich des EGV nach den Verträgen von Maastricht und Amsterdam beträchtlich erweitert worden.

Die Einführung der Unionsbürgerschaft in Art. 17 EGV und die Gewährung eines Aufenthaltsrechts im Gebiet eines jeden Mitgliedstaats in Art. 18 EGV zeigen, daß der EGV dem einzelnen Rechte auch in Bereichen verleiht, die über die Teilnahme am gemeinsamen Markt hinausgehen[680]. Ferner sieht der EGV seit dem Vertrag von Amsterdam in Art. 65 lit. b, Art. 67 Abs. 1, 2 EGV Kompetenzen der Europäischen Gemeinschaft zur Vereinheitlichung des Kollisionsrechts vor[681]. Der Passus in Art. 65 EGV „[...] soweit sie für das reibungslose Funktionieren des Binnenmarkts erforderlich sind“ vermag diese Regelungskompetenzen nicht maßgeblich einzuschränken, weil die erfaßten Materien mit der Verwirk-

678 S. aber die Beispiele für einen möglichen Verstoß des Staatsangehörigkeitsprinzips gegen die Grundfreiheiten bei *MünchKomm-Birk*, zu Art. 25 EGBGB Rn. 419ff.

679 S. z.B. *Fischer*, 157, 160; *Martiny*, 211, 224; *Roth*, RabelsZ 55 (1991), 623, 643, jeweils m.w.N.; vorsichtig *Drobnig*, RabelsZ 34 (1970), 636, 646; anders *MünchKomm-Birk*, zu Art. 25 EGBGB Rn. 407ff.; zweifelnd auch *Kropholler*, § 38 IV 3.

680 *Lenz*, zu Art. 12 EGV Rn. 8; *Streinz*, Rn. 654.

681 Dazu *Lenz*, zu Art. 65 EGV Rn. 3.

lichung der Freizügigkeit zusammenhängen[682]. Damit erscheint es zumindest zweifelhaft, ob das Gebiet des internationalen Erbrechts von vornherein aus dem Anwendungsbereich des EGV herausfällt[683]. Art. 12 EGV ist auch auf Sachverhalte anwendbar, für die eine gemeinschaftsrechtliche Kompetenzgrundlage besteht[684].

Hält man den Anwendungsbereich des allgemeinen Diskriminierungsverbots also für eröffnet, ist zunächst die Schlechterstellung des italienischen Erblassers gegenüber einem ausländischen Erblasser zu untersuchen. Die Reichweite seiner Rechtswahl wird aus Gründen der Staatsangehörigkeit eingeschränkt; es liegt mithin eine offene Diskriminierung vor. Eine Rechtswahl durch einen italienischen Erblasser stellt auch keinen reinen Inlandssachverhalt dar, der eine Inländerdiskriminierung rechtfertigen könnte[685]. Hat der Erblasser seinen gewöhnlichen Aufenthalt in einem Staat des europäischen Auslands, dessen Recht er wählt, ist der erforderliche grenzüberschreitende Bezug gegeben.
Erfaßt weden von Art. 12 EGV ferner auch verdeckte Diskriminierungen, bei denen vordergründig nicht auf die Staatsangehörigkeit abgestellt wird, die einer Schlechterstellung ausländischer Staatsangehöriger in ihren Auswirkungen tatsächlich aber gleichkommen[686]. Dies könnte in Bezug auf die Noterbberechtigten der Fall sein. Art. 46 Abs. 2 S. 3 IPRG stellt zwar auf den gewöhnlichen Aufenthalt des noterbberechtigten Personenkreises im Inland ab. Diese Regelung wird wegen der Einschränkung auf die Erbfolge nach einem italienischen Staatsbürger und wegen des *ius-sanguinis*-Prinzips des italienischen Staatsangehörigkeitsrechts italienische Bürger de facto besser stellen als ausländische nahe Angehörige eines ausländischen Erblassers.

---

682 *Lenz*, zu Art. 65 EGV Rn. 4; anders *Palandt-Heldrich*, zu Art. 3 EGBGB Rn. 13.

683 Der EuGH hat in der Sache Johannes/Johannes allerdings entschieden, daß die nationalen Bestimmungen des internationalen Privatrechts über das auf die Scheidungsfolgen anwendbare Recht nicht in den Anwendungsbereich des EGV fallen. Vgl. EuGH, Urt. v. 10.6.1999, IPRax 2000, 305, 307; dazu kritisch *Rigaux*, IPRax 2000, 287, 288. Die Entscheidung erging nach Inkrafttreten des Vertrages von Amsterdam (1.5.1999).

684 *Grabitz-v. Bogdandy*, zu Art. 6 EGV Rn. 38; s. auch *Streinz/Leible*, IPRax 1998, 162, 166 sowie EuGH, Urt. v. 2.10.1997, NJW 1997, 3299, 3300.

685 Dazu *Streinz*, Rn. 666 und 682ff.; *Lenz*, zu Art. 12 EGV Rn. 3. Nach *Grabitz-v. Bogdandy*, zu Art. 12 EGV Rn. 53, verbietet Art. 12 EGV auch eine Inländerdiskriminierung.

686 *Lenz*, zu Art. 12 EGV Rn. 6; *Grabitz-v. Bogdandy*, zu Art. 6 EGV Rn. 15ff.; *Streinz/Leible*, IPRax 1998, 162, 164.

Ob eine Rechtfertigung der Diskriminierungen durch das Vorliegen objektiver Gründe möglich ist, ist umstritten, zumindest im Bereich der mittelbaren Diskriminierungen wohl aber zuzulassen[687]. Danach ist darauf abzustellen, ob die vom italienischen Gesetzgeber vorgenommene Unterscheidung objektiv geeignet, mit den Zielsetzungen des EGV vereinbar und verhältnismäßig ist.
Läßt sich hiernach eine Rechtfertigung nicht finden, ist Art. 46 Abs. 2 S. 3 IPRG wegen des Geltungsvorrangs des Gemeinschaftrechts gemeinschaftsrechtskonform auszulegen bzw. anzuwenden. Zwei Lösungsmöglichkeiten bieten sich an: Entweder bleibt Art. 46 Abs. 2 S. 3 IPRG in "europäischen" Konstellationen unberücksichtigt, oder die Vorschrift wird in diesen Fällen auch auf ausländische Staatsangehörige entsprechend angewendet. Die letzte Alternative führte dazu, daß der Vorbehalt auch bei der Rechtswahl eines Erblassers aus dem europäischen Ausland eingriffe und insoweit zu einer allseitigen Kollisionsnorm ausgeweitet würde[688]. Auf diese Weise wäre auch die Diskriminierung der ausländischen Pflichtteils- bzw. Noterbberechtigten beseitigt. Ob eine solche Ausdehnung des Vorbehalts rechtspolitisch wünschenswert ist, ist eine andere Frage.

ff) Wirkung des Vorbehalts aus der Sicht des deutschen Rechts

(1) Art. 46 Abs. 2 S. 3 IPRG und Art. 25 Abs. 2 EGBGB

Auch aus deutscher Sicht stellt sich die Frage, wie sich der Vorbehalt des Art. 46 Abs. 2 S. 3 IPRG auswirkt, wenn ein italienischer Erblasser mit gewöhnlichem Aufenthalt in Deutschland eine Rechtswahl zugunsten des deutschen Rechts für sein gesamtes Vermögen vorgenommen hat und Familienangehörige hinterläßt, die nach Art. 536 c.c. noterbberechtigt sind und zur Zeit des Todes des Erblassers ihren gewöhnlichen Aufenthalt in Italien haben.
Das deutsche Kollisionsrecht verweist gem. Art. 25 Abs. 1 EGBGB i.V.m. Art. 4 Abs. 1 S. 1 HS. 1 EGBGB auf das italienische Kollisionsrecht und damit auf Art. 46 Abs. 2 IPRG. Die Vorschrift gestattet die Wahl deutschen Rechts und spricht somit eine Rückverweisung auf das deutsche Recht aus, allerdings nur in den von Art. 46 IPRG gezogenen Grenzen. Damit wird der Vorbehalt des Art. 46 Abs. 2 S. 3 IPRG zugunsten der in Italien lebenden Pflichterben aktiviert. Ihre Rechte beurteilen sich nach italienischem Recht; insoweit findet keine Rückverweisung

---

687 S. dazu *Streinz/Leible*, IPRax 1998, 162, 167f. m.w.N.

688 Im deutschen IPR ist diese Vorgehensweise von Art. 38 EGBGB a.F. bekannt.

statt. Geht man also von der objektiven Anknüpfung des Erbstatuts in Art. 25 Abs. 1 EGBGB aus, ist Art. 46 Abs. 2 S. 3 IPRG auch aus deutscher Sicht beachtlich; es kommt daher zu einer Spaltung des Erbstatuts[689].

Anders verhält es sich, wenn der italienische Erblasser auch unbewegliches Vermögen hinterläßt, das in Deutschland belegen ist. Für diesen Teil des Nachlasses kann er eine professio juris auf der Grundlage von Art. 25 Abs. 2 EGBGB treffen. Auch wenn die Rechtswahlerklärung auf das gesamte Vermögen bezogen ist, wird für den unbeweglichen Nachlaß Parteiautonomie bereits vom deutschen Kollisionsrecht gewährt. Es bedarf hierfür keines Rückgriffs auf das italienische Kollisionsrecht[690], so daß Art. 46 Abs. 2 S. 3 IPRG nicht zur Anwendung gelangt[691]. Das Pflichtteilsrecht richtet sich, wie alle anderen zwingenden Bestimmungen, nach dem gem. Art. 25 Abs. 2 EGBGB gewählten deutschen Recht. Für den übrigen Nachlaß, d.h. bewegliches Vermögen und im Ausland belegenes unbewegliches Vermögen, ist das deutsche Recht ebenfalls Erbstatut gem. Art. 25 Abs. 1, 4 Abs. 1 S. 1 und 2 EGBGB i.V.m. Art. 46 Abs. 2 S. 1 und 2 IPRG. Nur in Bezug auf diesen Nachlaßteil ist Art. 46 Abs. 2 S. 3 IPRG einschlägig, und unterliegt das Noterbrecht der sich in Italien aufhaltenden Berechtigten dem italienischen Recht.

(2) Art. 46 Abs. 2 S. 3 IPRG und Art. 6 EGBGB

Die Zweifel an der Verfassungsmäßigkeit des in Art. 46 Abs. 2 S. 3 IPRG enthaltenen Vorbehalts werden aus Sicht der deutschen Rechtspraxis auf der Ebene des ordre public relevant. Dabei ist nicht die Vorschrift selbst Gegenstand der ordre public-Kontrolle, sondern es ist zu prüfen, ob ihre Anwendung zu einem Ergebnis führt, das mit wesentlichen Grundsätzen des deutschen Rechts offensichtlich unvereinbar ist

---

689 Dieses Ergebnis läßt sich auch nicht dadurch vermeiden, daß Art. 46 Abs. 2 S. 3 IPRG von der vom deutschen Recht ausgesprochenen Verweisung unter Hinweis auf Art. 4 Abs. 1 S. 1 HS. 2 EGBGB ausgenommen bleibt. Art. 25 Abs. 1 EGBGB würde dann insoweit eine Sachnormverweisung aussprechen und direkt das italienische materielle Recht bezeichnen. Den Vorbehalt zu ignorieren, gestattet Art. 4 Abs. 1 S. 1 HS. 2 EGBGB nicht. Schließlich ist, wenn eine Verweisung auf eine gleichberechtigungswidrige Kollisionsnorm in Frage steht, nicht Art. 4 EGBGB, sondern Art. 6 EGBGB der bessere Ansatzpunkt. Vgl. dazu *Ebenroth/Eyles*, IPRax 1989, 1, 11; *Kartzke*, IPRax 1988, 8, 11f.

690 *Kindler*, Gestaltung letztwilliger Verfügungen, 85, 120.

691 Etwas anderes könnte nur gelten, wenn sich der Erblasser bewußt für Art. 46 Abs. 2 IPRG und gegen Art. 25 Abs. 2 EGBGB entschieden hätte, er den Vorbehalt des Art. 46 Abs. 2 S. 3 IPRG also gerade zur Anwendung bringen wollte.

(Art. 6 S. 1 EGBGB) oder gegen die Grundrechte verstößt (Art. 6 S. 2 EGBGB). Vor allem die Ungleichbehandlung der Noterben bzw. Pflichtteilsberechtigten eines italienischen Erblassers kann vor deutschen Gerichten eine Rolle spielen und könnte wegen einer Verletzung des Gleichheitsgebots, Art. 3 Abs. 1 GG, das Eingreifen des ordre public nach Art. 6 S. 2 EGBGB auslösen, ohne daß hierfür ein besonders qualifizierter oder untragbarer Verstoß nötig wäre[692].

Hat ein italienischer Erblasser wirksam deutsches Recht als Erbstatut gewählt, seine Lebensgefährtin als Alleinerbin eingesetzt und hinterläßt er zwei Kinder, von denen zum Zeitpunkt seines Todes eines in Italien, eines in Deutschland lebt, so berechnet sich der Pflichtteilsanspruch des Kindes mit gewöhnlichem Aufenthalt in Deutschland nach dem gewählten deutschen Recht. Wenn außer den Kindern keine weiteren Pflichtteils- bzw. Noterbberechtigten vorhanden sind, beträgt er nach § 2303 Abs. 1 BGB i.V.m. § 1924 Abs. 1, 4 BGB ein Viertel des Wertes des Nachlasses. Das in Italien lebende Kind hat demgegenüber eine Noterbquote in Höhe von einem Drittel, Art. 46 Abs. 2 S. 3 IPRG, Art. 537 Abs. 2 c.c.
Eine Ungleichbehandlung liegt vor. Im Hinblick auf Art. 3 Abs. 1 GG ist daher zu fragen, ob diese sachlich gerechtfertigt ist. Dabei ist die Staatsangehörigkeit der Kinder irrelevant, da Art. 3 GG auch für in Deutschland lebende Ausländer Geltung hat. Art. 3 Abs. 3 S. 1 GG, nach dem niemand wegen seiner Heimat benachteiligt oder bevorzugt werden darf und der damit eine formale Gleichbehandlung verlangt, ist dagegen nicht einschlägig. Obwohl unter Heimat i.S.d. Art. 3 Abs. 3 GG der örtliche Lebensraum einer Person zu verstehen ist, sind Differenzierungen nach dem Wohnsitz oder gewöhnlichem Aufenthalt zulässig[693]; die Vorschrift soll vor allem Flüchtlinge und Vertriebene schützen[694].
Sachlicher Rechtfertigungsgrund für die Ungleichbehandlung der beiden testamentarisch nicht bedachten Kinder könnte wiederum sein, daß ein Unterhaltsbedürfnis zu Lasten des italienischen Staates nur in Italien auftreten kann. Denn die sozialen und wirtschaftlichen Gegebenheiten, von denen der italienische Gesetzgeber ausgegangen ist, sind bei der Prüfung des Art. 3 Abs. 1 GG zu berücksichtigen. Der Vorbehalt in Art. 46 Abs. 2 IPRG ist auch geeignet, die Mittellosigkeit der sich in Italien aufhaltenden Abkömmlinge wegen einer nach dem gewählten Recht

---

692 BVerfG, Beschl. v. 4.5.1971, abgedruckt bei *Schack*, Höchstrichterliche Rechtsprechung, Nr. 1, 1, 9.

693 BVerfGE 48, 287.

694 *Maunz/Dürig-Dürig*, zu Art. 3 Abs. 3 GG Rn. 75.

zulässigen Enterbung zu vermeiden[695]. Ob er dazu auch notwendig ist, scheint fraglich, einmal, weil bereits der allgemeine ordre public-Vorbehalt des italienischen Kollisionsrechts ausreichend ist, derartigen Härtefällen entgegenzuwirken[696], zum anderen, weil in den meisten Rechtsordnungen ohnehin eine Beteiligung naher Familienangehöriger am Nachlaß auch gegen den Willen des Erblassers vorgesehen ist[697]. Gerade im Hinblick auf das im Beispielsfall gewählte deutsche Recht und den von diesem gewährten Pflichtteilsanspruch dürfte die Notwendigkeit des Vorbehalts eher zu verneinen sein. Andererseits kann das deutsche Recht nicht alleiniger Maßstab der Prüfung der Notwendigkeit des Vorbehalts sein, da das italienische Kollisionsrecht die Wahl einer jeden Rechtsordnung gestattet, wenn der Erblasser in dem betreffenden Staat seinen gewöhnlichen Aufenthalt hat. Die Notwendigkeit einer Sonderanknüpfung des Pflichtteils- oder Noterbrechts ist zudem lebhaft umstritten[698] und letztendlich eine rechtspolitische Entscheidung.

Wenn man damit aber in der Ungleichbehandlung der Kinder eine Verletzung des Art. 3 Abs. 1 GG sehen möchte, führt dies dennoch nicht automatisch zu einem Eingreifen des ordre public. Vielmehr ist das Gleichheitsgebot daraufhin zu prüfen, inwieweit es „nach Wortlaut, Inhalt und Funktion unter der Berücksichtigung der Gleichstellung anderer Staaten und der Eigenständigkeit ihrer Rechtsordnungen für auslandsbezogene Sachverhalte Geltung verlangt“[699]. Der Entscheidung des italienischen Gesetzgebers kommt dabei also ein gewisses Gewicht zu, ebenso wie auch der Intensität der Inlandsbeziehung[700]. Eine nicht ganz schwache Inlandsbeziehung liegt in den Fällen, in denen sowohl der Erblasser als auch der nach deutschem Recht Pflichtteilsberechtigte ihren gewöhnlichen Auhenthalt in Deutschland haben, sicher vor[701]. Eine abschließende Beurteilung muß vor diesem Hintergrund anhand der konkreten Umstände eines jeden einzelnen Falles getroffen weden

---

695 Ob eine andere Regelung möglicherweise besser geeignet wäre, ist nicht zu prüfen; hier hat (auch der ausländische) Gesetzgeber einen Beurteilungsspielraum.

696 Dazu oben A II 4 c cc und unten B II 5 b bb (1).

697 Vgl. oben A II 4 b cc (2).

698 Dazu oben A II 4 c aa.

699 BVerfG, Beschl. v. 4.5.1971, abgedruckt bei *Schack*, Höchstrichterliche Rechtsprechung Nr. 1, 1, 9; ebenso BGH, Beschl. v. 14.10.1992, IPRax 1993, 102, 103.

700 BGH, Beschl. v. 14.10.1992, IPRax 1993, 102, 103.

701 Vgl. *Spickhoff*, 288.

und im Auge behalten, daß vom Instrument des ordre public nur sparsam und vorsichtig Gebrauch zu machen ist[702].

b) Grenze des ordre public

aa) Grundsatz

Eine Grenze findet die Anwendung des nach Art. 46 Abs. 2 IPRG wirksam gewählten Rechts nicht nur im Vorbehalt für die in Italien ansässigen Noterben, sondern auch im Vorbehalt des ordre public, Art. 16 IPRG[703].
Art. 16 Abs. 1 IPRG verfügt, daß das ausländische Recht nicht angewendet wird, wenn seine Wirkungen gegen den ordre public verstoßen. Gegenstand der Überprüfung ist damit, wie auch im Rahmen des Art. 6 EGBGB, nicht die ausländische Norm selbst, sondern das aus der Anwendung der Norm folgende Ergebnis[704]. Art. 16 Abs. 1 IPRG verzichtet auf eine nähere Umschreibung des Inhalts und des Prüfungsmaßstabs des ordre public; nach allgemeiner Meinung umfaßt er die wesentlichen ethischen und sozialen Grundsätze der italienischen Rechtsordnung, wie sie vor allem von der Verfassung vorgegeben werden[705].
Wird ein Verstoß gegen den ordre public festgestellt, findet nach Art. 16 Abs. 2 IPRG das Recht Anwendung, das mit anderen Anknüpfungsmerkmalen bestimmt wird, wenn solche vorgesehen sind, andernfalls

---

702 *Palandt-Heldrich*, zu Art. 6 EGBGB Rn. 6; *MünchKomm-Sonnenberger*, zu Art. 6 EGBGB Rn. 14; *Kropholler*, § 36 II 3; *Henrich*, IPRax 1993, 81, 83.

703 Art. 16 IPRG: "*Ordine pubblico.- (1) La legge straniera non è applicata se i suoi effetti sono contrari all'ordine pubblico.*
(2) In tal caso si applica la legge richiamata mediante altri criteri di collegamento eventualmente previsti per la medesima ipotesi normativa. In mancanza si applica la legge italiana."

704 Relazione della Commissione, zu Art. 14, Studi Marano, 165, 174; *Boschiero*, zu Art. 16 IPRG, Nuove leggi civ. comm. 1996, 1046, 1055f.; *Cian/Trabucchi-Barel*, zu Art. 16 IPRG, II. Rn. 1.

705 Corte cost., 2.2.1982, n. 18, Nuove leggi civ. comm. 1982, 909, 923; Cass. civ., sez. II, 24.6.1996, n. 5832, Nuova giur. civ. comm. 1997, I, 164, 167; Cass. civ., sez. II, 15.3.1984, n. 2215, Giur. it. 1984, I, 1, 1368, 1380f.; s. auch die Relazione della Commissione, zu Art. 14, Studi Marano, 165, 174; *Cian/Trabucchi-Barel*, zu Art. 16 IPRG, I. Rn. 1; *Mosconi*, zu Art. 16 IPRG, Riv. dir. int. priv. proc. 1995, 979, 982f.; *ders.*, D.i.p., Parte generale, 130f. und Raccolta Vitta, 369, 370f.; *Ballarino*, D.i.p., 291, 294f.; *Pocar*, D.i.p., 40f.

das italienische Recht[706]. Vor der Reform des Internationalen Privatrechts wurde in Anbetracht des Schweigens des Art. 31 disp. prel. c.c. (1942) überwiegend vertreten, daß die durch die Nichtanwendung des fremden Rechts entstehende Regelungslücke in jedem Fall durch einen Rückgriff auf die lex fori zu schließen sei[707].
Bei einem ordre public-Verstoß durch das vom Erblasser nach Art. 46 Abs. 2 IPRG gewählte Recht kommt nach der Neuregelung nicht das italienische Recht als lex fori, sondern das objektiv gem. Art. 46 Abs. 1 IPRG angeknüpfte Erbstatut zur Anwendung. Hat ein italienischer Erblasser deutsches Recht als Erbstatut bestimmt, unterbleibt in diesem Umfang also die Verweisung auf deutsches Recht. Dies ist für den deutschen Rechtsanwender bei der Prüfung der Rückverweisung (Art. 4 Abs. 1 S. 2 EGBGB) von Bedeutung, die immer nur im Rahmen des ausländischen ordre public stattfindet[708]. Bei der Prüfung, ob und unter welchen Voraussetzungen der ordre public eingreift, bestehen im Falle einer Rechtswahl ansonsten keine grundlegenden Unterschiede zur objektiven Anknüpfung des Erbstatuts. Es kann also auf die Rechtsprechung, die zu Art. 23 disp. prel. c.c. ergangen ist, zurückgegriffen werden.
Dabei darf man jedoch nicht aus dem Auge verlieren, daß bisher Gegenstand der Entscheidungen Fälle waren, in denen das Heimatrecht eines ausländischen Erblassers auf seine Vereinbarkeit mit dem ordre public überprüft wurde. Durch die professio juris wird dagegen ein fremdes Recht als Erbstatut eines italienischen Erblassers angewendet. Die italienische Staatsangehörigkeit schafft dabei eine stärkere Inlandsbeziehung des Sachverhalts; bislang ist ungeklärt, welches Gewicht die Rechtspechung diesem Umstand beimessen wird[709]. Denn viele Entscheidungen und ein großer Teil der Literatur schweigen zu der Frage, ob eine bestimmte Stärke der Inlandsbeziehung für das Eingreifen des ordre public erforderlich ist[710], oder erwähnen lediglich die Unterschiede zwischen der Anwendung fremden Rechts im Inland, durch die Rechts-

---

706 Dazu *Mosconi*, Raccolta Vitta, 369, 376ff.

707 *Morelli*, 86; *Vitta*, Memoriale e progetto di legge, 3, 43; *Mosconi*, Raccolta Vitta, 369, 376; kritisch *Barile*, Enc. dir. XXX, 1106, 1123.

708 Vgl. *Riering*, ZEV 1998, 248, 249; *MünchKomm-Sonnenberger*, zu Art. 4 EGBGB Rn. 63; OLG Saarbrücken, Beschl. v. 16.12.1966, NJW 1967, 732, 733.

709 Vgl. *Kindler*, Gestaltung letztwilliger Verfügungen, 85, 124.

710 Anders *Ballarino*, D.i.p., 293, der die Reichweite des ordre public vom Grad der Inlandsbeziehung abhängig macht.

beziehungen entstehen, und der Anerkennung bestimmter Folgen von bereits im Ausland begründeten Rechtsbeziehungen[711].
Ein Teil der Rechtsprechung hatte vor der IPR-Reform jedoch der Staatsangehörigkeit der Beteiligten in familienrechtlichen Angelegenheiten entscheidende Bedeutung für den Maßstab der ordre public-Prüfung beigemessen. Bei italienischer Staatsangehörigkeit sei der *ordine pubblico interno* einschlägig, bei ausländischer Staatsangehörigkeit der *ordine pubblico internazionale*. Letzterer umfasse nur international anerkannte und von vielen Nationen geschützte Rechtspositionen wie die Menschenrechte[712]. Diese Unterscheidung stiftete nicht nur eine begriffliche Verwirrung[713], da herkömmlich unter *ordine pubblico interno* die zwingenden Regeln des materiellen Rechts verstanden werden, von denen durch Parteivereinbarung nicht abgewichen werden kann, während als *ordine pubblico internazionale* der Vorbehalt im Kollisionsrecht bezeichnet wird[714]. Sie begegnete auch inhaltlicher Kritik[715] und wurde bei der Ausarbeitung des Gesetzentwurfs zurückgewiesen[716]. Damit dürfte es nicht mehr möglich sein, den Grad der Inlandsbeziehung eines Sachverhalts dergestalt zu berücksichtigen, daß bei ausländischen Staatsangehörigen der ordre public-Prüfung nur international geschützte Rechtspositionen zugrunde gelegt werden[717]. Ob die Intensität der Inlandsbeziehung, die durch die italienische Staatsangehörigkeit des Erblassers vermittelt wird, in der italienischen Rechtsprechung zukünftig

---

711 Danach ist es mit dem italienischen ordre public unvereinbar, eine nach dem anwendbaren Recht zulässige polygame Ehe zu schließen, während die Ehelichkeit oder ein Erbrecht der von verschiedenen Ehefrauen geborenen Kinder anerkannt werden kann, wenn die Ehen im Ausland nach dem anwendbaren Recht gültig geschlossen wurden. Vgl. *Ballarino*, D.i.p., 294; *Boschiero*, zu Art. 16 IPRG, Nuove leggi civ. comm. 1996, 1046, 1053f.; *dies.*, Appunti, 235f. *Vitta*, D.i.p., I, 402, 405f. hält diese Unterscheidung für ausreichend, da eine Differenzierung nach der Stärke der Inlandsbeziehung zu keinem anderen Ergebnis führe.

712 Cass., 24.11.1989, n. 5074, Riv. dir. int. priv. proc. 1991, 155, 157; Cass., sez. un., 8.1.1981, n. 189, Riv. dir. int. priv. proc. 1981, 787, 790; s. auch *Barile*, Enc. dir. XXX, 1106, 1114f.

713 *Mosconi*, D.i.p., Parte generale, 132; *Boschiero*, Appunti, 235; vgl. auch die Relazione della Commissione, zu Art. 14 IPRG, Studi Marano, 165, 174.

714 *Emanuele*, Dir. fam. e pers. 1996, 326, 329ff.; *Mosconi*, Raccolta Vitta, 369, 374; *Ballarino*, D.i.p., 290f.; *Vitta*, D.i.p., I, 391f.; *Barile*, Enc. dir. XXX, 1106, 1115f.

715 *Mosconi*, Raccolta Vitta, 369, 374; *Emanuele*, Dir. fam. e pers. 1996, 326, 330ff.

716 Relazione della Commissione, zu Art. 14, Studi Marano, 165, 174.

717 *Mosconi*, D.i.p., Parte generale, 132; *ders.*, Raccolta Vitta, 369, 373f.; *Cian/Trabucchi-Barel*, zu Art. 16 IPRG, I. Rn. 3; vgl. aber auch *Ballarino*, D.i.p., 293.

eine Rolle spielen wird und welches Gewicht ihr zukommt, läßt sich derzeit nicht absehen.

bb) Einzelfragen

(1) Noterbrecht

Ob das Noterbrecht i.S.d. Art. 536ff. c.c. Bestandteil des ordre public ist, war vor der Reform des Internationalen Privatrechts Gegenstand eines lebhaften Streits.
Einerseits wurde ein ordre public-Verstoß bejaht, weil das Noterbrecht naher Verwandter verfassungsrechtlichen Schutz unter dem Gesichtspunkt der familiären Solidarität genieße (Art. 29 Abs. 1 Cost.)[718]. Nach anderer Ansicht ist die *quota indisponibile* oder *riserva*, die der Verfügungsfreiheit des Erblassers zugunsten der Noterbberechtigten entzogen ist, kein Bestandteil des ordre public, da die Noterbberechtigten auf ihre Rechte verzichten können und die Herabsetzungsklage, mit der sie ihr Noterbrecht geltend machen müssen, der Verjährung unterliegt[719]. Die gesetzlichen Vorschriften über das Noterbrecht betreffen vor allem private, nicht aber öffentliche Interessen[720]. Gegen die Auffassung, das italienische Noterbrecht sei in Fällen mit Auslandsberührung auf jeden Fall durchzusetzen, entschied in jüngerer Zeit auch der Kassationshof und führte aus, der Gesetzgeber könne die *riserva* mangels Erwähnung und damit Schutzes in Art. 42 Abs. 4 Cost. sogar vollständig abschaffen[721].
Auch der Gesetzgeber hat sich der Meinung angeschlossen, daß das Noterbrecht des Codice civile als solches nicht vom ordre public umfaßt wird und dies mit der umstrittenen Regelung des Art. 46 Abs. 2 S. 3

---

718 Trib. di San Remo, 31.12. 1984, Foro pad. 1985, I, 70, 72f. m. Anm. *Ballarino*; App. Reggio Calabria, 7.12.1957, auszugsweise abgedruckt bei *Calò*, Nuova giur. civ. comm. 1997, 167, 172 sowie bei *Capotorti/Conforti/Ferrari/Starace*, 748; App. Milano, 4.12.1992, Riv. dir. int. 77 (1994), 536, 537f.; *Vitta*, D.i.p., III, 132; *Cantelmo*, Fondamento e natura, 27f.; *ders.*, L'istituto della riserva, 465, 470f.

719 Trib. Termini Imerese, 15.7.1965, Giur. sic. 1965, 784, 786; Trib. di Chiavari, 25.2.1974, Riv. dir. int. priv. proc. 1977, 379f.

720 So bereits *Diena*, 212; vgl. auch *Monaco*, 243.

721 Cass. civ., sez. II, 24.6.1996, n. 5832, Nuova giur. civ. comm. 1997, I, 164, 167 m. Anm. *Calò* (167ff.) unter Aufhebung der oben zitierten Entscheidung des App. Milano vom 4.12.1992. S. auch *Migliazza*, Nov. dig. it. XVIII, 862, 879; *Calò*, Nuova giur. civ. comm. 1997, 167, 169.

IPRG zum Ausdruck gebracht[722]. Je nach den Umständen des konkreten Falls kann ein Eingreifen des Vorbehalts des Art. 16 IPRG dennoch möglich sein, z.B. wenn das gewählte Recht die Enterbung naher Angehöriger zuläßt und diese dem Erblasser gegenüber unterhaltsberechtigt waren, minderjährig oder aus sonstigen Gründen besonders schutzbedürftig sind[723].

(2) Erbverträge

Weiterhin unsicher ist, ob nach dem fremden Erbstatut zulässige Erbverträge, die im italienischen Recht gem. Art. 458 c.c. verboten sind, einen Verstoß gegen den ordre public darstellen.
Einige Autoren messen dem in Art. 458 c.c. normierten Verbot der Erbverträge wesentliches Gewicht bei und sehen es als Bestandteil des ordre public[724], andere stehen der Vereinbarkeit mit dem ordre public zumindest dann skeptisch gegenüber, wenn in einem Erbvertrag Vorschriften von großer sozialer Bedeutung, z.B. über die den nahen Angehörigen vorbehaltene Erbquote, umgangen werden sollen[725]. Vor allem in jüngerer Zeit mehren sich jedoch die Stimmen in Literatur[726] und

---

722 Relazione della Commissione, zu Art. 44, Studi Marano, 165, 191.

723 *Mengozzi*, D.i.p., 142; *ders.*, Le disposizioni sulla legge in generale, 271, 416; *Clerici*, Raccolta Vitta, 309, 327; *Balladore Pallieri*, 118 und 271; s. auch oben A II 4 c cc.

724 *Balladore Pallieri*, 268, 271 und 337f.; *Vitta*, D.i.p., III, 213, zur Schenkung von Todes wegen. *Monaco*, 249, führt aus, Erbverträge seien in der italienischen Rechtsordnung "*per motivi di ordine pubblico*" verboten; unklar erscheint, ob er damit nicht lediglich den *ordine pubblico interno*, also die unabdingbaren Normen des innerstaatlichen materiellen Rechts meint.

725 *Vitta*, D.i.p., III, 146. Streng genommen betrifft eine derartige Fallgestaltung jedoch eher die Frage, ob das Noterbrecht Bestandteil des ordre public ist.

726 *Migliazza*, Enc. giur. XXX, 1, 5f.; *ders.*, Nov. dig. it. XVIII, 862, 877; *Ballarino*, D.i.p., 524; *ders.*, Riv. not. 1986, 1, 6; *Clerici*, zu Art. 46 IPRG, Riv. dir. int. priv. proc. 1995, 1133, 1140; *Lenzi*, Riv. not. 1988, 1209, 1242ff.; *Roppo*, Riv. dir. priv. 1997, 5f.; *Cian/Trabucchi-Costantino*, zu Art. 46 IPRG, III. Rn. 2; *Cendon-Palazzo*, zu Art. 458 c.c., Anm. 4; zur Schenkung von Todes wegen *Bariatti*, zu Art. 56 IPRG, Nuove leggi civ. comm. 1996, 1341, 1353; *Leoncini Bartoli*, 68f. *Bariatti*, a.a.O., hält deshalb konsequenterweise auch eine Schenkung von Todes wegen, die ein italienischer Staatsangehöriger in Übereinstimmung mit dem nach Art. 46 Abs. 2 IPRG gewählten Recht vorgenommen hat, in vollem Umfang für wirksam.

Rechtsprechung[727], die in einem Erbvertrag, der nach dem anwendbaren Recht zulässig ist, keinen Verstoß gegen den ordre public sehen.

Die jederzeitige Widerruflichkeit einer Verfügung von Todes wegen stellt nach dieser Meinung keinen unverzichtbaren Bestandteil der italienischen Rechtsordnung dar, da der Wirtschaftsliberalismus und der strenge Schutz des Privateigentums, wie er der Gesetzgebung aus dem Jahr 1865 zugrunde lag und auch den Codice civile von 1942 noch prägte, überwunden sei[728]. Insbesondere gehe von Erbverträgen nicht die Gefahr aus, daß durch die vertragliche Bindung die wirtschaftliche Betätigungsfreiheit des Erblassers über die Maßen eingeschränkt und der Rechtsverkehr beeinträchtigt werde, wie am Beispiel des traditionell wirtschaftsfreundlichen deutschen Rechts deutlich werde[729]. Die Widerruflichkeit des Testaments sei zwar ein wichtiger Grundsatz des italienischen Rechts, doch sei dies allein für einen Verstoß gegen den ordre public nicht ausreichend[730].
Auch die italienische Verfassung steht der Anerkennung eines nach dem Erbstatut wirksamen Erbvertrags nicht entgegen. Hierauf kommt es entscheidend an, wie aus der Rechtsprechung der Corte di Cassazione zur *riserva*[731] und zur Nacherbschaft[732] hervorgeht. Zwar nennt Art. 42

727 Trib. Bolzano, 8.3.1968, Rep. foro it. 1969, 2703 Nr. 34. Bereits die Corte di Cassazione di Firenze stellte in einer Entscheidung vom 12.12.1895 fest, daß ein nach dem Heimatrecht der Beteiligten zulässiger Erbverzicht nicht gegen den ordre public verstoße. Gleichwohl wird die Entscheidung verbreitet als Beispiel für die gegenteilige Meinung zitiert. Die Leitsätze lauten: "*Sono obbligatorie anche per lo straniero nel Regno le sole leggi riguardanti direttamente l'ordinamento politico, economico e morale dello Stato. Non importa offesa all'ordine pubblico o al buon costume il riconoscere in Italia gli effetti di un fatto giuridico relativo a rapporti privati, legalmente compiuto all'estero tra stranieri in conformità della loro legge nazionale. Quindi debbono riconoscersi in Italia gli effetti giuridici della rinunzia all'eredità di persona vivente fatta tra stranieri all'estero in conformità della loro legge nazionale.*" Vgl. Foro it. 1896, I, 142.

728 *Migliazza*, Nov. dig. it. XVIII, 862, 877.

729 *Leoncini Bartoli*, 68. Vgl. im deutschen Recht § 2286 BGB, nach dem das Recht des Erblassers, über sein Vermögen durch Rechtsgeschäft unter Lebenden zu verfügen, durch den Erbvertrag nicht beeinträchtigt wird. Nur im Fall einer Schenkung, die der Erblasser in der Absicht vorgenommen hat, den Vertragserben zu beeinträchtigen, hat dieser nach dem Anfall der Erbschaft gem. § 2287 BGB einen Bereicherungsanspruch gegen den Beschenkten.

730 *Lenzi*, Riv. not. 1988, 1209, 1243f.; *Leoncini Bartoli*, 68.

731 Cass. civ., sez. II, 24.6.1996, n. 5832, Nuova giur. civ. comm. 1997, I, 164, 167.

732 Cass. civ., sez. II, 15.3.1984, n. 2215, Giur. it. 1984, I, 1 1368, 1381f.

Abs. 4 Cost. nur die gesetzliche und die testamentarische Erbfolge, doch folgt daraus nicht, daß eine dritte Art der Erbfolge nicht zulässig wäre. Art. 42 Abs. 4 Cost. schützt vielmehr das Erbrecht gegen Eingriffe von Seiten des Staates und verbietet seine Abschaffung[733]; der Einführung auch der vertraglichen Erbfolge steht er damit positiv gegenüber[734].

Ein weiterer Grund gegen den ordre public-Charakter des Verbots des Art. 458 c.c. liegt in der Tatsache, daß dieses in der italienischen Rechtspraxis durch zahlreiche Hilfskonstruktionen umgangen wird, die von der Rechtsprechung auch anerkannt weden[735]. Entscheidendes Kriterium ist dabei, daß eine Verfügung nicht *mortis causa*, von Todes wegen, sondern entweder unter der aufschiebenden Bedingung des Todes des Verfügenden erfolgt oder aber auf dessen Tod befristet wird. Damit liegt ein Rechtsgeschäft *post mortem* vor, das als Rechtsgeschäft unter Lebenden nicht unter das Verbot des Art. 458 c.c. fällt. Denn wesentliche Elemente eines Erbvertrags sind, daß er Rechte oder Gegenstände betrifft, die in den zukünftigen Nachlaß fallen und daß der Erwerb von Todes wegen eintritt[736].
Statt eines *patto istitutivo* oder einer Schenkung von Todes wegen empfiehlt es sich also beispielsweise, eine Schenkung für den Fall des Vorversterbens des Verfügenden vorzunehmen (*donazione si praemoriar*) oder eine Schenkung, deren Wirkungen erst mit dem Tod eintreten (*donazione cum moriar*)[737]. Auch ein Vertrag zugunsten Dritter, der eine lebenslange, mit dem Tod des Verfügenden beginnende Rente des Begünstigten zum Gegenstand hat, ist nach den Art. 1411, 1873, 1875 c.c. ein mögliches Gestaltungsmittel für eine Zuwendung an den Begün-

---

733 Cass. civ., sez. II, 15.3.1984, n. 2215, Giur. it. 1984, I, 1, 1368, 1382f.; Cass., sez. II, 6.10.1976, n. 3300, Giust. civ. 1977, I, 111, 117; *Branca-Rodotà*, zu Art. 42 Cost., 175f.

734 *Lenzi*, Riv. not. 1988, 1209, 1245; *Roppo*, Riv. dir. priv. 1997, 5, 9.

735 Umfangreiche Beispiele und Nachweise bei *Ieva*, Riv. not. 1988, 1139ff.; *Palazzo*, Riv. crit. dir. priv. 1983, 435ff.; s. auch *Cian/Trabucchi-Vascellari*, zu Art. 458 c.c., IV. Rn. 2ff.; *Caccavale/Tassinari*, Riv. dir. priv. 1997, 74ff.

736 Cass., sez. II, 22.7.1971, n. 2404, Giust. civ. 1971, I, 1536, 1359; Cass., sez. II, 16.2.1995, n. 1683, Giust. civ. 1995, I, 1501, 1502; näher dazu *Palazzo*, Riv. crit. dir. priv. 1983, 435, 436; *De Giorgi*, Enc. dir. XXXII, 533, 535, jeweils m.w.N.

737 Cass., 9.7.1976, n. 2619, Rep. foro it. 1976, I, Successione ereditaria n. 21, 2909; dazu *Palazzo*, Riv. crit. dir. priv. 1983, 435, 448ff.; *De Giorgi*, Enc. dir. XXXII, 533, 536ff.; *Ieva*, Riv. not. 1988, 1139, 1188ff. m.w.N. aus der Rechtsprechung; anders aber Cass. civ., sez. I, 24.4.1987, n. 4053, Riv. not. 1987, 582ff.

stigten[738]. Das Verbot, einen *patto dispositivo* zu schließen, wird bereits durch Art. 1478 c.c. abgeschwächt, der den Verkauf einer Sache gestattet, die sich noch nicht im Eigentum des Veräußerers befindet, und der nicht mit Art. 458 c.c. in Konflikt gerät, wenn die Verpflichtung jederzeit erfüllt werden könnte[739]. Der Erwerber wird nach Art. 1478 Abs. 2 c.c. Eigentümer in dem Moment, in dem der Veräußerer selbst das Eigentum erwirbt.
Die Aushöhlung des Verbots des Art. 458 c.c., ein praktisches Bedürfnis nach vertraglichen Gestaltungsmöglichkeiten auch im Erbrecht[740] und die Ansicht vieler Autoren, daß die dem Verbot zugrundeliegenden Erwägungen nicht mehr stichhaltig sind[741], haben den Ruf nach einer Reform laut werden lassen. Befürwortet wird sowohl eine Aufhebung oder Einschränkung des Verbots der *patti istitutivi*[742] und der *patti rinunciativi*[743]; in einem Gesetzentwurf wurde die Abschaffung des Verbots für *patti rinunciativi* und *patti dispositivi* vorgeschlagen[744].
Schließlich wird auch die neue Rechswahlmöglichkeit des Art. 46 Abs. 2 IPRG als Beispiel dafür angeführt, daß das italienische Erbrecht sich fremden Rechtsordnungen gegenüber öffne und die eigenen Wertungen nicht mehr zwingend durchsetzen wolle, so daß auch das Verbot der Erbverträge in Art. 458 c.c. kein Bestandteil des ordre public sein könne[745].

Viel spricht vor diesem Hintergrund dafür, daß Erbverträge, die nach dem anwendbaren Recht zulässig sind, in Italien Wirksamkeit entfalten können und keinen Verstoß gegen den ordre public darstellen, und zwar

---

738 Vgl. Cass., 5.7.1952, n. 2020, Rep. Foro it. 1952, I, Successione legittima o testamentaria n. 31, 32, 2273f.; *Ieva*, Riv. not. 1988, 1139, 1160f.; *Palazzo*, Riv. crit. dir. priv. 1983, 435, 445ff.

739 "*Vendita di cosa altrui*"; vgl. Cass civ., sez. II, 18.4.1968, n. 1164, Giur. it. 1968, I, 936, 938; Cass., 9.7.1976, n. 2619, Rep. Foro it. 1976, I, Successione ereditaria n. 20, 2909; weitere Nachweise bei *Palazzo*, Riv. crit. dir. priv. 1983, 435, 442ff.

740 *Ieva*, Riv. not. 1988, 1139, 1207f.; *Lenzi*, Riv. not. 1988, 1209, 1247ff.; Beispiele bei *Caccavale/Tassinari*, Riv. dir. priv. 1997, 74, 80ff., 85f., 91f.

741 Vgl. die Nachweise oben B II 2 d bb (2).

742 *Schlesinger*, JbItalR 13 (2000), 55, 62; *Zaccaria*, 275f.; vorsichtiger *Caccavale/Tassinari*, Riv. dir. priv. 1997, 74, 96ff.

743 *Caccavale/Tassinari*, Riv. dir. priv. 1997, 74, 93f.; *Caccavale/Tassinari*, Riv. dir. priv. 98, 541ff.

744 S. dazu *Palazzo*, Jus 1997, 289f.

745 *Roppo*, Riv. dir. priv. 1997, 5f.; *Lenzi*, Riv. not. 1988, 1209, 1245f.

sowohl bei objektiver als auch bei subjektiver Anknüpfung des Erbstatuts. Der Inhalt des ordre public ist bei beiden Formen der Anknüpfung derselbe. Sollte ein italienisches Gericht dennoch der italienischen Staatsangehörigkeit eines der Beteiligten ein besonderes Gewicht beimessen[746] und entscheiden, daß die Wirkungen eines Erbvertrags nicht mit dem ordre public i.S.d. Art. 16 Abs. 1 IPRG vereinbar sind, sind die Folgen für die Parteien jedoch schwerwiegend. Nach Art. 16 Abs. 2 S. 1 i.V.m. Art. 46 Abs. 1 IPRG kommt für den italienischen Erblasser sein italienisches Heimatrecht zur Anwendung und somit auch Art. 458 c.c. Der nach dieser Vorschrift nichtige Erbvertrag kann auch nicht durch Umdeutung gem. Art. 1424 c.c. wenigstens teilweise aufrechterhalten werden, da nach der Rechtsprechung ein nichtiger Erbvertrag nicht in zwei Einzeltestamente umgedeutet werden kann[747].

(3) Gemeinschaftliches Testament

Ob ein nach dem Erbstatut zulässiges und wirksames gemeinschaftliches Testament einen Verstoß gegen den ordre public darstellt, weil es dem Verbot des Art. 589 c.c. (ggf. i.V.m. Art. 635 c.c). zuwider läuft, ist ebenfalls streitig, aber nicht Gegenstand einer breiten Diskussion wie dasselbe Problem in Bezug auf Erbverträge.
Sind in einem gemeinschaftlichen Testament wechselbezügliche Verfügungen enthalten, die nicht frei widerruflich sind, ergeben sich zu den Erwägungen, die zum Erbvertrag angestellt wurden, keine grundlegenden Unterschiede; dementsprechend wird das Eingreifen des ordre public teilweise für möglich gehalten[748], teilweise abgelehnt[749]. Ein gemeinschaftliches Testament ohne bindende Verfügungen begegnet dagegen weniger Bedenken, weil die Gemeinschaftlichkeit allein noch keine Verletzung des ordre public zu begründen vermag[750].

---

746 Zur Inlandsbeziehung oben B II 5 b aa.

747 Cass. civ., sez. II, 14.7.1983, n. 4827, Nuova giur. civ. comm. 1985, I, 93, 94 m. Anm. *Lepri*; s. auch *Denzler*, IPRax 1982, 181, 184f.; a.A. *De Giorgi*, Enc. dir. XXXII, 533, 547f.

748 *Vitta*, D.i.p., III, 159.

749 *Migliazza*, Nov. dig. it. XVIII, 862, 877; *ders.*, Enc. giur. XXX, 1, 5; *Ballarino*, Forma, 175.

750 *Vitta*, D.i.p., III, 159; vgl. auch *Ballarino*, Forma, 176: Die Bindungswirkung berühre nur den Testierwillen, der jedoch kein Bestandteil des ordre public sei.

(4) Vor- und Nacherbschaft

Nach Art. 692 Abs. 1 bis Abs. 4 c.c. ist die Einsetzung eines Nacherben (*sostituzione fedecommissaria*) nur in sehr engen Grenzen zulässig, in allen anderen Fällen gem. Art. 692 Abs. 5 c.c. nichtig; unter Geltung des Codice civile von 1865 war dem italienischen Recht dieses Institut vollständig unbekannt. Während deshalb früher die Einsetzung eines Nacherben, wie sie beispielsweise das deutsche Recht in §§ 2100ff. BGB gestattet, von einem Teil der Literatur als Verstoß gegen den ordre public gewertet wurde[751], ist die Frage mittlerweile durch höchstrichterliche Rechtsprechung geklärt. Eine Nacherbeneinsetzung in Übereinstimmung mit dem fremden Erbstatut, die über die Grenzen des Art. 692 c.c. hinausgeht, ist mit dem ordre public vereinbar[752]. Art. 42 Abs. 4 Cost. steht einer Nacherbeneinsetzung nicht entgegen, da diese Norm den Gesetzgeber nur hindert, die gesetzliche und die testamentarische Erbfolge abzuschaffen; die Grenzen und nähere Ausgestaltung der Erbfolge kann der Gesetzgeber jedoch regeln[753]. Außerdem kennt das italienische Recht selbst, wenn auch in beschränktem Umfang, das Institut der Nacherbeneinsetzung, so daß eine Vorschrift mit weiterem Anwendungsbereich keine Wirkungen zu entfalten vermag, die mit der italienischen Rechtsordnung schlechthin unvereinbar sind[754]. Schließlich verursachen auch die mit einer Nacherbeneinsetzung verbundenen Verfügungsbeschränkungen, denen der Vorerbe unterworfen ist und die die betroffenen Nachlaßgegenstände dem Wirtschaftsverkehr entziehen, keinen Verstoß gegen den ordre public[755].

---

751 *Monaco*, 243.

752 Cass. civ., sez. II, 15.3.1984, n. 2215, Giur. it. 1984, I, 1, 1368, 1381f. m. Anm. *Azzariti*. Mit diesem Urteil bestätigte die Corte di Cassazione die Entscheidung der Corte di Appello di Trento, 24.4.1982, Giur. merito 1983, I, 352ff. m. Anm. *Azzariti*.

753 Cass. civ., sez. II, 15.3.1984, n. 2215, Giur. it. 1984, I, 1, 1368, 1381f.

754 Cass. civ., sez. II, 15.3.1984, n. 2215, Giur. it. 1984, I, 1, 1368, 1382; Corte di Appello di Trento, 24.4.1982, Giur. merito 1983, I, 352, 358; ebenso *Migliazza*, Nov. dig. it. XVIII, 862, 877; *Vitta*, D.i.p., III, 145; kritisch *Azzariti*, Giur. merito, 1983, I, 352, 358.

755 Appello di Trento, 24.4.1982, Giur. merito 1983, I, 352, 358f.; a.A. *Azzariti*, Giur. it. 1984, I, 1, 1367, 1370, 1374.

6. Widerruf und Änderung der Rechtswahl

a) Zulässigkeit

Der Widerruf einer nach Art. 46 Abs. 2 IPRG vorgenommenen Rechtswahl ist im Reformgesetz nicht geregelt, gleichwohl ist er grundsätzlich jederzeit zulässig[756]. Dies folgt aus der Ähnlichkeit einer Rechtswahl mit einer letztwilligen Verfügung sowie aus Art. 46 Abs. 2 IPRG, der die Rechtswahl gestattet und ihr keinerlei bindende Wirkung beimißt[757]. Denn die Rechtswahlerklärung des Art. 46 Abs. 2 S. 1 IPRG ist eine nicht empfangsbedürftige Willenserklärung. Ein Widerruf muß nicht ausdrücklich erklärt werden; er kann auch konkludent durch die wirksame Wahl einer anderen Rechtsordnung erfolgen[758]. Eine solche kommt in Betracht, wenn der Erblasser seinen gewöhnlichen Aufenthalt in einen anderen Staat verlegt hat; die ursprüngliche Rechtswahl ist damit in der Regel ohnehin hinfällig. Auch in diesem Fall steht dem Erblasser die Möglichkeit offen, sein neues Aufenthaltsrecht als Erbstatut zu berufen.
Eine andere Alternative wäre, die Frage nach der Zulässigkeit eines Widerrufs der Rechtswahl nach dem gewählten Recht zu beantworten. Diese Lösung wird, meist ohne nähere Begründung, für die Rechtswahl nach Art. 25 Abs. 2 EGBGB vertreten[759]. Dafür spricht, daß auch das Zustandekommen und die materielle Wirksamkeit anhand des gewählten Rechts zu beurteilen sind, so daß dieselbe Rechtsordnung auch über die Zulässigkeit der Beseitigung des wirksam zustandegekommenen Rechtsgeschäfts entscheidet. Die Gefahr, daß das gewählte Recht eine professio juris gar nicht kennt und deswegen ihre Unzulässigkeit festgestellt werden müßte[760], besteht nicht, da in entsprechender Anwendung auf die Vorschriften zurückgegriffen werden kann, die das gewählte Recht für den Widerruf einer Verfügung von Todes wegen vorsieht.

---

[756] *Picone*, Studi Marano, 57, 82f.; *Clerici*, zu Art. 46 IPRG, Riv. dir. int. priv. proc. 1995, 1133, 1138; *Facci*, 153; *Deli*, zu Art. 46 IPRG, Nuove leggi civ. comm. 1996, 1278, 1291; *Cian/Trabucchi-Costantino*, zu Art. 46 IPRG, II. Rn. 3.

[757] Vgl. *Deli*, zu Art. 46 IPRG, Nuove leggi civ. comm. 1996, 1278, 1291; ähnlich *Picone*, Studi Marano, 57, 82.

[758] *Picone*, Studi Marano, 57, 82; *Facci*, 153; *Clerici*, zu Art. 46 IPRG, Riv. dir. int. priv. proc. 1995, 1133, 1138; *Cian/Trabucchi-Costantino*, zu Art. 46 IPRG, II. Rn. 3.

[759] *Tiedemann*, RabelsZ 55 (1991), 17, 32; im Ergebnis ebenso *Staudinger-Dörner*, zu Art. 25 EGBGB Rn. 510; *Kropholler*, § 51 III 2 c; *MünchKomm-Birk*, zu Art. 25 EGBGB Rn. 57; differenzierend *Kemp*, 139.

[760] So *Deli*, zu Art. 46 IPRG, Nuove leggi civ. comm. 1996, 1278, 1292.

Bei der Lösung der Frage nach dem gewählten Recht werden jedoch verschiedene Ebenen vermengt. Genauso, wie bei der Vornahme der Rechtswahl nach ihrer Zulässigkeit, die im Kollisionsrecht begründet ist, und ihrem Zustandekommen zu unterscheiden ist, ist auch die Zulässigkeit des Widerrufs von der Frage seiner materiellen Wirksamkeit zu trennen. Art. 46 Abs. 2 IPRG läßt die Wahl einer bestimmten Rechtsordnung zu, von der nach den Gesetzesmaterialien vermutet wird, daß der Erblasser zu ihr eine enge Verbindung hat, weil er in dem betreffenden Staat seinen Lebensmittelpunkt hat, weil sich dort möglicherweise der Großteil seines Vermögens befindet und weil er sich über das Aufenthaltsrecht leicht informieren kann. Treffen diese Voraussetzungen auf eine andere Rechtsordnung zu, insbesondere wegen der Verlegung des gewöhnlichen Aufenthalts in ein anderes Land, sprechen weder Wortlaut und Zweck des Art. 46 Abs. 2 IPRG noch die Intention des Gesetzgebers dagegen, daß der Erblasser eine erneute Rechtswahl nach Art. 46 Abs. 2 IPRG vornehmen kann[761]. Damit widerruft er konkludent die ursprüngliche Rechtswahl. Dasselbe Recht zum Widerruf ist aber auch einem Erblasser zuzugestehen, der zwar seinen Aufenthalt im ursprünglichen Aufenthaltsstaat behält, aber aus den Erwägungen, die zur Einführung der Rechtswahl geführt haben, doch lieber nach seinem Heimatrecht beerbt werden möchte. Eine andere Behandlung, die den Widerruf grundsätzlich davon abhängig macht, daß das gewählte Recht ihn gestattet, erscheint nicht gerechtfertigt.

Auch die Zulässigkeit des Widerrufs einer Rechtswahl, die nach Art. 5 des Haager Erbrechtsübereinkommen vom 1.8.1989 erklärt wird, ergibt sich aus dem Übereinkommen selbst. Art. 5 Abs. 3 des Übereinkommens regelt nur die Form des Widerrufs, geht damit aber von der Zulässigkeit desselben aus[762].

b) Form

Der Widerruf hat in derselben Form zu erfolgen, wie sie für die Vornahme der Rechtswahl selbst vorgeschrieben ist[763]. Dies bedeutet, daß die Vorschriften anwendbar sind, die das nach Art. 48 IPRG bestimmte Formstatut für den Widerruf einer Verfügung von Todes wegen vor-

---

761 *Deli*, zu Art. 46 IPRG, Nuove leggi civ. comm. 1996, 1278, 1291.

762 *Waters*, 558.

763 *Cian/Trabucchi-Costantino*, zu Art. 46 IPRG, II. Rn. 3; *Facci*, 153; *Clerici*, zu Art. 46 IPRG, Riv. dir. int. priv. proc. 1995, 1133, 1138.

sieht[764]. Art. 48 IPRG spricht zwar nur die Formgültigkeit der Errichtung eines Testaments an, doch in Anlehnung an Art. 2 des Haager Testamentsformübereinkommens von 1961, an dem sich der Gesetzgeber bei der Fassung des Art. 48 IPRG orientiert hat, und mangels einer allgemeinen Formvorschrift ist Art. 48 IPRG entsprechend für den Widerruf einer letztwilligen Verfügung heranzuziehen. Die vom Gedanken des *favor testamenti* geprägte Vorschrift ist auch passend für den Widerruf einer Verfügung von Todes wegen bzw. einer Rechtswahl, da auch in diesem Fall der Wille des Erblassers im Mittelpunkt steht.

Art. 5 Abs. 3 des Haager Erbrechtsübereinkommens vom 1.8.1989 sieht ausdrücklich vor, daß ein Widerruf der Rechtswahl nur durch denjenigen erfolgen kann, der die Rechtswahl getroffen hat, und dieser Widerruf die für den Widerruf einer Verfügung von Todes wegen vorgeschriebenen Formvorschriften erfüllen muß.

c) Widerrufsfähigkeit

Die Fähigkeit, eine Rechtswahl widerrufen zu können, richtet sich entsprechend Art. 47 IPRG nach dem Heimatrecht des Verfügenden im Zeitpunkt des Widerrufs[765]. Dies ergibt sich zum einen daraus, daß auch die Fähigkeit zur Vornahme einer Rechtswahl wie die Testierfähigkeit zu behandeln ist, zum anderen aus der Maßgeblichkeit des Art. 47 IPRG auch für die Fähigkeit, ein Testament zu widerrufen.

d) Materielle Wirksamkeit

Für die Beurteilung der materiellen Wirksamkeit des Widerrufs, insbesondere des Vorliegens etwaiger Willensmängel, kommen wie bei der Vornahme der Rechtswahl verschiedene Rechtsordnungen in Betracht: die lex fori, das nach Art. 47 IPRG bestimmte Recht oder das erste gewählte Recht.
Wie beim Zustandekommen der Rechtswahl[766] sollte das gewählte Recht über den Fragenkreis entscheiden[767]. Zwar kann auf diese Weise

---

764 *Deli*, zu Art. 46 IPRG, Nuove leggi civ. comm. 1996, 1278, 1291f.; *Picone*, Studi Marano, 57, 82.

765 Vgl. *Clerici*, zu Art. 46 IPRG, Riv. dir. int. priv. proc. 1995, 1133, 1138 Fn. 28.

766 Dazu oben B II 3.

nur selten ein Gleichlauf mit der Rechtsordnung erzielt werden, die auch über den Widerruf einer Verfügung von Todes wegen entscheidet. Denn dieser beurteilt sich, abgesehen von Formfragen, nach dem Erbstatut[768]. Erbstatut ist entweder das gewählte Recht oder das nach Art. 46 Abs. 1 IPRG ojektiv angeknüpfte Recht; bei Vorliegen einer zweiten Rechtswahlerklärung kommt sogar noch eine weitere Rechtsordnung in Betracht, je nach der Wirksamkeit der jeweiligen Rechtswahl- und Widerrufserklärungen. Endgültige Sicherheit besteht in allen Fällen erst beim Tod des Erblassers. Das zuerst gewählte Recht ist also nur dann Erbstatut, wenn es nicht wirksam widerrufen wurde. Da die zuerst gewählte Rechtsordnung gleichzeitig die einzige Rechtsordnung ist, mit deren Anwendbarkeit der Erblasser im Moment des Widerrufs rechnen muß und die für ihn vorhersehbar ist[769], erscheint es sachgerecht, daß die innere Seite des Widerrufs dieser Rechtswahl sich nach dem gewählten Recht beurteilt. Der Erblasser hat so die Möglichkeit, sich an den Anforderungen des gewählten Recht zu orientieren. Gleichzeitig untersteht der Bestand der Rechtswahl, d.h. ihr Zustandekommen, ihre Fortgeltung und ihre Aufhebung, einer einheitlichen Rechtsordnung.

Zum Bereich der materiellen Wirksamkeit des Widerrufs ist auch die Frage zu rechnen, ob eine Rechtswahl bindend getroffen wurde und deshalb nur eingeschränkt oder überhaupt nicht widerruflich ist. Denn dieses Problem berührt nicht die Zulässigkeit eines Widerrufs als solche, sondern die materielle Wirksamkeit desselben. Die Rechtswahl selbst als kollisionsrechtliches Rechtsgeschäft findet auf einer dieser Frage vorgelagerten Ebene statt[770], auf der über die Zulässigkeit des Widerrufs entschieden wird. Erst in einem zweiten Schritt ist also zu untersuchen, ob dem Widerruf eine etwaige Bindungswirkung der Rechtswahlerklärung entgegensteht. Maßgebliche Rechtsordnung ist das gewählte Recht. Auf dieser Ebene wirkt sich folglich der Streit in der deutschen Literatur aus, ob eine Rechtswahl in einem Erbvertrag oder in einem

767 Ein entsprechender Vorschlag wurde bei der Ausarbeitung des Haager Erbrechtsübereinkommens vom 1.8.1989 in Bezug auf den Widerruf oder die Unwirksamkeit kraft Gesetzes im Fall der Scheidung (vgl. z.B. § 2077 BGB) oder in ähnlichen Fällen gemacht, mangels praktischer Erfahrungswerte aber wieder fallengelassen. S. dazu *Waters*, 558.

768 *Vitta*, Memoriale e progetto di legge, 3, 127. Im deutschen Kollisionsrecht entscheidet das Errichtungsstatut, Art. 26 Abs. 5 EGBGB.

769 Auch bei Anwendung des Art. 47 IPRG kann durch die Befolgung eines Renvoi im Ergebnis eine andere Rechtsordnung als das Heimatrecht anwendbar sein.

770 *Kemp*, 139.

gemeinschaftlichen Testament als vertragsmäßige bzw. wechselbezügliche Verfügung getroffen werden kann, weil sie in ihrer Auswirkung einer Erbeinsetzung gleichkommt[771], oder ob dem die §§ 2278 Abs. 2, 2270 Abs. 3 BGB entgegenstehen[772]. Es ist anzunehmen, daß aus italienischer Sicht der zweiten Ansicht leichter gefolgt werden kann.

e) Konkludenter Widerruf

Für einen konkludenten Widerruf der Rechtswahl durch die Vornahme einer zweiten Rechtswahl ist erforderlich, daß letztere selbst wirksam ist[773].

Die materielle Gültigkeit der zweiten professio juris beurteilt sich wiederum nach dem zweiten gewählten Recht. Hat der Erblasser seinen gewöhnlichen Aufenthalt aus Staat A nach Staat B verlegt und wirksam das Recht des Staates B als Erbstatut gewählt, kommt es auf die Zulässigkeit und Wirksamkeit des Widerrufs der ersten Rechtswahl (Staat A) gar nicht mehr entscheidend an, da wegen des Aufenthaltswechsels ohnehin Art. 46 Abs. 2 S. 2 IPRG greift und zur Unwirksamkeit der ersten Wahl führt. Etwas anderes gilt nur, wenn die zweite Rechtswahl nicht wirksam ist, weil der Erblasser zur Zeit seines Todes seinen gewöhnlichen Aufenthalt nicht mehr in diesem Staat hatte. In diesem Fall ist zu unterscheiden: Lebt er nunmehr in einem dritten Staat C, sind beide Rechtswahlen gem. Art. 46 Abs. 2 S. 2 IPRG hinfällig. Ist der Erblasser dagegen in Staat A zurückgekehrt, sind die Voraussetzungen des Art. 46 Abs. 2 S. 2 IPRG erfüllt[774]. Mangels einer wirksamen zweiten Rechtswahl ist die erste auch nicht widerrufen worden, es sei denn, die zweite Erklärung ist auch als isolierter Widerruf auszulegen[775]. Da

---

771 *MünchKomm-Birk*, zu Art. 25 EGBGB Rn. 58; *Schotten*, IPR, Rn. 295 Fn. 130; *Lichtenberger*, DNotZ 1986, 644, 665; *ders.*, FS Ferid, 269, 286; *Tiedemann*, RabelsZ 55 (1991), 17, 33f.; *Pünder*, MittRhNotK 1989, 1, 5; s. auch *Riering*, ZEV 1995, 404, 406.

772 *Palandt-Heldrich*, zu Art. 25 EGBGB Rn. 8; *Dörner*, DNotZ 1988, 67, 91; *Staudinger-Dörner*, zu Art. 25 EGBGB Rn. 514, 516; *Kühne*, IPRax 1987, 69, 74; *Scheuermann*, 138.

773 Vgl. *Deli*, zu Art. 46 IPRG, Nuove leggi civ. comm. 1996, 1278, 1292; *Facci*, 153; *Clerici*, zu Art. 46 IPRG, Riv. dir. int. priv. proc. 1995, 1133, 1138; a.A. *Cian/Trabucchi-Costantino*, zu Art. 46 IPRG, II. Rn. 3.

774 S. oben B II 2 b dd.

775 A.A. *Cian/Trabucchi-Costantino*, zu Art. 46 IPRG, II. Rn. 3, nach dem der Widerruf der ersten Wahl in jedem Fall als wirksam anzusehen ist.

die Wirksamkeit einer Rechtswahl wegen Art. 46 Abs. 2 S. 2 IPRG immer erst im Zeitpunkt des Todes feststeht, ist die Rechtssicherheit des Erblassers auch in Bezug auf einen konkludenten Widerruf beeinträchtigt.

7. Unwirksamkeit der Rechtswahl

a) Grundsatz: objektive Anknüpfung

Ist eine Rechtswahl unwirksam, wird das Erbstatut nach Art. 46 Abs. 1 IPRG bestimmt; anwendbar ist, vorbehaltlich einer Rück- oder Weiterverweisung, das Heimatrecht des Erblassers. Der auf die Anwendung einer anderen Rechtsordnung gerichtete Wille des Erblassers kann in diesem Fall nur im Rahmen einer materiellrechtlichen Verweisung oder als Auslegungshilfe Berücksichtigung finden. Gründe für die Unwirksamkeit der Rechtswahl können insbesondere ein Aufenthaltswechsel durch den Erblasser sowie eine Teilrechtswahl darstellen.
Da das deutsche Kollisionsrecht in Art. 25 Abs. 2 EGBGB nur eine beschränkte Rechtswahl für das in Deutschland belegene unbewegliche Vermögen kennt, während aus italienischer Sicht die Wahl zwingend den gesamten Nachlaß betreffen muß, ist eine nach deutschem Recht getroffene Rechtswahl in Italien grundsätzlich unwirksam und nicht anerkennungsfähig[776]. Dies gilt vor allem für einen italienischen Staatsangehörigen, der von der Wahlmöglichkeit des Art. 25 Abs. 2 EGBGB Gebrauch macht. Ergibt die Auslegung seiner Erklärung, daß sie sich nur auf den unbeweglichen Nachlaß, der in Deutschland belegen ist, bezieht, ist die professio juris unwirksam[777].

---

776 Anders verhält es sich nur, wenn das nach Art. 46 Abs. 1 IPRG anzuwendende Heimatrecht des Erblassers eine Gesamtverweisung auf das deutsche Recht ausspricht, die dieses gem. Art. 25 Abs. 2 EGBGB für das in Deutschland belegene unbewegliche Vermögen annimmt.

777 Zu den Schwierigkeiten bei der Auslegung einer Rechtswahlerklärung, wenn nur über einen Teil des Nachlasses letztwillig verfügt wird, s. oben B II 3 c bb, zur konkludenten Rechtswahl B II 2 e.

b) Unwirksamkeit der Rechtswahl aus der Sicht des deutschen Rechts

Unterschiede in der Beurteilung einer Rechtswahl ergeben sich auch dann, wenn ein italienischer Erblasser auf der Grundlage des Art. 46 Abs. 2 IPRG eine professio juris zugunsten des deutschen Rechts vorgenommen hat, diese Wahl aber entweder infolge eines Aufenthaltswechsels gem. Art. 46 Abs. 2 S. 2 IPRG scheitert oder deswegen ungültig ist, weil sie nur einen Teil des Nachlaßvermögens erfaßt.
Aus der Sicht des deutschen Rechts ist die Unwirksamkeit der Rechtswahl beachtlich, soweit sich die Rechtswahlbefugnis auf das gem. Art. 25 Abs. 1 EGBGB berufene italienische Heimatrecht des Erblassers stützt. Soweit die Inanspruchnahme des italienischen Rechts aber nicht nötig ist, weil bereits das deutsche Kollisionsrecht dem Erblasser Parteiautonomie gewährt, kann die Rechtswahl aufrecht erhalten werden. Für in Deutschland belegenes unbewegliches Vermögen ist sie gem. Art. 25 Abs. 2 EGBGB wirksam. Daß die Rechtswahl zunächst das gesamte Vermögen betreffen sollte, schadet im Rahmen des Art. 25 Abs. 2 EGBGB nicht; durch geltungserhaltende Reduktion und gegebenenfalls unter Heranziehung des § 2085 BGB kann dem Willen des Erblassers wenigstens teilweise zur Geltung verholfen werden[778].

8. Intertemporales Recht

Das italienische Reformgesetz ist größtenteils am 1. September 1995 in Kraft getreten, ein Teil des internationalen Zivilverfahrensrechts, Art. 64 bis 71 IPRG, am 1. Oktober 1996. Die Übergangsvorschriften finden sich in Art. 72 IPRG. Art. 72 Abs. 1 IPRG betrifft das Kollisionsrecht und das internationale Zivilverfahrensrecht, Art. 72 Abs. 2 IPRG die internationale Zuständigkeit.
Nach der Grundregel des Art. 72 Abs. 1 IPRG findet das neue Gesetz in allen Gerichtsverfahren Anwendung, die nach seinem Inkrafttreten eingeleitet werden. Die Vorschriften des vorher geltenden IPR bleiben jedoch anwendbar für *„situazioni esaurite"*, für Sachverhalte, die vor diesem Zeitpunkt abgeschlossen oder abgewickelt sind[779].

---

[778] S. dazu schon oben B II 4 b bb.

[779] Art. 72 IPRG: "*Disposizioni transitorie.- (1) La presente legge si applica in tutti i giudizi iniziati dopo la data della sua entrata in vigore, fatta salva l'applicabilità alle situazioni esaurite prima di tale data delle previgenti norme di diritto internazionale privato.*

Für das internationale Erbrecht stellt sich zunächst die Frage, ob der Tod des Erblassers eine Zäsur im Sinne einer *situazione esaurita* schafft, so daß Art. 23 disp. prel. c.c. (1942) heranzuziehen ist, wenn der Erblasser vor dem Inkrafttreten des Gesetzes verstorben ist. Von Bedeutung ist dies nicht nur wegen der neu eingeführten Rechtswahlmöglichkeit des Art. 46 Abs. 2 IPRG, sondern auch wegen der Beachtlichkeit eines möglicherweise vom Heimatrecht des Erblassers ausgesprochenen Renvoi nach Art. 13 Abs. 1 IPRG unter der Geltung des neuen Rechts. Weiterhin kann der Fall auftreten, daß der Erbfall zwar nach dem 1. September 1995 eingetreten ist, der Erblasser aber vor diesem Zeitpunkt bereits eine Rechtswahl vorgenommen hat. Keine größeren Schwierigkeiten bestehen dagegen, wenn bei Inkrafttreten des Reformgesetzes ein Rechtsstreit bei Gericht anhängig war; dieser wird unter Anwendung des alten Rechts fortgesetzt.

Für die Lösung der intertemporalen Probleme kommt es also entscheidend darauf an, was unter „*situazioni esaurite*" zu verstehen ist.
Der Bericht der Reformkommission spricht von Sachverhalten, die vor Inkrafttreten des Gesetzes in Übereinstimmung mit der damaligen Rechtslage begründet wurden und ihre Wirkungen vor diesem Zeitpunkt entfaltet haben, die vollständig abgeschlossen sind[780]. Darunter fallen Rechtsverhältnisse, über die eine rechtskräftige Entscheidung ergangen ist oder die wegen des Ablaufs von Verfalls- oder Verjährungsfristen endgültig geklärt sind[781]. Einer Ansicht nach ist damit der Anwendungsbereich des alten Kollisionsrechts bereits erschöpft, da Art. 72 Abs. 1 IPRG im Gegensatz zu Art. 220 Abs. 1 EGBGB nicht auf abgeschlossene Sachverhalte (*situazioni concluse*), sondern auf *situazioni esaurite*, d.h. abgewickelte Sachverhalte abstelle, deren Wirkungen sich bei Inkrafttreten des IPRG vollständig entfaltet hätten und beendet seien[782]. Ein Rechtsstreit über derartige Sachverhalte, die nach

---

(2) I giudizi pendenti sono decisi dal giudice italiano se i fatti e le norme che determinano la giurisdizione sopravengono nel corso del processo."

780 Relazione della Commissione, zu Art. 74, Studi Marano, 165, 208. Der Gesetzentwurf stellte, anders als die endgültige Fassung des Art. 72 Abs. 1 IPRG, auf "*situazioni interamente esaurite*" ab; diese Formulierung findet sich nunmehr nur noch in der Gesetzesbegründung, die unverändert blieb. Vgl. die Relazione ministeriale, zu Art. 73, Raccolta Vitta, 401, 447.

781 *Giardina*, zu Art. 72 IPRG, Riv. dir. int. priv. proc. 1995, 1265, 1268; *ders.*, Rev. crit. dr. int. privé 85 (1996), 1, 18; *Ballarino*, D.i.p., 61.

782 *Broggini*, SZIER 1996, 1, 40; *ders.*, zu Art. 72 IPRG, Nuove leggi civ. comm. 1996, 1493, 1498.

dem alten Recht zu beurteilen wären, sei danach nicht vorstellbar[783]. Für das internationale Erbrecht bedeute diese Auslegung, daß eine *situazione esaurita* erst dann vorliege, wenn die Abwicklung des Erbfalles abgeschlossen sei, spätestens also mit der Beendigung der Auseinandersetzung der Erbengemeinschaft[784]. Auf den Zeitpunkt des Todes komme es nicht an. Einzig in Verfahren, die bei Inkrafttreten des IPRG anhängig waren, sei Art. 23 disp. prel. noch einschlägig, in allen anderen Fällen Art. 46 IPRG, so daß eine Rechtswahl des Erblassers auch dann wirksam sei, wenn dieser vor dem 1. September 1995 verstorben sei[785]. Diese Auffassung stützt sich auf die Grundsätze, die zur Rückwirkung von Gesetzen und Urteilen des Verfassungsgerichts entwickelt wurden, und geht davon aus, daß eine *situazione esaurita* nur dann vorliegen kann, wenn die materiellrechtlichen Wirkungen eines Sachverhalts beendet sind[786]. Ein Erbfall würde danach aber strenggenommen niemals unter diese Definition fallen, da selbst nach vollständiger Abwicklung das materielle Recht noch immer die Grundlage dafür bildet, daß der Erbe die Gegenstände, die er von Todes wegen erworben hat, behalten darf.

Es fragt sich deshalb, ob nicht die kollisionsrechtlichen Besonderheiten bei der intertemporalen Problematik in die Überlegung, wann eine *situazione esaurita* gegeben ist, einzubeziehen sind. Denn es handelt sich gerade nicht um das Inkrafttreten neuer materiellrechtlicher Normen, sondern um die Einführung eines neuen Kollisionsrechts. Abzustellen wäre danach nicht ausschließlich auf die materiellrechtlichen Wirkungen eines Sachverhalts, sondern auch auf den Eintritt der kollisionsrechtlichen Wirkungen[787]. Die Begründung des Gesetzentwurfs steht dem nicht entgegen. Eine *sitauzione esaurita* liegt demzufolge vor, wenn bereits das alte Kollisionsrecht einen Sachverhalt erfaßt und geregelt hat[788].

---

783 *Broggini*, SZIER 1996, 1, 41; vgl. auch *Ballarino*, D.i.p., 61.

784 *Broggini*, zu Art. 72 IPRG, Nuove leggi civ. comm. 1996, 1493, 1498.

785 *Broggini*, zu Art. 72 IPRG, Nuove leggi civ. comm. 1996, 1493, 1498.

786 *Broggini*, zu Art. 72 IPRG, Nuove leggi civ. comm. 1996, 1493, 1498; ebenso *Giardina*, Rev. crit. dr. int. privé 85 (1996), 1, 18; *ders.*, zu Art. 72 IPRG, Riv. dir. int. priv. proc. 1995, 1265, 1268; *Cian/Trabbuchi-Barel*, zu Art. 72 IPRG, IV. Rn. 2.

787 A.A. *Broggini*, zu Art. 72 IPRG, Nuove leggi civ. comm. 1996, 1493, 1498.

788 So auch *Giardina*, zu Art. 72 IPRG, Riv. dir. int. priv. proc. 1995, 1265, 1268, der damit die alleinige Maßgeblichkeit des materiellen Rechts relativiert.

Beim Tod einer Person ist dies der Fall. Das Erbstatut wird sowohl nach Art. 23 disp. prel. c.c. (1942) als auch nach Art. 46 Abs. 1 und 2 IPRG zu diesem Zeitpunkt bestimmt und ist damit unwandelbar festgelegt. Die kollisionsrechtlichen Wirkungen haben sich entfaltet. Auch ein Großteil der Wirkungen des materiellen Rechts stehen damit fest, z.B. ob die Erbschaft unmittelbar auf die Erben übergeht, ob dazu die Annahme der Erbschaft nötig ist oder ob zunächst ein Treuhänder, z.B., der *personal representative*, die Verfügungsgewalt erhält. Ist der Erblasser vor Inkrafttreten des IPRG verstorben und haben z.B. die Erben Maßnahmen ergriffen, zu denen sie nach dem nach Art. 23 disp. prel. c.c. (1942) bestimmten Erbstatut befugt waren, würde ihnen ein durch die Anwendung des Art. 46 IPRG möglicherweise verursachter Statutenwechsel vielleicht die Berechtigung dazu entziehen. Ihre Rechte und Pflichten, ihre Erbquoten sowie die Rechte der Pflichtteils- oder Noterbberechtigten und der Gläubiger, die im Zeitpunkt des Todes bereits bestimmbar sind, könnten sich nachträglich ändern. Solche Situationen will die Regelung des Art. 72 Abs. 1 IPRG aber gerade vermeiden, indem sie die *situazioni esaurite* von der sofortigen Anwendbarkeit des neuen Rechts ausnimmt. Im Begleitbericht zum Gesetzentwurf heißt es dementsprechend ausdrücklich, daß die Erwartung der Parteien, die unter Geltung des alten Kollisionsrechts berufene Rechtsordnung finde Anwendung, geschützt werden solle[789]. Außerdem verträgt sich die Möglichkeit eines Statutenwechsels durch das Inkrafttreten des Reformgesetzes schlecht mit der Unwandelbarkeit des Erbstatuts.

Es überzeugt daher die Annahme, daß der Tod einer Person eine *situazione esaurita* schafft mit der Folge, daß das Erbstatut für Erbfälle vor dem 1. September 1995 nach Art. 23 disp. prel. c.c. (1942)[790], für Erbfälle nach diesem Datum nach Art. 46 Abs. 1 oder 2 IPRG zu bestimmen ist. Dies gilt sowohl für Gerichtsverfahren, die nach Inkrafttreten des IPRG eingeleitet werden, als auch für die außerprozessuale Rechtsanwendung.

Bei der Entscheidung, ob sich das Erbstatut nach Art. 23 disp. prel. c.c. (1942) oder nach Art. 46 Abs. 1, 2 IPRG richtet, ist demnach allein der Zeitpunkt des Todes des Erblassers entscheidend. Auf andere Ereignisse kommt es nicht an, also auch nicht darauf, ob und wann der Erblasser eine Rechtswahl getroffen hat. Hat er vor dem Inkrafttreten

---

789 Relazione della Commissione, zu Art. 74, Studi Marano, 165, 208.

790 *Ballarino*, D.i.p., 59; ohne nähere Begründung ebenso Trib. Lucca, 23.9.1997, Foro it. 1998, I, 2007, 2013. Gegen eine Rückwirkung des IPRG und für seine Wirkung *ex nunc* auch *Cian/Trabucchi-Barel*, zu Art. 72 IPRG, IV. Rn. 3.

des IPRG bereits eine professio juris vorgenommen, ist er aber erst nach dem Inkrafttreten verstorben, findet Art. 46 IPRG Anwendung. Wenn die Rechtswahl den Anforderungen des Art. 46 Abs. 2 IPRG entspricht, ist sie wirksam[791].

Die hier vertretene Auslegung des Art. 72 Abs. 1 IPRG entspricht der Lösung, die im Haager Erbrechtsübereinkommen vom 1.8.1989 vorgesehen ist. Das Übereinkommen ist in einem Vertragsstaat anwendbar auf Erbfälle, die sich nach dem Inkrafttreten des Übereinkommens in dem Vertragsstaat ereignet haben (Art. 22 Abs. 1 des Übereinkommens). Nach Art. 22 Abs. 2 und Abs. 3 des Übereinkommens ist eine Rechtswahl, die der Erblasser oder die Parteien eines Erbvertrags vor diesem Zeitpunkt vorgenommen haben, unter den Voraussetzungen des Art. 5 bzw. Art. 11 des Übereinkommens wirksam. Diese Vorschriften wurden auch in das Kollisionsrecht der Niederlande übernommen, vgl. Art. 7 WCErf.

Ob auch im deutschen Recht eine Rechtswahl, die vor dem Inkrafttreten des neuen Kollisionsrechts getroffen wurde, Wirkung entfalten kann, wenn der Erblasser nach dem Inkrafttreten verstorben ist, ist streitig. Sowohl das alte als auch das neue IPR beurteilen die Gültigkeit der Errichtung einer Verfügung von Todes wegen und damit auch einer Rechtswahl im Zeitpunkt der Errichtung (Art. 24 Abs. 3 EGBGB a.F., Art. 26 Abs. 5 EGBGB). Nach einer Ansicht ist die Rechtswahl deshalb nach dem alten Recht unzulässig und unwirksam[792], nach anderer Meinung ist allein der Zeitpunkt des Todes ausschlaggebend und Art. 25 Abs. 2 EGBGB einschlägig[793].

---

791 Vgl. *Kindler*, Gestaltung letztwilliger Verfügungen, 85, 110 sowie *Ballarino*, D.i.p., 60, der die Frage offen läßt.

792 *MünchKomm-Birk*, zu Art. 25 EGBGB Rn. 5 und 54; *Dörner*, DNotZ 1988, 67, 83f.

793 *Tiedemann*, RabelsZ 55 (1991), 17, 37; *Ferid*, IPR, § 9-12,17; *Pünder*, MittRhNotK 1989, 1, 6; *Palandt-Heldrich*, zu Art. 26 EGBGB Rn. 8; *Kemp*, 141f.; LG Hamburg, Beschl. v. 12.12.1991, IPRspr. 1991 Nr. 142, 264, 268f.

III. Die Rechtswahl der Erbengemeinschaft

Das italienische IPRG gestattet nicht nur dem Erblasser eine Rechtswahl, sondern in Art. 46 Abs. 3 IPRG auch den Mitgliedern einer Erbengemeinschaft. Bisher stand im Zentrum des wissenschaftlichen Interesses nur die Rechtswahl des Erblassers; eine Ausdehnung der Parteiautonomie im internationalen Erbrecht über diesen Bereich hinaus wurde nicht diskutiert. Etwas ratlos steht deshalb die italienische Literatur vor der neuen Regelung des Art. 46 Abs. 3 IPRG:

"La divisione ereditaria è regolata dalla legge applicabile alla successione, salvo che i condividenti, d'accordo fra loro, abbiano designato la legge del luogo d'apertura della successione o del luogo ove si trovano uno o più beni ereditari."

Diese Rechtswahl ist beschränkt auf die Auseinandersetzung der Erbengemeinschaft und auf das Recht des Ortes, an dem die Erbfolge eröffnet wurde[794] oder an dem sich zumindest ein Nachlaßgegenstand befindet. Wurde eine Rechtswahl nicht getroffen, beurteilt sich die Auseinandersetzung nach dem Erbstatut. Neuartig an Art. 46 Abs. 3 IPRG ist nicht nur, daß eine eigene Kollisionsnorm den genannten Teilaspekt der Erbengemeinschaft regelt, sondern vor allem die Erstreckung der Parteiautonomie auch auf diesen Bereich. Die zur Wahl gestellten Rechtsordnungen legen die Annahme nahe, daß der Gesetzgeber mit dieser Rechtswahlmöglichkeit die Nachlaßabwicklung erleichtern wollte. Berufen werden unmittelbar die Sachvorschriften des gewählten Rechts, da Art. 13 Abs. 2 lit. a IPRG die Befolgung einer Rück- oder Weiterverweisung ausschließt.

1. Objektive Anknüpfung des auf die Auseinandersetzung anwendbaren Rechts

In Ermangelung einer Rechtswahl der Miterben richtet sich die Auseinandersetzung der Erbengemeinschaft nach dem Erbstatut, das entweder nach Art. 46 Abs. 1 IPRG objektiv bestimmt oder vom Erblasser gem.

---

794 Die *apertura della successione* (Eröffnung der Erbfolge) zum Zeitpunkt des Todes entspricht dem Anfall der Erbschaft im deutschen Recht (§§ 1922, 1942 BGB) nicht vollständig, weil der Erbe die Erbschaft im italienischen Recht erst durch die Annahme (*accettazione*) erwirbt, die auf den Zeitpunkt des Todes zurückwirkt; vgl. Art. 459 c.c.

Art. 46 Abs. 2 IPRG gewählt wurde. Art. 46 Abs. 3 IPRG sichert so den weiten Anwendungsbereich des Erbstatuts, das für alle erbrechtlichen Fragen Geltung beansprucht und bringt damit gegenüber der früheren Rechtslage unter Geltung des Art. 23 disp. prel. c.c. (1942) keine Veränderungen[795].

Dennoch ist auch hier nach *titolo* und *modo* der Erbfolge zu unterscheiden und die Grenze zum Sachstatut zu ziehen. Die dinglichen Wirkungen der Auseinandersetzung können nur in Übereinstimmung mit dem Sachstatut eintreten; für jeden einzelnen Erbschaftsgegenstand ist danach die jeweilige lex rei sitae maßgeblich[796].

2. Subjektive Anknüpfung: Die Rechtswahl der Erbengemeinschaft

a) Berechtigung zur Vornahme der Rechtswahl

Berechtigt, das auf die Teilung des Nachlasses anwendbare Recht zu wählen, sind nach Art. 46 Abs. 3 IPRG die *condividenti*, die zur Auseinandersetzung Berechtigten oder an ihr Beteiligten. In der Regel sind dies die Miterben und deren Erben (Art. 713 c.c., § 2042 BGB), jedoch kann auch der Erwerber eines Erbteils, also des Anteils am Nachlaß zu einer bestimmten Quote (vgl. § 2033 Abs. 1 BGB; Art. 732, 1103 Abs. 1 c.c.), an der Auseinandersetzung beteiligt sein und somit auch die Wahlmöglichkeit des Art. 46 Abs. 3 IPRG wahrnehmen. Aus dem Begriff der *condividenti* und der parteiautonomen Anknüpfung ergibt sich weiterhin, daß die Vorschrift vom Vorhandensein einer (Miterben-) Gemeinschaft ausgeht, die durch Vertrag oder durch ein gerichtliches Verfahren auseinandergesetzt wird[797]. Ob dies der Fall ist, richtet sich nach dem Erbstatut, weil dieses regelt, auf wen und in welcher Art und Weise das Nachlaßvermögen übergeht.

Ist Erbstatut eine Rechtsordnung des *common law*, nach der der Nachlaß zunächst auf den *personal representative* übergeht, der den Erbfall abwickelt und den Restnachlaß an die *beneficiaries*, d.h. die Erben und Vermächtnisnehmer, verteilt, kommt eine Rechtswahl nach Art. 46 Abs. 3 IPRG nach ihrem Wortlaut nicht in Betracht. Möglicherweise könnte

---

795 Vgl. *Vitta*, Memoriale e progetto di legge, 3, 129f.; *ders.* D.i.p., III, 191ff.; *Migliazza*, Nov. dig. it. XVIII, 862, 886; *ders.*, Comunicazioni e studi IV, 157, 182ff.; *Balladore Pallieri*, 279.

796 Dazu sogleich unten B III 3 b.

797 *Picone*, Studi Marano, 57, 94; *Deli*, zu Art. 46 IPRG, Nuove leggi civ. comm. 1996, 1278, 1295; *Cian/Trabucchi-Costantino*, zu Art. 46 IPRG, IV. Rn. 3.

durch eine erweiternde Auslegung der Vorschrift auch dem *personal representative* als dem unmittelbaren Rechtsnachfolger des Erblassers mit Verfügungsbefugnis die Rechtswahlmöglichkeit eröffnet werden, so daß dieser zwar nicht für die gesamte Phase der *administration*, zumindest aber für die endgültige Zuweisung der einzelnen Gegenstände z.B. die italienische lex rei sitae wählen und damit zumindest einen Teil der Koordinationsprobleme zwischen den beiden Rechtssystemen vermeiden könnte[798]. Eine solche Vorgehensweise wird jedoch nur dann sinnvoll sein, wenn nur noch Nachlaßgegenstände in Italien vorhanden sind.

Die Möglichkeit, das Teilungsstatut parteiautonom zu bestimmen, besteht ferner unabhängig davon, ob das sonst anwendbare Erbstatut objektiv bestimmt oder vom Erblasser nach Art. 46 Abs. 2 IPRG gewählt wurde[799], denn Art. 46 Abs. 3 IPRG enthält keine entsprechende Einschränkung. Hinsichtlich der Teilung des Nachlasses werden also die Interessen der Erben stärker gewichtet als die des Erblassers.

b) Einigung der *condividenti*

Die Miterben bzw. Teilungsberechtigten können die Rechtswahl nur übereinstimmend, „*d'accordo tra loro*", treffen; es ist also die Zustimmung aller Beteiligter nötig. Bei einer einvernehmlichen, vertraglichen Auseinandersetzung der Gemeinschaft mag dieses Erfordernis kein Problem darstellen. Im Falle einer streitigen, gerichtlichen Auseinandersetzung wird eine Einigung aller Beteiligten in der Regel schwer fallen; die praktische Bedeutung der professio juris nach Art. 46 Abs. 3 IPRG hält sich in diesem Fall in Grenzen[800].

Da Art. 46 Abs. 3 IPRG keine ausdrückliche Erklärung verlangt, kann die Wahl auch konkludent vorgenommen werden. Wie bei der Rechtwahl im internationalen Schuldvertragsrecht ist hierfür jedoch das Erklärungsbewußtsein der Beteiligten nötig[801], insbesondere, wenn eine Rechtswahl aus dem prozessualen Verhalten der Parteien abgeleitet wird.

---

798 Dazu *Picone*, Studi Marano, 57, 90ff.

799 *Clerici*, zu Art. 46 IPRG, Riv. dir. int. priv. proc. 1995, 1133, 1143.

800 *Broggini*, SZIER 1996, 1, 24.

801 Vgl. dazu *Palandt-Heldrich*, zu Art. 27 EGBGB Rn. 7 m.w.N.

c) Wählbare Rechtsordnungen

aa) Ort der Eröffnung der Erbfolge

Art. 46 Abs. 3 IPRG gestattet den Miterben, die Teilung des Nachlasses einem anderen Recht als dem Erbstatut zu unterstellen und nennt als wählbare Rechtsordnung als erstes das Recht des Ortes, an dem die Erbfolge eröffnet wurde.
Wo dieser sich befindet, bestimmt sich nach der lex fori, nach der die Anknüpfungsmerkmale auszulegen sind, und damit nach Art. 456 c.c.[802]. Dieser Vorschrift zufolge wird die Erbfolge zum Zeitpunkt des Todes am letzten Wohnsitz des Verstorbenen eröffnet. Der Wohnsitz (*domicilio*) ist gem. Art. 43 Abs. 1 c.c. an dem Ort, an dem eine Person den Schwerpunkt ihrer geschäftlichen Angelegenheiten und ihrer Interessen hat; neben diesem objektiven Element wird auch ein entsprechender Wille der Person verlangt[803]. Deshalb wird der letzte Wohnsitz oft mit dem letzten gewöhnlichen Aufenthalt des Erblassers übereinstimmen[804], so daß bei Vorliegen einer Rechtswahl des Erblassers nach Art. 46 Abs. 2 IPRG diese Wahlmöglichkeit für die Erbengemeinschaft oftmals keine Alternative zum Erbstatut darstellen wird.

bb) Lex rei sitae

Wählbar ist weiterhin das Recht des Ortes, an dem sich ein oder mehrere Nachlaßgegenstände befinden.
Diese Wahlmöglichkeit zugunsten der lex rei sitae bedeutet indes keine Aufgabe des Prinzips der Nachlaßeinheit. Aus dem Gesetzestext geht dies zwar nicht hervor, doch im Bericht zum Gesetzentwurf wird betont, daß die Rechtswahl die Nachlaßeinheit nicht berühre und demnach nur ein einziges Recht für die Teilung des gesamten Nachlasses bezeichnet werden könne[805]. Damit erleichtert die Vorschrift nicht in jedem Fall die Nachlaßabwicklung durch eine Koordination mit dem Sachstatut. Denn befinden sich Nachlaßgegenstände in verschiedenen Staaten, ermöglicht Art. 46 Abs. 3 IPRG es den Miterben nicht, durch die Wahl der jeweiligen lex rei sitae einen Gleichlauf mit dem Sachstatut herbeizufüh-

---

802 *Mosconi*, D.i.p., Parte speciale, 109; *Clerici*, zu Art. 46 IPRG, Riv. dir. int. priv. proc. 1995, 1133, 1143 Fn. 58; *Cian/Trabucchi-Costantino*, zu Art. 46 IPRG, IV. Rn. 1.

803 *Cian/Trabucchi-Barel*, zu Art. 43 c.c., II. Rn. 1; *Trabucchi*, 107.

804 Vgl. *Kindler*, Einführung, 88f.

805 Relazione della Commissione, zu Art. 44, Studi Marano, 165, 191.

ren, um auf diese Weise Schwierigkeiten bei der Anerkennung der Teilung und der Zuteilung der einzelnen Gegenstände zu vermeiden.
Die Anknüpfung an den Ort der Belegenheit nur eines einzigen Nachlaßgegenstands ist weiterhin als eher willkürliche Anknüpfung kritisiert worden, da die betreffende lex rei sitae möglicherweise eine Art der Auseinandersetzung vorsieht, die dem Erbstatut oder dem Recht eines anderen Belegenheitsstaats fremd ist, die aber Geltung für das gesamte Nachlaßvermögen beansprucht[806]. Gegebenenfalls könnte die Anknüpfung an die Belegenheit nur eines Nachlaßgegenstands dahingehend eingeschränkt werden, daß dieser im Vergleich zum Restnachlaß von einem gewissen wirtschaftlichen Gewicht ist, damit nicht der vom Erblasser beispielsweise zufällig auf Ibiza vergessene Regenschirm die Wahl des spanischen Rechts als Teilungsstatut ermöglichen kann.

cc) Unmittelbarer Erbschaftserwerb

Der Bericht zum Gesetzentwurf präzisiert weiterhin, daß nur eine Rechtsordnung zur Wahl stehen soll, nach der die Erbschaft unmittelbar auf die Erben übergeht[807]. Ausgeschlossen aus dem Kreis der wählbaren Rechte sind damit vor allem die Rechtsordnungen des *common law*, in denen zunächst ein *personal representative* die Erbschaft als Rechtsnachfolger des Erblassers erwirbt und die vom Erblasser Begünstigten das ihnen Zustehende erst nach der treuhänderischen Verwaltung durch den *personal representative* erhalten.

Da diese Einschränkung im Gesetzestext selbst nicht zum Ausdruck kommt, sind Zweifel an ihrer Wirksamkeit vorgebracht worden[808]. Sie ergibt sich auch nicht zwingend aus dem System des italienischen internationalen Erbrechts. Dieses folgt zwar sowohl dem Prinzip der Nachlaßeinheit als auch dem Prinzip des unmittelbaren Erbschaftserwerbs, doch werden beide Prinzipien auf verschiedene Weise durchbrochen. Der Grundsatz der Nachlaßeinheit erfährt Einschränkungen durch die Einführung des Renvoi; ein unmittelbarer Erwerb der Erbschaft findet dann nicht statt, wenn Erbstatut eine Rechtsordnung des *common law* ist. Auch der Erblasser ist nicht gehindert, eine solche Rechtsordnung unter den Voraussetzungen des Art. 46 Abs. 2 IPRG zu wählen. Treffen die Miterben keine Rechtswahl nach Art. 46 Abs. 3 IPRG, kann ein

---

806 *Picone*, Studi Marano, 57, 95.

807 Relazione della Commissione, zu Art. 44, Studi Marano, 165, 191.

808 *Picone*, Studi Marano, 57, 94f.; *Deli*, zu Art. 46 IPRG, Nuove leggi civ. comm. 1996, 1278, 1296; *Cian/Trabucchi-Costantino*, zu Art. 46 IPRG, IV. Rn. 1.

Recht, das nicht den unmittelbaren Erwerb der Erbschaft, sondern eine Phase der *administration* vorsieht, als Erbstatut auf die „Teilung" gem. Art. 46 Abs. 3 IPRG zur Anwendung kommen.
Der Grund für die Einschränkung der wählbaren Rechtsordnungen auf solche kontinentaleuropäischen Zuschnitts kann in der praktischen Umsetzung der Rechtswahl zu finden sein. Denn die Wahl eines Rechts, nach dem eine Phase der *administration* stattfinden müßte, nur für den Bereich der Auseinandersetzung der Gemeinschaft bzw. der Teilung des Nachlasses, den es in den betreffenden Rechtsordnungen als solchen gar nicht gibt[809], würde zu noch größeren Problemen führen, als sie das Zusammentreffen der beiden Systeme ohnehin mit sich bringt[810]. Außerdem würden die Erben, die z.B. nach italienischem oder deutschem Recht das Nachlaßvermögen bereits erworben haben, ihre Berechtigung daran zugunsten eines zu ernennenden Treuhänders möglicherweise wieder verlieren[811]. Angesichts der Unklarheiten des Wortlauts und des beschränkten Anwendungsbereichs wurde bei der Diskussion des Gesetzentwurfs vorgeschlagen, entweder die Rechtswahlmöglichkeit auf die gesamte Phase der *administration* zu erstrecken oder zu streichen[812].

Unter der Geltung des Haager Übereinkommens über die internationale Verwaltung von Nachlässen vom 2.10.1973, das Italien ratifiziert, die Ratifikation aber nicht hinterlegt hat, würde auch im italienischen Recht der Grundsatz des unmittelbaren Erbschaftserwerbs aufgegeben und eine eigene Phase der Verwaltung eingeführt[813].

d) Zustandekommen und materielle Wirksamkeit der Rechtswahl

aa) Geschäftsfähigkeit

Die zur Vornahme der Rechtswahl erforderliche Geschäftsfähigkeit der Miterben untersteht dem gem. Art. 23 IPRG bestimmten Recht[814]. Nach Art. 23 Abs. 1 S. 1 IPRG ist dies das Heimatrecht der jeweiligen Person,

---

809 Vgl. *Villani*, zu Art. 46 IPRG, Corr. giur. 1995, 1249, 1250.

810 *Picone*, Studi Marano, 57, 94.

811 *Priemer*, MittRhNotK 2000, 45, 60.

812 *Picone*, Studi Marano, 57, 95.

813 Vgl. die Relazione della Commissione, zu Art. 44, Studi Marano, 165, 191f.

814 *Clerici*, zu Art. 46 IPRG, Riv. dir. int. priv. proc. 1995, 1133, 1143.

wenn nicht das gewählte Recht in Bezug auf die Teilung besondere Anforderungen an die Geschäftsfähigkeit stellt (Art. 23 Abs. 1 S. 2 IPRG). Weder im italienischen noch im deutschen Recht bestehen aber derartige Regelungen.

bb) Sonstige Wirksamkeitsvoraussetzungen

Wie bei der Rechtswahl des Erblassers nach Art. 46 Abs. 2 IPRG ist es auch bei der Rechtswahl der Erbengemeinschaft umstritten, nach welcher Rechtsordnung die sonstigen materiellen Wirksamkeitsvoraussetzungen der Rechtswahl zu beurteilen sind. Nach einer Meinung soll das italienische Recht als lex fori über diesen Fragenkreis entscheiden[815], nach anderer Meinung die lex causae, also das gewählte Recht. Auch hinsichtlich dieser letzten Möglichkeit herrscht Uneinigkeit: Die lex causae könnte anwendbar sein, weil dies einem dem Reformgesetz innewohnenden System entspricht[816], oder aber weil diese Frage dem Vertragsstatut zugeordnet wird und somit über die Verweisung des Art. 57 IPRG die Regelungen der Art. 3 Abs. 4, Art. 8 EVÜ zur Anwendung kommen[817].

Aus den bereits oben zur professio juris nach Art. 46 Abs. 2 IPRG dargelegten Gründen[818] scheint es vorzugswürdig, das Zustandekommen und die materielle Wirksamkeit der Rechtswahl dem gewählten Recht zu unterstellen, um eine einheitliche Beurteilung zusammenhängender Fragen zu gewährleisten.
Dabei ist fraglich, ob zur Begründung auf die Lösung des Römischen Übereinkommens vom 19.6.1980 zurückgegriffen werden kann. Dieses schließt Verträge auf dem Gebiet des Erbrechts von seinem Anwendungsbereich jedoch aus, Art. 1 Abs. 2 lit. b EVÜ. Art. 57 IPRG, der vertragliche Schuldverhältnisse auf jeden Fall („*in ogni caso*") dem EVÜ unterstellt, ist nicht dahingehend zu verstehen, daß er dem Erbstatut oder anderen Statuten zugehörige Verträge deren Anwendungsbereich entziehen möchte[819]. Art. 46 Abs. 3 IPRG ist demgegenüber eine spezi-

---

815 *Mosconi*, D.i.p., Parte speciale, 110; *Cian/Trabucchi-Costantino*, zu Art. 46 IPRG, IV. Rn. 2.

816 *Clerici*, zu Art. 46 IPRG, Riv. dir. int. priv. proc. 1995, 1133, 1143 Fn. 60.

817 *Lenzi*, Riv. not. 1995, 1133, 1141; *Deli*, zu Art. 46 IPRG, Nuove leggi civ. comm. 1996, 1278, 1296.

818 S. oben B II 3 b cc.

819 Vgl. *Mosconi*, D.i.p., Parte speciale, 109; *Clerici*, zu Art. 46 IPRG, Riv. dir. int. priv. proc. 1995, 1133, 1143 Fn. 60; *Treves*, zu Art. 57 IPRG, Riv. dir. int. priv. proc.

elle Kollisionsnorm, nach der sich das auf die Auseinandersetzung des Nachlasses anwendbare Recht, das Teilungsstatut, bestimmt[820]. Zusätzlich darf nicht vergessen werden, daß die Rechtswahlmöglichkeit nicht nur im Fall einer vertraglichen Auseinandersetzung besteht, sondern auch bei einer gerichtlichen Teilung des Nachlasses. Die Anwendung der Vorschriften des EVÜ, auch im Zusammenspiel mit Art. 57 IPRG, auf die rechtsgeschäftlichen Wirksamkeitsvoraussetzungen der Wahl des Teilungsstatuts dürfte demnach ausscheiden.

e) Form der Rechtswahl

Art. 46 Abs. 3 IPRG schreibt keine bestimmte Form für die Rechtswahl durch die Miterbengemeinschaft vor. Ein Formerfordernis kann sich deshalb nur aus dem Formstatut ergeben, dessen Ermittlung jedoch umstritten ist. Da das Reformgesetz keine allgemeine Vorschrift über das auf die Form eines Rechtsgeschäfts anwendbare Rechtsordnung enthält, kommen verschiedene Lösungen in Betracht.

aa) Lex fori

Zunächst wird vorgeschlagen, die Formgültigkeit der Rechtswahl anhand des italienischen Rechts als der lex fori zu prüfen, weil ungewiß sei, ob das gewählte Recht eine Rechtswahl vorsehe und dafür eine Formvorschrift bereithalte[821].
Wie zur materiellen Wirksamkeit der Rechtswahl des Erblassers[822] und der Erbengemeinschaft[823] bereits ausgeführt, soll dieser Lösungsansatz außer Betracht bleiben, weil sich das Reformgesetz gerade vom lex fori - Prinzip abgewendet hat. Im übrigen sieht auch Art. 46 Abs. 3 IPRG keine Formvorschrift für die Einigung der Miterben vor, so daß auf die italienischen materiellrechtlichen Formvorschriften für die einverständliche Teilung des Nachlasses oder für das Zustandekommen eines Vertrags (die Einigung über das anwendbare Recht) zurückzugreifen wäre.

1995, 1176, 1178ff.; *Benedettelli*, zu Art. 57 IPRG, Nuove leggi civ. comm. 1996, 1360, 1376.

820 Vgl. auch *Mosconi*, D.i.p., Parte speciale, 109; *Clerici*, zu Art. 46 IPRG, Riv. dir. int. priv. proc. 1995, 1133, 1143 Fn. 60.

821 *Cian/Trabucchi-Costantino*, zu Art. 46 IPRG, IV. Rn. 2; vgl. auch *Mosconi*, D.i.p., Parte speciale, 110.

822 Oben B II 3 b cc.

823 Oben B III 2 d bb.

Entsprechende Normen können aber anderen Rechtsordnungen ebenfalls entnommen werden. Da nur die Wahl einer Rechtsordnung gestattet und sinnvoll ist, die den unmittelbaren Erbschaftserwerb vorsieht und demnach bei einer Mehrzahl der Erben die Teilung oder Auseinandersetzung des Nachlasses in irgend einer Form regeln muß, ist mit dem Vorhandensein entsprechender Vorschriften zumindest im gewählten Recht zu rechnen.

bb) Lex causae und lex loci actus

Die Mehrzahl der Stimmen spricht sich dafür aus, die lex causae, also das gewählte Recht, sowie die lex loci actus über die formelle Wirksamkeit der Rechtswahl entscheiden zu lassen. Wiederum wird diese Lösung entweder durch Heranziehung der Art. 3 Abs. 4, Art. 9 EVÜ gewonnen[824] oder als systemimmanent herausgearbeitet[825].
Daß der Weg über das Römische Übereinkommen vom 19. 6. 1980 nicht gangbar Ist, wurde gerade erläutert. Damit ist das Formstatut für die Rechtswahl der Erbengemeinschaft auf andere Weise zu bestimmen.
Nahellegend ist es zunächst, die lex causae nicht nur über die rechtsgeschäftlichen materiellen Voraussetzungen, sondern auch über die formellen Aspekte der professio juris entscheiden zu lassen. Die Miterben wollen die Auseinandersetzung nach dem gewählten Recht vornehmen und müssen dazu die entsprechenden materiellrechtlichen Normen einhalten. Sachgerecht ist es deshalb, auch die Rechtswahl nicht nur in materieller, sondern auch in formeller Hinsicht einheitlich nach diesem Recht zu beurteilen. Diese Überlegungen werden gestützt durch die einzelnen Formvorschriften des IPRG, die fast ohne Ausnahme dem auf den Inhalt des Rechtsgeschäfts anwendbaren Recht auch die Formgültigkeit unterstellen, vgl. die Art. 30 Abs. 2, 35 Abs. 3, 56 Abs. 3 IPRG, Art. 57 IPRG i.V.m. Art. 9 EVÜ, Art. 60 Abs. 2 IPRG, im Ergebnis ebenso Art. 46 Abs. 2 i.V.m. Art. 48 IPRG und zumeist auch Art. 46 Abs. 1 i.V.m. Art. 48 IPRG.
All diese Normen sehen, zum Teil neben weiteren Anknüpfungen, auch die alternative Geltung der lex loci actus vor, die darüber hinaus auch nach Art. 28 und Art. 58 IPRG als Formstatut berufen ist. Der so zum Ausdruck kommende *favor validitatis* (*favor negotii*) kann deswegen als

---

824 *Lenzi*, Riv. not. 1995, 1133, 1141; *Deli*, zu Art. 46 IPRG, Nuove leggi civ. comm. 1996, 1278, 1296.

825 *Davì*, Raccolta Vitta, 45, 60 Fn. 23; *Clerici*, zu Art. 46 IPRG, Riv. dir. int. priv. proc. 1995, 1133, 1143.

ein dem Reformgesetz innewohnendes Grundprinzip verstanden werden, dessen Nichtbeachtung bei der Rechtswahl der Erbengemeinschaft näherer Begründung bedürfte[826]. Warum aber ausgerechnet die Formgültigkeit der Rechtswahl nach Art. 46 Abs. 3 IPRG nicht gefördert werden sollte, ist nicht ersichtlich.
Für die Heranziehung sowohl der lex causae als auch der lex loci actus spricht des weiteren die Regelung des bis zum Inkrafttreten des Reformgesetzes geltenden Art. 26 Abs. 1 disp. prel. c.c. (1942), der die Formgültigkeit eines Rechtsgeschäfts ebenfalls der lex causae, der lex loci actus sowie dem (gemeinsamen) Heimatrecht des bzw. der Verfügenden unterstellte. Der Reformgesetzgeber wollte sich mit der neuen Fassung der einzelnen Formvorschriften nicht vom Grundsatz des *favor validitatis* abkehren, sondern diesen für die jeweiligen Situationen passend mehr oder weniger stark akzentuiert kodifizieren. Die für Art. 46 Abs. 3 IPRG vorgeschlagene Minimallösung, nach der zwei Rechtsordnungen alternativ anwendbar sind, fügt sich deshalb gut in das System des neuen Kollisionsrechts ein.

3. Reichweite der Rechtswahl

a) Anwendungsbereich des Art. 46 Abs. 3 IPRG

Das nach Art. 46 Abs. 3 IPRG gewählte Recht erfaßt nur die *divisione ereditaria*, die Auseinandersetzung der Erbengemeinschaft bzw. des Nachlasses im engeren Sinn, die die endgültige Aufteilung des Nachlaßvermögens unter den Miterben beinhaltet[827]. Eine Erstreckung der Rechtswahl auch auf die Verwaltung des Nachlasses, so daß die Koordination mit Rechtsordnungen des anglo-amerikanischen Rechtskreises erleichtert würde, scheidet angesichts des Wortlauts (*condividenti*) und des Zuschnitts der Vorschrift auf eine Erbengemeinschaft nach kontinentaleuropäischer Tradition aus[828].
Wie weit der Anwendungsbereich des Art. 46 Abs. 3 IPRG damit reicht, ist als Frage der Auslegung einer italienischen Kollisionsnorm anhand des italienischen Rechts zu ermitteln; Institute einer fremden Rechtsordnung sind entsprechend zu qualifizieren. Dafür bieten die Art. 713ff. c.c.

---

826 A.A. *Boschiero*, Appunti, 50, nach der die Anwendbarkeit der lex loci actus neben der lex causae zweifelhaft ist.

827 *Deli*, zu Art. 46 IPRG, Nuove leggi civ. comm. 1996, 1278, 1295; *Picone*, Studi Marano, 57, 94.

828 *Picone*, Studi Marano, 57, 93f.

einen Anhaltspunkt, die die *divisione ereditaria* im internen italienischen Recht regeln[829]. Soweit diese Vorschriften allerdings sachenrechtlichen Gehalt haben, unterstehen sie dem Sachstatut und kommen nur für in Italien belegene Nachlaßgegenstände zur Anwendung.

Auch unter Geltung des früheren Kollisionsrechts, das keine eigene Norm für die *divisione ereditaria* bereithielt, wurde diese grundsätzlich erbrechtlich qualifiziert[830] und ein Teil der auftretenden Fragen der lex rei sitae unterstellt[831]. Ob die von Art. 23 disp. prel. c.c. (1942) geregelten Aspekte der Teilung nunmehr automatisch von Art. 46 Abs. 3 IPRG erfaßt werden, wird im Hinblick auf die Rechtswahlmöglichkeit bezweifelt, die im Interesse der Nachlaßeinheit und der umfassenden Geltung des Erbstatuts restriktiv auszulegen sein könnte[832]. Jeder Aspekt der Teilung wäre nach diesem Ansatz daraufhin zu überprüfen, ob er dem nach Art. 46 Abs. 1 oder 2 IPRG bestimmten Erbstatut oder dem Teilungsstatut gem. Art. 46 Abs. 3 IPRG zuzuordnen ist. Als Beispiel wird die Ausgleichungspflicht der Miterben (*collazione*, Art. 724 Abs. 2, 737ff. c.c.), genannt, die einerseits zur Teilung des Nachlasses gehört, andererseits die Zusammensetzung der Erbmasse beeinflußt und deshalb unter das Erbstatut fallen könnte, wie dies auch Art. 7 Abs. 2 lit. c des Haager Erbrechtsübereinkommens von 1989 vorsieht[833].
Aus dem Bericht zum Gesetzentwurf geht nicht hervor, ob der Gesetzgeber der Fassung des Art. 46 Abs. 3 IPRG einen anderen Begriff der *divisione ereditaria* als den früher gültigen zugrunde gelegt hat. Vielmehr bekräftigt die objektive Anknüpfung der Teilung, nach der das Erbstatut maßgeblich ist, die zu Art. 23 disp. prel. c.c. (1942) entwickelte Lösung[834]. Die professio juris gestattet nach dem Wortlaut des Art. 46 Abs. 3 IPRG den Miterben in bestimmten Grenzen, den gesamten Komplex der Teilung des Nachlasses einvernehmlich einer anderen Rechts-

---

829 S. dazu *v. Lutterotti*, FS Schippel, 933, 936ff.; *Schleifenbaum*, 74ff., 218ff. und 230ff.

830 S. dazu *Vitta*, Memoriale e progetto di legge, 3, 129ff.; *ders.*, D.i.p., III, 191ff.; *Balladore Pallieri*, 276ff., sowie die umfangreichen Erörterungen von *Cassoni*, 81ff., und von *Migliazza*, Comunicazioni e studi IV, 157ff.

831 Dazu sogleich unten.

832 *Picone*, Studi Marano, 57, 94; *Lenzi*, Riv. not. 1995, 1133, 1141; ablehnend *Deli*, zu Art. 46 IPRG, Nuove leggi civ. comm. 1996, 1278, 1295.

833 *Picone*, Studi Marano, 57, 94.

834 *Clerici*, zu Art. 46 IPRG, Riv. dir. int. priv. proc. 1995, 1133, 1142f.; *Ebenroth/Kleiser*, RIW 1993, 353, 359.

ordnung zu unterstellen. Legt man die Vorschrift in diesem Sinne aus, regelt das nach Art 46 Abs. 3 IPRG gewählte Recht auch die Ausgleichung von Schenkungen (*collazione*, Art. 724 Abs. 1, 737ff. c.c.)[835] oder die Anrechnung von Schulden gegenüber dem Erblasser oder den Miterben (*imputazione*, Art. 724 Abs. 2 c.c.). Bei der Wahl des deutschen Rechts kommen danach die §§ 2042ff. BGB zur Anwendung. Wollte man die Reichweite der professio juris auf die konkrete Zuteilung der einzelnen Erbschaftsgegenstände und die Auflösung der Erbengemeinschaft beschränken[836], verbliebe ihr fast kein Regelungsgegenstand, da der größte Teil dieser Fragen ohnehin der lex rei sitae unterliegt. Ob mit einer weiteren Auslegung der Rechtswahl zu praktischem Nutzen verholfen werden kann, ist jedoch ebenfalls zweifelhaft.

b) Abgrenzung vom Sachstatut

Auch im Bereich der Auseinandersetzung des Nachlasses gilt die Unterscheidung zwischen *titolo* und *modo* des Erwerbs, so daß sich die Art und Weise der Auseinandersetzung und des Erwerbs der einzelnen Gegenstände sowie die Publizitätsvorschriften (Art. 55 IPRG) nach der lex rei sitae beurteilen[837]. Auch weitere Fragen der Erbengemeinschaft und der Teilung des Nachlaßvermögens fallen nach allgemeiner Auffassung unter das Sachstatut, z.B. die Art der dinglichen Berechtigung am Nachlaß, die dingliche Wirkung der Auseinandersetzung[838], die Dauer der Erbengemeinschaft, die Surrogation oder das Rückkaufsrecht der unter Verstoß gegen das Vorkaufsrecht der Miterben veräußerten Erbquote (Art. 732 c.c.)[839]. Gegenüber dem vor der Reform geltenden

---

835 Diese richtet sich nicht nach dem Schenkungsstatut, weil sie nicht im Schenkungsrecht, sondern im Erbrecht wurzelt; vgl. *Ballarino*, D.i.p., 532; *Bariatti*, zu Art. 56 IPRG, Nuove leggi civ. comm. 1996, 1341, 1359; *Vitta*, D.i.p., III, 193f.; *Migliazza*, Comunicazioni e studi IV, 157, 189ff.; *Cassoni*, 89ff.; differenzierend *Balladore Pallieri*, 275f.

836 So *Deli*, zu Art. 46 IPRG, Nuove leggi civ. comm. 1996, 1278, 1295.

837 *Cian/Trabucchi-Costantino*, zu Art. 46 IPRG, IV. Rn. 4; *Deli*, zu Art. 46 IPRG, Nuove leggi civ. comm. 1996, 1278, 1295.

838 Im italienischen Recht gilt der einzelne Erbe in Bezug auf die ihm zugeteilten Gegenstände als unmittelbarer Rechtsnachfolger des Erblassers, Art. 757 c.c.; die Teilung ist insofern nicht konstitutiv, sondern nur deklaratorisch. Vgl. dazu *Migliazza*, Comunicazioni e studi IV, 157, 184; *Schleifenbaum*, 244ff.

839 *Ballarino*, D.i.p., 533; *Vitta*, Memoriale e progetto di legge, 3, 131f.; *ders.*, D.i.p., III, 195; *Balladore Pallieri*, 278ff.; *Cassoni*, 130ff.; a.A. *Migliazza*, Comunicazioni e

Kollisionsrecht ergibt sich insofern keine Änderung[840]. Denn es ist nicht anzunehmen, daß diese Bereiche durch die Vorschrift des Art. 46 Abs. 3 IPRG dem Anwendungsbereich der lex rei sitae entzogen und dem Erbstatut oder dem gewählten Recht zugeschlagen werden sollten[841]. Das gewählte Recht erfaßt nur die Fragen der Teilung, die nach Art. 46 Abs. 3 IPRG ansonsten dem Erbstatut unterstehen, und läßt die Geltung der lex rei sitae unberührt.

In der Grenzziehung zur lex rei sitae unterscheidet sich das italienische Kollisionsrecht vom deutschen Recht, das manche dieser Fragen dem Erbstatut unterstellt[842]. Daher können im Verhältnis zwischen den beiden Staaten Qualifikationsverweisungen auftreten. Für Nachlaßgegenstände, die sich in Deutschland befinden, beurteilt sich aus italienischer Sicht beispielsweise die Art der Berechtigung der Gemeinschaft am Nachlaß nach der deutschen lex rei sitae, während das deutsche Recht das Erbstatut für anwendbar hält[843]. Gehören zum Nachlaß eines italienischen Staatsangehörigen, der selbst keine Rechtswahl getroffen hat, in Deutschland belegene Gegenstände, verweist das gem. Art. 25 Abs. 1 EGBGB berufene italienische Heimatrecht des Erblassers auf die deutsche lex rei sitae zurück, die diese Verweisung annimmt (Art. 4 Abs. 1 S. 2 EGBGB). Aus deutscher wie aus italienischer Sicht besteht an diesen Gegenständen eine gesamthänderisch gebundene Erbengemeinschaft i.S.d. §§ 2032ff. BGB und nicht, wie im italienischen materiellen Recht, eine Bruchteilsgemeinschaft[844]. Daran können die Miterben auch nichts ändern, weil dieser Bereich einer Rechtswahl nach Art. 46 Abs. 3 IPRG nicht zugänglich ist. Auch die Auseinandersetzung dieser

---

studi IV, 157, 161ff. und Enc. giur. XXX, 1, 11, nach dem die lex rei sitae nur die dingliche Wirkung der Teilung und die Art und Weise des Erwerbs der einzelnen Gegenstände regeln soll, während alle anderen Fragen dem Erbstatut unterfallen sollen.

840 *Clerici*, zu Art. 46 IPRG, Riv. dir. int. priv. proc. 1995, 1133, 1143 Fn. 56; vgl. auch *Ballarino*, D.i.p., 533.

841 So aber *Lenzi*, Riv. not. 1995, 1133, 1142; ähnlich *Migliazza*, Enc. giur. XXX, 1, 12.

842 Vgl. *Kropholler*, § 51 IV 1 e; *Palandt-Heldrich*, zu Art. 25 EGBGB Rn. 10; *Staudinger-Dörner*, zu Art. 25 EGBGB Rn. 217; *MünchKomm-Birk*, zu Art. 25 EGBGB Rn. 247ff., jeweils m.w.N.

843 *Staudinger-Dörner*, zu Art. 25 EGBGB Rn. 214 mit umfangreichen Nachweisen auch zur Rechtsprechung; differenzierend *MünchKomm-Birk*, zu Art. 25 EGBGB Rn. 247, der sich der italienischen Sichtweise annähert.

844 Vgl. dazu *Lorenz*, IPRax 1990, 82, 83.

Erbengemeinschaft durch Übertragung des gesamthänderisch gebundenen Eigentums an einzelnen Gegenständen von der Gemeinschaft auf den einzelnen Miterben (§§ 929, 873, 925 BGB) oder durch Abtretung aller Anteile an einen Miterben, in dessen Person sie sich vereinigen (§ 2033 Abs. 1 BGB), unterliegt nach beiden Rechtsordnungen der deutschen lex rei sitae.

c) Abgrenzung vom Vertragsstatut

Regeln die Miterben die Auseinandersetzung der Gemeinschaft durch einen Auseinandersetzungsvertrag, treten Abgrenzungsprobleme zwischen Art. 46 Abs. 3 IPRG und dem Vertragsstatut (Art. 57 IPRG i.V.m. Art. 3, 4 EVÜ) auf.

Vor der Reform wurde der Auseinandersetzungsvertrag schuldrechtlich qualifiziert und dem Vertragsstatut, Art. 25 disp. prel. c.c. (1942), unterstellt, allerdings mit der Einschränkung, daß der zulässige Inhalt dieses Vertrags von Erbstatut und Sachstatut vorgegeben wurde, so daß sich der Anwendungsbereich des Vertragsstatuts auf die Beurteilung der vertraglichen Einigung reduzierte[845]. Diese Ansicht wird von einem Teil der Literatur auch zum jetzt geltenden Kollisionsrecht vertreten[846].

Nach anderer Ansicht richtet sich der Teilungsvertrag nach dem Erbstatut bzw. dem nach Art. 46 Abs. 3 IPRG gewählten Recht[847]. Der Anwendungsbereich des EVÜ ist wegen des Ausschlusses erbrechtlicher Verträge in Art. 1 Abs. 2 lit. b EVÜ nicht eröffnet, so daß der direkte Rückgriff auf das EVÜ ausscheidet. Damit gilt es, das Verhältnis von Art. 57 IPRG zu Art. 46 Abs. 3 IPRG abzustecken. Daß die in Art. 57 IPRG verwendete Erstreckungsformel „*in ogni caso*" nicht den Anwendungsbereich anderer Kollisionsnormen des IPRG beschneidet, wurde bereits erläutert[848]. Weiterhin ist zu beachten, daß der Gesetzgeber für die *divisione ereditaria* in Art. 46 Abs. 3 IPRG die Parteiautonomie eingeführt hat und hierdurch eine Änderung gegenüber der vorherigen Rechtslage eingetreten ist. Die Rechtswahlmöglichkeit trägt einerseits der vertraglichen Natur der einvernehmlichen Auseinandersetzung Rechnung, andererseits ist sie gegenüber Art. 57 IPRG i.V.m. Art. 3 EVÜ deutlich ein-

---

845 *Vitta*, D.i.p., III, 198; *Cassoni*, 133.

846 *Cian/Trabucchi-Costantino*, zu Art. 46 IPRG, IV. Rn. 4; *Deli*, zu Art. 46 IPRG, Nuove leggi civ. comm. 1996, 1278, 1295; *Lenzi*, Riv. not. 1995, 1133, 1141.

847 *Mosconi*, D.i.p., Parte speciale, 109.

848 S. oben B III 2 d bb.

geschränkt: wählbar ist nur eine begrenzte Anzahl von Rechtsordnungen, während im internationalen Vertragsrecht eine derartige Einschränkung nicht besteht. Damit stehen Art. 57 IPRG 46 und Art. 46 Abs. 3 IPRG zueinander in einem Regel-Ausnahme-Verhältnis; Art. 46 Abs. 3 IPRG geht als die speziellere Norm vor[849].
Zulässigkeit und materielle Wirksamkeit des Auseinandersetzungsvertrags richten sich demnach nach dem gem. Art. 46 Abs. 3 IPRG bestimmten Recht; die Formgültigkeit ist mangels einer besonderen oder allgemeinen Kollisionsnorm entweder der lex causae oder der lex loci actus zu entnehmen[850].

Damit werden Auseinandersetzungsverträge nach italienischem und nach deutschem Kollisionsrecht grundsätzlich übereinstimmend beurteilt, denn auch im deutschen Recht weicht das Vertragsstatut dem Erbstatut[851]. Anders als nach Art. 46 Abs. 3 IPRG ist deshalb im deutschen Recht eine Rechtswahl der Miterben nicht zulässig[852]. Eine von den Erben eines italienischen Erblassers nach Art. 46 Abs. 3 IPRG vorgenommene Wahl des deutschen Rechts für die Teilung des Nachlasses ist jedoch auch aus der Sicht des deutschen Rechts beachtlich. Das von Art. 25 Abs. 1 EGBGB berufene italienische Kollisionsrecht gestattet die Wahl und spricht so eine partielle Rückverweisung auf das deutsche Sachrecht aus, Art. 4 Abs. 1 S. 2 EGBGB.

d) Geltung der lex fori

Wird die Auseinandersetzung des Nachlasses in einem gerichtlichen Verfahren der streitigen oder der freiwilligen Gerichtsbarkeit vorgenommen, richten sich die Verfahrensvorschriften nach der lex fori, vgl. Art. 12 IPRG.

---

849 *Mosconi*, D.i.p., Parte speciale, 109.

850 S. oben B III 2 e bb.

851 *Staudinger-Dörner*, zu Art. 25 EGBGB Rn. 217; *MünchKomm-Birk*, zu Art. 25 EGBGB Rn. 251; *Bentler*, 58.

852 *Staudinger-Dörner*, zu Art. 25 EGBGB Rn. 217; *MünchKomm-Birk*, zu Art. 25 EGBGB Rn. 251; a.A. *Schotten*, IPR, Rn. 307 Fn. 188.

4. Intertemporales Recht

Der zeitliche Anwendungsbereich des Art. 46 Abs. 3 IPRG ergibt sich aus Art. 72 Abs. 1 IPRG. Die Vorschrift ist in allen nach Inkrafttreten des Reformgesetzes eingeleiteten Verfahren bzw. ab diesem Zeitpunkt auch außerprozessual anwendbar, es sei denn, es liegt eine „*situazione esaurita*“ vor. Anders als bei Art. 46 Abs. 1, 2 IPRG kann der Tod des Erblassers keine Zäsur verursachen, da die Rechtswahl der Erbengemeinschaft notwendigerweise erst nach diesem Zeitpunkt vorgenommen werden kann. Auch dann unterliegt sie keinerlei zeitlicher Beschränkung, sie ist demnach grundsätzlich bis zum Abschluß der Auseinandersetzung möglich. Zieht sich die Teilung eines Nachlasses über einen längeren Zeitraum hin, ist im Einzelfall zu untersuchen, ob eine nachträgliche Rechtswahl und der damit verbundene Statutenwechsel eine Beeinträchtigung von Rechtspositionen Dritter bewirkt und deshalb unzulässig ist. Erst dann wird man auch das Vorliegen einer *situazione esaurita* annehmen können.

Zusammenfassung und Schlußbemerkung

Die Mitglieder einer Erbengemeinschaft haben nach Art. 46 Abs. 3 IPRG die Möglichkeit, die Teilung des Nachlasses dem Recht desjenigen Staates zu unterstellen, in dem die Erbfolge eröffnet wurde oder in dem sich ein oder mehrere Nachlaßgegenstände befinden.
Die Wahlmöglichkeit der lex rei sitae bedeutet dabei keine Abkehr vom Grundsatz der Nachlaßeinheit, da auch diese nur mit Geltung für den gesamten Nachlaß gewählt werden kann. Wählbar ist ferner nur eine Rechtsordnung, die den unmittelbaren Erbschaftserwerb durch die Erben vorsieht. Zustandekommen und materielle Wirksamkeit der Rechtswahl beurteilen sich nach dem gewählten Recht, die Formwirksamkeit nach dem gewählten Recht oder der lex loci actus.

Welche Rolle die Rechtswahl der Erbengemeinschaft nach Art. 46 Abs. 3 IPRG in der Zukunft spielen wird, läßt sich aufgrund ihrer Neuartigkeit und ihres beschränkten Anwendungsbereichs nicht absehen. Für die deutsche Rechtspraxis ist sie dann von Interesse, wenn der Nachlaß eines italienischen Erblassers auseinanderzusetzen ist, dieser keine Rechtswahl zugunsten des deutschen Rechts getroffen hat und sich Nachlaßgegenstände in Deutschland befinden. Haben die Miterben ihren gewöhnlichen Aufenthalt ebenfalls in Deutschland, können sie nicht nur sicherstellen, daß die Teilung des Nachlasses im Einklang mit der lex rei sitae erfolgt, sondern im Ergebnis auch ihr Aufenthaltsrecht wählen.

Von größerer Bedeutung ist die Rechtswahl des Erblassers. Dieser kann nach Art. 46 Abs. 2 IPRG als Erbstatut das Recht seines letzten gewöhnlichen Aufenthalts wählen.
Voraussetzung dafür ist, daß er seinen gewöhnlichen Aufenthalt sowohl zum Zeitpunkt der Rechtswahl als auch zum Zeitpunkt seines Todes in dem betreffenden Staat hat. Die Erklärung ist formwirksam, wenn sie in testamentarischer Form vorgenommen wird. Dies beurteilt sich nach dem anhand von Art. 48 IPRG ermittelten Formstatut, so daß die Rechtswahl auch in Form einer anderen Verfügung von Todes wegen vorgenommen werden kann, wenn das betreffende Formstatut neben dem Testament weitere Arten von Verfügungen von Todes wegen kennt. Auch eine konkludente professio juris ist möglich, z.B. durch Abfassung einer Verfügung von Todes wegen auf der Grundlage der Rechtsordnung des Aufenthaltsstaats. Um Unklarheiten zu vermeiden empfiehlt es sich gleichwohl, das anwendbare Erbrecht ausdrücklich zu bezeichnen, insbesondere weil in der italienischen Literatur Streit über die Zulässig-

keit einer konkludenten Wahl herrscht. Das gewählte Recht entscheidet über das Zustandekommen und die materielle Wirksamkeit der Rechtswahl. Nach dem gewählten Erbstatut richten sich ferner die Zulässigkeit der verschiedenen Arten von Verfügungen von Todes wegen, insbesondere von Erbvertrag und gemeinschaftlichem Testament, sowie die Grenzen der Testierfreiheit.

Die Reichweite der Rechtswahl eines italienischen Erblassers wird durch die verfassungs- und europarechtlich bedenkliche Regelung des Art. 46 Abs. 2 S. 3 IPRG beschränkt. Danach berührt die Wahl des Erbstatuts nicht die Rechte der Noterbberechtigten, die ihren gewöhnlichen Aufenthalt zum Zeitpunkt des Todes des Erblassers in Italien haben. Insoweit tritt das italienische Noterbrecht neben die Bestimmungen des gewählten Rechts. Eine weitere Grenze findet der Anwendungsbereich des gewählten Erbstatuts im Vorbehalt des ordre public. Zwar gelten hierfür die allgemeinen Grundsätze wie bei objektiver Anknüpfung des Erbstatuts, doch bleibt abzuwarten, ob nicht die Rechtsprechung auf diesem Umweg die Reichweite einer professio juris einzuschränken versucht. Bei auf der Grundlage des gewählten Rechts verfaßten Erbverträgen und gemeinschaftlichen Testamenten besteht deshalb eine gewisse Unsicherheit, da diese Verfügungen im italienischen materiellen Recht als der Testierfreiheit zuwiderlaufend verboten sind.

Daß der italienische Reformgesetzgeber nicht etwas mutiger gewesen ist und die Rechtswahl des Erblassers nicht weniger restriktiv ausgestaltet hat, ist zu bedauern. Namentlich das Erfordernis der doppelten zeitlichen Verknüpfung und der Vorbehalt für die nach italienischem Recht bestehenden Noterbrechte der in Italien ansässigen Berechtigten verursachen Unsicherheit über den Bestand und die Reichweite der professio juris und können Anlaß geben zu unnötigem Streit unter den potentiellen Erben. Die für diese Einschränkungen vorgebrachten Gründe, insbesondere des Angehörigenschutzes, überzeugen nicht. Das Haager Erbrechtsübereinkommen vom 1.8.1989 enthält demgegenüber eine wesentlich geglücktere und überzeugendere Version einer erbrechtlichen Rechtswahl.

Dennoch eröffnet die Rechtswahlmöglichkeit gerade den in Deutschland ansässigen italienischen Staatsangehörigen völlig neue Gestaltungsspielräume für die erbrechtliche Planung. Das deutsche Erbrecht gewährt dem Erblasser ein Maß an Verfügungsfreiheit und Gestaltungsmöglichkeiten, die über diejenigen des italienischen materiellen Rechts hinausgehen. Darüber hinaus haben in Deutschland lebende italienische Staatsangehörige die Möglichkeit, in ihrem Aufenthaltsstaat sachkundigen Rat zur Gestaltung der Rechtsnachfolge einzuholen. Ihnen obliegt die Entscheidung, ob sie sich der italienischen oder der deutschen Rechtsordnung enger verbunden fühlen und welche der beiden Rechtsordnungen die vermögensrechtlichen Verhältnisse nach ihrem Versterben regeln soll.

Für die deutsche Rechtspraxis, die mit der Beratung eines italienischen Staatsangehörigen und der Abwicklung des Erbfalls befaßt ist, bringt die Wahl des deutschen Rechts erhebliche Erleichterungen mit sich. Gerade für die rechtsberatende und notarielle Praxis liegt die Bedeutung der Rechtswahlmöglichkeit auf der Hand. Es bleibt zu wünschen, daß die zukünftigen guten Erfahrungen mit der erbrechtlichen Rechtswahl des italienischen Kollisionsrechts den deutschen Gesetzgeber veranlassen, die Rechtswahl des deutschen internationalen Erbrechts auszuweiten und die Wahl des Rechts des Staates zu gestatten, in dem der Erblasser zum Zeitpunkt der Rechtswahl oder des Todes seinen gewöhnlichen Aufenthalt hat.

STUDIEN ZUM VERGLEICHENDEN UND INTERNATIONALEN RECHT

Herausgeber: Bernd von Hoffmann, Erik Jayme und Heinz-Peter Mansel

Band 1 Ferdinand Henke: Die Datenschutzkonvention des Europarates. 1986.

Band 2 Peter Czermak: Der express trust im internationalen Privatrecht. 1986.

Band 3 Peter Kindler: Der Ausgleichsanspruch des Handelsvertreters im deutsch-italienischen Warenverkehr. Eine rechtsvergleichende und kollisionsrechtliche Untersuchung. 1987.

Band 4 Wilhelm Denzer: Stellung und Bedeutung des Engineers in den FIDIC-Bauvertragsbedingungen. 1988.

Band 5 Marijan-Maximilian Lederer: Die internationale Enteignung von Mitgliedschaftsrechten unter besonderer Berücksichtigung der französischen Enteignungen 1982. 1989.

Band 6 Rainer Esser: Klagen gegen ausländische Staaten. 1990.

Band 7 Chang Jae-Ok: Auf dem Weg zu einer Materialisierung des Immateriellen ? Personen-, Persönlichkeitsschutz und Geldersatz des immateriellen Schadens in rechtsvergleichender Hinsicht am Beispiel des koreanischen und japanischen Zivilrechts unter besonderer Berücksichtigung des deutschen Rechts. 1990.

Band 8 Paul-Frank Weise: Lex mercatoria. Materielles Recht vor der internationalen Handelsschiedsgerichtbarkeit.1990.

Band 9 Werner Born: Der Auftrittsvertrag für Musikgruppen im Bereich der Rock- und Popmusik. 1990.

Band 10 Ralf Erich Jürgens: IPR und Verfassung in Italien und in der Bundesrepublik Deutschland. 1990.

Band 11 Rainer Gildeggen: Internationale Schieds- und Schiedsverfahrensvereinbarungen in Allgemeinen Geschäftsbedingungen vor deutschen Gerichten. 1991.

Band 12 Klaus Grabinski: Die kollisionsrechtliche Behandlung des Durchgriffs bei rechtlich verselbständigten Unternehmen in privater oder öffentlicher Hand. 1991.

Band 13 Dieter Stummel: Konkurs und Integration. Konventionsrechtliche Wege zur Bewältigung grenzüberschreitender Insolvenzverfahren. 1991.

Band 14 Joachim Güntzer: Die Rechtsstellung des Geschäftsführers im spanischen Aktienrecht. Die Neuregelung des spanischen Aktienrechts nach dem Beitritt Spaniens zur EG. 1991.

Band 15 Sabine Isenburg-Epple: Die Berücksichtigung ausländischer Rechtshängigkeit nach dem Europäischen Gerichtsstands- und Vollstreckungsübereinkommen vom 27.9.1968. Untersuchungen zum Anwendungsbereich von Art. 21 EuGVÜ unter schwerpunktmäßiger Behandlung der Frage nach der Bestimmung eines europäischen Streitgegenstandsbegriffs. 1992.

Band 16 Ulrich Nickl: Die Qualifikation der culpa in contrahendo im Internationalen Privatrecht. 1992.

Band 17 Theo Rauh: Leistungserschwerungen im Schuldvertrag. Eine rechtsvergleichende Untersuchung des englischen, US-amerikanischen, französischen und deutschen Rechts unter besonderer Berücksichtigung der gerichtlichen Praxis. 1992.

Band 18 Bernadette Chaussade-Klein: Vorvertragliche "obligation de renseignements" im französischen Recht. 1992.

Band 19 Josef Sievers: Verbraucherschutz gegen unlautere Vertragsbedingungen im französischen Recht. Vom Code civil zum "Code de la consommation" – die Entstehung eines Sonderprivatrechts für Verbraucher. 1993.

Band 20 Achim Schäfer: Grenzüberschreitende Kreditsicherung an Grundstücken, unter besonderer Berücksichtigung des deutschen und italienischen Rechts. 1993.

Band 21 Eugenio Hernández-Breton: Internationale Gerichtsstandsklauseln in Allgemeinen Geschäftsbedingungen. Unter besonderer Berücksichtigung des deutsch-südamerikanischen Rechtsverkehrs (dargestellt am Beispiel Argentinien, Brasilien und Venezuela). 1993.

Band 22 Ingo Reng: Unterhaltsansprüche aufgrund nichtehelicher Lebensgemeinschaft – Internationales Privatrecht und ausländisches materielles Recht. 1994.

Band 23 Stefanie Roloff: Die Geltendmachung ausländischer öffentlicher Ansprüche im Inland. 1994.

Band 24 Katharina Ludwig: Der Vertragsschluß nach UN-Kaufrecht im Spannungsverhältnis von Common Law und Civil Law. Dargestellt auf der Grundlage der Rechtsordnungen Englands und Deutschlands. 1994.

Band 25 Malte Diesselhorst: Mehrparteienschiedsverfahren. Internationale Schiedsverfahren unter Beteiligung von mehr als zwei Parteien. 1994.

Band 26 Manfred Kost: Konsensprobleme im internationalen Schuldvertragsrecht. 1995.

Band 27 Wolff-Heinrich Fleischer: Das italienische Wettbewerbsrecht und die Probleme des selektiven Parfümvertriebs unter Berücksichtigung der Rechtslage in Frankreich und Deutschland. 1995.

Band 28 Angelika Fuchs: Lateinamerikanische Devisenkontrollen in der internationalen Schuldenkrise und Art. VIII Abschn. 2 b) IWF-Abkommen. 1995.

Band 29 Jacques Matthias Aull: Der Geltungsanspruch des EuGVÜ: "Binnensachverhalte" und internationales Zivilverfahrensrecht in der Europäischen Union. Zur Auslegung von Art. 17 Abs. 1 S. 1 EuGVÜ. 1996.

Band 30 Hartmut Ost: EVÜ und fact doctrine. Konflikte zwischen europäischer IPR-Vereinheitlichung und der Stellung ausländischen Rechts im angelsächsischen Zivilprozeß. 1996.

Band 31 Stefan Wagner: Die Testierfähigkeit im Internationalen Privatrecht. 1996.

Band 32 Wolfgang Jakob Hau: Positive Kompetenzkonflikte im Internationalen Zivilprozeßrecht. Überlegungen zur Bewältigung von *multi-fora disputes*. 1996.

Band 33 Markus Schütz: UN-Kaufrecht und *Culpa in contrahendo*. 1996.

Band 34 Volker Geyrhalter: Das Lösungsrecht des gutgläubigen Erwerbers. Ein "vergessener" Kompromiß und die Auswirkungen auf das heutige deutsche Recht unter besonderer Berücksichtigung des internationalen Sachenrechts. 1996.

Band 35 Andreas Kramer: Abwicklungsstörungen bei Kaufverträgen. Die Lieferung vertragswidriger Sachen im deutschen und italienischen Recht. 1996.

Band 36 Petra Krings: Erfüllungsmodalitäten im internationalen Schuldvertragsrecht. 1997.

Band 37 Tonja Gaibler: Der rechtsgeschäftliche Irrtum im französischen Recht. 1997.

Band 38 Dirk Otto: Rechtsspaltung im indischen Erbrecht. Bedeutung und Auswirkungen auf deutsch-indische Nachlaßfälle. 1997.

Band 39 Gregor W. Decku: Zwischen Vertrag und Delikt. Grenzfälle vertraglicher und deliktischer Haftung dargestellt am Beispiel der Berufs- und Expertenhaftung zum Schutze des Vermögens Dritter im deutschen und englischen Recht. 1997.

Band 40 Ulrike Höpping: Auswirkungen der Warenverkehrsfreiheit auf das IPR unter besonderer Berücksichtigung des Internationalen Produkthaftungsrechts und des Internationalen Vertragsrechts. 1997.

Band 41 Andreas Bartosch: Die vermögensrechtlichen Beziehungen der Ehegatten bei bestehender Ehe im englischen Recht – Eigentum, Besitz, Schuldvertrag. 1997.

Band 42 Helene Boriths Müller: Die Umsetzung der europäischen Übereinkommen von Rom und Brüssel in das Recht der Mitgliedstaaten. Dargestellt am Beispiel Deutschlands und Dänemarks. 1997.

Band 43 Bernd von Hoffmann / Myong-Chang Hwang (eds.): The Public Concept of Land Ownership. Reports and Discussions of a German-Korean Symposium held in Seoul on October 7-9, 1996. 1997.

Band 44 Oliver Heeder: Fraus legis. Eine rechtsvergleichende Untersuchung über den Vorbehalt der Gesetzesumgehung in Deutschland, Österreich, der Schweiz, Frankreich und Belgien unter besonderer Berücksichtigung des Internationalen Privatrechts. 1998.

Band 45 Heinrich Schütt: Deliktstyp und Internationales Privatrecht. Dargestellt an grenzüberschreitenden Problemen der Arzthaftung. 1998.

Band 46 Axel Steiner: Die stillschweigende Rechtswahl im Prozeß im System der subjektiven Anknüpfungen im deutschen Internationalen Privatrecht. 1998.

Band 47 Martina Schulz: Der Eigentumsvorbehalt in europäischen Rechtsordnungen. Rechtsvergleichende Untersuchung des deutschen, englischen und französischen Rechts unter besonderer Berücksichtigung von Erweiterungen und Verlängerungen. 1998.

Band 48 Karin Dreher: Die Rechtswahl im internationalen Erbrecht. Unter besonderer Berücksichtigung des italienischen IPR-Reformgesetzes N. 218 vom 31. Mai 1995. 1999.

Band 49 Giuliano Gabrielli: Das Verhältnis zwischen der Anfechtung wegen Eigenschaftsirrtums und den Gewährleistungsansprüchen im deutschen, österreichischen und italienischen Recht. 1999.

Band 50 Bernd von Hoffmann / Myong-Chan Hwang (eds.): Developments in Land Law. Reports and Discussions of a German-Korean Symposium held in Berlin and Trier on July 21-24, 1997. 1999.

Band 51 Volker Heidbüchel: Das UNCITRAL-Übereinkommen über unabhängige Garantien und Standby Letters of Credit. Vergleiche mit den Richtlinien der Internationalen Handelskammer, dem deutschen, englischen und US-amerikanischen Recht. 1999.

Band 52 Jan Christoph Nordmeyer: Pflichtteilsansprüche und Wiedervereinigung. Eine systematische Analyse der Ausgleichsansprüche nach BGB-Pflichtteilsrecht unter besonderer Berücksichtigung der durch den Wiedervereinigungsprozeß eingetretenen Wertveränderungen. 1999.

Band 53 Bettina Linder: Vertragsabschluß beim grenzüberschreitenden Verbraucherleasing. 1999.

Band 54 Almontasser Fetih: Die zivilrechtliche Haftung bei Vertragsverhandlungen. Eine rechtsvergleichende Studie zum deutschen, französischen, ägyptischen und islamischen Recht. 2000.

Band 55 Sona Rajani: Die Geltung und Anwendung des Gemeinschaftsrechts im Vereinigten Königreich von Großbritannien und Nordirland. Der Grundsatz der Parlamentssouveränität im Wandel. 2000.

Band 56 Joachim Kayser: Gegenmaßnahmen im Außenwirtschaftsrecht und das System des europäischen Kollisionsrechts. Eine Analyse der EU-Abwehrverordnung gegen die Auswirkungen extraterritorialer Rechtserstreckung eines Drittlandes. 2001.

Band 57 Albrecht Conrad: Qualifikationsfragen des Trust im Europäischen Zivilprozeßrecht. 2001.

Band 58 Bernd Borgmann: Die Entsendung von Arbeitnehmern in der Europäischen Gemeinschaft. Wechselwirkungen zwischen Kollisionsrecht, Grundfreiheiten und Spezialgesetzen. 2001.

Band 59 Aleksandar Jaksic: Arbitration and Human Rights. 2002.

Band 60 Islamisches und arabisches Recht als Problem der Rechtsanwendung. Symposium zu Ehren von Professor Emeritus Dr. iur. Omaia Elwan. Veranstaltet vom Institut für ausländisches und internationales Privat- und Wirtschaftsrecht der Universität Heidelberg und der Gesellschaft für Arabisches und Islamisches Recht e.V. Herausgegeben von Herbert Kronke, Gert Reinhart und Nika Witteborg. 2001.

Band 61 Patrick Fiedler: Stabilisierungsklauseln und materielle Verweisung im internationalen Vertragsrecht. 2001.

Band 62 Werner Mangold: Die Abtretung im Europäischen Kollisionsrecht. Unter besonderer Berücksichtigung des spanischen Rechts. 2001.

Band 63 Eike Dirk Eschenfelder: Beweiserhebung im Ausland und ihre Verwertung im inländischen Zivilprozess. Zur Bedeutung des US-amerikanischen discovery-Verfahrens für das deutsche Erkenntnisverfahren. 2002.

Band 64 Bernd Ehle: Wege zu einer Kohärenz der Rechtsquellen im Europäischen Kollisionsrecht der Verbraucherverträge. 2002.

Band 65 Heiko Lehmkuhl: Das Nacherfüllungsrecht des Verkäufers im UN-Kaufrecht. 2002.

Band 66 Jochen Nikolaus Schlotter: Erbrechtliche Probleme in der Société Privée Européenne. IPR-Harmonisierung im einheitlichen Europäischen Rechtsraum. 2002.

Band 67 Konrad Ost: Doppelrelevante Tatsachen im Internationalen Zivilverfahrensrecht. Zur Prüfung der internationalen Zuständigkeit bei den Gerichtsständen des Erfüllungsortes und der unerlaubten Handlung. 2002.

Band 68 Tobias Bosch: Die Durchbrechungen des Gesamtstatuts im internationalen Ehegüterrecht. Unter besonderer Berücksichtigung deutsch-französischer Rechtsfälle. 2002.

Band 69 Ursula Philipp: Form im amerikanischen Erbrecht. Zwischen Formalismus und harmless error. 2002.

Band 70 Christian Stefan Wolf: Der Begriff der wesentlich engeren Verbindung im Internationalen Sachenrecht. 2002.

Band 71 André Fomferek: Der Schutz des Vermögens Minderjähriger. Ein Vergleich des deutschen und des englischen Rechts unter Berücksichtigung des schottischen und irischen Rechts. 2002.

Band 72 Nicolas Blanchard: Die prozessualen Schranken der Formfreiheit. Beweismittel und Beweiskraft im EG-Schuldvertragsübereinkommen in deutsch-französischen Vertragsfällen. 2002.

Band 73 Markus Dreißigacker: Sprachenfreiheit im Verbrauchervertragsrecht. Der Verbraucher im Spannungsfeld zwischen kultureller Identität und Privatautonomie. 2002.

Band 74 Vassiliki Myller-Igknay: Auskunftsansprüche im griechischen Zivilrecht. Auswirkungen im deutsch-griechischen Rechtsverkehr sowie im deutschen internationalen Privat- und Verfahrensrecht. 2003

Band 75 Stefan Bruinier: Der Einfluss der Grundfreiheiten auf das Internationale Privatrecht. 2003.

Band 76 Nika Witteborg: Das gemeinsame Sorgerecht nichtverheirateter Eltern. Eine Untersuchung im soziologischen, rechtsgeschichtlichen, verfassungsrechtlichen, rechtsvergleichenden und internationalen Kontext. 2003.

Band 77 Peter Stankewitsch: Entscheidungsnormen im IPR als Wirksamkeitsvoraussetzungen der Rechtswahl. 2003.

Band 78 Jan Wilhelm Ritter: Euro-Einführung und IPR unter besonderer Berücksichtigung nachehelicher Unterhaltsverträge. Eine Untersuchung mit Blick auf das deutsche, französische und schweizerische Recht. 2003.

Band 79 Wolf Richard Herkner: Die Grenzen der Rechtswahl im internationalen Deliktsrecht. 2003.

Band 80 Ira Ditandy: Internationale Zuständigkeit. Neuregelung durch die LOPJ 1985. Vergleich mit dem europäischen Vorbild und Auswirkungen auf das spanische internationale Zivilverfahrensrecht. 2003.

Band 81 Andrea Verena Schefold: Werbung im Internet und das deutsche Internationale Privatrecht. 2003

Band 82 Klaus Herkenrath: Die Umsetzung der Richtlinie 93/13/EWG über missbräuliche Klauseln in Verbraucherverträgen in Deutschland, dem Vereinigten Königreich, Frankreich und Italien. Auswirkungen nationaler Umsetzungstechniken auf dem Harmonisierungserfolg. 2003.

Band 83 Alexander Thünken: Das kollisionsrechtliche Herkunftslandprinzip. 2003.

Band 84 Barbara v. Daumiller: Die Rechtswahl im italienischen internationalen Erbrecht: und ihre Auswirkungen im deutsch-italienischen Rechtsverkehr. 2003.

Band 85 Robert Mödl: Macht, Verantwortlichkeit und Zurechnung im Konzern. Eine rechtsvergleichende Untersuchung auf der Grundlage des deutschen, spanischen und US-amerikanischen Rechts. 2003.

FSC
www.fsc.org
MIX
Papier | Fördert gute Waldnutzung
FSC® C083411

Kolibri 360 GmbH
Ferdinand-Jühlke-Straße 7
99095 Erfurt, Deutschland
produktsicherheit@kolibri360.de

Druck:
CPI Druckdienstleistungen GmbH
im Auftrag der
Kolibri 360 GmbH
Ferdinand-Jühlke-Str. 7
99095 Erfurt